Betriebs-Berater Schriftenreihe

Agile Mitbestimmung

Lösungen für Mobile und Agile Work, Matrixorganisation sowie Technologisierung

Herausgegeben von

Holger Dahl

und

Dr. Burkard Göpfert, LL.M. (Columbia University, New York)

Mit Beiträgen von

Bettina Bauer; Dr. Kai Bodenstedt; Katrin Braas;
Stefan von Broich; Dr. Burkard Göpfert; Tobias Hannemann;
Daniel Hartmann; Dr. Rüdiger Helm; Paula Klenk;
Peter Krebühl; Dr. Steffen Krieger; Jakob Lange; Ralf Leifeld;
Dr. Anna Lohmann; Dr. Daniel Ludwig; Thomas Müller;
Dr. Marc Reuter; Jörg Towara; Anabel Weinzierl;
Thomas Wahlig; Dr. Andreas Wiegreffe

Fachmedien Recht und Wirtschaft | dfv Mediengruppe | Frankfurt am Main

Alle im Buch verwendeten Begriffe verstehen sich geschlechterneutral. Aus Gründen der besseren Lesbarkeit wird auf eine geschlechtsspezifische Differenzierung verzichtet – entsprechende Begriffe gelten im Sinne der Gleichbehandlung grundsätzlich für alle Geschlechter. Die verkürzte Sprachform hat lediglich redaktionelle Gründe und beinhaltet keine Wertung.

Bibliografische Information der Deutschen Nationalbibliothek

Die Deutsche Nationalbibliothek verzeichnet diese Publikation in der Deutschen Nationalbibliografie; detaillierte bibliografische Daten sind im Internet über www.dnb.de abrufbar.

ISBN: 978-3-8005-1905-7

dfv Mediengruppe

www.ruw.de

Druckvorstufe: Lichtsatz Michael Glaese GmbH, 69502 Hemsbach

Druck und Verarbeitung: Beltz Grafische Betriebe GmbH, 99947 Bad Langensalza

Printed in Germany

Vorwort

„Agile Mitbestimmung“ ist kein Widerspruch, sondern in vielen deutschen Unternehmen Ausdruck einer gelebten Mitbestimmungskultur.

„Zunftvertreter“ beider Seiten haben sich zusammengefunden, ihre Erfahrungen regelmäßig auszutauschen. Daraus ist der vorliegende Sammelband hervorgegangen. Wir danken allen Mitautorinnen und -autoren für die Zeit, die sie neben der vielen Arbeit für dieses Buch aufgewendet haben und wünschen allen Leserinnen und Lesern viel Spaß und Gewinn bei der Lektüre.

Frankfurt/München, März 2024

Holger Dahl
Dr. Burkard Göpfert

Verzeichnis der Bearbeiterinnen und Bearbeiter

Bauer, Bettina	Assessorin und Wissenschaftliche Mitarbeiterin, TowaRA:Arbeitsrecht, Köln, sowie Doktorantin, Martin-Luther-Universität Halle Wittenberg
Bodenstedt, Dr. Kai, LL.M. (Edinburgh)	Partner, Rechtsanwalt und Fachanwalt für Arbeitsrecht, DLA Pieper, Hamburg
Braas, Katrin	Rechtsanwältin, Assoziierte Partnerin, Gleiss Lutz, Frankfurt
Broich, Stefan von	Rechtsanwalt und Fachanwalt für Arbeitsrecht, Trebeck & von Broich Rechtsanwälte PartG mbB, Köln
Göpfert, Dr. Burkard, LL.M. (Columbia University, New York)	Partner, Rechtsanwalt und Fachanwalt für Arbeitsrecht, KLIEMT.Arbeitsrecht, München
Hannemann, Tobias	Rechtsanwalt, Berlin
Hartmann, Daniel	Partner, Rechtsanwalt und Fachanwalt für Arbeitsrecht, Ulrich Weber & Partner mbB, Köln/ Stuttgart
Helm, Dr. Rüdiger, LL.M. (Cape Town)	Rechtsanwalt, huber.mücke.helm Menschenrechte im Betrieb, München
Klenk, Paula	Rachtsanwältin, LNS Bochum
Krebühl, Peter	Partner, Rechtsanwalt und Fachanwalt für Arbeitsrecht, Krebühl Biere Rechtsanwälte, Frankfurt am Main
Krieger, Dr. Steffen	Partner, Rechtsanwalt und Fachanwalt für Arbeitsrecht, Gleiss Lutz, Düsseldorf
Lange, Jakob	Partner, Rechtsanwalt und Fachanwalt für Arbeitsrecht, Kanzlei Schütte, Lange & Kollegen, Wiesbaden
Leifeld, Ralf	Partner, Rechtsanwalt, Fachanwalt für Arbeitsrecht, LNS Bochum
Lohmann, Dr. Anna	Associate, Rechtsanwältin, KLIEMT.Arbeitsrecht, München

Ludwig, Dr. Daniel	Partner, Rechtsanwalt und Fachanwalt für Arbeitsrecht, CMS Deutschland, Hamburg
Müller, Thomas	Partner, Rechtsanwalt und Fachanwalt für Arbeitsrecht, Manske & Partner, Nürnberg
Reuter, Dr. Marc	Rechtsanwalt, Trebeck & von Broich Rechtsanwälte PartG mbB, Köln
Towara, Jörg	Partner, Rechtsanwalt, Fachanwalt für Arbeitsrecht und zertifizierter Datenschutzbeauftragter, TowaRA:Arbeitsrecht, Köln
Weinzierl, Anabel	Senior Associate, Rechtsanwältin und Sachanwältin für Arbeitsrecht, KLIEMT.Arbeitsrecht, München
Wahlig, Thomas	Partner, Rechtsanwalt und Fachanwalt für Arbeitsrecht, Pusch Wahlig Workplace Law, Berlin
Wiegreffe, Dr. Andreas	Partner, Rechtsanwalt und Fachanwalt für Arbeitsrecht, Watson Farley & Williams LLP, Hamburg/München

Inhaltsverzeichnis

B. Mobile Work – Chancen und Regelungsnotwendigkeiten

Abschnitt 1 – Perspektive Arbeitgeber
(*Wiegreffe*)

Abschnitt 2 – Perspektive Betriebsrat
(*Towara/Bauer*)

C. (Globale) Matrixorganisation

Abschnitt 1 – Perspektive Arbeitgeber
(*Bodenstedt*)

Abschnitt 2 – Perspektive Betriebsrat
(*Leifeld/Klenk*)

D. Technologisierung

Abschnitt 1 – Perspektive Arbeitgeber
(*Ludwig*)

Abschnitt 2 – Perspektive Betriebsrat
(*Lange*)

E. Arbeitsentgelt von Betriebsratsmitgliedern

Abschnitt 1 – Perspektive Arbeitgeber
(*Wahlig*)

Abschnitt 2 – Perspektive Betriebsrat
(*Krebühl*)

F. Anpassung der Betriebsstrukturen an die neue Arbeitswelt

Abschnitt 1 – Perspektive Arbeitgeber
(*Göpfert/Weinzierl/Lohmann*)

Abschnitt 2 – Perspektive Betriebsrat
(*Hannemann*)

G. Arbeitszeit

Abschnitt 1 – Perspektive Arbeitgeber
(*Krieger*)

Abschnitt 2 – Perspektive Betriebsrat
(*Helm*)

H. Digitalisierung der Betriebsratsarbeit

Abschnitt 1 – Perspektive Arbeitgeber
(*Braas*)

Abschnitt 2 – Perspektive Betriebsrat
(*Hartmann*)

Abkürzungsverzeichnis

a. A.	anderer Ansicht
a. a. O.	am angegebenen Ort
a. M.	anderer Meinung
ABR	Aktenzeichen für Rechtsbeschwerdeverfahren
Abs.	Absatz
AiB	Arbeitsrecht im Betrieb (Zeitschrift)
AktG	Aktiengesetz
Alt.	Alternative
Anm.	Anmerkung
AP	Arbeitsrechtliche Praxis (Entscheidungssammlung)
ArbG	Arbeitsgericht
ArbGG	Arbeitsgerichtsgesetz
ArbRAktuell	Arbeitsrecht Aktuell (Zeitschrift)
ArbRB	Der Arbeits-Rechtsberater (Zeitschrift)
ArbSchG	Arbeitsschutzgesetz
ArbStättV	Arbeitsstättenverordnung
ArbZG	Arbeitszeitgesetz
ARP	Arbeitsschutz in Recht und Praxis (Zeitschrift)
Art.	Artikel
AuA	Arbeit und Arbeitsrecht (Zeitschrift)
Aufl.	Auflage
AÜG	Arbeitnehmerüberlassungsgesetz
AuR	Arbeit und Recht (Zeitschrift)
Az.	Aktenzeichen
AZR	Aktenzeichen für Revisionsverfahren
BAG	Bundesarbeitsgericht
BAGE	Sammlung der Entscheidungen des Bundesarbeitsgerichts
BB	Betriebs-Berater (Zeitschrift)
Bd.	Band
BDSG	Bundesdatenschutzgesetz
BeckOK ArbR	Beck'scher Online-Kommentar Arbeitsrecht hrsg. von *Rolfs/Giesen/Meßling/Udsching*
BeckOK ZPO	Beck'scher Online-Kommentar ZPO hrsg. von *Vorwerk/Wolf*
BeckRS	Beck-Rechtsprechung
Beschl.	Beschluss
BetrVG	Betriebsverfassungsgesetz
BGB	Bürgerliches Gesetzbuch
BGBl.	Bundesgesetzblatt

BGH	Bundesgerichtshof
BildschirmarbV	Bildschirmarbeitsverordnung
BMAS	Bundesministerium für Arbeit und Soziales
BR	Betriebsrat
BR-Drs.	Bundesratsdrucksache
BRMG/ BReModG	Betriebsrätemodernisierungsgesetz
BSG	Bundessozialgericht
bspw.	beispielsweise
BT-Drs.	Bundestagsdrucksache
BUJ	Bundesverband der Unternehmensjuristen
BV	Betriebsvereinbarung
bzw.	beziehungsweise
Ca	Aktenzeichen Klagen in erstinstanzlichen Arbeitssachen
ca.	circa
CCOO	Federación de Servicios de Comisiones Obreras
d. h.	das heißt
DB	Der Betrieb (Zeitschrift)
DSGVO	Datenschutz-Grundverordnung
DStR	Deutsches Steuerrecht (Zeitschrift)
EBR	Europäische Betriebsräte
ErfK	Erfurter Kommentar hrsg. von *Müller-Glöge/Preis/Schmidt*
etc.	et cetera
EU	Europäische Union
EuGH	Europäischer Gerichtshof
EUR	Euro
EuZA	Europäische Zeitschrift für Arbeitsrecht
f./ff.	folgende
FA	Fachanwalt Arbeitsrecht (Zeitschrift)
Fn.	Fußnote
FS	Festschrift
GBR	Gesamtbetriebsrat
gem.	gemäß
GewO	Gewerbeordnung
GG	Grundgesetz
ggf.	gegebenenfalls
GK-BetrVG	Gemeinschaftskommentar zum Betriebsverfassungsgesetz hrsg. von *Wiese/Kreutz/Oetker/Raab/Weber/Franzen/Gutzeit/Jacobs/Schubert*

GMBl.	Gemeinsames Ministerialblatt
GRCh	Charta der Grundrechte der Europäischen Union
GSA Fleisch	Gesetz zur Sicherung von Arbeitnehmerrechten in der Fleischwirtschaft
h. M.	herrschende Meinung
HGB	Handelsgesetzbuch
HinSchG	Hinweisgeberschutzgesetz
hrsg.	herausgegeben
Hrsg.	Herausgeber
Hs.	Halbsatz
i. S. d.	im Sinne des
i. S. v.	im Sinne von
i.V.m.	in Verbindung mit
insb.	insbesondere
ITSM	IT-Service-Management
jM	juris – Die Monatszeitschrift (Zeitschrift)
jurisPR-ArbR	Juris PraxisReport Arbeitsrecht (Zeitschrift)
jurisPR-ITR	juris PraxisReport IT-Recht (Zeitschrift)
Kap.	Kapitel
KBR	Konzernbetriebsrat
KI	Künstliche Intelligenz
KSchG	Kündigungsschutzgesetz
LAG	Landesarbeitsgericht
lit.	litera (Buchstabe)
m. w. N.	mit weiteren Nachweisen
MAG	Mobile Arbeit Gesetz
MDR	Monatsschrift für Deutsches Recht
MHdB ArbR	Münchener Handbuch zum Arbeitsrecht hrsg. von *Kiel/Lunk/Oetker*
MiLoG	Mindestlohngesetz
MüKo BGB	Münchener Kommentar zum Bürgerlichen Gesetzbuch hrsg. von *Säcker/Rixecker/Oetker/Limperg*
MüKo StGB	Münchener Kommentar zum Strafgesetzbuch hrsg. von *Erb/Schäfer*
MüKo ZPO	Münchener Kommentar zur Zivilprozessordnung hrsg. von *Krüger/Rauscher*
mVa.	mit Verweis aus
m. w. N.	mit weiteren Nachweisen

NJOZ	Neue Juristische Online-Zeitschrift
NJW	Neue Juristische Wochenschrift
NK-ArbR	Nomos Kommentar Gesamtes Arbeitsrecht hrsg. von *Boecken/Düwell/Diller/Hanau*
NK-BetrVG	Nomos Kommentar Betriebsverfassungsgesetz hrsg. von *Düwell*
Nr.	Nummer
NZA	Neue Zeitschrift für Arbeitsrecht
NZG	Neue Zeitschrift für Gesellschaftsrecht
o.ä.	oder ähnliches
OLG	Oberlandesgericht
RdA	Recht der Arbeit (Zeitschrift)
RFamU	Recht der Familienunternehmen
RL	Richtlinie
Rn.	Randnummer
S.	Seite
s. o.	siehe oben
SaaS	Software as a Service
SchwarzArbG	Gesetz zur Bekämpfung der Schwarzarbeit und illegalen Beschäftigung
SGB	Sozialgesetzbuch
sog.	sogenannt
SPA	Schnellinformation für Personalmanagement und Arbeitsrecht (Zeitschrift)
st. Rspr.	ständige Rechtsprechung
StGB	Strafgesetzbuch
SWK	StichwortKommentar Arbeitsrecht hrsg. von *Grobys/Panzer-Heemeier*
TaBV	Aktenzeichen für Beschwerden in Beschlussverfahren
TV	Tarifvertrag
TVG	Tarifvertragsgesetz
u. a.	unter anderem
Urt.	Urteil
usw.	und so weiter
v.	von/vom
v.a.	vor allem
vgl.	vergleiche

z. B.	zum Beispiel
ZfA	Zeitschrift für Arbeitsrecht
zit.	zitiert
ZPO	Zivilprozessordnung
ZTR	Zeitschrift für Tarifrecht, Arbeitsrecht und Sozialrecht des öffentlichen Dienstes
zust.	zustimmend

A. Agile Work

I. Einleitung

Nicht erst seit der Corona-Pandemie, sondern bereits seit mehreren Jahren geht mit der zunehmenden Digitalisierung auch ein stetiger Wandel der heutigen Arbeitswelt einher, insofern sei auf das allseits bekannte Schlagwort „Arbeit 4.0" verwiesen. Bereits Anfang 2019 wurde durch den Bundesverband der Unternehmensjuristen (BUJ) in einer Umfrage ermittelt, dass knapp 84 % der befragten Unternehmen agile Arbeit als künftige Organisationsform für unverzichtbar halten. Lediglich knapp 3 % halten dies für verzichtbar.[1] Daher halten agile Arbeits- und Organisationsformen wie Scrum oder auch Crowdwork einen immer größeren Einzug in die Betriebe. Jedes zweite Großunternehmen setzt bereits heute auf agiles Projektmanagement, die meistgenutzte Arbeitsmethode ist dabei Scrum.[2] Anlass genug, sich mit den in diesem Zusammenhang ergebenden Fragestellungen zur betrieblichen Mitbestimmung am Beispiel von Scrum und Crowdwork zu befassen. 1

II. Scrum

Scrum ist eine moderne Form des agilen Projektmanagements durch selbst organisierte Gruppen. Diese Arbeitsweise wurde in den 1990er- und Anfang der 2000er-Jahre entwickelt und zunächst insbesondere in der Softwareentwicklung eingesetzt. Sie ist inzwischen die am häufigsten eingesetzte agile Arbeitsmethode. 2

1. Wesentliche Merkmale

Zu den wesentlichen Merkmalen des Scrum gehören insbesondere: 3

- Team arbeitet eigenverantwortlich,
- Teammitglieder sind gleichberechtigt,
- Projekt wird in kleinere Einheiten aufgeteilt, die zu Zwischenergebnissen führen,
- Anforderungen werden anhand der jeweiligen Zwischenergebnisse kontinuierlich angepasst.

---

1 *Heise*, NZA-Beilage 2019, 100 mVa. *BUJ/CLI/Luther*, Agile Arbeit 2019 – Organisation, Führung und Arbeitsweise in einer digitalisierten Welt, S. 84.

2 *Günther/Böglmüller*, NZA 2019, 273, 275 m. w. N.

2. Rollen

a) Stakeholder

4 Stakeholder sind Personen oder Institutionen außerhalb des eigentlich Scrum, die ein besonderes Interesse am Ergebnis bzw. Endprodukt des Scrum haben, z. B. Management, Anwender oder Kunden.

b) Product Owner

5 Der Product Owner verantwortet die Konzeption des Produkts und ist für die Mitteilung der Konzeption an das Entwicklungsteam zuständig. Der Product Owner stellt die Anforderungen an das Produkt zusammen und teilt diese in einzelne Arbeitsaufträge im sogenannten Product Backlog auf. Gleichzeitig priorisiert er die Abarbeitung der einzelnen Arbeitsaufträge.

c) Scrum Master

6 Der Scrum Master ist der Moderator des Entwicklungsteams. Er hat dabei keine fachliche oder gar disziplinarische Führungsrolle inne, sondern eher eine Coaching-Funktion. In dieser löst er Konflikte im Entwicklungsteam und räumt Hemmnisse aus dem Weg. Gleichzeitig sorgt er für die Einhaltung der „Spielregeln". So soll der Scrum Master z. B. darauf achten, dass das Team täglich Besprechungen („Daily") abhält.

d) Entwickler

7 Das Kern-Entwicklerteam besteht regelmäßig aus drei bis neun Mitgliedern, entsprechend den notwendigen Qualifikationen. Die Entwickler sind für die Herstellung des Produkts verantwortlich und organisieren sich dabei selbst.

3. Ablauf

8
1. Erstellung des Product Backlog mit den Anforderungen an das Produkt durch den Product Owner;
2. Sprint Planning: Sprintziel, Vorstellung des Backlogs, Aufgabenverteilung;
3. Sprint Backlog: im jeweiligen Sprint zu erledigende Aufgaben;
4. Sprint: ca. vier Wochen, besteht aus Daily Sprints;
5. Sprint Review, Vorstellung für die Stakeholder und Bewertung durch diese.

III. Fallbeispiel I

9 Ein Versicherungsunternehmen möchte an seinem Stammsitz, einem Betrieb mit 700 Arbeitnehmern mit Betriebsrat, in der IT-Abteilung mit 90 Arbeitneh-

mern ein neues Risikobewertungs-Tool entwickeln. Dies soll erstmals in der Arbeitsmethode Scrum geschehen. Dazu beauftragt das Management ein Team innerhalb der IT-Abteilung mit acht Arbeitnehmern damit, das Tool mit der Scrum-Methode zu entwickeln. Das Management legt dazu die Scrum-Rollen fest und entscheidet, dass der Teamleiter der Product Owner wird, der Stellvertreter der Scrum Master und die restlichen Teammitglieder das Entwicklerteam bilden. Das Management gibt vor, dass nach einer Planungsphase von einer Woche drei Sprints mit je drei Wochen stattfinden sollen.

IV. Fallbeispiel II

Ein Softwareentwicklungs-Unternehmen möchte alle seine Entwicklungsteams in seinem einzigen Betrieb – mit Betriebsrat – dauerhaft auf Scrum umstellen. Das Management weist den bisher bestehenden Teams die zu entwickelnden Produkte zu. Die Teams entscheiden selbst über die jeweilige Rollenverteilung, die sich bei jedem neuen Projekt ändern kann, und entscheiden auch autonom über die Gestaltung und Länge der Sprints. **10**

V. Crowdworking

1. Grundsätzliches

Im Rahmen des sogenannten Crowdworking vergeben Unternehmen bzw. Arbeitgeber Arbeiten an eine in vielen Fällen zunächst unbestimmte Menge von Personen, die sogenannten „Crowd". Die zu erledigende Aufgabe kann unternehmensintern an eine größere Zahl von Mitarbeitern – zumeist wohl ungeachtet derer organisatorischer Anbindung – oder aber offen über das Internet ausgerufen werden.[3] **11**

In einem ersten Schritt wird hierbei offen dazu aufgerufen, die Durchführung von Aufgaben anzubieten oder sie unmittelbar zu lösen. Auf diesen Aufruf hin können Beschäftigte oder je nach Ausgestaltung auch Externe reagieren und sich dazu entscheiden, an einem Projekt mitzuarbeiten. Die Kommunikation sowie das Austauschen der Ergebnisse erfolgt sodann über IT-gestützte Plattformen, was sodann das das dritte Merkmal des Crowdworking darstellt.[4] **12**

3 *Däubler/Klebe*, NZA 2015, 1032; *Heise*, NZA-Beilage 2019, 100.
4 *Heise*, NZA-Beilage 2019, 100.

2. Internes/externes Crowdworking

13 Grundsätzlich, insbesondere auch mit Auswirkung auf die Beteiligungsrechte des Betriebsrats, ist zwischen internem und externem Crowdworking zu unterscheiden.[5]

14 Beim internen Crowdsourcing wird auf die eigenen Beschäftigten zugegriffen.[6] Diese stellen insofern die Crowd dar, welche die auf einer internen Plattform gestellten Aufgaben angeht. Interne Crowdwork kommt sowohl für komplexe Aufgaben, welche eine höhere Spezialisierung erfordern (sog. Makroaufgaben), als auch für einfache Aufgaben, für die es keine besondere Qualifizierung braucht (sog. Mikroaufgaben), in Betracht.[7] Gerade bei längerfristigen und komplexen Projekten erfolgt vielfach eine Verzahnung mit betrieblichen Scrum-Methoden.[8]

15 Beim externen Crowdsourcing hingegen kommt, wenn es sich nicht um einen auf eine bestimmte Gruppe beschränkten Aufruf bzw. Auftrag handelt, grundsätzlich jede Person in Betracht, welche auf die Plattform, auf die der Auftrag gestellt wird, zugreifen kann.[9]

16 Die Plattform kann auch entweder vom Unternehmen selbst zur Verfügung gestellt werden, auch kommt das Betreiben durch einen externen Anbieter in Betracht.[10] Ebenso sind auch Mischformen möglich. Siehe hierzu auch die nachstehende Darstellung nach *Leimeister/Durward/Simmert*:[11]

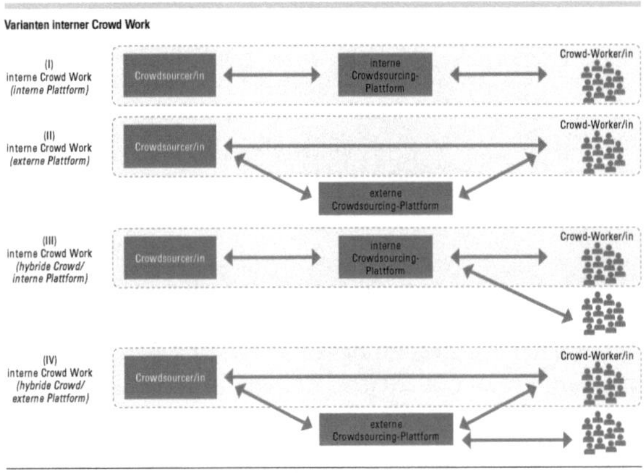

Quelle: Eigene Darstellung.

---

5 Zur weiteren Differenzierung zwischen direktem/indirektem Crowdworking: *Arnold/Günther*, Arbeitsrecht 4.0, 2018, S. 49 Rn. 70 f.

6 Beispiele für internes Crowdworking bei *Klebe*, AuR 2016, 277.

7 *Arnold/Günther*, Arbeitsrecht 4.0, 2018, S. 47 Rn. 65.

8 *Pelzer*, in: Grimm/Singraven, Digitalisierung und Arbeitsrecht, § 10 Crowdwork Rn. 10.6.

9 *Däubler/Klebe*, NZA 2015, 1032.

10 *Däubler/Klebe*, NZA 2015, 1032.

11 *Leimeister/Durward/Simmert*, Die interne Crowd, 2020.

VI. Fallbeispiel – Crowdworking

Ein IT-Unternehmen mit mehreren Betrieben in Deutschland beschließt, mit dem Ziel, die Ressourcen der Beschäftigten besser nutzen zu können, Entwicklungsaufträge über eine zentrale Plattform, den sog. Marketplace jeweils unternehmensweit anzubieten. Beschäftigte und Teams können sich hierauf zur Vergabe durch den Arbeitgeber melden. Zur Steuerung und Einschätzung der Machbarkeit werden Jobrollen und Skill-Sets der Beschäftigten erfasst. Die Aufträge können klein, aber auch umfangreich sein und im Schwierigkeitsgrad differieren. Eine reine Zuweisung der Aufgaben wie bis bislang erfolgt nicht mehr. **17**

VII. Mitbestimmung bei der Einführung agiler Arbeit

1. Informations- und Beratungsrechte

a) § 90 BetrVG

Vor der Einführung agiler Arbeitsmethoden wie Scrum und Crowdwork kommt das Unterrichtungs- und Beratungsrecht gem. § 90 Abs. 1 Nr. 3 BetrVG in Betracht. Dieses erfasst die Planung von Arbeitsvorgängen in technischer („Arbeitsverfahren“) und in organisatorischer („Arbeitsabläufe“) Weise. Insbesondere beim Scrum sind die prägenden Merkmale organisatorischer und nicht technischer Natur. Daher fällt Scrum jedenfalls unter den Begriff der Arbeitsabläufe. **18**

Zusätzlich ist auch § 90 Abs. 1 Nr. 4 BetrVG einschlägig, wenn im Zuge der Scrum-Einführung eine räumliche Umgestaltung der Arbeitsplätze der beteiligten Arbeitnehmer erforderlich ist (etwa Schaffung eines gemeinsamen, mehrerer Gruppen-Büros oder eines Open Space). **19**

Bereits seinem Wortlaut nach ist § 90 Abs. 1 BetrVG nicht auf *grundlegende* Änderungen oder Planungen beschränkt, daher erfasst die Norm auch kleinere Änderungen sowie Pilotprojekte. **20**

Als Rechtsfolge muss der Arbeitgeber den Betriebsrat rechtzeitig über die Planung unterrichten, also bevor er konkrete Maßnahmen ins Auge gefasst hat. Das bedeutet, dass bereits die erste Überlegung, Scrum bzw. Crowdworking einzuführen, Gegenstand einer Unterrichtung sein sollte, noch bevor die konkrete Ausgestaltung (bei Scrum: Umfang, betroffene Teams/Arbeitnehmer; bei Crowdworking: intern/extern) feststeht. Dabei muss die Unterrichtung umfassend und unter Vorlage aller Unterlagen – soweit vorhanden – erfolgen. **21**

Neben der Unterrichtung muss der Arbeitgeber die Planung mit dem Betriebsrat beraten (§ 90 Abs. 2 Satz 1 BetrVG). **22**

b) § 106 BetrVG

23 Gemäß § 106 Abs. 3 Nr. 5 BetrVG muss der Arbeitgeber den Wirtschaftsausschuss über die Einführung neuer Arbeitsmethoden unterrichten. Diese Arbeitsmethoden erfassen auch im Dienstleistungsbereich die Gestaltung der Zusammenarbeit der Arbeitnehmer untereinander. Darunter fallen also mit einem modernen Begriffsverständnis entsprechende agile Arbeitsmethoden, insbesondere Scrum und interne Crowdwork, in deren Rahmen sich die Zusammenarbeit der Arbeitnehmer doch deutlich vom herkömmlichen Ablauf unterscheidet.

24 Die Einführung agiler Arbeitsmethoden soll unter die Änderung der Betriebsorganisation gemäß § 106 Abs. 3 Nr. 9 BetrVG fallen (siehe dazu Diskussion um Betriebsänderung), was nicht unumstritten ist.

25 Jedenfalls jedoch wegen § 106 Abs. 3 Nr. 5 BetrVG muss das Unternehmen den Wirtschaftsausschuss *rechtzeitig* unterrichten, also bevor es konkrete Entscheidungen über die Einführung von Scrum oder internem Crowdworking getroffen hat. Auch insoweit ist die Vorlage aller Unterlagen sowie eine von der Unterrichtung unabhängige Beratung mit dem Wirtschaftsausschuss erforderlich.

26 In jedem Fall sind die geplante Einführung von Scrum oder Crowdworking als Vorgänge und Vorhaben, welche die Interessen der Arbeitnehmer des Unternehmens wesentlich berühren können, gemäß § 106 Abs. 3 Nr. 10 BetrVG anzusehen.[12]

2. Beteiligungsrechte gemäß §§ 111 ff. BetrVG

a) Betriebsänderung

aa) Grundlegende Änderung der Betriebsorganisation

27 Die Einführung von agilen Arbeitsmethoden, insbesondere von Scrum, aber gerade auch internem Crowdworking[13] kann in Form der grundlegenden Änderung der Betriebsorganisation eine Betriebsänderung i. S. d. § 111 Satz 3 Nr. 4 Alt. 1 BetrVG darstellen.

(1) Änderung der Betriebsorganisation

28 Bei der Bewertung ist von den Grundsätzen des BAG auszugehen, demzufolge eine Änderung der Betriebsorganisation vorliegt, falls „der Betriebsaufbau, insbesondere hinsichtlich Zuständigkeiten und Verantwortung, umgewandelt wird".[14] Darunter fällt demnach nach Ansicht des BAG etwa die Streichung einer

---

12 Für Crowdworking: *Däubler/Klebe*, NZA 2015, 1032.

13 *Pelzer*, in: Grimm/Singraven, Digitalisierung und Arbeitsrecht, § 10 Crowdwork Rn. 10.7; *Klebe*, AuR 2016, 277.

14 BAG, 18.3.2008 – 1 ABR 77/06.

Hierarchieebene.[15] Als weiterer Fall der Änderung der Betriebsorganisation gilt nach verbreiteter Ansicht die Umstellung auf Gruppenarbeit.[16]

Nach diesen Grundsätzen ist jedenfalls in der Einführung von Scrum, die mit einer Änderung der Weisungsbefugnisse einhergeht, eine Änderung der Betriebsorganisation zu sehen. 29

Daher liegt im Fallbeispiel II eine Änderung der Betriebsorganisation vor: 30

Die Arbeitnehmer des Kernteams sollen die zur Erledigung der ihnen gestellten Arbeitsaufgabe erforderlichen Arbeitsvorgänge in einem erheblichen Maße künftig selbst organisieren. Umgekehrt verändert sich die Stellung der unmittelbaren Vorgesetzten in dem Sinne, dass fachliche Detailweisungen während der Laufzeit eines agilen Projekts nicht mehr erteilt werden dürfen oder zumindest faktisch entfallen. 31

Mit den Aufgaben Product Owner und Scrum Master werden spezifische Verantwortlichkeiten für die einzelnen Projekte geschaffen. 32

Jedenfalls kann also dann von Änderung der betrieblichen Organisation gesprochen werden, wenn die Planungen von vornherein dahin gehen, agile Strukturen betriebsweit oder zumindest in großen Teilen des Betriebs einzuführen. 33

Fraglich ist die Einordnung hingegen, wenn Scrum innerhalb von Teams eingeführt wird, deren Funktion (z. B. Softwareentwicklung) sich dadurch nicht ändert, ebenso wenig wie die überwiegende Zuständigkeit der Teammitglieder. 34

So im Fallbeispiel I: Weder die grundsätzlichen Weisungsbefugnisse noch die Rollen der meisten Teammitglieder ändern sich (dauerhaft). 35

Im Fallbeispiel Crowdwork stellt ebenfalls die Umstellung von der konkreten Zuweisung von Aufgaben hin zu einem eigenständigen „Bewerben" um Aufgaben eine Änderung der Weisungsbefugnisse dar und damit zunächst eine Änderung der Arbeitsorganisation. 36

(2) Grundlegende Änderung

Das Gesetz setzt eine grundlegende Änderung der Betriebsorganisation voraus, was im Fall von Scrum und Crowdworking das entscheidende Kriterium zur Klassifizierung als Betriebsänderung sein dürfte. 37

Laut BAG ist eine Änderung grundlegend i. S. d. § 111 Satz 3 Nr. 4 BetrVG, falls sie sich auf den Betriebsablauf in erheblicher Weise auswirkt.[17] Maßgeblich dafür ist der Grad der Veränderung. Es kommt entscheidend darauf an, ob die Änderung einschneidende Auswirkungen auf den Betriebsablauf, die Arbeitsweise 38

---

15 BAG, 26.10.2004 – 1 AZR 493/03, hier Regionalleiter.

16 LAG Nürnberg, 1.8.2000 – 7 TaBV 38/99; *Annuß*, in: Richardi, BetrVG, § 111 Rn. 109; *Däubler*, in: Däubler/Klebe/Wedde, § 111 Rn. 105; *Fitting*, BetrVG, § 111 Rn. 94.

17 BAG, 18.11.2003 – 1 AZR 637/02.

oder die Arbeitsbedingungen der Arbeitnehmer hat. Die Änderung muss in ihrer Gesamtschau von erheblicher Bedeutung für den gesamten Betriebsablauf sein. Lediglich dann ist laut BAG die mit § 111 Satz 3 BetrVG verbundene Fiktion gerechtfertigt, dass die Maßnahme i. S. v. § 111 Satz 1 BetrVG wesentliche Nachteile für die Belegschaft oder erhebliche Teile davon zur Folge hat.[18]

39 Demnach dürfte die Einführung von Scrum innerhalb lediglich eines Teams (z. B. als Pilotprojekt), wie in Fallbeispiel I, keine grundlegende Änderung sein, da der Betriebsablauf in seiner Gesamtheit dadurch nicht verändert wird.

40 Fraglich ist daneben, ob auch bei Pilotprojekten auf die Gesamtplanung des Unternehmens abzustellen ist, die eine flächendeckende Einführung vorsieht.[19] Das BAG hat das zuletzt restriktiv gehandhabt,[20] sodass entgegen anderslautenden Stimmen die Pilotprojekte jeweils einzeln zu betrachten sind.

41 Je nach Standpunkt in dieser Frage ändert sich somit im Fallbeispiel I die Bewertung, wenn das Management die Umsetzung des Scrum mittelfristig auch in anderen Teams plant.

42 Nach Ansicht von *Krause* soll jedenfalls dann eine grundlegende Änderung der Betriebsorganisation vorliegen, wenn auf eine hierarchiefreie Selbstorganisation der Arbeitnehmer bei der Erledigung von Arbeitsaufgaben sowie insbesondere die klar definierten Rollen bei Scrum bei einem entsprechend hohen innerbetrieblichen Verbreitungsgrad umgesteuert wird.[21]

43 In Fallbeispiel II wäre demnach eine grundlegende Änderung der Betriebsorganisation anzunehmen.

44 Dabei ist insbesondere das Argument der wegfallenden Hierarchie als Beleg für kritisch zu betrachten, da gerade das disziplinarische Weisungsrecht nicht wegfällt, sondern lediglich das fachliche Weisungsrecht.

45 Im Fallbeispiel Crowdworking ist für die Frage der Beurteilung, ob die Änderung der Betriebsorganisation als grundlegend angesehen werden kann, grundsätzlich eine qualitative Bewertung erforderlich, wobei sich die Wesentlichkeit auch aus der Zahl der betroffenen Arbeitnehmer oder dem Gewicht der Auswirkungen auf die Beschäftigten ergeben kann.[22] Insofern wäre zu betrachten, wie hoch der Anteil der betroffenen Beschäftigten an der Gesamtbelegschaft ist.

18 BAG, 22.3.2016 – 1 ABR 12/14; 18.3.2008 – 1 ABR 77/06.
19 So etwa *Krause*, HSI-Schriftenreihe Bd. 37, S. 58.
20 BAG, 22.3.2016 – 1 ABR 12/14.
21 *Krause*, HSI-Schriftenreihe Bd. 37, S. 61.
22 BAG, 22.3.2016 – 1 ABR 12/14.

bb) Einführung grundlegend neuer Arbeitsmethoden

In der Scrum-Einführung und bei Crowdworking[23] kann auch die Einführung grundlegend neuer Arbeitsmethoden und damit eine Betriebsänderung gem. § 111 Satz 3 Nr. 5 Alt. 1 BetrVG liegen. 46

(1) Arbeitsmethode

Nach der Rechtsprechung des BAG beschreibt Arbeitsmethode die jeweilige Art, eine Arbeitsaufgabe systematisch abzuwickeln. Hierunter fallen die Strukturierung des Arbeitsablaufs des einzelnen Arbeitnehmers, Arbeitsabläufe zwischen den Arbeitnehmern sowie der Einsatz technischer Hilfsmittel. Es geht laut BAG um alle konzeptionellen Vorgaben, die hinter den einzelnen Arbeitsvorgängen stehen, und damit um die Festlegung der Regeln, welche Beschäftigten mit welchen Hilfsmitteln in welcher Reihenfolge eine bestimmte Aufgabe erledigen sollen.[24] 47

Die Arbeitsmethode wird auch beschrieben als Art und Weise, wie die menschliche Arbeit zur Erfüllung des Betriebszwecks arbeitstechnisch eingesetzt wird.[25] 48

Damit fällt unter die Arbeitsmethode auch die organisatorische Gestaltung der Arbeitsabläufe. 49

Scrum geht im Regelfall mit einer erheblichen Umgestaltung der Abläufe und der Zusammenarbeit einher und zeichnet sich durch klare konzeptionelle Regelungen über die Rollen der Beteiligten, die Ausgestaltung des Sprints sowie die sonstigen Interaktionen aus und ist daher eine neue Arbeitsmethode i. S. d. § 111 Satz 3 Nr. 5 Alt. 1 BetrVG.[26] 50

Auch die Einführung von internem Crowdworking, insbesondere in Verbindung mit Scrum, bedeutet regelmäßig ebenfalls eine erhebliche Veränderung der Abläufe und der Zusammenarbeit und damit eine neue Arbeitsmethode. 51

(2) Grundlegend neue Arbeitsmethode

Bei der Arbeitsmethode muss es sich gem. § 111 Satz 3 Nr. 5 Alt. 1 BetrVG auch um eine grundlegend neue handeln. 52

Dem BAG zufolge erfordert die Einordnung als grundlegend „prinzipiell eine qualitative Bewertung, wobei sich der bedeutsame Charakter einer neuen Ar- 53

---

23 Für Crowdworking: *Pelzer*, in: Grimm/Singraven, Digitalisierung und Arbeitsrecht, § 10 Crowdwork Rn. 10.7; *Klebe*, AuR 2016, 277.

24 BAG, 22.3.2016 – 1 ABR 12/14.

25 S. etwa *Annuß*, in: Richardi, BetrVG, § 111 Rn. 120.

26 FS 100 Jahre Betriebsverfassungsrecht, 2020, S. 17, 38; *Däubler*, in: Däubler/Klebe/Wedde, BetrVG, § 111 Rn. 113; *Günther/Böglmüller*, NZA 2019 417, 423; in diese Richtung auch *Sittard/Müller*, ArbRB 2018, 381, 383.

beitsmethode oder eines neuen Fertigungsverfahrens auch aus der Zahl der von ihr betroffenen Arbeitnehmer oder dem Gewicht der Auswirkungen auf die Beschäftigten ergeben kann".[27]

54 Je größer der Anteil der von der Einführung neuer Arbeitsmethoden betroffenen Belegschaft ist, desto weniger stark muss die Auswirkung auf den einzelnen Arbeitnehmer sein. Umgekehrt gilt: Je gewichtiger die Auswirkungen der neuen Arbeitsmethoden auf die Mitarbeiter sind, desto geringer kann der Anteil der Betroffenen sein.

55 Die qualitative Bewertung hängt auch davon ab, wie weit sich die Scrum-Methode von der bisherigen im betroffenen Team praktizierten Arbeitsweise unterscheidet.

56 Im Fallbeispiel II könnte es somit einen Unterschied machen, wenn beinahe alle Entwicklerteams bereits in sehr flachen Hierarchien und mit agilen Arbeitsmethoden arbeiten.

57 Die Bewertung kann möglicherweise auch dann unterschiedlich ausfallen, wenn die betroffenen Arbeitnehmer bereits in agilen Methoden erfahren oder geschult sind. In diesem Fall sind die Auswirkungen der Einführung der Scrum-Methode auf die einzelnen Arbeitnehmer deutlich geringer als bei insoweit unerfahrenen Arbeitnehmern.

58 In jedem Fall dürfte eine Arbeitsmethode als grundlegend neu zu bewerten sin, wenn von vornherein der ganze Betrieb oder erhebliche Teile der Belegschaft in diese Umstellung einbezogen werden sollen, wobei sich die Erheblichkeit wiederum anhand der Schwellenwerte des § 17 Abs. 1 Satz 1 KSchG sowie der zusätzlichen 5 %-Klausel bei Großbetrieben bemessen kann.

59 Nach diesen Maßstäben ist die Einführung der Scrum-Methode im Fallbeispiel II zu bejahen.

60 Die den Beschäftigten auferlegten Veränderungen sind vor allem deswegen erheblich, weil die Umsteuerung von hierarchischen Strukturen mit klaren Weisungs- und Unterstellungsverhältnissen auf eine Arbeitsform erfolgt, die im Rahmen einer bestimmten Konzeption maßgeblich auf die Selbstorganisation der Arbeitnehmer bei der Gestaltung der konkreten Arbeitsvorgänge setzt. Damit wird die individuelle Aufgabenbreite und damit auch die Verantwortung erheblich erweitert, was die Qualifikation der Änderung als grundlegend rechtfertigt. Gleiches gilt im Ergebnis in den Fällen, in denen sich eine agile Aufgabenerledigung in einem für sich genommen nicht erheblichen Teil des Betriebs auf die Arbeitsabläufe größerer Beschäftigtengruppen massiv auswirkt.

61 Ebenfalls dürfte bei Erreichen der quantitativen Schwellenwerte auch im Fallbeispiel Crowdwork von der Einführung einer grundsätzlich neuen Arbeitsmethode und damit einer Betriebsänderung auszugehen sein.

---

27 BAG, 22.3.2016 – 1 ABR 12/14.

(3) Betriebsänderung durch Personalabbau bei externer Crowdwork

Wird in größerem Stil geplant, die bisherigen Tätigkeiten im Betrieb auf externe Crowdworker zu verlagern, kann dies zum Entfall von Arbeitsplätzen im Betrieb führen und daher insbesondere zu einer Betriebsänderung in Form der Einschränkung des Betriebs bzw. eines wesentlichen Betriebsteils (§ 111 Satz 3 Nr. 1 BetrVG). Dies kann auch durch einen bloßen Personalabbau unter Beibehaltung der sächlichen Betriebsmittel erfolgen, sofern hiervon ein erheblicher Teil der Belegschaft betroffen ist. Das bestimmt sich gemäß der Rechtsprechung des BAG grundsätzlich nach den Zahlengrößen des § 17 Abs. 1 KSchG, jedoch mit der Maßgabe, dass von dem Personalabbau mindestens fünf Prozent der Belegschaft betroffen sein müssen.[28] **62**

b) Fazit

Ob die Einführung von Scrum als Betriebsänderung zu qualifizieren ist, hängt im Wesentlichen vom Anteil der betroffenen Arbeitnehmer oder Teams innerhalb des Betriebs ab. Zwar besteht insbesondere hinsichtlich begrenzter Pilotprojekte bei in agilen Methoden bereits erfahrenen Teams rechtlicher Argumentationsspielraum. Gleiches gilt für die Einführung interner Crowdwork. Bei externer Crowdwork kann zusätzlich ggf. eine Betriebsänderung durch hieraus folgenden Personalabbau gegeben sein. Praktisch dürfte die Aufnahme von Interessenausgleichs- und Sozialplan-Verhandlungen jedoch auch angesichts der vorherrschenden Ansicht in der Literatur zu empfehlen sein. **63**

c) Interessenausgleich

Der Interessenausgleich ist – allgemein gesprochen – die Vereinbarung über das Ob, Wann und Wie der Betriebsänderung. Im Interessenausgleich wird im Einzelnen geregelt, in welchem Umfang, zu welchem Zeitpunkt bzw. in welcher Abfolge und mit welchem Inhalt die vom Unternehmer geplante Betriebsänderung durchgeführt werden soll.[29] An diesen Leitplanken sollte sich der Interessenausgleich auch bei der Einführung agiler Arbeitsmethoden wie Scrum oder Crowdwork orientieren. **64**

Als Inhalt für einen Interessenausgleich für die Einführung eines Scrum bieten sich u. a. die generelle Konzeption des Scrum, die Festlegung der betroffenen Abteilungen/Teams und die individuelle Rollenverteilung und -definition an. **65**

Bezüglich der Einführung von Crowdwork ist neben den allgemeinen Anforderungen zunächst zu denken an die Klärung, ob interne oder externe Crowdwork angedacht ist, sowie an die Beschreibung der angedachten Anpassungen in den Arbeitsprozessen, die Auswirkungen auf die einzelnen bzw. auch Gruppen von **66**

---

28 BAG, 9.11.2010 – 1 AZR 708/09.
29 BAG, 9.7.1985 – 1 AZR 323/83; 27.10.1987 – 1 ABR 9/86; 17.9.1991 – 1 ABR 23/91.

Beschäftigten und die betriebliche Organisation.[30] Auch die ggf. angedachte zukünftige Gestaltung der Vergütung sollte beschrieben werden. Bei externer Crowdwork kann es zudem zu einem Personalabbau kommen, der ebenfalls zu beschreiben wäre.

d) Sozialplan

67 Hinsichtlich des Regelungsinhalts eines Sozialplans ist vom Zweck des Sozialplans auszugehen, wirtschaftliche Nachteile der Arbeitnehmer, die infolge der geplanten Betriebsänderung entstehen, auszugleichen (§ 112 Abs. 1 Satz 2 BetrVG).

68 Grundsätzlich ist jedoch die Scrum-Einführung nicht mit wirtschaftlichen Nachteilen für die Arbeitnehmer verbunden. Denkbar sind unter Umständen Verlängerungen der Arbeitszeit während der einzelnen Sprints, wobei eine solche Verlängerung ohnehin eine wirksame Rechtsgrundlage erfordert, sich innerhalb der gesetzlichen Höchstarbeitszeiten halten muss. Im Übrigen richtet sich die Vergütung etwaiger Mehrarbeit als wirtschaftliche Komponente nach den auch ansonsten einschlägigen Regelungen. Daher führt selbst eine etwaige Mehrarbeit nicht zwangsweise zu einem wirtschaftlichen Nachteil. Teilweise wird vorgeschlagen, in einem Sozialplan einen Evaluierungsprozess insbesondere zur Analyse der Arbeitsbelastung, des „Gruppendrucks" und möglicherweise auftretender Qualifizierungsdefizite zu regeln. Ebenso wie bei einem sog. „Qualifizierungssozialplan", der spezifische Weiterbildungsmaßnahmen vorsieht, um Arbeitnehmer auf die künftigen veränderten Anforderungen an ihre Arbeitsweise vorzubereiten, fehlt es dabei allerdings regelmäßig an einem bereits entstandenen wirtschaftlichen Nachteil. Jedenfalls ein erzwingbarer Sozialplan darf allerdings lediglich entstandene oder entstehende Nachteile ausgleichen und solche nicht von vorneherein verhindern.

69 Bei Crowdwork wird primär danach zu differenzieren sein, ob es sich um interne oder externe Crowdwork handelt. Jedenfalls bei interner Crowdwork drängen sich wirtschaftliche Nachteile für Beschäftigte zunächst nicht auf, sodass grundsätzlich auf die Ausführungen zu Scrum zu verweisen ist. Gleichzeitig kann, jedenfalls bei nicht verstetigten Gehaltsbestandteilen, der Eintritt von wirtschaftlichen Nachteilen drohen, wenn Beschäftigte bei der Vergabe von Aufgaben deutlich weniger zum Zug im Vergleich zur gesteuerten Arbeitsvergabe kommen und daher die variablen Vergütungsbestandteile geringer ausfallen. Hier wäre an Regelungen zur Entgeltsicherung zu denken. Ist insbesondere externe Crowdwork mit einem Personalabbau verbunden, sind zusätzlich z. B. Abfindungsregelungen aufzunehmen.

---

30 Hierzu weiterführend die Darstellung bei *Leimeister/Durward/Simmert*, Die interne Crowd, insbesondere in der Tabelle S. 27.

VIII. Mitbestimmung bei der Ausgestaltung von Scrum/ interner Crowdwork

1. § 87 Abs. 1 Nr. 6 BetrVG

Bei Scrum kommt ein Mitbestimmungsrecht des Betriebsrats z. B. bezüglich der Einführung und Anwendung elektronischer Datenbanken oder Ablagesysteme in Betracht, die dazu dienen, den Projektfortschritt zu dokumentieren und Wissensmanagement zu betreiben. Dies gilt jedenfalls dann, falls und soweit dieses System jedenfalls theoretisch eine Leistungs- und Verhaltenskontrolle erlaubt. 70

Da bei Crowdwork die Vergabe der Arbeiten unter Zuhilfenahme einer technischen Plattform und daher einer technischen Einrichtung im Sinne des § 87 Abs. 1 Nr. 6 BetrVG erfolgt, besteht in diesem Zusammenhang ebenfalls ein Mitbestimmungsrecht des Betriebsrats. In diesem Zusammenhang sollten insbesondere klare Regelungen darüber erfolgen, welche personenbeziehbaren Daten erfasst werden, wann sie zu löschen sind und wer zu welchem Zweck Zugriff auf die Daten hat.[31] 71

2. § 87 Abs. 1 Nr. 7 BetrVG

Bei agilen Arbeitsformen kommen nach Lage der Dinge vor allem psychische Belastungen in Betracht, die sich im Laufe der Zeit ggf. zu Beeinträchtigungen der psychischen und schließlich auch der physischen Integrität der Beschäftigten auswachsen können. 72

Bei Scrum sind z. B. ein hoher Veränderungsdruck durch die übereilte Implementierung agiler Arbeitsstrukturen, eine übermäßige Beanspruchung durch unrealistisch hohe Arbeitsmengen und zu eng gesteckte Terminvorgaben, die fehlende Planbarkeit des Workload durch spontane kunden- oder projektspezifische Zusatzanforderungen sowie das Erfordernis ständiger Koordinierungs- und Aushandlungsprozesse angesichts fehlender Hierarchien und daraus folgender unklarer Entscheidungssituationen als besondere Belastungen der Beschäftigten denkbar. 73

Bei Crowdwork kommen belastende Aspekte wie die ggf. fehlende Steuerung der Arbeitsmenge oder aber der Druck, bei der Vergabe berücksichtigt zu werden, hinzu. 74

Vorstehende Aspekte verdeutlichen, dass auch bei den neuen agilen Arbeitsformen der Arbeits- und Gesundheitsschutz von Bedeutung ist. Auch hier ist der Arbeitgeber gemäß § 3 Abs. 1 Satz 1 ArbSchG verpflichtet, die erforderlichen Maßnahmen des Arbeitsschutzes unter Berücksichtigung der Umstände zu treffen, die Sicherheit und Gesundheit der Beschäftigten bei der Arbeit beeinflussen. Im Rahmen der Gefährdungsbeurteilung hat der Arbeitgeber deshalb zu er- 75

31 *Däubler/Klebe*, NZA 2015, 1032; allgemein weiterführend: *Dahl/Brink*, NZA 2018, 1231.

mitteln, welche Maßnahmen zum Schutz der Arbeitnehmer erforderlich sind, § 5 Abs. 1 ArbSchG. Gefährdungen können sich nach § 5 Abs. 3 BetrVG bei agilen Arbeitsmethoden wie Scrum oder Crowdwork ergeben im Hinblick auf die Gestaltung der Arbeitsverfahren und Arbeitsabläufe. Vor diesem Hintergrund bedarf es vor der Einführung der neuen agilen Arbeitsmethoden einer ganzheitlichen Gefährdungsbeurteilung. Deren Ausgestaltung unterfällt der Mitbestimmung des Betriebsrats nach § 87 Abs. 1 Nr. 7 BetrVG.[32] Auf Grundlage der Ergebnisse der Gefährdungsbeurteilung sind sodann flankierende Schutzmaßnahmen zu ergreifen, um die Gefährdungen nach Möglichkeit zu verhindern.

3. § 87 Abs. 1 Nr. 10, 11 BetrVG

76 In agilen Teams liegt der Fokus auf dem Gruppenergebnis, das die Teammitglieder eigenverantwortlich gemeinsam erarbeiten. Es ist daher bereits praktisch schwierig, die Leistung des Einzelnen zu bewerten. Bestehende Bonusmodelle dürften demgegenüber bislang eher auf individuelle Ziele ausgerichtet sein, sodass sich im Rahmen des Mitbestimmungsrechts zur betrieblichen Lohngestaltung bzw. zu leistungsbezogenen Entgelten die Notwendigkeit zur Anpassung vorhandener Betriebsvereinbarungen ergeben würde.

77 Bei der Verhandlung gruppenbezogener Zielvereinbarungen ergeben sich darüber hinaus noch spezifische Folgeprobleme wie z. B. die Folgen von krankheitsbedingten Ausfällen einzelner Gruppenmitglieder für die Zielerreichung der Gruppe. Geregelt werden sollte ferner, wie mit Zielkonflikten umgegangen wird, wenn ein einzelnes Teammitglied neben der Herbeiführung eines Gruppenziels auch gleichzeitig noch zu einer Verwirklichung von Einzelzielen angehalten wird.

78 Die Einführung von Crowdwork kann ebenso vergütungsrechtliche Auswirkungen haben. Grundsätzlich gilt für interne Crowdwork, dass sich die Vergütung, wenn die Arbeit innerhalb der Arbeitszeit erfolgt, nach dem Arbeitsvertrag richtet. In Betracht kommen aber, insbesondere bei externer Crowdwork, noch Varianten, dass die Vergütung z. B. pauschal nach Auftrag erfolgt oder nur an denjenigen erfolgt, welcher das Ergebnis zuerst liefert (Windhundprinzip), bzw. an denjenigen, dessen Ergebnis als Bestes ausgewählt wird (Preisausschreiben).[33] Darüber hinaus ist denkbar, dass z. B. durch Sondervergütungen ein Anreizsystem geschaffen werden soll. Aufgrund der verschiedenen Möglichkeiten sollten bei interner Crowdwork mitbestimmungsrechtlich klare Regelungen getroffen werden. Ggf. müssen auch bestehende Zielvereinbarungs-/Bonussysteme angepasst werden, z. B. zur Klärung der Frage, wie mit der Nichtberücksichtigung bei Vergaben in Bezug auf Zielvereinbarungen umgegangen werden soll. Insofern kommen bei der Einführung und Ausgestaltung von interner Crowdwork die Mitbestimmungsrechte nach § 87 Abs. 1 Nr. 10 und 11 BetrVG in Betracht, da

---

32 Vertiefend mit Darstellung der einzelnen Mitbestimmungsansätze: *Dahl/Oppolzer*, BB 2022, 628.

33 Weiterführend: *Arnold/Günther*, Arbeitsrecht 4.0, 2018, S. 50 Rn. 74 ff.

Fragen der betrieblichen Lohngestaltung betroffen sind und auch die Ausgestaltung leistungsbezogener Vergütung Gegenstand der Regelungen sein kann.

4. § 87 Abs. 1 Nr. 13 BetrVG

§ 87 Abs. 1 Nr. 13 BetrVG sieht ein Mitbestimmungsrecht des Betriebsrats bei den Grundsätzen über die Durchführung von Gruppenarbeit vor. Gruppenarbeit liegt nach der Legaldefinition vor, wenn eine Gruppe von Arbeitnehmern im Rahmen des betrieblichen Arbeitsablaufs eine ihr übertragene Gesamtaufgabe im Wesentlichen eigenverantwortlich erledigt. Dieser Mitbestimmungstatbestand dürfte vor allem bei Scrum in Betracht kommen, während die Relevanz bei internem Crowdworking dann gegeben ist, wenn dies zusätzlich mit Scrum verbunden ist. 79

a) Anwendungsbereich

aa) Gruppe von Arbeitnehmern

Ein Scrum-Team besteht aus einer Gruppe von Arbeitnehmern, bei der nicht nur jeder Beschäftigte für sich isolierte Einzeltätigkeiten zu erbringen hat, sondern denen die Koordinierung der konkreten Arbeitsschritte und die Durchführung von Qualitätskontrollen überantwortet wird. Hinzu kommt vielfach die Festlegung von Arbeitszeiten sowie Urlaubszeiten einschließlich der Bestimmung von Anwesenheitszeiten und Abwesenheitszeiten (etwa bei Arbeit im Homeoffice). 80

bb) Im Rahmen des betrieblichen Arbeitsablaufs

Diese Voraussetzung ist erfüllt, wenn bislang in traditioneller Form ausgeführte Arbeiten in breiterem Umfang auf eine Aufgabenerledigung in agilen Strukturen umgestellt werden. Dies wird bei der Einführung von Scrum außerhalb von sehr begrenzten und isolierten Pilotprojekten, die nicht an den restlichen Arbeitsablauf im Betrieb angegliedert sind, regelmäßig vorliegen. 81

cc) Eigenverantwortlich

Bei diesem Tatbestandsmerkmal kommt es entscheidend auf die eigenständige Organisation und Steuerung der übertragenen Gesamtaufgabe an. Die gemeinsame Verantwortung ist dabei tätigkeitsbezogen und nicht ergebnisbezogen. 82

In der Literatur ist umstritten, ob Eigenverantwortlichkeit bei agiler Arbeit in jedem Fall vorliegt.[34] 83

34 Generell bejahend *Bachner*, in: FS 100 Jahre Betriebsverfassungsrecht, 2020, S. 17, 34; *Schulze/Volk*, ArbRAktuell 2019, 553, 555; zurückhaltend *Günther/Böglmüller*, NZA 2019, 417, 422; abstellend auf den Einzelfall *Eufinger/Burbach*, DB 2019, 1147, 1151; *Hoffmann-Remy*, DB 2018, 2757, 2759.

84 Da die eigenständige und gerade nicht durch fachliche Anweisungen gesteuerte Organisation der Arbeitsvorgänge zu den charakteristischen Merkmalen der Arbeitsmethode gehört, liegt Eigenverantwortlichkeit i. S. d. § 87 Abs. 1 Nr. 13 BetrVG im Scrum regelmäßig vor.

85 Dabei spielen Vorgaben im Hinblick auf die Funktionalitäten oder die Qualität keine Rolle, weil sie an der Art und Weise der Arbeitsstrukturen nichts ändern.

86 Die Qualifikation agiler Arbeitsmethoden als Gruppenarbeit wird durch die für Scrum charakteristische Zuweisung verschiedener Rollen im Hinblick auf das Entwicklungsteam nicht infrage gestellt, weil sowohl der Product Owner als auch der Scrum Master in die agile Strukturierung der konkreten Arbeitsprozesse seitens des Kernteams gerade nicht eingreifen, sondern lediglich die Produktanforderung (neu) festlegen bzw. Hindernisse aus dem Weg räumen, die dem Team ein agiles Arbeiten erschweren.

b) Reichweite und Grenze des Mitbestimmungsrechts

87 Als generelle Grenze gilt: Der Betriebsrat hat kein Mitbestimmungsrecht bei der Einführung und Beendigung der Gruppenarbeit.[35]

aa) Größe und Zusammensetzung der Arbeitsgruppen

88 Ein wesentlicher Aspekt, der auf der Grenze zwischen Einführung und Ausgestaltung der Gruppenarbeit liegt, ist die Größe und Zusammenarbeit der jeweiligen Gruppe. Entsprechend umstritten ist die Beurteilung, ob dabei ein Mitbestimmungsrecht besteht. Als Argument für die Ablehnung des Mitbestimmungsrechts wird insbesondere die Nähe oder Überschneidung zur Frage der Einführung der Gruppenarbeit angeführt.[36]

89 Die Gegenmeinung führt an, dass ein Mitbestimmungsrecht erforderlich sei, um dem Schutz- und Teilhabeauftrag des Betriebsrats gerecht zu werden, der durch seine Mitwirkung bei der Gestaltung von Gruppenarbeit die mit ihr verbundenen Gefahren eingrenzen soll. Das Meinungsspektrum reicht dabei von voller Mitbestimmung bei der Gruppengröße[37] bis zur Mitbestimmung in Bezug auf die maximale[38] oder die minimale[39] Gruppengröße.

90 Problematisch an dieser Ausdehnung des Mitbestimmungsrechts ist, dass im Prinzip jegliche erzwingbare Mitbestimmung hinsichtlich der Größe der Grup-

---

35 BT-Drs. 14/5741, S. 47.

36 *Franzen*, ZfA 2001, 423, 447; ErfK/*Kania*, § 87 BetrVG Rn. 134; *Nill*, Selbstbestimmung, S. 59; *Maschmann*, in: Richardi, BetrVG, § 87 Rn. 980; MHdB ArbR/*Salamon*, § 330 Rn. 7; GK-BetrVG/*Wiese/Gutzeit*, § 87 Rn. 1091.

37 *Klebe*, in: Däubler/Klebe/Wedde, BetrVG, § 87 Rn. 382.

38 *Blanke*, RdA 2003, 140, 148.

39 *Fitting*, BetrVG, § 87 Rn. 575; *Bachner*, in: FS 100 Jahre Betriebsverfassungsrecht, 2020, S. 17, 34.

pen genutzt werden kann, um die mitbestimmungsfreie Einführung von agiler Gruppenarbeit, etwa in Form von Scrum, von vornherein auszuhebeln.

Angesichts dieses Spannungsfelds vertritt *Krause* eine reizvolle vermittelnde Ansicht:[40] Demnach sei es zunächst Sache des Arbeitgebers, vor dem Hintergrund der allgemeinen Erfahrungen mit agilen Arbeitsmethoden eine Bandbreite zu bestimmen, mit welcher personellen Gruppengröße Arbeitsaufgaben überhaupt sinnvoll agil bearbeitet werden können. Sodann sei es Sache des Betriebsrats, innerhalb dieser Bandbreite darüber mitzuentscheiden, welche Größe auch aus der Beschäftigtenperspektive zumutbar ist. **91**

Die Entscheidung, dass es überhaupt die mit Scrum verbundenen Rollen gibt, ist wiederum mitbestimmungsfrei, um die Entscheidung des Arbeitgebers nicht zu torpedieren, diese Arbeitsmethode im Betrieb zu implementieren oder auch wieder abzuschaffen. **92**

Abstrakte Kriterien über die Zusammensetzung der Gruppen unterfallen hingegen der Mitbestimmung, wobei auch insoweit wieder die Stoßrichtung des Beteiligungsrechts in Rechnung zu stellen ist, nämlich Selbstausbeutung und Ausgrenzung entgegenzuwirken. **93**

bb) Abläufe innerhalb der Arbeitsgruppen

Regeln über die Aufgabenverteilung und den Aufgabenwechsel innerhalb der Gruppe sollen beteiligungspflichtig sein.[41] Soweit damit auch die individualisierte Rollenzuordnung an einzelne Personen erfasst sein sollte, wäre diese Erstreckung problematisch. Sie würde unmittelbar in die Selbstverwaltung der Gruppe als wesentliches Kriterium der agilen Arbeitsmethode eingreifen. **94**

cc) Weitere Regelungsgegenstände

Als weitere Regelungsgegenstände des Mitbestimmungsrechts nach § 87 Abs. 1 Nr. 13 BetrVG kommen in Betracht: **95**

- Bestimmungen über die Vorgehensweise bei Abwesenheitszeiten,
- Zusammenarbeit mit anderen agilen Teams,
- Regelungen über die Wahl eines Gruppensprechers sowie dessen Stellung und Aufgaben,
- Organisation interner Kommunikation einschließlich Bestimmungen über Gruppengespräche mitsamt Protokollführung,
- Regelungen über die Lösung von Konflikten innerhalb der Gruppe,
- Bestimmungen über Beschwerderechte einzelner Gruppenmitglieder insbesondere gegenüber benachteiligenden Gruppenentscheidungen,

40 *Krause*, HSI-Schriftenreihe Bd. 37, S. 92 f.
41 *Klebe*, in: Däubler/Klebe/Wedde, BetrVG, § 87 Rn. 382; GK-BetrVG/*Wiese/Gutzeit*, § 87 Rn. 1101.

- Festlegung des Vorrangs einer internen Konfliktregulierung,
- Regeln über die Beiziehung von Dritten sowie bestimmte Eskalationsstufen.

96 Wiederum gefährdet ein weitreichendes Mitbestimmungsrecht des Betriebsrats bei vielen Aspekten wie etwa Aufgabenverteilung oder Konfliktlösung durch den Scrum Master die Eigenständigkeit und Autonomie der Scrum-Gruppe. Die Gruppe soll sich nach dem Konzept eigene Strukturen geben, womit das Mitbestimmungsrecht kollidiert. Eine Lösung dieser Kollision kann in der Delegation der Mitbestimmungsrechte an die Gruppe selbst über § 28a BetrVG (siehe Rn. 100 ff.) liegen.

5. Weitere Mitbestimmungstatbestände

97 Je nach Ausgestaltung von Scrum und Crowdwork kommen natürlich ggf. noch weitere Mitbestimmungstatbestände in Betracht. Bei Anpassungen oder einer Flexibilisierung der betrieblichen Arbeitszeit ist § 87 Abs. 1 Nr. 2 BetrVG betroffen.

98 Bei der Zerlegung eines umfangreichen Projekts in kleine Teilaufgaben, z. B. im Rahmen der Vergabe über Crowdwork, aber auch bei Scrum, muss zur späteren Zusammenführung der einzelnen Teilergebnisse zu einem verwertbaren Gesamtergebnis ein einheitliches Niveau der Aufgabenerledigung sichergestellt werden. Dies bedingt das Bedürfnis nach Kontrolle bei der Durchführung der Arbeit sowie der Qualität der erbrachten Leistungen. Soweit für die Leistungsbewertung der einzelnen Crowdworker allgemeine Beurteilungsgrundsätze angewendet werden, ist § 94 Abs. 1, 2 BetrVG zu berücksichtigen. Gleiches gilt, wenn die Beschäftigungsprofile in Skill-Datenbanken gestellt werden.[42]

99 Die Einführung von Scrum bzw. interner Crowdwork kann zu einem Qualifizierungsdefizit gerade von älteren Beschäftigten führen, sodass §§ 96 ff. BetrVG in Betracht kommen.

IX. Delegation von Mitbestimmung an Gruppen

1. Grundlagen

100 § 28a BetrVG erlaubt einer Arbeitsgruppe nach einer entsprechenden Delegation durch den Betriebsrat, Mitbestimmungsrechte für den Betriebsrat wahrzunehmen. Die Norm erlaubt als Reaktion auf moderne Arbeitsformen die Durchbrechung der traditionell bipolar aufgebauten Betriebsverfassung. Sie soll Arbeitnehmern größere Eigenverantwortung und Entscheidungskompetenz ermöglichen und gleichzeitig den Betriebsrat entlasten.

---

42 *Däubler/Klebe*, NZA 2015, 1032.

Die Arbeitsgruppe ist kein Organ des Betriebsrats, sondern eine eigenständige betriebsverfassungsrechtliche Einheit. **101**

§ 28a Abs. 1 Satz 4 BetrVG erlaubt einen fristlosen Widerruf der Delegation. **102**
Dies führt nach herrschender Meinung jedoch nicht zum Wegfall der mit dem Arbeitgeber geschlossenen Vereinbarungen.[43] Diese können dann jedoch vom Betriebsrat gekündigt werden. Mit der Auflösung der Arbeitsgruppe sollen hingegen auch die mit dem Arbeitgeber abgeschlossenen Vereinbarungen automatisch ihre Wirkungen verlieren.[44]

2. Voraussetzungen

Die Möglichkeit zur Delegation besteht lediglich in Betrieben ab einer Größe **103**
von mehr als 100 Arbeitnehmer. Nach h. M. soll es dabei auf die in der Regel beschäftigten Arbeitnehmer zum Zeitpunkt der Aufgabenübertragung ankommen.

a) Arbeitsgruppe

Die Definition der Arbeitsgruppe ist nicht deckungsgleich mit der der Gruppe in **104**
§ 87 Abs. 1 Nr. 13 BetrVG,[45] sondern geht darüber hinaus. Laut Gesetzesbegründung kommt eine Übertragung „insbesondere bei Gruppenarbeit aber auch bei sonstiger Team- und Projektarbeit sowie für bestimmte Beschäftigungsarten und Arbeitsbereiche in Frage“.[46] Somit stellt der Gesetzgeber keine besonderen Anforderungen an eine Arbeitsgruppe. Der Begriff ist weit zu fassen, wobei bei Gruppenarbeit i. S. d. § 87 Abs. 1 Nr. 13 BetrVG in jedem Fall eine geeignete Arbeitsgruppe vorhanden ist. Letztlich wird es im Ermessen des Betriebsrats liegen, welche Gruppe von Arbeitnehmern sich als Arbeitsgruppe für eine Delegation eignet.

b) Rahmenvereinbarung

Gem. § 28a Abs. 1 Satz 1 Hs. 2 BetrVG ist vor der Delegation auf die Arbeits- **105**
gruppe ein vorheriger oder jedenfalls von der Aufgabenübertragung unabhängiger Abschluss einer Rahmenvereinbarung zwischen Arbeitgeber und Betriebsrat erforderlich. Diese Rahmenvereinbarung ist nach h. M. eine freiwillige, nicht erzwingbare Betriebsvereinbarung.[47] Nach a. A. kann der Betriebsrat den Arbeitgeber bei Verstoß gegen § 75 Abs. 2 Satz 2 BetrVG dazu zwingen, eine Rahmenvereinbarung abzuschließen.[48]

---

43 GK-BetrVG/*Wiese/Gutzeit*, § 28a, Rn. 57 m. w. N.
44 *Thüsing*, in: Richardi, BetrVG, § 28a Rn. 31.
45 Definition dort ausdrücklich „im Sinne dieser Vorschrift“.
46 BT-Drs. 14/5741, S. 40.
47 *Thüsing*, in: Richardi, BetrVG, § 28a Rn. 18 m. w. N.
48 *Holler*, in: Löwisch/Kaiser/Klumpp, BetrVG, 8. Aufl. 2023, § 28a Rn. 15.

106 Umstritten ist, ob für den Abschluss der Rahmenvereinbarung wie für die Aufgabenübertragung ebenfalls ein qualifizierter Mehrheitsbeschluss des Betriebsrats erforderlich ist, jedenfalls sofern damit keine Delegation verbunden ist (vgl. § 28a Abs. 1 Satz 1 Hs. 1 BetrVG). Die herrschende Meinung verneint dies mit zutreffenden Argumenten.[49] Denn der Wortlaut des § 28a Abs. 1 Satz 1 BetrVG legt diese Auslegung nahe. Außerdem liegt im Abschluss der Rahmenvereinbarung ja gerade noch kein Verzicht auf Mitbestimmungsrechte durch den Betriebsrat, der das besondere Mehrheitserfordernis des § 28a Abs. 1 Satz 1 Hs. 1 BetrVG rechtfertigen würde.

107 Die Rahmenvereinbarung muss jedenfalls die Arbeitsgruppe(n), an die die Delegation erfolgen kann, genau umschreiben bzw. festlegen. Dies kann entweder durch die Bezeichnung einer bereits definierten Gruppe (etwa ein bestimmtes Team) oder durch die Benennung der einzelnen Mitglieder erfolgen. Letztere Variante ist allerdings insoweit problematisch und unflexibel, als ungeklärt ist, was bei einem Ausscheiden eines der benannten Mitglieder geschieht. Die reine Bezeichnung eines bereits vorhandenen Teams ist demgegenüber zwar flexibel für die spätere Veränderung der personellen Zusammensetzung. Allerdings würde es in diesem Fall in der Macht des Arbeitgebers stehen, durch sein Direktionsrecht oder Neueinstellungen die Zusammensetzung der Arbeitsgruppe und damit ggf. auch deren betriebspolitische Ausrichtung zu bestimmen.

108 Die Rahmenvereinbarung sollte weiter ein Verfahren festlegen, in dem Arbeitsgruppe ihr übertragene Beteiligungsrechte ausübt muss (z. B. Wahl eines Gruppensprechers).

109 Laut Gesetzesbegründung soll die Vereinbarung auch festlegen, in welchem Umfang Aufgaben übertragen werden,[50] wobei insoweit ohnehin die Grenzen des § 28a Abs. 1 Satz 2 BetrVG zu beachten sind.

3. Umfang und Grenzen der Aufgabendelegation

110 Der Betriebsrat darf Aufgaben lediglich innerhalb der Grenzen der geschlossenen Rahmenvereinbarung und des § 28 Abs. 2 Satz 2 BetrVG übertragen. Aufgaben, die nach der Maßgabe des § 28 Abs. 2 Satz 2 BetrVG im Zusammenhang mit den von der Arbeitsgruppe zu erledigenden Tätigkeiten stehen, sind laut Gesetzesbegründung u. a. Arbeitszeitfragen, Pausenregelungen, Urlaubsplanung und Arbeitsgestaltung.[51] Nicht zulässig ist hingegen eine Aufgabenübertragung in wirtschaftlichen Angelegenheiten, also insbesondere die Mitbestimmungsrechte gem. §§ 111 ff. BetrVG.[52]

---

49 *Fitting*, BetrVG, § 28a Rn. 20; *Thüsing*, in: Richardi, BetrVG, § 28a Rn. 13.

50 BT-Drs. 14/5741, S. 40.

51 BT-Drs. 14/5741, S. 40.

52 BT-Drs. 14/5741, S. 40.

Das deckt sich mit dem Standpunkt, dass eine auf ein Team begrenzte Einführung von Scrum ohne Auswirkungen auf den übrigen Betrieb keine Betriebsänderung ist. Denn ansonsten wäre über § 28a Abs. 1 Satz 2 BetrVG eine Delegation für die Ausgestaltung vom Gesetzgeber ausdrücklich aufgeführter Materien (z. B. Arbeitsgestaltung) etwa im Rahmen eines Interessenausgleiches untersagt. **111**

4. Regelungskompetenz

Eine nach § 28a Abs. 1 BetrVG wirksame Delegation verschafft der Arbeitsgruppe in diesem Rahmen („im Rahmen der ihr übertragenen Aufgaben", § 28a Abs. 2 Satz 1 BetrVG) dieselben Rechte und Kompetenzen wie dem Betriebsrat. Dies betrifft Unterrichtungsrechte gegenüber dem Arbeitgeber sowie die Kompetenz zum Abschluss von Gruppenvereinbarungen in Form von Regelungsabreden bis zu schriftlichen Vereinbarungen mit Wirkung einer Betriebsvereinbarung (§ 28a Abs. 2 Satz 1 und 2 BetrVG i. V. m. § 77 BetrVG analog). **112**

Nach h. M. ist die Gruppenabrede im Vergleich zu einer kollidierenden Betriebsvereinbarung spezieller, nach a. M. soll die Betriebsvereinbarung Vorrang genießen. Eine solche Vorrangtheorie widerspricht allerdings dem Gesetzeswortlaut und der Systematik. § 28a Abs. 2 Satz 2 BetrVG ordnet für Vereinbarungen zwischen der Arbeitsgruppe und dem Arbeitgeber durch den Verweis auf § 77 BetrVG dieselbe Rechtsqualität und Wirkung an wie für Betriebsvereinbarungen. Etwaige Kollisionen sind daher genauso aufzulösen wie Kollisionen zwischen zwei Betriebsvereinbarungen. **113**

5. Praktische Umsetzung

Die Norm ist in der Praxis auch über 20 Jahre nach Einführung weitgehend ungenutzt.[53] Auf Arbeitgeberseite dürften Vorbehalte insbesondere wegen einer potenziell höhere Kostenlast durch Arbeitsgruppen und einer komplexeren Mitbestimmungslandschaft bestehen. Demgegenüber neigen Betriebsräte, von denen die Delegation abhängt, selten dazu, Regelungskompetenzen abzugeben. **114**

Gerade bei der teambezogenen Einführung von Scrum oder von internem Crowdwork bietet sich die Delegation über § 28a BetrVG allerdings als passgenaue Lösung an. Insbesondere weite Teile des Mitbestimmungsrechts gem. § 87 Abs. 1 Nr. 13 BetrVG sind für die Delegation an die Gruppe prädestiniert, die mit der agilen Methode arbeitet. So ließen sich auch mögliche Konflikte mit Reichweite und Ausübung des Mitbestimmungsrechts und der Konzeption der agilen Methode, die auf Gruppenautonomie ausgelegt ist, vermeiden. Gleichzeitig ermöglicht die Delegationslösung Arbeitgebern und Betriebsräten möglicherweise den Spagat, agile, flexible und selbstbestimmte Arbeitsweisen einzu- **115**

53 Daher die Einschätzung von *Thüsing*, in: Richardi, BetrVG, § 28a Rn. 3: „dead letter law".

setzen und damit auch die Attraktivität für (potenzielle) Arbeitnehmer zu erhöhen, ohne dabei das Mitbestimmungsniveau zu senken.

X. Ergebnis/Ausblick

116 Wie die vorstehenden Ausführungen verdeutlichen, ist die Einführung agiler Arbeitsformen in mitbestimmungsrechtlicher Hinsicht mit vielfältigen und durchaus komplexen Herausforderungen verbunden. Gleichwohl lassen sich in der Praxis bisher nur einige Einzelfälle entsprechender Regelungen feststellen; gerichtliche Auseinandersetzungen zu diesem Thema sind so gut wie nicht wahrnehmbar.

117 Dies mag einerseits daran liegen, dass agile Arbeitsformen derzeit praktisch noch auf bestimmte Branchen und Arbeitsprozesse beschränkt sind und eine „breitere" Einführung noch aussteht. Der Hauptgrund für die bisher eher zurückhaltende rechtliche Auseinandersetzung mit diesem Themenkomplex dürfte aber der für eine erfolgreiche Umsetzung agiler Arbeitsmethoden in der Praxis unbedingt notwendige Grundkonsens aller Beteiligten sein, der etwaige Streitigkeiten zu einzelnen Folge- und Detailfragen bisher überdecken dürfte. Denn gegen den Willen der Betroffenen wird jede Form agiler Arbeit, die ja maßgeblich auf flache bzw. nicht existente Hierarchien und somit eine Zusammenarbeit auf Augenhöhe setzt, zum Scheitern verurteilt sein.

118 Aus arbeitsrechtlicher Sicht bleibt somit abzuwarten, ob derartige Arbeitsmethoden und das damit verbundene Rollenverständnis zukünftig im Alltag so selbstverständlich werden, dass man sich dann auch mit weiteren Details auseinandersetzen und den aktuell ggf. schon bestehenden Nachholbedarf an entsprechenden Regelungen angehen wird.

XI. Anhang: Beispiel BV Agiles Arbeiten[54]

119 **Präambel**

Ziel dieser Vereinbarung ist es, Grundsätze über die Einführung und Anwendung agiler Arbeitsmethoden aufzustellen, die Auswirkungen des Einsatzes agiler Arbeitsmethoden auf die Mitarbeitenden sichtbar zu machen und zu regeln und die in diesem Zusammenhang bestehenden Mitbestimmungsrechte des Betriebsrats zu wahren.

---

54 Beispiel orientiert an der Gesamtbetriebsvereinbarung einer Bank; siehe auch das Muster bei *Grimm/Singraven*, in: Grimm/Singraven, Digitalisierung und Arbeitsrecht, § 6 Agiles Arbeiten/SCRUM.

§ 1 Geltungsbereich

(*räumlicher, persönlicher und sachlicher Geltungsbereich*)

§ 2 Agile Prinzipien

Allen agilen Arbeitsmethoden liegen v. a. folgende wesentliche Prinzipien zugrunde:

- Ausrichtung der Produktentwicklung am Nutzen für den Kunden
- Aktive Einbeziehung des Kunden in die Produktentwicklung
- Lieferung von Ergebnissen in regelmäßigen und kurzen Abständen
- Dezentrale Organisation
- Zusammenarbeit in fachübergreifenden Teams
- Transparenz und Einfachheit aller Prozesse
- Kommunikation im persönlichen Gespräch
- Selbstorganisation der Teams bei Planung und Umsetzung
- Selbstreflexion der Teams
- Kultur der Akzeptanz von Fehlern
- Fokus auf kontinuierliche Verbesserung

§ 3 Agile Arbeitsmethoden

(1) Beim Einsatz agiler Arbeitsmethoden verändern sich – unter Beachtung der Regelungen der jeweiligen Methode – Teile der bisherigen Arbeitsweise und Routinen. Kein Mitarbeiter wird aufgrund der Einführung oder Anwendung agiler Arbeitsmethoden mit geringerwertigen Tätigkeiten beschäftigt.

(2) Agile Arbeitsmethoden wie z. B. Scrum, Kanban und Design Thinking können im Rahmen agiler Zusammenarbeit, jedoch auch im Rahmen der bestehenden Arbeitsorganisation angewandt werden. Sie sollen die Ausarbeitung von Ergebnissen und die Zusammenarbeit methodisch unterstützen und verbessern.

(3) Die nachfolgenden Regelungen beziehen sich hier auf die agile Arbeitsmethode Scrum. Sollte sich der Arbeitgeber entscheiden, weitere agile Arbeitsmethoden neben Scrum, Kanban und Design Thinking einzusetzen, werden die Parteien vor deren Einführung überprüfen, ob die Regelungen dieser Betriebsvereinbarung entsprechend angewandt werden können oder ihre Ergänzung erforderlich ist. Der Betriebsrat wird über geplante Änderungen einschließlich der Einführung neuer Rollen rechtzeitig im Vorfeld informiert.

§ 4 Zusammenarbeit in agilen Arbeitsmethoden

(1) Die Zusammenarbeit in agilen Arbeitsmethoden wird in den in der Anlage beschriebenen Teams nach den in dieser Betriebsvereinbarung dargestellten Regeln stattfinden.

(2) Zusammenarbeit in agilen Arbeitsmethoden kann auch in nur temporär gebildeten Teams oder in Teams stattfinden, in die die Mitarbeiter nur befristet oder nur mit einem Teil ihrer Arbeitszeit entsandt werden. In diesem Fall ist der Mitarbeiter Mitglied seines jeweils gebildeten Teams und kehrt nach der Beendigung der Mitarbeit im agilen Team vollumfänglich auf den Arbeitsplatz zurück, von dem er in das Team temporär entsandt wurde. Für die Einhaltung der betriebli-

chen Regelungen zur Arbeitszeit und die Beantragung von Mehrarbeit sind die disziplinarische Führungskraft des Mitarbeiters und der Verantwortliche des agilen Teams (in Scrum: Product Owner) gemeinsam verantwortlich und stimmen sich untereinander ab.

§ 5 Rollen in agilen Arbeitsmethoden

(1) Im Rahmen der agilen Arbeitsmethode Scrum sind die wichtigsten Rollen der Product Owner und der Scrum Master. Die Rollen des Product Owners und des Scrum Masters können nicht von derselben Person wahrgenommen werden.

(2) Der **Product Owner** ist für die Eigenschaften und den wirtschaftlichen Erfolg des „Produkts" verantwortlich. Er erstellt, priorisiert und erläutert die zu entwickelnden Produkteigenschaften und er urteilt darüber, welche Eigenschaften am Ende eines Sprints fertiggestellt wurden. Ihm obliegt die Entscheidung über das Produkt, seine Eigenschaften und die Reihenfolge der Implementierung. Er balanciert Eigenschaften, Auslieferungszeitpunkte und Kosten aus und steht seinem Team jederzeit für Rückfragen zur Verfügung.

(3) Der **Scrum Master** hat die Rolle des Coaches und Teamentwicklers inne. Er beseitigt Störungen und Hindernisse bei der Teamarbeit, die den Erfolg gefährden können, stellt den passenden Rahmen für die gewählte Vorgehensweise zur Verfügung und moderiert Besprechungen des agilen Teams. Er sorgt für ein gemeinsames Verständnis innerhalb des agilen Teams und stellt zudem die Einhaltung der Methode sicher. Der Scrum Master gibt einzelnen Teammitgliedern keine Arbeitsanweisungen. Er beurteilt weder die Teammitglieder noch nimmt er disziplinarische Aufgaben wahr. Der Scrum Master ist Mitglied des Teams.

§ 6 Aufgaben und Aktivitäten des Teams in agilen Arbeitsmethoden

Die Scrum-Methodik zeichnet sich grundsätzlich durch die nachfolgenden Aktivitäten (sog. Scrum-Ereignisse) aus, wobei diese nicht feststehend sind und von den Teams individuell angepasst und genutzt werden können:

(1) **Sprint Planning:** Im Sprint Planning stellt der Product Owner dem Team die im Product Backlog festgehaltenen Produkteigenschaften in der zuvor priorisierten Reihenfolge vor.

Anschließend prognostiziert das Team die Anzahl der Product-Backlog-Tasks, die es im nächsten Sprint liefern kann. Die Entscheidung, wie viele Tasks im nächsten Sprint umgesetzt werden, liegt allein beim Team, während die Entscheidung über die Reihenfolge allein beim Product Owner liegt. Das Team entscheidet, wie es das Produktinkrement, das während des Sprints erstellt werden soll, erstellen möchte.

(2) **Daily Scrum:** Das Team trifft sich in der Regel täglich zu einem ca. 15-minütigen Daily Scrum. Zweck des Daily Scrum ist der Austausch über den aktuellen Stand der Arbeit und die Planung der nächsten Tasks. Beim Daily Scrum kann offensichtlich werden, dass die Erledigung einer Aufgabe länger als geplant dauert oder unvorhergesehene Ereignisse (z.B. Abwesenheiten) die Erreichung des Sprint-Ziels gefährden. Das Team entscheidet dann, ob Tasks in kleinere Aufgaben aufzuteilen sind oder eine Umpriorisierung der Sprint-Planung erforderlich ist.

(3) **Sprint Review:** Das Sprint Review ist ein Meeting, welches am Ende des Sprints stattfindet. Das Team präsentiert seine Ergebnisse und sammelt Feedback ein. Es ist Aufgabe des Product Owners, das Feedback zu nutzen und die Ergebnisse zu begutachten. Nicht erledigte Teilaufgaben werden in das Product Backlog übernommen und können vom Product Owner neu priorisiert werden.

(4) **Sprint Retrospektive:** Die Sprint Retrospektive findet ebenfalls am Ende eines Sprints statt. Hierbei überprüft das Team offen und ehrlich seine bisherige Arbeitsweise und Erfahrungen, um die Arbeit in Zukunft effizienter und effektiver zu machen. Der Scrum Master unterstützt das Team darin, gute Praktiken und Verbesserungen zu finden, die im nächsten Sprint umgesetzt werden. Es handelt sich hierbei nicht um eine formelle Mitarbeiterbeurteilung.

§ 7 Organistorische Rahmenbedingungen

(1) Ziele: Im Rahmen der hier beschriebenen agilen Arbeitsmethoden setzen sich die einzelnen Teams selbst Ziele. Diese müssen innerhalb der regelmäßigen Arbeitszeit erreichbar sein. Die Nichterreichung von Zielen führt nicht zu Nachteilen für die Mitarbeiter.

(2) Teamregeln: (*näher zu bestimmen*). In Teams, die nicht dauerhaft mit denselben Mitarbeitern besetzt sind oder denen die Mitarbeiter nicht mit ihrem kompletten Arbeitszeitfaktor zugeordnet sind, ist die disziplinarische Führungskraft dafür verantwortlich, dass die Mitarbeiter den Teams im zugesagten Umfang uneingeschränkt zur Verfügung stehen.

(3) Teamgröße und Bildung: (*Regelungen zur Größe, Zusammensetzung und Bildung von Teams*).

(4) **Teamsprecher:** (*Regelungen zur Wahl eines Teamsprechers*).

(5) **Umgang mit Konflikten:** Abhängig vom Auslöser etwaiger Konflikte können der Scrum Master, ein Zusammenarbeitscoach, eine Führungskraft, das Personalmanagement oder der Betriebsrat zur Lösung von Konflikten hinzugezogen werden. Die Möglichkeit einzelner Mitarbeiter, sich gemäß §§ 84, 85 BetrVG an den Arbeitgeber oder an den Betriebsrat zu wenden, bleibt davon unberührt.

(6) **Gesundheitsschutz:** Arbeiten in agilen Arbeitsmethoden darf nicht zu einer gesundheitlichen Belastung der Mitarbeiter führen. Wichtige Faktoren hierfür sind Umfang und Planbarkeit der Arbeitszeit. Alle Mitglieder eines agil arbeitenden Teams sind deshalb dazu verpflichtet, die geltenden gesetzlichen, tariflichen und betrieblichen Arbeitszeitregelungen zu beachten und Mehrarbeit so weit wie möglich zu vermeiden.

§ 8 Qualifizierung

(1) Arbeiten in agilen Arbeitsmethoden stellt besondere Anforderungen an die soziale und methodische Kompetenz und setzt deshalb voraus, dass jeder teilnehmende Mitarbeiter vor dem Einsatz dieser Arbeitsmethoden entsprechend geschult wird.

(2) Die entsprechenden Schulungskonzepte müssen vom Betriebsrat genehmigt werden.

§ 9 Beteiligung des Betriebsrats

(1) Der Betriebsrat wird auf Anfrage über alle aktuell im Betrieb agil arbeitenden Teams informiert.

(2) Die Besetzung agiler Teams erfolgt unter Berücksichtigung des Mitbestimmungsrechts des Betriebsrats gemäß § 99 BetrVG.

(3) Zur Beachtung der Mitbestimmungsrechte des Betriebsrats ist der Product Owner verantwortlich dafür, dass nach der Abnahme eines Sprints und vor der daraus resultierenden (Teil-)Umsetzung eines Arbeitsvorhabens der Betriebsrat über mitbestimmungsrelevante Bestandteile dieses Ergebnisses informiert wird, sodass die Mitbestimmung wahrgenommen werden kann. In der Sprintplanung ist dies zu berücksichtigen. Eine durch den Betriebsrat wegen mangelnder Information über Sprintergebnisse nachträglich auszuübende Mitbestimmung geht zulasten des Arbeitgebers.

§ 10 Evaluierung und Weiterentwicklung der agilen Arbeitsmethoden

(1) Arbeitgeber und der Betriebsrat tauschen sich in regelmäßigen Zeitabständen über die praktischen Erfahrungen mit den agilen Arbeitsmethoden aus. Dabei werten die Parteien die Durchführung dieser Betriebsvereinbarung aus und erarbeiten ggf. Anpassungen an Konzepten bzw. dieser Betriebsvereinbarung.

(2) Arbeitgeber und der Betriebsrat holen regelmäßig Rückmeldungen der agil arbeitenden Mitarbeiter ein und berücksichtigen deren Hinweise und Verbesserungsvorschläge.

§ 11 Schlussbestimmungen

(z. B. Inkrafttreten und Laufzeit; Konfliktlösungen)

B. Mobile Work – Chancen und Regelungsnotwendigkeiten

Abschnitt 1 – Perspektive Arbeitgeber

I. Einleitung

1 Nachdem mobile Arbeit in Deutschland von Arbeitgebern lange Zeit eher kritisch gesehen wurde, hat die Corona-Pandemie, während der mobile Arbeit in vielen Unternehmen zur Aufrechterhaltung des Betriebs unverzichtbar war, zu einem Umdenken geführt. Mittlerweise wird die ortsunabhängige Arbeit von vielen Arbeitgebern etwa im Hinblick auf den geringeren Bedarf an Büroflächen positiv gesehen, jedenfalls aber aufgrund des derzeit und wohl auch in absehbarer Zukunft am Arbeitsmarkt herrschenden Fachkräftemangels als Incentive für Mitarbeitende akzeptiert und angeboten.

2 Hinsichtlich der Einführung von mobilen Arbeitsformen stellen sich für Arbeitgeber jedoch insbesondere strukturell einige Fragen. So stellt sich etwa die Frage, ob Ersatzansprüche der Mitarbeitenden bei Aufwendungen im Zusammenhang mit mobiler Arbeit bestehen oder eine Verpflichtung des Arbeitgebers, den Mitarbeitenden einen Arbeitsplatz im Homeoffice anzubieten und dann auch einzurichten. Ebenso stellt die Kontrolle der Einhaltung gesetzlicher Arbeitsschutzstandards viele Arbeitgeber vor Herausforderungen. Ein entsprechendes Gesetzesvorhaben der Bundesregierung, im Rahmen dessen unter anderem auf diese Fragen hätten Antworten gegeben werden können, wird derzeit nicht weiter betrieben.

3 Auch haben Arbeitgeber im Hinblick auf die Zusammenarbeit mit dem Betriebsrat eine Vielzahl an Mitbestimmungsrechten zu beachten – nicht zuletzt durch den neu geschaffenen § 87 Abs. 1 Nr. 4 Betriebsverfassungsgesetz (im Folgenden „**BetrVG**“ genannt). Arbeitgeber und Betriebsrat müssen sich ferner darauf einstellen, dass die Mitarbeitenden in vielen Betrieben nicht mehr bzw. nicht mehr in der bisherigen Regelmäßigkeit bereit sein werden, ihre Arbeit im Betrieb vor Ort zu erbringen.

4 Die insoweit aus Arbeitgebersicht abzuwägenden und zu berücksichtigenden Punkte sollen im Folgenden näher beleuchtet werden.

II. Begriffsbestimmungen

5 Eine gesetzliche Definition für „mobile Arbeit“ gibt es bisher nicht. In der arbeitsrechtlichen Praxis sind hiermit Arbeitsmodelle gemeint, bei denen die Mit-

arbeitenden ihre Arbeitsleistung nicht an einem gebundenen Arbeitsplatz – beispielsweise im Betrieb des Arbeitgebers –, sondern ortsungebunden erbringen.

6 Das Bundesministerium für Arbeit und Soziales (im Folgenden „**BMAS**" genannt) hat im Rahmen der Corona-Pandemie durch die SARS-CoV-2-Arbeitsschutzregel festgehalten, dass ein Mitarbeitender mobil arbeitet, wenn er an einem beliebigen Ort außerhalb seiner Arbeitsstätte im Sinne von § 2 Abs. 1 Arbeitsstättenverordnung (im Folgenden „**ArbStättV**" genannt) und außerhalb eines fest eingerichteten Teleheimarbeitsplatzes im Sinne von § 2 Abs. 7 ArbStättV tätig wird. Weiter führt das BMAS aus, dass Homeoffice eine Form des mobilen Arbeitens ist. Sie ermöglicht es Mitarbeitenden, nach vorheriger Abstimmung mit dem Arbeitgeber zeitweilig im Privatbereich – zum Beispiel unter Nutzung tragbarer IT-Systeme oder Datenträger – tätig zu sein.[1]

7 Zum Oberbegriff der mobilen Arbeit gehört mithin auch die Erbringung der Arbeitsleistung vom Wohnort der Mitarbeitenden aus (Homeoffice) oder von einem frei vom Mitarbeitenden gewählten Ort, aus einem Café oder von einem Urlaubsziel aus (Remote-Work).[2] Haben Mitarbeitende die Arbeit lediglich aufgrund der besonderen Eigenarten der Arbeitsleistung an einem anderen Ort als der Betriebsstätte zu erbringen, liegt hingegen nicht automatisch mobiles Arbeiten vor. Dies gilt beispielsweise für Vertriebsmitarbeitende, auf wechselnden Baustellen beschäftigte Mitarbeitende oder Reinigungskräfte.[3] Auch ist der in diesem Zusammenhang oftmals ebenfalls genutzte Begriff der Telearbeit von der mobilen Arbeit abzugrenzen. Gemäß § 2 Abs. 7 ArbStättV sind Telearbeitsplätze vom Arbeitgeber fest eingerichtete Bildschirmarbeitsplätze im Privatbereich der Mitarbeitenden, für die der Arbeitgeber eine mit den Mitarbeitenden vereinbarte wöchentliche Arbeitszeit und Dauer der Einrichtung festgelegt hat. Mithin schließen sich mobile Arbeit und Telearbeit – wie auch durch das BMAS klargestellt – gegenseitig aus. Die mobile Arbeit findet eben nicht an einem festgelegten Ort oder Arbeitsplatz statt. Ebenso ist in diesem Zusammenhang der sogenannte Heimarbeitsplatz abzugrenzen. Heimarbeitender ist, wer in selbstgewählter Arbeitsstätte (eigene Wohnung oder Betriebsstätte) arbeitet und wirtschaftlich abhängig, jedoch nicht weisungsgebunden ist.[4] Demgegenüber bleibt die Arbeitnehmereigenschaft von Mitarbeitenden, die mobil oder aus dem Homeoffice arbeiten, grundsätzlich bestehen, solange sie weiter den fachlichen Weisungen des Arbeitgebers unterliegen. Dies gilt auch, wenn die Mitarbeitenden aufgrund der mobilen Arbeit zeitlich flexibler arbeiten dürfen.[5] Ferner bildet eine Tätigkeit im Homeoffice selbstverständlich keinen eigenen Betrieb oder Betriebsteil. Vielmehr bleiben Mitarbeitende dem Betrieb zugeordnet, dessen Betriebszweck durch ihre Tätigkeit gefördert wird, aus dem sie ihre Weisungen

1 GMBl. 2020, 484 (Nr. 24/2020 v. 20.8.2020).
2 ErfK/*Preis*, § 611a BGB Rn. 167.
3 LAG Berlin, Urt. v. 25.4.1988 – 9 Sa 15/88, BeckRS 1988, 30455183.
4 BAG, Urt. v. 14.6.2016 – 9 AZR 305/15, BeckRS 2016, 74175.
5 *Picker*, NZA-Beilage 2021, 4, 5; *Deinert*, RdA 2018, 359.

erhalten und in dessen Organisation sie arbeitsorganisatorisch eingegliedert sind.[6]

III. Aktueller Stand

Ein gesetzlicher Anspruch von Mitarbeitenden auf die Erbringung der Arbeitsleistung außerhalb der Betriebsstäte besteht derzeit nicht. Ausnahmen bestehen lediglich aufgrund spezieller Vorschriften und Tatbestände. So kann der Arbeitsort beispielsweise für eine schwerbehindertengerechte Beschäftigung im Sinne des § 164 Abs. 4 Satz 1 Nr. 1 SGB IX ausschlaggebend sein.[7] Ferner wurde aufgrund der Corona-Pandemie der § 28b Abs. 4 Infektionsschutzgesetz dahingehend ergänzt, dass der Arbeitgeber den Mitarbeitenden im Fall von Büroarbeit oder vergleichbaren Tätigkeiten anzubieten hat, diese Tätigkeiten in ihrer Wohnung auszuführen, wenn keine zwingenden betriebsbedingten Gründe entgegenstehen.[8] Nach dem Abflauen der pandemischen Lage und der Rückkehr zur Normalität im Arbeitsalltag wurde diese Regelung jedoch nicht verlängert und endete ersatzlos am 20.3.2022. **8**

1. Gesetzesvorhaben

Die Ampel-Parteien haben im Koalitionsvertrag für die 20. Legislaturperiode vereinbart, dass Mitarbeitende in geeigneten Tätigkeiten einen Erörterungsanspruch über mobiles Arbeiten und Homeoffice erhalten sollen. Arbeitgeber sollen ferner dem Wunsch nach mobilem Arbeiten und Homeoffice von Mitarbeitenden nur dann widersprechen können, wenn betriebliche Belange entgegenstehen. Demnach darf eine Ablehnung nicht sachfremd oder willkürlich sein. Ferner soll aber nach den Ausführungen im Koalitionsvertrag für abweichende tarifvertragliche und betriebliche Regelungen Raum bleiben.[9] **9**

Das BMAS beabsichtigte, mit dem Mobile-Arbeit-Gesetz (im Folgenden „**MAG**“ genannt) eine gesetzliche Grundlage für diese – mittlerweile in der Praxis breit gelebte – Arbeitsform zu schaffen. Ein erster Entwurf für das MAG von Oktober 2020 sah einen Anspruch der Mitarbeitenden auf mobile Arbeit an bis zu 24 Tagen im Jahr vor, soweit sich die Art der Tätigkeit grundsätzlich für mobile Arbeit eignet und keine betrieblichen Gründe entgegenstehen.[10] Dieser Vorschlag war im Kanzleramt zurecht auf erhebliche Kritik gestoßen. Zunächst sieht der Koalitionsvertrag einen solchen Anspruch der Arbeitnehmer nicht vor. Des Weiteren würde ein bindender Anspruch der Arbeitnehmer auf mobile Arbeit **10**

---

6 *Bertram*, in: Personal-Lexikon, Home Office – Beteiligung des Betriebsrats.
7 LAG Hamburg, Urt. v. 15.4.2015 – 5 Sa 107/12, über juris.
8 BGBl. 2021 I Nr. 79, S. 4908.
9 Koalitionsvertrag 2021 bis 2025 für die 20. Legislaturperiode, S. 54.
10 Referentenentwurf des Bundesministeriums für Arbeit und Soziales vom 2.10.2020.

der Mitarbeitenden steht dem Arbeitgeber nicht zu, sodass schon die grundrechtlich nach Art. 13 GG garantierte Unverletzlichkeit der Wohnung eine einseitige Anordnung kraft Direktionsrecht ausschließen dürfte.[19] Zwar könnte an dieser Stelle argumentiert werden, dass dies anders zu bewerten sei, sofern die Arbeitsleistung in der Vergangenheit bereits teilweise aus dem Homeoffice oder mobil erbracht wurde. Dennoch dürfte auch in diesem Fall – zumindest hinsichtlich der Anweisung des Arbeitgebers, aus dem privaten Bereich heraus tätig zu werden – der Schutz der Mitarbeitenden aus Art. 13 GG überwiegen.[20]

bb) Einschränkung des Weisungsrechts

16 Im Übrigen ist auch die Annahme einer konkludenten Änderung des Arbeitsvertrags und damit einer Einschränkung des Direktionsrechts lediglich durch die Gestattung einer Tätigkeit aus dem Homeoffice oder Mobile-Office abzulehnen. Eine Konkretisierung des Einsatzortes setzt voraus, dass dem Mitarbeitenden über lange Zeit aus dem Spektrum der vertraglich möglichen Einsatzorte lediglich einer zugewiesen worden ist und er unter Berücksichtigung besonderer Umstände annehmen darf, der Arbeitsvertrag beschränke sich lediglich auf diesen Einsatzort.[21] Von entsprechenden Umständen ist beispielsweise auszugehen, wenn Mitarbeitende ihre weitere Tätigkeit für den Arbeitgeber von einer Tätigkeit im Homeoffice oder Mobile-Office abhängig machen und der Arbeitgeber diesen Wunsch stillschweigend erfüllt. In einem solchen Fall dürften Mitarbeitende wohl von einem Vertragsänderungswillen des Arbeitgebers ausgehen.[22] Diesen hohen Anforderungen genügt jedoch die lediglich vorübergehende Gestattung einer Tätigkeit aus dem Homeoffice nicht.[23] Dies gilt umso mehr, sollte der Arbeitgeber durch äußere Umstände (wie beispielsweise eine Pandemie) zu der Weisung veranlasst worden sein. Dass allein die Zuweisung eines bestimmten Arbeitsortes – selbst über mehrere Jahre – für eine Konkretisierung des Direktionsrechts nicht ausreicht, entspricht auch der Rechtsprechung des Bundesarbeitsgerichts.[24]

17 Ferner sind an die Annahme eines Vertrauenstatbestands der Mitarbeitenden durch die zeitweilige Zuweisung eines anderen Arbeitsortes oder der mobilen Tätigkeit hohe Anforderungen zu stellen. Das Weisungsrecht umfasst neben der Erteilung einer Weisung auch das Recht des Arbeitgebers, eine solche Weisung mit Wirkung für die Zukunft zurückzunehmen oder zu ändern. Dies gilt insbe-

---

19 LAG Berlin-Brandenburg, Urt. v. 14.11.2018 – 17 Sa 562/18, BeckRS 2018, 34001; *Linck*, in: Schaub, ArbR-HdB, § 45 Rn. 30a; *Krieger/Rudnik/Povedano Peramato*, NZA 2020, 473, 475.

20 ErfK/*Preis*, § 106 GewO Rn. 28a.

21 LAG Köln, Beschl. v. 24.6.2010 – 9 Ta 192/10, BeckRS 2012, 67572; BAG, Urt. v. 17.1.2006 – 9 AZR 226/05, NJOZ 2006, 3263.

22 *Picker*, NZA-Beilage 2021, 4, 13.

23 LAG Rheinland-Pfalz, Urt. v. 17.12.2014 – 4 Sa 404/14, BeckRS 2015, 68467.

24 BAG, Urt. v. 7.12.2000 – 6 AZR 444/99, NZA 2001, 780.

der Mitarbeitenden steht dem Arbeitgeber nicht zu, sodass schon die grundrechtlich nach Art. 13 GG garantierte Unverletzlichkeit der Wohnung eine einseitige Anordnung kraft Direktionsrecht ausschließen dürfte.[19] Zwar könnte an dieser Stelle argumentiert werden, dass dies anders zu bewerten sei, sofern die Arbeitsleistung in der Vergangenheit bereits teilweise aus dem Homeoffice oder mobil erbracht wurde. Dennoch dürfte auch in diesem Fall – zumindest hinsichtlich der Anweisung des Arbeitgebers, aus dem privaten Bereich heraus tätig zu werden – der Schutz der Mitarbeitenden aus Art. 13 GG überwiegen.[20]

bb) Einschränkung des Weisungsrechts

16 Im Übrigen ist auch die Annahme einer konkludenten Änderung des Arbeitsvertrags und damit einer Einschränkung des Direktionsrechts lediglich durch die Gestattung einer Tätigkeit aus dem Homeoffice oder Mobile-Office abzulehnen. Eine Konkretisierung des Einsatzortes setzt voraus, dass dem Mitarbeitenden über lange Zeit aus dem Spektrum der vertraglich möglichen Einsatzorte lediglich einer zugewiesen worden ist und er unter Berücksichtigung besonderer Umstände annehmen darf, der Arbeitsvertrag beschränke sich lediglich auf diesen Einsatzort.[21] Von entsprechenden Umständen ist beispielsweise auszugehen, wenn Mitarbeitende ihre weitere Tätigkeit für den Arbeitgeber von einer Tätigkeit im Homeoffice oder Mobile-Office abhängig machen und der Arbeitgeber diesen Wunsch stillschweigend erfüllt. In einem solchen Fall dürften Mitarbeitende wohl von einem Vertragsänderungswillen des Arbeitgebers ausgehen.[22] Diesen hohen Anforderungen genügt jedoch die lediglich vorübergehende Gestattung einer Tätigkeit aus dem Homeoffice nicht.[23] Dies gilt umso mehr, sollte der Arbeitgeber durch äußere Umstände (wie beispielsweise eine Pandemie) zu der Weisung veranlasst worden sein. Dass allein die Zuweisung eines bestimmten Arbeitsortes – selbst über mehrere Jahre – für eine Konkretisierung des Direktionsrechts nicht ausreicht, entspricht auch der Rechtsprechung des Bundesarbeitsgerichts.[24]

17 Ferner sind an die Annahme eines Vertrauenstatbestands der Mitarbeitenden durch die zeitweilige Zuweisung eines anderen Arbeitsortes oder der mobilen Tätigkeit hohe Anforderungen zu stellen. Das Weisungsrecht umfasst neben der Erteilung einer Weisung auch das Recht des Arbeitgebers, eine solche Weisung mit Wirkung für die Zukunft zurückzunehmen oder zu ändern. Dies gilt insbe-

---

19 LAG Berlin-Brandenburg, Urt. v. 14.11.2018 – 17 Sa 562/18, BeckRS 2018, 34001; *Linck*, in: Schaub, ArbR-HdB, § 45 Rn. 30a; *Krieger/Rudnik/Povedano Peramato*, NZA 2020, 473, 475.

20 ErfK/*Preis*, § 106 GewO Rn. 28a.

21 LAG Köln, Beschl. v. 24.6.2010 – 9 Ta 192/10, BeckRS 2012, 67572; BAG, Urt. v. 17.1.2006 – 9 AZR 226/05, NJOZ 2006, 3263.

22 *Picker*, NZA-Beilage 2021, 4, 13.

23 LAG Rheinland-Pfalz, Urt. v. 17.12.2014 – 4 Sa 404/14, BeckRS 2015, 68467.

24 BAG, Urt. v. 7.12.2000 – 6 AZR 444/99, NZA 2001, 780.

erhalten und in dessen Organisation sie arbeitsorganisatorisch eingegliedert sind.[6]

III. Aktueller Stand

8 Ein gesetzlicher Anspruch von Mitarbeitenden auf die Erbringung der Arbeitsleistung außerhalb der Betriebsstäte besteht derzeit nicht. Ausnahmen bestehen lediglich aufgrund spezieller Vorschriften und Tatbestände. So kann der Arbeitsort beispielsweise für eine schwerbehindertengerechte Beschäftigung im Sinne des § 164 Abs. 4 Satz 1 Nr. 1 SGB IX ausschlaggebend sein.[7] Ferner wurde aufgrund der Corona-Pandemie der § 28b Abs. 4 Infektionsschutzgesetz dahingehend ergänzt, dass der Arbeitgeber den Mitarbeitenden im Fall von Büroarbeit oder vergleichbaren Tätigkeiten anzubieten hat, diese Tätigkeiten in ihrer Wohnung auszuführen, wenn keine zwingenden betriebsbedingten Gründe entgegenstehen.[8] Nach dem Abflauen der pandemischen Lage und der Rückkehr zur Normalität im Arbeitsalltag wurde diese Regelung jedoch nicht verlängert und endete ersatzlos am 20.3.2022.

1. Gesetzesvorhaben

9 Die Ampel-Parteien haben im Koalitionsvertrag für die 20. Legislaturperiode vereinbart, dass Mitarbeitende in geeigneten Tätigkeiten einen Erörterungsanspruch über mobiles Arbeiten und Homeoffice erhalten sollen. Arbeitgeber sollen ferner dem Wunsch nach mobilem Arbeiten und Homeoffice von Mitarbeitenden nur dann widersprechen können, wenn betriebliche Belange entgegenstehen. Demnach darf eine Ablehnung nicht sachfremd oder willkürlich sein. Ferner soll aber nach den Ausführungen im Koalitionsvertrag für abweichende tarifvertragliche und betriebliche Regelungen Raum bleiben.[9]

10 Das BMAS beabsichtigte, mit dem Mobile-Arbeit-Gesetz (im Folgenden „**MAG**“ genannt) eine gesetzliche Grundlage für diese – mittlerweile in der Praxis breit gelebte – Arbeitsform zu schaffen. Ein erster Entwurf für das MAG von Oktober 2020 sah einen Anspruch der Mitarbeitenden auf mobile Arbeit an bis zu 24 Tagen im Jahr vor, soweit sich die Art der Tätigkeit grundsätzlich für mobile Arbeit eignet und keine betrieblichen Gründe entgegenstehen.[10] Dieser Vorschlag war im Kanzleramt zurecht auf erhebliche Kritik gestoßen. Zunächst sieht der Koalitionsvertrag einen solchen Anspruch der Arbeitnehmer nicht vor. Des Weiteren würde ein bindender Anspruch der Arbeitnehmer auf mobile Arbeit

6 *Bertram*, in: Personal-Lexikon, Home Office – Beteiligung des Betriebsrats.
7 LAG Hamburg, Urt. v. 15.4.2015 – 5 Sa 107/12, über juris.
8 BGBl. 2021 I Nr. 79, S. 4908.
9 Koalitionsvertrag 2021 bis 2025 für die 20. Legislaturperiode, S. 54.
10 Referentenentwurf des Bundesministeriums für Arbeit und Soziales vom 2.10.2020.

sondere vor dem Hintergrund, dass Arbeitgeber durch die Ausübung des Weisungsrechts von ihrer Organisationshoheit Gebrauch machen. Ob die Weisung, künftig die Arbeitsleistung nach einer Zeit im Homeoffice wieder in den Büroräumen zu erbringen, rechtmäßig ist, bestimmt sich daher danach, ob sie die widerstreitenden Interessen in einen angemessenen Ausgleich bringt. Anhaltspunkt für eine unbillige Weisung kann beispielsweise eine große Distanz zwischen dem Wohnort des Mitarbeitenden und dem Betriebssitz sein.[25] Jedoch tendiert die höchstrichterliche Rechtsprechung dazu, der Organisationshoheit des Arbeitgebers ein höheres Gewicht zuzumessen als den privaten Belangen der Mitarbeitenden.[26] Festzuhalten bleibt daher, dass der Arbeitgeber grundsätzlich berechtigt ist, eine bestehende mobile Tätigkeit oder eine Tätigkeit aus dem Homeoffice heraus durch eine neue Weisung zu beenden.[27]

Selbstverständlich können Mitarbeitende und Arbeitgeber den Ort der Arbeits- 18
leistung jederzeit individualvertraglich außerhalb des Betriebs an einem festen Ort – wie beispielsweise den Privaträumen der Mitarbeitenden – oder auch ohne festen Ort vereinbaren. Aufgrund der bestehenden Privatautonomie, die auch im arbeitsrechtlichen Vertragsverhältnis Anwendung findet, sind die Parteien hinsichtlich der Festlegung des Arbeitsortes weitestgehend frei. In diesem Fall wird das Direktionsrecht des Arbeitgebers durch die vertragliche Vereinbarung nach dem eindeutigen Wortlaut des § 106 Satz 1 GewO eingeschränkt.

b) Einrichtungspflicht des Arbeitgebers und Aufwendungsersatzanspruch der Mitarbeitenden

Sofern sich Arbeitgeber und Mitarbeitende auf einen Arbeitsort außerhalb der 19
Betriebsstätte geeinigt haben, stellen sich in der Praxis zahlreiche weitergehende Fragen. Für Arbeitgeber ist insbesondere wichtig, welche Pflichten sie ab diesem Moment gegenüber den Mitarbeitenden treffen. Dies gilt auch hinsichtlich der Frage, welche Ausstattung bei einer Tätigkeit aus dem Homeoffice vom Arbeitgeber zu stellen ist.

Nach neuerer höchstrichterlicher Rechtsprechung ist der Arbeitgeber verpflich- 20
tet, den Mitarbeitenden die für die Erbringung der vereinbarten Arbeitsleistung erforderlichen Arbeitsmittel bereitzustellen. Das Bundesarbeitsgericht zieht diesen Anspruch aus § 611a BGB in Verbindung mit dem Arbeitsvertrag und statuiert, dass die Mitarbeitenden lediglich ihre eigene Arbeitskraft in das arbeitsrechtliche Austauschverhältnis einzubringen haben, während der Arbeitgeber die Arbeits- und Betriebsmittel beibringt.[28] Wenn der Arbeitgeber die zur Leistungserbringung notwendigen Mittel nicht bereitstellt, gerät er in Annahmever-

---

25 LAG Rheinland-Pfalz, Urt. v. 17.12.2014 – 4 Sa 404/14, BeckRS 2015, 68467.

26 Bspw. BAG, Urt. v. 7.12.2000 – 6 AZR 444/99, NZA 2001, 780; *Picker*, NZA-Beilage 2021, 4, 14.

27 LAG München, Urt. v. 26.8.2021 – 3 SaGa 13/21, COVuR 2021, 620; ArbG Augsburg, Urt. v. 7.5.2020 – 3 Ga 9/20, NZA-RR 2020, 417.

28 BAG, Urt. v. 10.11.2021 – 5 AZR 334/21, NZA 2022, 401.

zug, da die Mitarbeitenden die Leistung in diesem Fall rechtmäßig verweigern können.[29]

21 Bei einer Vereinbarung zwischen Arbeitgeber und Mitarbeitenden hinsichtlich einer wesentlichen Verlagerung der Tätigkeit ins Homeoffice kann daher eine Einrichtungspflicht des Arbeitgebers anzunehmen sein. Sollte der Arbeitgeber den Mitarbeitenden jedoch freigestellt haben, an welchem Ort sie den wesentlichen Teil ihrer Arbeitsleistung erbringen, ist dies nach höchstrichterlicher Rechtsprechung ein Indiz dafür, dass das Interesse der Mitarbeitenden an einer Tätigkeit im Homeoffice das Interesse des Arbeitgebers hieran überwiegt und in diesem Fall keine Einrichtung des Arbeitsplatzes im häuslichen Arbeitszimmer durch den Arbeitgeber geschuldet ist.[30] Zu beachten ist hier, dass der Arbeitgeber auf sein Direktionsrecht verzichtet und Mitarbeitende hierdurch individuelle Freiheit und Flexibilität gewinnen. Vor diesem Hintergrund ist für eine Ausstattungspflicht des Arbeitgebers insbesondere auch ausschlaggebend, ob er den Mitarbeitenden einen Arbeitsplatz am Betriebssitz mit der notwendigen Ausstattung anbietet.[31] In diesem Fall ist eine Ausstattungspflicht des Arbeitgebers über den betrieblichen Arbeitsplatz hinaus abzulehnen. Mitarbeitende können in diesem Fall – insbesondere vor dem Hintergrund der vom Arbeitgeber ermöglichten Flexibilität hinsichtlich des Arbeitsortes und der Möglichkeit, die Tätigkeit an einem eingerichteten Platz im Betrieb auszuüben – nicht zusätzlich die Einrichtung eines Arbeitsplatzes in ihren Privaträumen verlangen.

22 Sollten Mitarbeitende im Rahmen der mobilen Arbeit Aufwendungen tätigen, die überwiegend im Interesse des Arbeitgebers liegen und der Erbringung der geschuldeten Arbeitsleistung dienen, haben sie einen Anspruch analog § 670 BGB auf Ersatz dieser Aufwendungen.[32] Bei Anschaffungen, die sowohl dem privaten Interesse der Mitarbeitenden als auch den Interessen des Arbeitgebers dienen, ist jedoch zu differenzieren. Im Wege einer Abwägung ist hier das Interesse zu ermitteln, wem die Aufwendung überwiegend dient.[33] So ist eine Erstattungspflicht des Arbeitgebers bei sogenannten „Sowieso"-Aufwendungen – wie beispielsweise der dienstlichen Nutzung der von Mitarbeitenden ohnehin privat genutzten Internetverbindung – abzulehnen.

23 Nach der neueren Rechtsprechung des Bundesarbeitsgerichts können Mitarbeitende anstelle eines gegen den Arbeitgeber bestehenden Anspruchs auf Bereitstellung der notwendigen Arbeitsmittel nicht ohne Weiteres verpflichtet werden, diese Arbeitsmittel selbst mitzubringen, und auf jeweils gesondert geltend zu machende nachgelagerte Aufwendungsersatzansprüche verwiesen werden.[34] Dies gilt es aus Sicht der Arbeitgeber zu beachten.

---

29 ErfK/*Preis*, § 611a BGB Rn. 626.
30 BAG, Urt. v. 12.4.2011 – 9 AZR 14/10, NZA 2012, 97.
31 BAG, Urt. v. 12.4.2011 – 9 AZR 14/10, NZA 2012, 97.
32 BAG, Urt. v. 12.3.2013 – 9 AZR 455/11, NZA 2013, 1086.
33 BAG, Urt. v. 14.10.2003 – 9 AZR 657/02, NZA 2004, 604.
34 BAG, Urt. v. 10.11.2021 – 5 AZR 334/21, NZA 2022, 401.

c) Einzuhaltende Arbeitsschutz- und Sicherheitsaspekte

Durch die Verlagerung von Arbeitsleistungen in den privaten Bereich von Mitarbeitenden – sei es im Homeoffice oder dem selbst gewählten Café, in dem man sich im Anschluss an ein Online-Meeting noch privat verabredet – drohen die Grenzen zwischen Privatleben und Arbeitsverpflichtung zu verschwimmen. Die gesetzlich geltenden Arbeitsschutzvorschriften finden jedoch auch bei mobilen Arbeitsformen grundsätzlich Anwendung,[35] sodass es aus Arbeitgebersicht einige Arbeitsschutz- und Sicherheitsaspekte zu beachten gilt. Dennoch sind die gesetzlichen Pflichten des Arbeitgebers nach richtiger Ansicht praxistauglich und den individuellen Bedürfnissen der konkreten Situation anzupassen.[36] **24**

So findet etwa das Arbeitsschutzgesetz weiterhin Anwendung, sodass Arbeitgeber gemäß § 5 Abs. 1 ArbSchG die Pflicht zur Durchführung einer Gefährdungsbeurteilung trifft. Gemäß § 12 ArbSchG besteht zudem eine Unterweisungspflicht gegenüber den Mitarbeitenden. Bei einer ortsungebundenen Erbringung der Arbeitsleistung können dem Arbeitgeber jedoch kaum konkrete Beurteilungspflichten auferlegt werden. Solche wären aus Praxissicht schlicht nicht umsetzbar. Sollten Mitarbeitende ihren Arbeitsort tatsächlich völlig frei wählen können, kann dem Arbeitgeber eine Beurteilung aller möglichen Tätigkeitsstätten nicht zugemutet werden. In einem solchen Fall dürfte der Arbeitgeber seinen Pflichten dadurch genügen, dass er die Mitarbeitenden auf die geltenden Arbeitsschutzstandards hinweist. In diesem Zusammenhang sind insbesondere auch an die Mitwirkungspflichten der Mitarbeitenden nach §§ 15, 16 ArbSchG erhöhte Anforderungen zu stellen. Danach sind diese verpflichtet, den Arbeitgeber auf Gefahren bei einer mobilen Betätigung hinzuweisen. **25**

Bei einer Tätigkeit im Homeoffice findet – im Unterschied zur Tätigkeit an einem Telearbeitsplatz – die ArbStättV keine Anwendung.[37] Daher hat der Arbeitgeber beispielsweise § 3 ArbStättV, der erhöhte Anforderungen an die Gefährdungsbeurteilung von Bildschirmarbeitsplätzen stellt, nicht zu berücksichtigen. Nach richtiger Ansicht richten sich die Pflichten des Arbeitgebers insbesondere auch nach der Häufigkeit der Tätigkeit im Homeoffice. Arbeiten Mitarbeitende weniger vom Homeoffice aus als im Betrieb (weniger als 3 von 5 Arbeitstage pro Woche), trifft den Arbeitgeber keine Pflicht zur Durchführung einer Gefährdungsbeurteilung am Homeoffice-Arbeitsplatz.[38] Ansonsten hat der Arbeitgeber den Mitarbeitenden die Durchführung einer Gefährdungsbeurteilung jedenfalls anzubieten. Hinsichtlich der Kontrolle der Einhaltung der Schutzpflichten durch eine Begehung der privaten Räumlichkeiten der Mitarbeitenden ist abermals deren Grundrecht aus Art. 13 GG zu beachten. Daher kann der Arbeitgeber im Rahmen einer Tätigkeit aus dem Homeoffice heraus keine **26**

35 *Hidalgo*, NZA 2019, 1449, 1452 ff.; ErfK/*Preis*, § 611a BGB Rn. 173.
36 *Kollmer*, ARP 2023, 294, 297.
37 BR-Drs. 506/16, S. 36.
38 *Köhler/Schürgers*, BB 2020, 2613, 2615; *Hidalgo*, NZA 2019, 1449, 1455.

Begehung der privaten Räumlichkeiten der Mitarbeitenden erzwingen. Vielmehr ist hierfür eine individualvertragliche Vereinbarung notwendig.[39] Auch den Betriebsparteien fehlt hier die Regelungsbefugnis, diese erstreckt sich lediglich auf innerbetriebliche Angelegenheiten, nicht jedoch auf die privaten Räumlichkeiten der Mitarbeitenden.[40] Vielmehr beschränken sich die im Rahmen des Zulässigen möglichen Präventionshandlungen aus Arbeitgebersicht hier auf organisatorische Schutzmaßnahmen wie Unterweisungen und Anweisungen zu den Arbeitsschutzvorschriften.[41] Sollten Mitarbeitende eine Begehung durch den Arbeitgeber zur Gefährdungsbeurteilung ablehnen, kann der Arbeitgeber seiner Schutzpflicht durch die Erhebung der sicherheitsrelevanten Daten mittels eines standarisierten Fragebogens nachkommen. Der Arbeitgeber darf auf die durch die Mitarbeitenden mitgeteilten Informationen vertrauen, solange diese nicht offensichtlich unrichtig und widerspruchsfrei sind.[42] Auf Grundlage der durch die Mitarbeitenden angegebenen Informationen kann der Arbeitgeber sodann eine Gefährdungsbeurteilung durchführen.[43]

27 Ferner gelten auch bei jedweden mobilen Arbeitsformen die Vorschriften des Arbeitszeitgesetzes wie die tägliche Höchstarbeitszeit von acht Stunden (§ 3 Satz 1 ArbZG), die Mindestruhezeiten und damit auch eine ununterbrochene Ruhezeit von mindestens elf Stunden (§ 5 Abs. 1 ArbZG) sowie das grundsätzliche Verbot, an Sonn- und Feiertagen zu arbeiten (§ 9 Abs. 1 ArbZG). Auch bei einer mobilen Tätigkeit der Mitarbeitenden gilt, dass eine Kontaktaufnahme des Arbeitgebers, die nicht lediglich als geringfügige Unterbrechung anzusehen ist,[44] die Pausen- und Erholungszeit unterbricht. Arbeitgeber sind daher gut beraten, auch bei der Gewährung von Freiheiten hinsichtlich der Wahl des Arbeitsortes – und damit verbunden auch oftmals hinsichtlich der Arbeitszeit – die gesetzlichen Schutzstandards im Blick zu behalten und auf deren Einhaltung zu achten. Ansonsten drohen Bußgelder und im schlimmsten Fall ein Strafverfahren.

IV. Einschlägige Mitbestimmungstatbestände bei der Einführung von mobiler Arbeit

28 Aufgrund der Vielzahl der dargestellten Unklarheiten und gesetzlichen Lücken sind Arbeitgeber gut beraten, in Zusammenarbeit mit dem jeweils zuständigen (Gesamt-)Betriebsrat eine klare Struktur hinsichtlich der Möglichkeiten von mobilem Arbeiten zu schaffen, etwa durch eine entsprechende (Gesamt-)Betriebsvereinbarung. So können Arbeitgeber einheitliche Standards für ihre Betriebe und/oder Unternehmen schaffen und bestehende gesetzliche Unsicherheiten aus-

39 *Schöllmann*, NZA-Beilage 2019, 81, 83.

40 *Schmidt/Trebinger/Linsenmaier/Schelz*, in: Fitting, BetrVG, § 77 Rn. 56f.

41 *Bertram*, in: Personal-Lexikon, Arbeitsschutz im Home Office.

42 *Isenhardt*, DB 2016, 1499, 1500.

43 *Bertram*, in: Personal-Lexikon, Arbeitsschutz im Home Office.

44 *Jacobs*, NZA 2016, 733, 737.

räumen. Insbesondere sind Regelungen für die Tätigkeit der Mitarbeitenden aus dem Homeoffice zu empfehlen. Dies gilt nicht zuletzt vor dem Hintergrund der dargestellten Unsicherheiten hinsichtlich einer Konkretisierung des Direktionsrechts und dem Anspruch auf die Einrichtung des Arbeitsplatzes im häuslichen Arbeitszimmer.

Betriebs- und/oder unternehmensweit einheitliche Regelungen verhindern zu- **29**
dem, dass sich einzelne Mitarbeitergruppen im Betrieb benachteiligt fühlen. Insoweit gilt es, einen undurchsichtigen „Flickenteppich" an individualvertraglichen Regelungen zu vermeiden. Beim Abschluss einer entsprechenden Betriebsvereinbarung ist jedoch unbedingt zu beachten, dass ein formulierter Anspruch der Mitarbeitenden nicht uneingeschränkt gewährt wird. Vielmehr muss sich der Arbeitgeber vorbehalten, im Einzelfall Mitarbeitenden die Tätigkeit im Homeoffice oder in mobiler Tätigkeit zu versagen. Umgekehrt haben die Betriebsparteien nicht die Regelungsbefugnis, Mitarbeitende mittels Betriebsvereinbarung zu einer Tätigkeit im Homeoffice zu verpflichten (s. o.). Die Regelungsbefugnis der Betriebsparteien erstreckt sich lediglich auf innerbetriebliche Angelegenheiten. Eine Verpflichtung der Mitarbeitenden zu einer Tätigkeit im Homeoffice würde aber die außerbetriebliche, private Lebensgestaltung der Mitarbeitenden betreffen und damit das Persönlichkeitsrecht der Mitarbeitenden und deren Grundrecht auf Unverletzlichkeit der Wohnung aus Art. 13 GG verletzen.[45]

Im Unterschied zu dem Gesetzesvorhaben rund um das MAG hat der Gesetzge- **30**
ber durch das Gesetz zur Förderung der Betriebsratswahlen und der Betriebsratsarbeit in einer digitalen Arbeitswelt – auch Betriebsrätemodernisierungsgesetz (im Folgenden „**BReModG**" genannt) – bereits mit Wirkung zu Juni 2021 mit § 87 Abs. 1 Nr. 14 BetrVG einen neuen Mitbestimmungstatbestand zum Thema mobile Arbeit geschaffen.

1. Bisherige Gesetzeslage

Schon vor der Einführung des § 87 Abs. 1 Nr. 14 BetrVG hatten Arbeitgeber, **31**
welche die Einführung mobiler Arbeitsformen beabsichtigten, eine Vielzahl an mitbestimmungspflichtigen Themenkomplexen zu beachten. Diesbezüglich ist zwischen der Mitbestimmung in sozialen, personellen und wirtschaftlichen Angelegenheiten zu unterscheiden.

a) Mitbestimmung in sozialen Angelegenheiten

Ein Mitbestimmungsrecht bei der Einführung mobiler Arbeitsformen folgt aus **32**
§ 87 Abs. 1 Nr. 1 BetrVG, wonach der Betriebsrat bei der Aufstellung betrieblicher Verhaltenspflichten zu beteiligen ist. Dies ist lediglich der Fall, soweit der Arbeitgeber das Ordnungsverhalten der Mitarbeitenden verbindlich regelt und

45 *Schmidt/Trebinger/Linsenmaier/Schelz*, in: Fitting, BetrVG, § 77 Rn. 56 f.

nicht die spezielleren Tatbestände der § 87 Abs. 1 Nr. 2, 6 oder 7 BetrVG einschlägig sind.[46] In diesem Zusammenhang ist zu beachten, dass Weisungen, mit denen die Arbeitspflicht unmittelbar konkretisiert wird, gerade nicht der Mitbestimmung unterliegen. Dies ist der Fall, wenn der Arbeitgeber näher bestimmt, welche Arbeiten auszuführen sind und in welcher Weise dies geschehen soll. Vor diesem Hintergrund löst allein die Einführung von mobiler Arbeit noch kein Mitbestimmungsrecht gemäß § 87 Abs. 1 Nr. 1 BetrVG aus.[47] Ein Mitbestimmungsrecht besteht jedoch hinsichtlich der Durchführung der mobilen Arbeit. So ist etwa das Ordnungsverhalten betroffen bei Regelungen zu einem Zutrittsrecht des Arbeitgebers zum Homeoffice-Arbeitsplatz der Mitarbeitenden.[48] Dabei ist – wie dargestellt – das Grundrecht der Mitarbeitenden aus Art. 13 GG zu beachten, welches etwaige Kontroll- und Zutrittsrechte einschränkt. Vor diesem Hintergrund können die Betriebsparteien gegen den Willen des betroffenen Mitarbeitenden keine Zutrittsrechte für sich oder Dritte vereinbaren.[49] § 87 Abs. 1 Nr. 1 BetrVG kann zudem Anwendung finden, wenn der Arbeitgeber Regeln für die private Nutzung betrieblicher Mittel – wie etwa Smartphone oder Notebook – aufstellen will.[50]

33 Ferner stellen sich im Zusammenhang mit der Einführung von mobiler Arbeit regelmäßig auch Fragen der Arbeitszeit, die gemäß § 87 Abs. 1 Nr. 2 BetrVG mitbestimmungspflichtig sind. Zu den Fragen der Arbeitszeit zählen auch arbeitgeberseitige Weisungen hinsichtlich der Einhaltung betrieblicher Arbeitszeiten – insbesondere hinsichtlich einer notwendigen Erreichbarkeit der Mitarbeitenden in einem gewissen Zeitrahmen.[51] In der Regel geht die Einführung von mobilen Arbeitsformen mit einer erhöhten Flexibilität und Selbstbestimmung der Mitarbeitenden hinsichtlich der Arbeitszeit einher – in der Praxis oftmals mit der Einführung von Vertrauensarbeitszeit. Diese kennzeichnet sich dadurch, dass der Arbeitgeber auf die eigene Erfassung und Kontrolle der Arbeitszeit verzichtet und darauf vertraut, dass die Mitarbeitenden ihrer Arbeitspflicht genügen.[52] Sollten Arbeitgeber die Einführung von Vertrauensarbeitszeit beabsichtigen, ist diesbezüglich der Betriebsrat zu beteiligen.[53] Dies gilt trotz der Tatsache, dass dem Betriebsrat nach der Einführung von Vertrauensarbeitszeit mangels arbeitgeberseitiger Weisung kein Mitbestimmungsrecht mehr hinsichtlich der selbstbestimmten Arbeitszeitlagen durch die Mitarbeitenden zusteht.

34 Ferner galt es bereits vor der Neuerung des BetrVG durch das BReModG, den Umgang mit Überstunden im Rahmen von mobilen Arbeitsformen zu regeln, der

---

46 *Richardi/Maschmann*, in: Richardi, BetrVG, § 87 Rn. 201a.
47 LAG Hessen, Beschl. v. 18.6.2020 – 5 TaBVGa 74/20, NZA 2021, 291.
48 *Müller*, Homeoffice, Rn. 587.
49 *Richardi/Maschmann*, in: Richardi, BetrVG, § 87 Rn. 201d.
50 *Bell/Bauer*, Betriebsvereinbarungen, VI, 111.
51 *Müller*, Homeoffice, Rn. 590.
52 BAG, Urt. v. 23.9.2015 – 5 AZR 767/13, NZA 2016, 295.
53 *Schmidt/Trebinger/Linsenmaier/Schelz*, in: Fitting, BetrVG, § 87 Rn. 116; *Klebe*, in: Däubler/Klebe/Wedde, BetrVG, § 87 Rn. 100.

gemäß § 87 Abs. 1 Nr. 3 BetrVG mitbestimmungspflichtig ist. Insoweit besteht insbesondere bei mobiler Arbeit das Risiko, dass die Arbeitszeit und die Freizeit der Mitarbeitenden zu verschwimmen drohen. Auch hinsichtlich der bestehenden Schutzpflichten des Arbeitgebers zur Einhaltung des Arbeitszeitgesetzes und eines mit Verstößen verbundenen erheblichen Risikos gilt es, ein klares Regelungswerk zu schaffen und dessen Einhaltung sicherzustellen.

Zudem haben Arbeitgeber das Mitbestimmungsrecht des § 87 Abs. 1 Nr. 6 **35** BetrVG zu beachten, wonach der Betriebsrat bei der Einführung und Anwendung von technischen Einrichtungen mitzubestimmen hat, die dazu bestimmt sind, das Verhalten oder die Leistung der Mitarbeitenden zu überwachen.[54] Nach höchstrichterlicher Rechtsprechung ist diesbezüglich allein entscheidend, ob die Einrichtung zur Überwachung objektiv geeignet ist, ohne Rücksicht darauf, ob der Arbeitgeber dieses Ziel verfolgt und die durch die Überwachung gewonnenen Daten auch auswertet.[55] Mobile Arbeitsformen stehen unumgänglich mit der Nutzung von elektronischen Endgeräten wie Smartphones oder Notebooks in Verbindung. Diese Geräte und die hiermit produzierten Daten lassen es typischerweise zu, das Verhalten und die Leistung der Mitarbeitenden zu überwachen.[56]

Außerdem geht die Einführung mobiler Arbeitsformen mit Fragen zur Arbeits- **36** sicherheit einher, sodass auch § 87 Abs. 1 Nr. 7 BetrVG bereits vor der Neuerung des BetrVG zu beachten war.

Schließlich kann auch das Mitbestimmungsrecht des § 87 Abs. 1 Nr. 10 BetrVG **37** zu beachten sein, sofern im Zusammenhang mit mobilen Arbeitsmodellen Vergütungsfragen oder Aufwandsentschädigungen geregelt werden.[57]

b) Mitbestimmung in personellen Angelegenheiten

Zu beachten ist ferner, dass die Einführung mobiler Arbeitsformen sowie auch **38** die Rückbeorderung von Mitarbeitenden in den Betrieb eine Versetzung im Sinne von § 99 Abs. 1 Satz 1 BetrVG i.V.m. § 95 Abs. 3 Satz 1 BetrVG darstellen kann. Versetzung in diesem Sinne stellt die Zuweisung eines anderen Arbeitsbereichs dar, welche die Dauer von voraussichtlich einem Monat überschreitet oder mit einer erheblichen Änderung der Umstände verbunden ist, unter denen die Arbeit zu leisten ist. „Arbeitsbereich" meint dabei die Aufgaben und Verantwortung von Mitarbeitenden sowie die Art ihrer Tätigkeit und ihre Einordnung in den Arbeitsablauf des Betriebs. Dabei ist der Begriff räumlich und funktional zu verstehen. Er umfasst neben der Arbeitsleistung an sich auch den gegebenen

---

54 *Eicke*, ArbRAktuell 2021, 313, 316.

55 BAG, Urt. v. 10.12.2013 – 1 ABR 43/12, NZA 2014, 439; BAG, Beschl. v. 13.12.2016 – 1 ABR 7/15, NZA 2017, 657.

56 LAG Mecklenburg-Vorpommern, Beschl. v. 25.2.2020 – 5 TaBV 1/20, NZA-RR 2020, 257, 259.

57 *Schöllmann*, NZA-Beilage 2019, 81, 84.

Platz in der betrieblichen Organisation.[58] Mithin kann auch die Änderung des Arbeitsortes – wie bei der Einführung von mobilen Arbeitsformen – eine Versetzung darstellen.

39 Ob der Mitbestimmungstatbestand einschlägig ist, hängt dabei grundsätzlich von den Umständen des Einzelfalls ab. Ausschlaggebend ist, ob sich bereits aus der örtlichen Verlagerung der Tätigkeit das gesamte Bild dieser aus der Sicht eines betrieblichen Betrachters grundlegend verändert. Dies kann bei einer überwiegenden Verlagerung der Tätigkeit ins Homeoffice beispielsweise der Fall sein, wenn Mitarbeitende enger als bei einer betrieblichen Arbeitsstätte in die Haftung für Schäden an betrieblichen Arbeitsmitteln eingebunden sind und den Datenschutz an der außerbetrieblichen Arbeitsstätte sicherstellen müssen. Im Ergebnis muss die Erbringung der Arbeitsleistung an der außerbetrieblichen Arbeitsstätte im Gesamtbild eine völlig andere sein.[59]

40 Sofern diese Voraussetzungen erfüllt sind, können dem Betriebsrat verschiedene Unterrichtungs- und Zustimmungsrechte zustehen. Eine ohne die Zustimmung des Betriebsrats ausgesprochene Versetzung ist nach der Rechtsprechung des Bundesarbeitsgerichts individualrechtlich unwirksam, da das Mitbestimmungsrecht bei der Versetzung neben dem Schutz der Belegschaft auch dem Schutz der von der Versetzung betroffenen Mitarbeitenden dient.[60]

c) Mitbestimmung in wirtschaftlichen Angelegenheiten

41 Schließlich wird vertreten, dass eine Betriebsänderung nach § 111 Satz 3 Nr. 4 BetrVG vorliegen soll, wenn die Betriebsorganisation durch die Gewährung von Homeoffice verändert wird.[61] Für die Annahme einer grundlegenden Änderung der Betriebsorganisation ist jedoch eine vollständige Änderung des Betriebsaufbaus notwendig.[62] Voraussetzung wäre zudem, dass die Auswirkungen der Umstrukturierung auf die Arbeitsabläufe innerhalb des Betriebs von grundlegender Bedeutung sind. An dieses Merkmal sind hohe Anforderungen zu stellen. Bei der Qualifizierung einer Maßnahme als Betriebsänderung ist insbesondere zu berücksichtigen, dass die betriebliche Organisation ständigen Anpassungen und einem notwendigen Wandel unterliegt, sodass eine restriktive Handhabung geboten ist. Daher wird die Einführung – insbesondere nur partiell gelebter – mobiler Arbeitsformen in der Regel keine Betriebsänderung darstellen.

---

58 BAG, Urt. v. 16.3.2010 – 3 AZR 31/09, NZA 2010, 1028; BAG, Beschl. v. 10.10.2012 – 7 ABR 42/11, BeckRS 2013, 66464.

59 LAG Düsseldorf, Urt. v. 10.9.2014 – 12 Sa 505/14, BeckRS 2014, 73155.

60 BAG, Urt. v. 5.4.2001 – 2 AZR 580/99, NZA 2001, 893; BAG, Urt. v. 22.4.2010 – 2 AZR 491/09, NZA 2010, 1235.

61 *Picker*, NZA-Beilage 2021, 4, 12 mit Verweis auf BAG, Beschl. v. 22.3.2016 – 1 ABR 12/14, NZA 2016, 894.

62 *Annuß*, in: Richardi, BetrVG, § 111 Rn. 17.

2. Einführung von § 87 Abs. 1 Nr. 14 BetrVG

Seit Juni 2021 besteht gemäß § 87 Abs. 1 Nr. 14 BetrVG ein Mitbestimmungsrecht des Betriebsrats bei der Ausgestaltung von mobiler Arbeit, die mittels Informations- und Kommunikationstechnik erbracht wird. Der neue Mitbestimmungstatbestand soll Betriebsräten nach der Gesetzesbegründung ein Mitbestimmungsrecht geben, um den betroffenen Mitarbeitenden einen einheitlichen Rechtsrahmen bei der Ausgestaltung zu bieten und so die Vor- und Nachteile von mobiler Arbeit unter Berücksichtigung der Belange des jeweiligen Betriebs in ein ausgewogenes Verhältnis zu bringen.[63] 42

a) Anwendungsbereich

Der Mitbestimmungstatbestand des § 87 Abs. 1 Nr. 14 BetrVG wird lediglich 43 ausgelöst, wenn Mitarbeitende mobile Arbeit mittels Informations- und Kommunikationstechnik erbringen. Der Begriff der mobilen Arbeit wird auch durch das BReModG bzw. das BetrVG nicht definiert. Nach der Gesetzesbegründung des BReModG arbeiten Mitarbeitende mobil, wenn sie die geschuldete Arbeitsleistung unter Verwendung von Informations- und Kommunikationstechnik außerhalb der Betriebsstätte von einem anderen Ort oder von mehreren Orten ihrer Wahl oder von einem mit dem Arbeitgeber vereinbarten Ort oder von mit dem Arbeitgeber vereinbarten Orten erbringen. Mobile Arbeit soll dagegen nicht vorliegen, wenn Mitarbeitende die geschuldete Arbeitsleistung aufgrund von deren Eigenart ortsgebundenen erbringen müssen.[64] Es wäre wünschenswert gewesen, wenn der Gesetzgeber den Begriff – der wie bereits dargestellt eine Vielzahl an Arbeitsformen umfasst – gesetzlich und damit rechtssicher definiert hätte.

Im Umkehrschluss aus dem Gesetzeswortlaut gilt jedenfalls, dass die Arbeits- 44 leistung – selbst wenn sie innerhalb der Betriebsstätte erbracht werden würde – mittels Informations- und Kommunikationstechnik erbracht werden muss. Dies gilt insbesondere vor dem Hintergrund, dass die Gesetzesbegründung die Reichweite des Mitbestimmungstatbestands eindeutig klarstellt. Hierzu wird ausgeführt, dass das Mitbestimmungsrecht keine Regelungen zu arbeitsvertraglich geschuldeten Tätigkeiten ermöglicht, die nicht mittels Informations- und Kommunikationstechnik erbracht werden können. Als Beispiele werden Fahrer oder Boten genannt. Gleiches soll gelten, wenn sich die Mobilität bereits zwingend aus der Eigenart der zu erbringenden Arbeitsleistung ergibt – wobei Handelsvertreter oder Monteure als Beispiele genannt werden.[65] Der Einwand, auch Mitarbeitende wie Fahrer oder Boten erbrächten ihre Arbeitsleistung mittels Informations- und Kommunikationstechnologie,[66] verfängt in diesem Zusammenhang nicht. Zwar entspricht es sicherlich der Realität, dass auch Mitarbeitende, deren

63 BT-Drs. 19/29819, S. 11.
64 BT-Dr. 19/28899, S. 23.
65 BT-Dr. 19/28899, S. 23.
66 *Gaul/Kaule*, ArbRB 2021, 176, 179.

Tätigkeit ein gewisser Ortswechsel innewohnt, ihre Arbeitsleistung mit der Hilfe von Informations- und Kommunikationstechnologie erbringen. Ausschlaggebend muss jedoch sein, dass die Tätigkeit gerade mittels und nicht lediglich mit Hilfe der Kommunikationsmittel – wie einem Laptop oder Smartphone – erbracht wird.[67] Festzuhalten bleibt, dass der Gesetzgeber eine kollektivrechtliche Regelung eindeutig nicht für erforderlich hält, wenn die vertraglich geschuldete Arbeitsleistung ihrem Wesen nach eine Tätigkeit außerhalb der Betriebsstätte darstellt.

45 Voraussetzung für die Anwendbarkeit von § 87 Abs. 1 Nr. 14 BetrVG ist darüber hinaus, dass ein kollektiver Tatbestand gegeben ist. Dies ist höchstrichterlich für die meisten Katalogtatbestände der Mitbestimmung in sozialen Angelegenheiten gemäß § 87 Abs. 1 BetrVG entschieden.[68] Dieser Maßstab ist auch an den neuen Mitbestimmungstatbestand anzulegen. Entscheidend ist daher, ob ein regelungsbedürftiger Fall vorliegt, der sich abstrakt auf den gesamten Betrieb oder eine Gruppe von Mitarbeitenden erstreckt.[69] Der für die Mitbestimmung notwendige kollektive Tatbestand ergibt sich zumeist daraus, dass das mobile Arbeiten nicht nur die Interessen der einzelnen mobil arbeitenden Mitarbeitenden berührt, sondern auch die Interessen der Kolleginnen und Kollegen, etwa im Hinblick auf die Erreichbarkeit, die Koordination und Zusammenarbeit oder den Datenaustausch. Er kann sich auch daraus ergeben, dass der Arbeitgeber mobile Arbeit allgemein im Betrieb anbietet und sich nicht nur auf besonders gelagerte Ausnahmefälle beschränkt.[70] Daher kann der Betriebsrat keine Regelung verlangen, sollte ein einzelner Mitarbeitender den Wunsch nach mobiler Arbeit äußern und der Arbeitgeber diesen Wunsch ablehnen. Nach richtiger Ansicht ist demzufolge die einzelnen Mitarbeitenden erteilte Erlaubnis, im Homeoffice zu arbeiten, stets mitbestimmungsfrei, insbesondere, wenn außergewöhnliche persönliche Umstände vorliegen (z. B. die Betreuung erkrankter minderjähriger Kinder oder die vorübergehende Pflege sonstiger naher Angehöriger) oder spezielle berufliche Tätigkeiten diese Arbeitsform bedingen.[71]

b) Reichweite und Inhalt

46 Nachdem der Referentenentwurf für das MAG ein Mitbestimmungsrecht des Betriebsrats auch hinsichtlich der Einführung mobiler Arbeit vorsah,[72] stellt die Gesetzesbegründung des BReModG eindeutig klar, dass der Arbeitgeber in der

67 *Giesen*, ZfA 2021, 177, 185; *Reinartz*, NZA-RR 2021, 457, 468.
68 Bspw. für § 87 Abs. 1 Nr. 2 BetrVG: BAG, Urt. v. 22.8.2017 – 1 ABR 5/16, BeckRS 2017, 136845.
69 *Schmidt/Trebinger/Linsenmaier/Schelz*, in: Fitting, BetrVG, § 87 Rn. 15.
70 So bereits LAG Mecklenburg-Vorpommern, Beschl. v. 25.2.2020 – 5 TaBV 1/20, NZA-RR 2020, 257.
71 LAG Mecklenburg-Vorpommern, Beschl. v. 25.2.2020 – 5 TaBV 1/20, NZA-RR 2020, 257.
72 *Reinartz*, NZA-RR 2021, 457, 468; Referentenentwurf des Bundesministeriums für Arbeit und Soziales vom 2.10.2020.

Entscheidung frei bleibt, ob er mobiles Arbeiten einführt oder nicht.[73] Ein Initiativrecht in Bezug auf die Einführung mobiler Arbeitsformen steht dem Betriebsrat nach richtiger Auffassung damit in keinem Fall zu.[74] Demzufolge hat der Betriebsrat bei dem „Wie", also der Ausgestaltung mobiler Arbeitsformen, nicht aber hinsichtlich des „Ob" mitzubestimmen. Mithin ist sowohl die Einführung mobiler Arbeitsformen als auch deren Beendigung nicht mitbestimmungspflichtig.[75] Insofern kann auch eine Parallele zum Mitbestimmungstatbestand des § 87 Abs. 1 Nr. 8 BetrVG (Form, *Ausgestaltung* und Verwaltung von Sozialeinrichtungen) gezogen werden, bei welchem das Bundesarbeitsgericht – richtigerweise – ebenfalls lediglich eine Mitbestimmung zur konkreten Anwendung, nicht jedoch zur Einführung bejaht.[76] Unter die „Einführung" und damit das „Ob" mobiler Arbeitsformen fällt ferner auch die Anschaffung der notwendigen digitalen Arbeitsmittel.[77] Hier können zwar die Mitbestimmungstatbestände der § 87 Abs. 1 Nr. 6 und Nr. 7 BetrVG Anwendung finden, § 87 Abs. 1 Nr. 14 BetrVG ist insoweit aber jedenfalls nicht einschlägig.

Das Mitbestimmungsrecht soll nach dem gesetzgeberischen Willen die inhaltli- **47**
che Ausgestaltung der mobilen Arbeit betreffen. Als Beispiele werden Regelungen über den zeitlichen Umfang mobiler Arbeit, über Beginn und Ende der täglichen Arbeitszeit in Bezug auf mobile Arbeit, den Ort, an dem die mobile Arbeit erbracht wird, etwaige Anwesenheitspflichten in der Betriebsstätte, zur Erreichbarkeit, zum Umgang mit Arbeitsmitteln der mobilen Arbeit und über einzuhaltende Sicherheitsaspekte genannt.[78]

Zum zeitlichen Umfang mobiler Arbeit als nunmehr wohl mitbestimmungs- **48**
pflichtigem Tatbestand ist anzumerken, dass unklar ist, inwiefern der zeitliche Umfang mit der allein arbeitgeberseitig zu treffenden Entscheidung des „Ob" von mobilen Arbeitsformen korreliert. Es kann vom Gesetzgeber kaum gewollt sein, dass dem Betriebsrat hinsichtlich der Einführung mobiler Arbeitsformen an sich kein Mitbestimmungsrecht zukommen soll, dieser sodann aber den zeitlichen Umfang im Sinne der Frage, wie häufig Mitarbeitende mobil arbeiten dürfen, mitzubestimmen hat. Ein diesbezügliches Mitbestimmungsrecht würde bedeuten, dass der Betriebsrat eine notwendige Anwesenheit der Mitarbeitenden im Betrieb verhindern könnte, was nicht Sinn und Zweck des Mitbestimmungsrechts sein kann, sondern einen gravierenden Eingriff in die Betriebsorganisation darstellen würde. Hierzu kann auch die Rechtsprechung des Bundesarbeitsgerichts zur Mitbestimmung bei freiwilligen Leistungen herangezogen werden. Danach kann ein Arbeitgeber mitbestimmungsfrei entscheiden, ob er die Leis-

73 BT-Dr. 19/28899, S. 23.

74 *Schiefer/Worzalla*, NZA 2021, 917, 923; *Möllenkamp*, DB 2021, 1198, 1202, BeckOK ArbR/*Werner*, § 87 BetrVG Rn. 206a.

75 *Giesen*, ZfA 2021, 177, 192.

76 BAG, Urt. v. 26.4.1988 – 3 AZR 168/86, NZA 1989, 219.

77 *Schmidt/Trebinger/Linsenmaier/Schelz*, in: Fitting, BetrVG, § 87 Rn. 590; *Grambow*, NJW 2021, 2074, 2077.

78 BT-Dr. 19/28899, S. 23.

tung gewährt, welchen Dotierungsrahmen er dafür zur Verfügung stellen will und an welchen Empfängerkreis er diese zu erbringen bereit ist.[79] Neben der Entscheidung, ob mobile Arbeit überhaupt eingeführt wird, muss dem Arbeitgeber daher auch die alleinige Entscheidung zustehen, diese lediglich für bestimmte Arbeitsplätze, Abteilungen oder Beschäftigtengruppen einzuführen.[80]

49 Hinsichtlich des genannten Beispiels des Beginns und Endes der täglichen Arbeitszeit ist festzustellen, dass diese Thematik – unabhängig von der konkreten Arbeitsform – bereits gemäß § 87 Abs. 1 Nr. 2 BetrVG vor der Einführung von Nr. 14 mitbestimmungspflichtig war. Es steht außer Frage, dass § 87 Abs. 1 Nr. 2 BetrVG auch bei einer mobilen Tätigkeit oder aus dem Homeoffice Anwendung findet. Ein Mitbestimmungsrecht könnte allenfalls im Hinblick auf die Verteilung der jeweiligen Zeitblöcke der mobilen und ortsgebundenen Tätigkeit unter Berücksichtigung der höchstrichterlichen Rechtsprechung zum Mitbestimmungsrecht bei der Zuteilung bestimmter Schichten angenommen werden. Diesbezüglich vertritt das Bundesarbeitsgericht die Ansicht, dass die Festlegung der zeitlichen Lage einzelner Schichten der Mitbestimmung unterliegt.[81] Im Ergebnis ist ein solches Mitbestimmungsrecht hinsichtlich der Verteilung der jeweiligen Zeitblöcke der mobilen und ortsgebundenen Tätigkeit jedoch abzulehnen, da die Konstellationen nicht vergleichbar sind. Die Mitbestimmung in Bezug auf die Lage einzelner Schichten betrifft die Frage, in welchem Zeitraum die Mitarbeitenden überhaupt arbeiten. Die Lage der Zeiten, in denen mobile Arbeit oder Homeoffice gewährt wird, regelt jedoch nicht grundsätzlich Beginn und Ende der Arbeitszeit, sondern lediglich die Frage, „Ob" mobil gearbeitet wird oder nicht. Dies unterfällt eben nicht der Mitbestimmung des Betriebsrats.

50 Des Weiteren ist fraglich, ob die Festlegung des Ortes oder der Orte der außerbetrieblichen Leistungserbringung von der Mitbestimmung erfasst werden. Der Gesetzgeber scheint hier aufgrund der Gesetzesbegründung („Ort, an dem die mobile Arbeit erbracht wird") von einer Erstreckung der Mitbestimmung auszugehen. Zunächst ist in diesem Zusammenhang festzuhalten, dass ein Mitbestimmungsrecht allenfalls bei einem kollektiven Tatbestand hinsichtlich des Ortes bestehen kann. Sollten sich der Arbeitgeber und einzelne Mitarbeitende aber auf einen individuellen Ort verständigt haben, wird es sich regelmäßig um eine individualrechtliche Vereinbarung ohne kollektiven Charakter handeln.[82] Dass ein Mitbestimmungsrecht hinsichtlich einer Tätigkeit der Mitarbeitenden in deren Privaträumen ausscheidet, ist bereits ausführlich erörtert worden. In diesem Zusammenhang wäre zwar eine Mitbestimmung bei der Frage denkbar, welche Orte abstrakt generell für mobile Arbeit in Betracht kommen. Im Ergebnis ist ein solches Mitbestimmungsrecht aber abzulehnen, da hier ein unlöslicher Be-

---

79 BAG, Beschl. v. 21.2.2017 – 1 ABR 12/15, NZA 2017, 801.

80 *Oberthür*, MDR 2021, 969; Fitting/*Schmidt/Trebinger/Linsenmaier/Schelz*, BetrVG, § 87 Rn. 590.

81 BAG, Beschl. v. 19.6.2012 – 1 ABR 19/11, NZA 2012, 1237.

82 *Giesen*, ZfA 2021, 177, 194.

zug zur Arbeitsleistung und deren Ausführung besteht, die der Mitbestimmung entzogen ist.[83]

Die Abgrenzung von mitbestimmungspflichtigen und mitbestimmungsfreien Tatbeständen innerhalb des § 87 Abs. 1 Nr. 14 BetrVG ist im Einzelfall schwierig und wird von der Rechtsprechung vorgenommen werden müssen. 51

3. (Fehlende) Neuerungen durch die Einführung des § 87 Abs. 1 Nr. 14 BetrVG

Das neue Mitbestimmungsrecht soll einen Auffangtatbestand für alle Regelungen bilden, mit denen mobile Arbeit ausgestaltet werden kann. Hierbei hat der Gesetzgeber deutlich zum Ausdruck gebracht, dass bestehende Mitbestimmungsrechte unverändert bestehen bleiben sollen.[84] Vor dem Hintergrund dieser Konzeption sind hinsichtlich der Ausgestaltung mobiler Arbeitsformen die bisher anwendbaren Mitbestimmungstatbestände vorrangig zu beachten.[85] 52

Es stellt sich daher die Frage, welche Regelungstatbestände in der Praxis nun mitbestimmungspflichtig sind, die vor der Neuerung des BetrVG keiner Regelung mit dem Betriebsrat bedurften. In der Literatur wird die Einführung des § 87 Abs. 1 Nr. 14 BetrVG vor diesem Hintergrund teilweise als unnötig angesehen.[86] Tatsächlich bringt die Einführung des § 87 Abs. 1 Nr. 14 BetrVG keinen erkennbaren Zuwachs an Mitbestimmungsrechten.[87] Zwar wird dem teilweise entgegengehalten, der Betriebsrat könne nun den Abschluss einer Betriebsvereinbarung zur mobilen Arbeit aktiv einfordern und – für den Fall der fehlenden Einigungsbereitschaft des Arbeitgebers – per Spruch der Einigungsstelle durchsetzen.[88] Hierbei wird aber verkannt, dass die Entscheidung über die Einführung und auch Beendigung mobiler Arbeitsformen nach wie vor beim Arbeitgeber liegt. Ein Recht des Betriebsrats, proaktiv eine Betriebsvereinbarung zu diesem Themenkomplex – und damit zwingend verbunden die Einführung mobiler Arbeitsformen – einzufordern, besteht gerade nicht. 53

Ein Mehrwert aus der Sicht des Betriebsrats könnte lediglich darin gesehen werden, dass unter § 87 Abs. 1 Nr. 14 BetrVG ansonsten mitbestimmungsfreies Arbeitsverhalten in Form von Weisungen, welche die Erbringung von Arbeitsleistungen konkretisieren, fallen kann. Dies gilt jedenfalls nur für arbeitsformspezifische Weisungen, wie beispielsweise den in der Gesetzesbegründung ausdrücklich genannte Umgang mit Arbeitsmitteln. Diesbezüglich dürfte jedoch auch schon der Anwendungsbereich von § 87 Abs. 1 Nr. 1 BetrVG eröffnet sein. Ferner wird in der Literatur ein Verbot gewisser Nutzungen der zur Verfügung ge- 54

83 *Grambow*, NJW 2021, 2074, 2076.
84 BT-Drs. 19/28899, S. 23.
85 *Schmidt/Trebinger/Linsenmaier/Schelz*, in: Fitting, BetrVG, § 87 Rn. 595.
86 Bspw. *Gaul/Kaule*, ArbRB 2021, 176, 179.
87 *Giesen*, ZfA 2021, 177, 195.
88 *Reinartz*, NZA-RR 2021, 457, 468.

stellten Endgeräte als Beispiel für den Anwendungsbereich des neuen Mitbestimmungstatbestands genannt. Ebenso könnte man an spezielle Schulungsangebote zum mobilen Arbeiten denken, die beispielsweise Themen wie drohende Gefahren einer Entgrenzung mobiler Arbeit oder zum Selbstmanagement oder Überforderungsschutz betreffen.[89]

55 Im Ergebnis dürfte es jedoch schwierig werden, praktisch relevante Regelungsgegenstände zu benennen, die vor der Neuerung des BetrVG noch nicht mitbestimmungspflichtig waren und nun mitbestimmungspflichtig sind. Vor dem Hintergrund, dass bereits vor der Einführung von § 87 Abs. 1 Nr. 14 BetrVG nahezu jegliche Ausgestaltung mobiler Arbeit der Mitbestimmung des Betriebsrats unterlag, wird dem neuen Mitbestimmungstatbestand in der betrieblichen Praxis kaum eine Bedeutung zukommen.

56 Offenbar wollte der Gesetzgeber mit der Einführung des § 87 Abs. 1 Nr. 14 BetrVG den neuen Entwicklungen im Arbeitsleben im Hinblick auf die mobile Arbeit begegnen. Allerdings schafft § 87 Abs. 1 Nr. 14 BetrVG vor dem Hintergrund der fehlenden normativen Klarheit eine gewisse Rechtsunsicherheit. Immerhin besteht nach dem eindeutig formulierten Willen des Gesetzgebers jedoch kein Initiativrecht des Betriebsrats hinsichtlich des „Ob" der Einführung mobiler Arbeitsformen. Jede andere Regelung hätte den Arbeitgeber unzulässig in seiner unternehmerischen Freiheit hinsichtlich der Organisation des Betriebs beschränkt.

V. Änderungen in der operativen Arbeit des Betriebsrats bei mobiler Arbeit

57 Die Einführung mobiler Arbeitsformen stellt Arbeitgeber und Betriebsräte vor die Herausforderung, dass sich die Arbeit miteinander verändert. Eine fehlende Anwesenheit der Beteiligten im Betrieb kann eine kurzfristige Abstimmung zu wichtigen Themenkomplexen erschweren. Ferner sind auch Beschlüsse des Betriebsrats nicht kurzfristig zu erhalten, wenn sich einige Mitglieder im Homeoffice befinden oder mobil arbeiten.

58 Vor dem Hintergrund der Corona-Pandemie wurde im Mai 2020 der § 129 Abs. 2 BetrVG eingeführt, der eine Beschlussfassung des Betriebsrats mittels einer Video- und Telefonkonferenz gestattete, so lange sichergestellt war, dass Dritte vom Inhalt der Sitzung keine Kenntnis nehmen können. Die Regelung wurde zunächst jedoch bis zum Ablauf des 7.4.2023 befristet und im Rahmen des BReModG mit § 30 Abs. 2 BetrVG endgültig gesetzlich verankert. Danach kann die Teilnahme an einer Betriebsratssitzung mittels Video- und Telefonkonferenz erfolgen, wenn die Voraussetzungen für eine solche Teilnahme in der Geschäftsordnung unter Sicherung des Vorrangs der Präsenzsitzung festgelegt sind,

89 *Schmidt/Trebinger/Linsenmaier/Schelz*, in: Fitting, BetrVG, § 87 Rn. 595.

nicht mindestens ein Viertel der Mitglieder des Betriebsrats binnen einer von dem Vorsitzenden zu bestimmenden Frist diesem gegenüber widerspricht und sichergestellt ist, dass Dritte vom Inhalt der Sitzung keine Kenntnis nehmen können.

Die Regelung gilt für eine Vielzahl betriebsverfassungsrechtlicher Gremien wie 59
beispielsweise für den Gesamt- und Konzernbetriebsrat (§ 51 Abs. 1 Satz 1 BetrVG, § 59 Abs. 1 Satz 1 BetrVG), die Jugend- und Auszubildendenvertretung (§ 65 Abs. 1 BetrVG) sowie Betriebsratsausschüsse (§§ 27 ff. BetrVG). Zwingend erforderlich ist jedoch eine entsprechende Regelung in der Geschäftsordnung. Aufgrund der Anwesenheitsfiktion des § 33 Abs. 1 Satz 3 BetrVG können in Video- und Telefonkonferenzen auch rechtssicher Beschlüsse des Betriebsrats gefasst werden. Diese zu begrüßende neue Beschlussform erleichtert die Zusammenarbeit zwischen Arbeitgeber und Betriebsrat für den Fall der mobilen Tätigkeit einzelner Betriebsratsmitglieder. Dies gilt insbesondere, wenn es auf eine schnelle Kommunikation ankommt.

VI. Schlussbemerkung

Wenngleich die ortsunabhängige Arbeit von vielen Arbeitgebern – etwa im Hin- 60
blick auf den geringeren Bedarf an Büroflächen – positiv gesehen und aufgrund des derzeit und wohl auch in absehbarer Zukunft am Arbeitsmarkt herrschenden Fachkräftemangels als Incentive für Mitarbeitende akzeptiert und angeboten wird, sollten die Risiken von mobiler Arbeit von den Betriebsparteien bedacht werden. Insbesondere ein fehlendes Zugehörigkeitsgefühl der Mitarbeitenden zum Unternehmen, fehlende Verbindungen zu den Mitarbeitenden sowie ein mangelnder Austausch zu dienstlichen Themen dürften mögliche Folgen von ausschließlich mobiler Arbeit sein, die erhebliche wirtschaftliche Auswirkungen haben können.

Auch in rechtlicher Hinsicht besteht derzeit leider noch eine erhebliche Unsi- 61
cherheit in der konkreten Ausgestaltung der neuen mobilen Arbeitsformen. Diese rechtliche Unsicherheit wird zumindest kurzfristig wohl auch nicht durch die Gesetzesvorhaben der Bundesregierung beseitigt werden, da es insoweit an einer Umsetzung fehlt. Die Einführung des § 87 Abs. 1 Nr. 14 BetrVG hat insoweit leider ebenfalls nicht zur Rechtssicherheit beigetragen, sondern vielmehr weitere Fragen aufgeworfen, insbesondere zur Reichweite des Mitbestimmungsrechts des Betriebsrats. Insoweit sind Arbeitgeber gut beraten, mit dem zuständigen (Gesamt-)Betriebsrat durch den Abschluss einer (Gesamt-)Betriebsvereinbarung Klarheit für ihren Betrieb bzw. ihr Unternehmen zu schaffen. Hierbei ist jedoch zu berücksichtigen, dass wesentliche Entscheidungen – etwa hinsichtlich des „Ob" der Einführung mobiler Arbeitsformen sowie des Umfangs der zu gewährenden Arbeitszeit außerhalb des Betriebs – nicht der Mitbestimmung des Betriebsrats unterliegen.

Abschnitt 2 – Perspektive Betriebsrat

I. Einleitung

1 Das Thema „mobile Arbeit“ hat mit Beginn der Corona-Pandemie einen erheblichen Aufschwung erfahren. Zwar war die Thematik bereits zuvor im Kontext der Arbeit 4.0. und der digitalen Transformation der Arbeitswelt in einigen Betrieben durchaus präsent. Es erlangte jedoch vergleichsweise wenig Bedeutung, zumal das mobile Arbeiten außerhalb des klassischen Außendienstes, der Beratungsberufe sowie der Montage in Deutschland bisher nur wenig verbreitet war. Dies änderte sich spätestens mit der ersten SARS-CoV-2-Arbeitsschutzverordnung („Corona ArbSchV“), die eine Homeoffice-Angebotspflicht des Arbeitsgebers vorsah.[1] Seitdem nahm die Einführung mobiler Arbeit – allerdings in Form der Arbeit von zu Hause aus – in Betrieben rasant zu. Der Wunsch vieler Arbeitnehmer:innen[2] nach mehr Flexibilität bei der Wahl des Arbeitsortes, wiederum vornehmlich der Arbeit von zu Hause aus, ist jedoch weiter gegenwärtig. Er wird sogar noch ausgeprägter, wie der aktuelle Trend der sogenannten „Workation“ zeigt.[3] Darunter ist die Verbindung von Arbeit („work“) und Urlaub („vacation“) zu verstehen.

2 Die Bundesregierung erkannte das Fehlen von einheitlichen und noch verbindlicheren Regelungen im Zusammenhang mit mobiler Arbeit in Betrieben. Sie beabsichtigte daher, den Betriebsräten Rechte bei der Ausgestaltung mobiler Arbeit einzuräumen.[4] Im Zuge dessen verabschiedete der Gesetzgeber das Betriebsrätemodernisierungsgesetz („BRMG“) vom 17.6.2021. Mit dem BRMG führte der Gesetzgeber ein weiteres Mitbestimmungsrecht für Betriebsräte in § 87 Abs. 1 Nr. 14 BetrVG ein. Dieses sieht eine Mitbestimmung für Betriebsräte bei der Ausgestaltung von mobiler Arbeit, die mittels Informations- und Kommunikationstechnik erbracht wird, vor.

3 Mit der Neueinführung von § 87 Abs. 1 Nr. 14 BetrVG gehen einige Rechtsfragen einher, bei denen es sich lohnt, einzelne näher zu untersuchen. Dabei ist zunächst zu klären, was überhaupt unter dem Begriff „mobile Arbeit“ zu verstehen ist. Hierfür ist die Gesetzeslage vor sowie nach der Einführung von § 87 Abs. 1 Nr. 14 BetrVG heranzuziehen. Sodann bietet es sich an, die Vor- und Nachteile der Einführung mobiler Arbeit kurz zu skizzieren. Anschließend sind die Mitbestimmungsrechte des Betriebsrats sowie deren Reichweite im Kontext mobiler

---

1 § 2 Abs. 4 Corona-ArbSchV vom 21.1.2021.

2 Aus Gründen der Lesbarkeit wird nachfolgend auf geschlechtsspezifische Formulierungen verzichtet und einheitlich der Begriff „Arbeitnehmer“ verwendet. Dies meint jeweils alle Geschlechter in gleicher Weise.

3 Siehe hierzu unter: https://www.tagesschau.de/wirtschaft/verbraucher/homeoffice-urlaub-arbeiten-im-ausland-workation-101.html (zuletzt abgerufen am 31.10.2023).

4 BT-Drs. 19/28899, S. 2.

Arbeit dazustellen. Auch an dieser Stelle wird auf die Gesetzeslage vor und nach der Einführung von § 87 Abs. 1 Nr. 14 BetrVG eingegangen. Schwerpunktmäßig sollen die Abgrenzungsschwierigkeiten zwischen dem mitbestimmungsfreien „Ob“ bei Einführung und dem mitbestimmungspflichtigen „Wie“ bei Ausgestaltung mobiler Arbeit nach Einführung des § 87 Abs. 1 Nr. 14 BetrVG dargestellt werden. Schließlich wird die Problematik thematisiert, wie sich die Arbeit des Betriebsrats mit Arbeitnehmern in mobiler Arbeit ändert.

II. Der Begriff „mobile Arbeit“

1. Der Begriff „mobile Arbeit“ vor Inkrafttreten des BRMG

Zur Auslegung des Begriffs der mobilen Arbeit vor Inkrafttreten des BRMG ist auf das Verständnis in der Rechtsprechung sowie Literatur einzugehen. **4**

Nach der Rechtsprechung lag jedenfalls – auch außerhalb des Homeoffice – mobile Arbeit bei Erbringung der Arbeitsleistung unter Verwendung von Informationstechnologie außerhalb der Betriebsstätte bzw. einem vereinbarten Ort vor.[5] **5**

In der Literatur existierten jedoch bis dato verschiedene Begriffe, um die Arbeitsleistung außerhalb des betrieblichen Arbeitsortes zu beschreiben.[6] **6**

Fest stand dabei allerdings, dass der Begriff der Telearbeit in § 2 Abs. 7 Satz 2 Arbeitsstättenverordnung („ArbStättV“) und § 5 Abs. 1 Satz 1 BetrVG normiert war. Unter Telearbeitsplätzen im arbeitsschutzrechtlichen Sinne waren nach § 2 Abs. 7 Satz 2 ArbStättV vom Arbeitgeber fest eingerichtete Bildschirmarbeitsplätze im Privatbereich der Beschäftigten zu verstehen, für die der Arbeitgeber eine mit den Beschäftigten vereinbarte wöchentliche Arbeitszeit und die Dauer der Einrichtung festgelegt hat. Im betriebsverfassungsrechtlichen Sinne nach § 5 Abs. 1 Satz 1 BetrVG meinte Telearbeit hingegen die außerbetriebliche Erbringung der Arbeitsleistung mittels Informations- und Kommunikationstechnik.[7] **7**

Ausgehend von dem betriebsverfassungsrechtlichen Verständnis von Telearbeit bildete sich in der Literatur überwiegend das folgende Verständnis der Begriffe Telearbeit, mobile Arbeit und Homeoffice heraus: **8**

Unter Telearbeit und Homeoffice verstand die herrschende Literatur die Erbringung der Arbeitsleistung ausschließlich vom Wohnsitz der Mitarbeitenden aus.[8] **9**

---

5 U. a. LAG Köln, 23.4.2021 – 9 TaBV 9/21, Rn. 36, juris, welches bereits auf den Referentenentwurf zum BRMG verweist.

6 Vgl. *Krieger/Rudnik/Povedano Peramato*, NZA 2020, 473, 473.

7 *Fitting*, BetrVG, § 5 Rn. 193.

8 So etwa *Krieger/Rudnik/Povedano Peramato*, NZA 2020, 473, 473 f.; *Schöllmann*, NZA-Beilage 2019, 81, 81; *Schulze/Ratzesberger*, ArbRAktuell, 2016, 109, 109.

Unter mobile Arbeit fasste sie hingegen die ortsungebundene Erbringung der Arbeitsleistung von jedem potenziellen Arbeitsort aus.[9]

2. Der Begriff „mobile Arbeit" nach Inkrafttreten des BRMG

10 Mit Blick auf die Auslegung des Begriffs der mobilen Arbeit nach Inkrafttreten des BRMG lohnt es sich, zunächst die Gesetzesbegründung zum BRMG sowie anschließend die Literatur nach Erlass des BRMG heranzuziehen. Rechtsprechung zur Auslegung des betriebsverfassungsrechtlichen Begriffs der mobilen Arbeit existiert nach Inkrafttreten des BRMG, soweit ersichtlich, noch nicht.[10]

a) Gesetzesbegründung zum BRMG

11 Laut der Gesetzesbegründung zum BRMG arbeitet ein Arbeitnehmer mobil, wenn er seine Arbeitsleistung mittels Informations- und Kommunikationstechnik außerhalb des Betriebs entweder von einem Ort bzw. Orten nach seiner Wahl oder nach entsprechender Vereinbarung mit dem Arbeitgeber erbringt. Ein Arbeitnehmer arbeitet hingegen nicht mobil, sofern er seine Arbeitsleistung aufgrund deren Eigenart ortsgebunden zu verrichten hat.[11]

b) Literatur

12 In der Literatur wird der Begriff der mobilen Arbeit aus § 87 Abs. 1 Nr. 14 BetrVG extensiv wie auch restriktiv verstanden.

13 Nach dem extensiven Verständnis ist mobile Arbeit anzunehmen, sofern der Arbeitnehmer seine Arbeitsleistung außerhalb des Betriebs oder an einem fest eingerichteten Telearbeitsplatz verrichtet.[12] Anders als in Ziffer 2.2 Abs. 1 der SARS-CoV-2-Arbeitsschutzregel enthalte die Gesetzesbegründung zu § 87 Abs. 1 Nr. 14 BetrVG nämlich nicht die ausdrückliche Einschränkung, dass mobile Arbeit nicht an einem fest eingerichteten Telearbeitsplatz ausgeübt wird. Indes könne davon ausgegangen werden, dass diese Einschränkung nicht für § 87 Abs. 1 Nr. 14 BetrVG gilt.[13]

14 Ausweislich des eher restriktiven Ansatzes in der Literatur umfasst der Begriff der mobilen Arbeit das Arbeiten von zu Hause („Homeoffice") sowie das Arbei-

---

9 So z. B. *Krieger/Rudnik/Povedano Peramato*, NZA 2020, 473, 474; *Keilich/Brummer*, SPA 2020, 126, 126; *Schöllmann*, NZA-Beilage 2019, 81, 81; vgl. *Schulze/Ratzesberger*, ArbRAktuell 2016, 109, 109 f.

10 Siehe aber Fn. 5.

11 BT-Drs. 19/28899, S. 23.

12 *Fitting*, BetrVG, § 87 Rn. 584; *Müller*, ArbRAktuell 2021, 408, 408 f.; *Oberthür*, ArbRB 2021, 276, 277; *Richardi/Maschmann*, in: Richardi, BetrVG, § 87 Rn. 989e.

13 *Müller*, ArbRAktuell 2021, 408, 408 f.

ten von einem Ort nach der Wahl des Arbeitnehmers („Remote-Work“) aus.[14] Das mobile Arbeiten sei hingegen keine Arbeitsform, die an einem fest eingerichteten Telearbeitsplatz verrichtet wird.[15]

3. Stellungnahme

Festzuhalten bleibt, dass mobile Arbeit jedenfalls ein Oberbegriff für das Homeoffice darstellt. Streitig bleibt jedoch, ob unter den Begriff des mobilen Arbeitens auch ein fest eingerichteter Telearbeitsplatz zu subsumieren ist. Der Sinn und Zweck von § 87 Abs. 1 Nr. 14 BetrVG spricht jedenfalls für ein extensives Verständnis des Begriffs der mobilen Arbeit.[16] Schließlich betrifft § 87 Abs. 1 Nr. 14 BetrVG gerade die Ausgestaltung eines mobilen Arbeitsplatzes. Die Ausgestaltung umfasst aber auch die Frage, ob ein fest eingerichteter Telearbeitsplatz notwendig ist oder nicht.[17] **15**

III. Vor- und Nachteile mobiler Arbeit

Das Ziel von § 87 Abs. 1 Nr. 14 BetrVG ist es, die Vor- und Nachteile des mobilen Arbeitens in einen Ausgleich zu bringen.[18] Insoweit sind die Vor- und Nachteile des mobilen Arbeitens sowohl aus Arbeitnehmer- als auch aus Arbeitgebersicht kurz zu beleuchten. **16**

1. Vor- und Nachteile aus Arbeitnehmersicht

Für den Arbeitnehmer ermöglicht die mobile Arbeit vor allem mehr Flexibilität bei der Ausübung seiner Tätigkeit. Dies wirkt sich überwiegend positiv auf seine Motivation, Arbeitszufriedenheit und Produktivität aus. Schließlich ist die Vereinbarkeit von Beruf und Familie („Work-Life-Balance“) so besser zu bewerkstelligen. Gleichzeitig birgt dies aber ebenso die Gefahr der Entgrenzung von Privatleben und Beruf in sich, die beispielsweise mit einer permanenten Erreichbarkeit und Überlastung des Arbeitnehmers einhergehen kann. Auch kann der deutlich geringere Austausch mit den direkten Kolleginnen und Kollegen sowie Führungskräften zu einer Vereinsamung der Arbeitnehmer führen.[19] **17**

---

14 ErfK/*Kania*, § 87 BetrVG Rn. 136; nach *Bayreuther* umfasse mobile Arbeit alle Tätigkeiten, die im umgangssprachlichen Sinn unter den Begriff Homeoffice fallen, *Bayreuther*, NZA 2021, 839, 839.

15 *Urban*, ArbRAktuell 2022, 221, 221.

16 Ebenso *Fitting*, BetrVG, § 87 Rn. 584.

17 Ebenso *Oberthür*, ArbRB 2021, 276, 277.

18 BT-Drs. 19/28899, S. 12.

19 Vgl. dazu unter: https://www.boeckler.de/de/auf-einen-blick-17945-Auf-einen-Blick-Studien-zu-Homeoffice-und-mobiler-Arbeit-28040.htm (zuletzt abgerufen am 31.10.2023).

18 Fällt im Zuge der mobilen Arbeit ein Pendelweg mit dem Auto weg, so hat die mobile Arbeit jedoch auch eine wahrnehmbare ökologische und ökonomische Komponente.

2. Vor- und Nachteile aus Arbeitgebersicht

19 Für den Arbeitgeber kann die Einführung mobiler Arbeit hingegen mit einer Attraktivitätssteigerung seines Unternehmens auf dem Arbeitsmarkt verbunden sein. Gleichzeitig vermögen für ihn im Hinblick auf das Vorhalten weniger Büroräume und damit einem geringeren Energieeinsatz Kosteneinsparungen zu verzeichnen sein.

20 Allerdings verlangt der Einsatz mobiler Arbeit dem Arbeitgeber häufig ein hohes Maß an Vertrauen in den Arbeitnehmer ab. Meist muss sich der Arbeitnehmer als sehr zuverlässig erweisen, bevor der Arbeitgeber ihm die Möglichkeit des mobilen Arbeitens eröffnet. Auch die Organisation der mobilen Arbeit führt nicht nur bei den Arbeitnehmern untereinander, sondern insbesondere bei den Führungskräften zu einem erheblichen Umstellungsbedarf. Zudem ist der Arbeitgeber bei dem Einsatz mobiler Arbeit mit zahlreichen Datenschutzvorgaben konfrontiert. So muss der Arbeitgeber beispielsweise sicherstellen, dass nur der Arbeitnehmer im Homeoffice Zugang zu den personenbezogenen Daten hat, die im Zusammenhang mit seiner Arbeit verarbeitet werden. Bei mobiler Arbeit im Ausland ist der Arbeitgeber außerdem dazu angehalten, komplexe steuer- und sozialversicherungsrechtliche Fragen sowie das anwendbare Recht genau zu prüfen.

IV. Mitbestimmung bei mobiler Arbeit vor Inkrafttreten des BRMG

21 Bereits vor Erlass des § 87 Abs. 1 Nr. 14 BetrVG hielten sowohl die Rechtsprechung als auch die Literatur diverse Mitbestimmungsrechte des Betriebsrats in Bezug auf mobile Arbeit für einschlägig. Ein eigenständiges Mitbestimmungsrecht des Betriebsrats existierte bis dato nicht.

1. Rechtsprechung

22 Die Rechtsprechung[20] befand die Einführung mobiler Arbeit im Ergebnis für mitbestimmungsfrei und die Ausgestaltung mobiler Arbeit nach § 87 Abs. 1 Nr. 2, Nr. 6 und Nr. 7 BetrVG für mitbestimmungspflichtig. Auf Abgrenzungsschwierigkeiten ging sie indes wenig ein.

20 Siehe weitgehende Zusammenfassung der Rechtsprechung unter: https://towara.com/mitbestimmung-bei-mobiler-arbeit/ (zuletzt abgerufen am 31.10.2023).

a) Die Einführung mobiler Arbeit („Ob")

Mit Beschluss vom 18.6.2020 konstatierte das LAG Hessen[21] im Kontext einer einstweiligen Verfügung des Betriebsrats auf Unterlassung des Arbeitsmodells mobile Arbeit, dass die Entscheidung des Arbeitgebers, mobile Arbeit einführen zu wollen, auch nicht dem Mitbestimmungsrecht nach § 87 Abs. 1 Nr. 1 BetrVG unterliege. Vielmehr gehöre diese Entscheidung des Arbeitgebers zum mitbestimmungsfreien Arbeitsverhalten. **23**

Ebenso führte das LAG Köln[22] mit Beschluss vom 23.4.2021 im Zuge der Frage über die Einrichtung einer Einigungsstelle über mobile Arbeit aus, dass der Arbeitgeber über das „Ob" der Einführung mobiler Arbeit frei entscheiden könne. Dabei deutete das LAG Köln zugleich an, der Arbeitgeber könne ebenso frei festlegen, für welche Arbeitnehmer er mobile Arbeit einführen möchte. **24**

b) Die Ausgestaltung mobiler Arbeit („Wie")

Das LAG Mecklenburg-Vorpommern[23] äußerte mit Beschluss vom 25.2.2020 ebenfalls zu der Frage über die Einrichtung einer Einigungsstelle über mobile Arbeit, dass die Mitbestimmungsrechte des Betriebsrats jedoch nicht schon im Vorhinein per se ausgeschlossen werden können.[24] Hingegen könne mobile Arbeit den Mitbestimmungstatbeständen aus § 87 Abs. 1 Nr. 2, Nr. 6 und Nr. 7 BetrVG unterfallen.[25] Schließlich erfordere mobile Arbeit grundsätzlich den Einsatz von Informations- und Kommunikationstechnik. Diese könne indes mit einer Überprüfung der Arbeitszeiten, aber auch typischerweise mit einer Leistungs- und Verhaltenskontrolle der Arbeitnehmer einhergehen. Im Zusammenhang mit mobiler Arbeit erlange zudem der Arbeits- und Gesundheitsschutz Relevanz. Hierbei entstehen insbesondere Fragen hinsichtlich der Erreichbarkeit oder Arbeitssicherheit von Arbeitnehmern.[26] **25**

Das LAG Hessen[27] hob mit Beschluss vom 18.6.2020 nochmals hervor, dass bei der Ausgestaltung mobiler Arbeit insbesondere die Mitbestimmungsrechte des Betriebsrats gem. § 87 Abs. 1 Nr. 6 und Nr. 7 BetrVG zum Tragen kommen. **26**

Mit dem bereits genannten Beschluss vom 23.4.2021 stellte auch das LAG Köln[28] erneut fest, dass der Betriebsrat weitreichende Mitbestimmungsrechte in Bezug auf mobile Arbeit besitze. Im Einzelnen erlangen die Mitbestimmungsrechte aus § 87 Abs. 1 Nr. 2, Nr. 6 und Nr. 7 BetrVG Bedeutung. Insoweit unterliege die Ausgestaltung der mobilen Arbeit in Bezug auf die Arbeitszeit, den **27**

---

21 LAG Hessen, 18.6.2020 – 5 TaBVGa 74/20, Rn. 10, juris.
22 LAG Köln, 23.4.2021 – 9 TaBV 9/21, Rn. 45, juris.
23 LAG Mecklenburg-Vorpommern, 25.2.2020 – 5 TaBV 1/20, juris.
24 LAG Mecklenburg-Vorpommern, 25.2.2020 – 5 TaBV 1/20, Rn. 42, juris.
25 LAG Mecklenburg-Vorpommern, 25.2.2020 – 5 TaBV 1/20, Rn. 43, juris.
26 LAG Mecklenburg-Vorpommern, 25.2.2020 – 5 TaBV 1/20, Rn. 44, juris.
27 LAG Hessen, 18.6.2020 – 5 TaBVGa 74/20, Rn. 18, juris.
28 LAG Köln, 23.4.2021 – 9 TaBV 9/21, Rn. 41, juris.

Einsatz von technischen Einrichtungen und den Arbeitsschutz der Mitbestimmung des Betriebsrats.

2. Literatur

28 Auch die Literatur ordnete im Ergebnis die Einführung mobiler Arbeit als mitbestimmungsfrei und die Ausgestaltung mobiler Arbeit als mitbestimmungspflichtig ein. Auf Abgrenzungsschwierigkeiten zwischen der mitbestimmungsfreien Einführung und mitbestimmungspflichtigen Ausgestaltung ging sie – wie die Rechtsprechung – jedoch kaum ein. Es ist indes zu berücksichtigen, dass die Literatur unterschiedliche Begriff verwendete, um die Arbeitsleistung außerhalb des betrieblichen Arbeitsortes zu beschreiben.

a) Die Einführung mobiler Arbeit („Ob“)

29 *Schöllmann*[29] und *Richter*[30] zufolge oblag jedenfalls die Entscheidung, mobile Arbeit und Telearbeit einzuführen, einzig dem Arbeitgeber. Der Betriebsrat habe insoweit kein Mitbestimmungsrecht. Ihm stehe daher auch kein Initiativrecht zu.

b) Die Ausgestaltung mobiler Arbeit („Wie“)

30 Nach einer Gesamtschau der Ausführungen von *Krieger/Rudnik/Povedano Peramato*,[31] *Keilich/Brummer*,[32] *Schöllmann*,[33] *Richter*,[34] *Schulze/Ratzesberger*,[35] *Bauer/Günther/Böglmüller*[36] und *Rieble/Picker*[37] kamen bei der Ausgestaltung mobiler Arbeit die Mitbestimmungsrechte aus § 87 Abs. 1 Nr. 1, Nr. 2, Nr. 6, Nr. 7 und Nr. 10 BetrVG in Betracht.

31 Zunächst erlangte § 87 Abs. 1 Nr. 1 BetrVG Bedeutung, sofern private Endgeräte für die mobile Arbeit genutzt werden sollten.[38] § 87 Abs. 1 Nr. 1 BetrVG griff aber auch ein, falls der Arbeitgeber den Arbeitnehmern die private Nutzung dienstlicher Arbeitsmittel erlaubte.[39] Zudem wurde der Mitbestimmungstatbe-

---

29 *Schöllmann*, NZA-Beilage 2019, 81, 84.
30 *Richter*, ArbRAktuell 2019, 142, 144.
31 *Krieger/Rudnik/Povedano Peramato*, NZA 2020, 473, 476.
32 *Keilich/Brummer*, SPA 2020, 126, 127.
33 *Schöllmann*, NZA-Beilage 2019, 81, 84.
34 *Richter*, ArbRAktuell 2019, 142, 144.
35 *Schulze/Ratzesberger*, ArbRAktuell 2016, 109, 111.
36 *Bauer/Günther/Böglmüller*, NZA 2016, 1361, 1363.
37 *Rieble/Picker*, ZfA 2013, 383, 425.
38 *Schöllmann*, NZA-Beilage 2019, 81, 84.
39 *Rieble/Picker*, ZfA 2013, 383, 425.

stand relevant, soweit der Arbeitgeber Kontrolloptionen in Bezug auf das Homeoffice haben, wahrnehmen und etablieren wollte.[40] Überdies konnte das Mitbestimmungsrecht ausgelöst werden, wenn ein Verfahren zur Hinzuziehung eines Arbeitssicherheitsbeauftragten auf Wunsch der Arbeitnehmer eingerichtet werden sollte.[41]

§ 87 Abs. 1 Nr. 2 BetrVG wurde hingegen bei der Verteilung der Arbeitszeit wichtig.[42] Die Mitbestimmung erstreckte sich dabei auch auf die Festsetzung von Kernarbeitszeiten sowie Pausen. Der Betriebsrat konnte insoweit dazu beitragen, einen festen Arbeitsrhythmus der Arbeitnehmer sowie die Einhaltung der Ruhepausen im Homeoffice zu fördern.[43] Gleichzeitig war § 87 Abs. 1 Nr. 2 BetrVG auch in Erwägung zu ziehen, falls der Arbeitgeber vorhatte, die Arbeitnehmer im Hinblick auf die Einhaltung der vertraglichen Arbeitszeit im Homeoffice zu überprüfen, beispielsweise in Bezug auf die Einschaltzeiten ihres Computers.[44] 32

Im Weiteren war ebenfalls an § 87 Abs. 1 Nr. 6 BetrVG zu denken, sofern es um den Einsatz technischer Einrichtungen ging.[45] Arbeitnehmer nutzten im Kontext von Telearbeit meist Informations- und Kommunikationstechnik, die dazu geeignet war, das Verhalten oder die Leistung der Arbeitnehmer zu überwachen.[46] Dem Betriebsrat oblag es daher, personenbezogene Daten von Arbeitnehmern, die beispielsweise bei Einschaltung und Nutzung von mobilen Endgeräten und EDV-Systemen erfasst wurden, zu schützen.[47] 33

§ 87 Abs. 1 Nr. 7 BetrVG wirkte sich überdies aus, sobald im Kontext mobiler Arbeit Regelungen zum Arbeits- und Gesundheitsschutz erforderlich wurden.[48] Dabei orientierte sich der Umfang des Mitbestimmungsrechts an den gesetzlichen Vorschriften im Sinne von § 87 Abs. 1 Nr. 7 BetrVG und den darauf beruhenden Maßnahmen des Arbeitgebers.[49] Hier löste insbesondere eine Gefährdungsbeurteilung gem. § 5 ArbSchG und Unterweisung gem. § 12 ArbSchG eine Mitbestimmung aus.[50] Der Betriebsrat hatte beispielsweise gem. § 5 Arbeitsschutzgesetz („ArbSchG") i.V.m. § 3 Bildschirmarbeitsverordnung („Bild- 34

40 *Richter*, ArbRAktuell 2019, 142, 144.
41 *Rieble/Picker*, ZfA 2013, 383, 425.
42 *Schöllmann*, NZA-Beilage 2019, 81, 84.
43 *Schulze/Ratzesberger*, ArbRAktuell 2016, 109, 111.
44 *Richter*, ArbRAktuell 2019, 142, 144.
45 *Schöllmann*, NZA-Beilage 2019, 81, 84.
46 *Schulze/Ratzesberger*, ArbRAktuell 2016, 109, 111; *Rieble/Picker*, ZfA 2013, 383, 425.
47 *Schulze/Ratzesberger*, ArbRAktuell 2016, 109, 111.
48 *Schöllmann*, NZA-Beilage 2019, 81, 84.
49 *Schulze/Ratzesberger*, ArbRAktuell, 2016, 109, 111.
50 *Rieble/Picker*, ZfA 2013, 383, 425.

schirmarbV")[51] die Möglichkeit, den Arbeitgeber bei der Nutzung von Bildschirmgeräten zur Durchführung einer Gefährdungsbeurteilung im Hinblick auf die physische und psychische Belastung der Arbeitnehmer anzuhalten.[52]

35 § 87 Abs. 1 Nr. 10 BetrVG konnte letztlich in Bezug auf Entlohnungen und vor allem Aufwandsentschädigungen maßgebend sein.[53]

V. Mitbestimmung bei mobiler Arbeit nach Inkrafttreten des BRMG

36 Seit Inkrafttreten des BRMG existiert mit § 87 Abs. 1 Nr. 14 BetrVG ein eigenständiger Mitbestimmungstatbestand des Betriebsrats zur mobilen Arbeit. Es bietet sich daher zunächst an, auf die Gesetzesbegründung zu § 87 Abs. 1 Nr. 14 BetrVG einzugehen.

1. § 87 Abs. 1 Nr. 14 BetrVG

37 Gem. § 87 Abs. 1 Nr. 14 BetrVG unterliegt die Ausgestaltung mobiler Arbeit, die mittels Informations- und Kommunikationstechnik erbracht wird, der Mitbestimmung des Betriebsrats.

38 Die Gesetzesbegründung zu § 87 Abs. 1 Nr. 14 BetrVG[54] legt eine weite Auslegung des Tatbestands nahe.[55] Sie führt hierzu aus, dass sich die Mitbestimmung des Betriebsrats auf die Ausgestaltung („Wie"), nicht jedoch auf die Einführung („Ob") mobiler Arbeit erstrecke.

39 Die Ausgestaltung („Wie") mobiler Arbeit beziehe sich dabei beispielsweise auf den zeitlichen Umfang, auf Beginn und Ende der täglichen Arbeitszeit sowie auf den Ort mobiler Arbeit. Die Ausgestaltung mobiler Arbeit könne auch die Anwesenheitspflichten im Betrieb, die Erreichbarkeit, den Umgang mit Arbeitsmitteln sowie zu wahrende Sicherheitsaspekte umfassen.

40 In Gänze stelle das Mitbestimmungsrecht aus § 87 Abs. 1 Nr. 14 BetrVG einen Auffangtatbestand dar. Andere Mitbestimmungsrechte bleiben weiterhin bestehen.

---

51 Die BildschirmarbV ist seit dem 2.12.2016 außer Kraft getreten. Die Regelungen sind nunmehr Teil der Arbeitsstättenverordnung („ArbStättV").

52 *Schulze/Ratzesberger*, ArbRAktuell, 2016, 109, 111.

53 *Schöllmann*, NZA-Beilage 2019, 81, 84.

54 BT-Drs. 19/28899, S. 23.

55 Ebenso *Schiefer/Worzalla*, NZA 2021, 817, 823.

2. Verhältnis zu anderen Mitbestimmungstatbeständen des § 87 Abs. 1 BetrVG

Daran anknüpfend stellt sich nun die Frage, in welchem Verhältnis § 87 Abs. 1 Nr. 14 BetrVG zu den anderen Mitbestimmungstatbeständen aus § 87 Abs. 1 BetrVG steht. **41**

a) Literatur[56]

In der Literatur wird überwiegend[57] vertreten, dass § 87 Abs. 1 Nr. 14 BetrVG ergänzend zu den bisherigen Mitbestimmungstatbeständen aus § 87 Abs. 1 BetrVG tritt, die bereits vor Inkrafttreten des BRMG im Falle der Einführung von mobiler Arbeit in Betracht kamen. Vereinzelt[58] wird jedoch auch die Auffassung vertreten, dass § 87 Abs. 1 Nr. 14 BetrVG keine Erweiterung zu den bisherigen Mitbestimmungsrechten des Betriebsrats vorsieht. **42**

b) Stellungnahme

Nach einer historischen Auslegung[59] von § 87 Abs. 1 Nr. 14 BetrVG erweist sich die Vorschrift als Auffangtatbestand. Charakteristisch für einen Auffangtatbestand ist, dass es sich bei diesem um eine allgemeine Gesetzesvorschrift handelt, die erst greift, soweit speziellere Gesetzesvorschriften nicht einschlägig sind. Übertragen auf § 87 Abs. 1 Nr. 14 BetrVG bedeutet dies, dass § 87 Abs. 1 Nr. 14 BetrVG erst zum Tragen kommt, soweit die übrigen Mitbestimmungstatbestände aus § 87 Abs. 1 BetrVG nicht zur Anwendung gelangen. § 87 Abs. 1 Nr. 14 BetrVG tritt insoweit erweiternd zu den übrigen Mitbestimmungsrechten aus § 87 Abs. 1 BetrVG hinzu, die bereits vor Inkrafttreten des BRMG im Kontext mobiler Arbeit Relevanz erlangten.[60] **43**

3. Reichweite der Mitbestimmung nach 87 Abs. 1 Nr. 14 BetrVG

Ausgehend von diesem Ergebnis ist nun der Frage nach der Reichweite und dem eigenständigen Anwendungsbereich von § 87 Abs. 1 Nr. 14 BetrVG nachzugehen. Dabei entstehen insbesondere Abgrenzungsschwierigkeiten zwischen dem **44**

---

56 Rechtsprechung dazu existiert, soweit ersichtlich, bisher nicht. Offen gelassen in LAG München, 10.8.2023 – 8 TaBVGa 6/23, welches sich mit der Verletzung des Mitbestimmungsrechts aus § 87 Abs. 1 Nr. 14 BetrVG befasst hat.

57 So etwa *Schiefer/Worzalla*, NZA 2021, 817, 823; *Oberthür*, ArbRB 2021, 276, 277; *Müller*, ArbRAktuell 2021, 437, 438; *Bayreuther*, NZA 2021, 839, 841; *Fitting*, BetrVG, § 87 Rn. 594; *Richardi/Maschmann*, in: Richardi, BetrVG, § 87 Rn. 989g.

58 *Giesen*, ZfA 2021, 177, 194; ebenso wohl *Grambow*, NJW 2021, 2074, 2077.

59 BT-Drs. 19/28899, S. 23.

60 Siehe zu den übrigen Mitbestimmungsrechten aus § 87 Abs. 1 BetrVG die obigen Ausführungen unter Ziffer IV.

mitbestimmungsfreien „Ob“ bei Einführung und dem mitbestimmungspflichtigen „Wie“ bei Ausgestaltung mobiler Arbeit.[61]

a) Mobile Arbeit und erfasste Personenkreise sowie einzelne Arbeitnehmer

45 Die erste praktisch relevante Konstellation betrifft die Abgrenzungsschwierigkeit, ob die Entscheidung des Arbeitgebers, mobile Arbeit für bestimmte Personenkreise (Arbeitsplätze/Abteilungen/Bereiche etc.) sowie für einzelne Arbeitnehmer einzuführen, dem mitbestimmungsfreien „Ob“ oder dem mitbestimmungspflichtigen „Wie“ nach § 87 Abs. 1 Nr. 14 BetrVG unterliegt.

aa) Literatur

46 Nach Auffassung in der Literatur[62] unterfällt jedoch die Entscheidung des Arbeitgebers, mobile Arbeit für bestimmte Personenkreise einzuführen, dem mitbestimmungsfreien „Ob“.

bb) Stellungnahme

47 Mit Hilfe einer systematischen Auslegung zu den übrigen Mitbestimmungstatbeständen aus § 87 Abs. 1 BetrVG lässt sich jedoch auch ein anderes Ergebnis begründen. So spricht bereits das Initiativrecht des Betriebsrats zur Einführung von Gleitzeit[63] und Kurzarbeit[64] dafür, dass der Betriebsrat auch bei Einführung mobiler Arbeit über den abstrakt bestimmbaren Personenkreis mitbestimmen kann. Schließlich stellt die mobile Arbeit, wie auch die Gleitzeit und Kurzarbeit, eine Arbeitsform dar. Mit gleichem Ergebnis lässt sich auch anhand der Ausführungen von *Fitting*[65] zu § 87 Abs. 1 Nr. 13 BetrVG argumentieren. Danach stehe dem Betriebsrat ein Mitbestimmungsrecht im Hinblick auf die Durchführung, nicht jedoch die Einführung von Gruppenarbeit zu.[66] Dennoch umfasse die Mitbestimmung nach § 87 Abs. 1 Nr. 13 BetrVG auch die abstrakten Kriterien, mit denen Gruppen festgelegt werden.[67] Übertragen auf die Einführung mobiler Arbeit bedeutet dies, dass dem Betriebsrat auch bezüglich der abstrakten Kriterien, mit denen Personenkreise bestimmt werden, ein Mitbestimmungsrecht nach § 87 Abs. 1 Nr. 14 BetrVG zusteht. Ein weitergehendes Ergebnis ergibt sich sogar aus den Erläuterungen von *Bayreuther*[68] zu § 87 Abs. 1 Nr. 2 BetrVG. Dem-

---

61 *Fitting*, BetrVG, § 87 Rn. 590; *Bayreuther*, NZA 2021, 839, 840.

62 So beispielsweise *Fitting*, BetrVG, § 87 Rn. 590; *Richardi/Maschmann*, in: Richardi, § 87 Rn. 989 f.; *Oberthür*, ArbRB 2021, 276, 277; ErfK/*Kania*, § 87 BetrVG Rn. 137.

63 *Fitting*, BetrVG, § 87 Rn. 606.

64 BAG, 4.3.1986 – 1 ABR 15/84, Rn. 30, juris; *Fitting*, BetrVG, § 87 Rn. 606.

65 *Fitting*, BetrVG, § 87 Rn. 575–577.

66 *Fitting*, BetrVG, § 87 Rn. 575.

67 *Fitting*, BetrVG, § 87 Rn. 577.

68 *Bayreuther*, NZA 2021, 839, 840.

zufolge habe die Rechtsprechung § 87 Abs. 1 Nr. 2 BetrVG so ausgelegt, dass dem Betriebsrat ein Mitbestimmungsrecht dahingehend zukommt, welche konkreten Arbeitnehmer einer Schicht zugeordnet werden.[69] Bezogen auf die Einführung mobiler Arbeit erlaubt dies den Schluss, dass dem Betriebsrat auch hinsichtlich der Frage, für welche einzelnen Arbeitnehmer mobile Arbeit eingeführt werden soll, ein Mitbestimmungsrecht nach § 87 Abs. 1 Nr. 14 BetrVG zuzubilligen ist.

b) Mobile Arbeit und Zeitumfang

Eine weitere praktisch relevante Konstellation erfasst die Abgrenzungsschwierigkeit, ob die Entscheidung des Arbeitgebers in Bezug auf den zeitlichen Umfang mobiler Arbeit dem mitbestimmungsfreien „Ob“ oder dem mitbestimmungspflichtigen „Wie“ nach § 87 Abs. 1 Nr. 14 BetrVG unterfällt. 48

aa) Rechtsprechung

Das LAG München hat im Rahmen einer einstweiligen Verfügung ausgeführt, „dass zum ‚Ob‘ auch noch die grundsätzliche Bemessung des Kontingents an Mobiler Arbeit zählt“.[70] Gemeint ist damit das Zeitkontingent. Eine dogmatische Begründung unterblieb allerdings. Im konkreten Fall ging es aber auch um die Lage der Tage, an denen mobiles Arbeiten durch nähere Bestimmung seitens der jeweiligen Teams versagt werden sollte. Diesbezüglich sah das LAG München das mitbestimmungspflichtige „Wie“ als eröffnet an.[71] 49

bb) Literatur

In der Literatur ist demgegenüber umstritten, wie die Abgrenzungsschwierigkeit im Hinblick auf den zeitlichen Umfang mobiler Arbeit zu handhaben ist. Nach *Oberthür*[72] könne der Arbeitgeber jedenfalls mitbestimmungsfrei darüber entscheiden, in welchem zeitlichen Umfang mobile Arbeit eingeführt werde. Eine weitere Ansicht in der Literatur[73] vertritt die Auffassung, dass der Arbeitgeber zwar mitbestimmungsfrei über den zeitlichen Umfang mobiler Arbeit entscheiden können, jedoch die Verteilung der mobilen Arbeit dem mitbestimmungspflichtigen „Wie“ zuzuordnen sei. *Bachner*[74] zufolge unterliege bereits der zeitliche Umfang mobiler Arbeit dem mitbestimmungspflichtigen „Wie“. 50

---

69 *Bayreuther*, NZA 2021, 839, 840 mit Verweis auf BAG 28.7.2020 – 1 ABR 45/18, BAG 22.8.2017 – 1 ABR 4/16, BAG 19.6.2012 – 1 ABR 19/11.

70 LAG München, 10.8.2023 – 8 TaBVGa 6/23, NZA-RR 2023, 591, 594 f.

71 LAG München, 10.8.2023 – 8 TaBVGa 6/23, NZA-RR 2023, 591, 595.

72 *Oberthür*, ArbRB 2021, 276, 277.

73 So etwa *Fitting*, BetrVG, § 87 Rn. 591; *Bayreuther*, NZA 2021, 839, 840; *Müller*, ArbRAktuell 2021, 437, 437; ErfK/*Kania*, § 87 BetrVG Rn. 137 f.

74 *Bachner*, BetrVG, § 87 Rn. 257.

cc) Stellungnahme

51 Die angeführte Rechtsprechung des LAG München kann schon mangels ausreichender Begründung nicht überzeugen. Die historische Auslegung von § 87 Abs. 1 Nr. 14 BetrVG spricht jedenfalls für die zuletzt genannte Literaturansicht. Ausweislich der Gesetzesbegründung bezieht sich die Ausgestaltung mobiler Arbeit ausdrücklich auf „Regelungen über den zeitlichen Umfang mobiler Arbeit“,[75] mithin auf das Zeitkontigent mobiler Arbeit. Dieses Ergebnis wird auch durch eine systematische Auslegung von § 87 Abs. 1 Nr. 14 BetrVG über § 87 Abs. 1 Nr. 2 BetrVG bekräftigt. Schließlich umfasst die Mitbestimmung nach § 87 Abs. 1 Nr. 2 BetrVG bereits Beginn und Ende der täglichen Arbeitszeit einschließlich der Pausen sowie die Verteilung der Arbeitszeit auf die einzelnen Wochentage. Da § 87 Abs. 1 Nr. 14 BetrVG als Auffangtatbestand bei solchen Angelegenheiten greift, die nicht von einem spezielleren Mitbestimmungstatbestand erfasst sind, unterliegt der zeitliche Umfang beziehungsweise das Zeitkontigent mobiler Arbeit der Mitbestimmung nach § 87 Abs. 1 Nr. 14 BetrVG.

c) Mobile Arbeit und Ort

52 Darüber hinaus birgt auch die Konstellation Abgrenzungsschwierigkeiten in sich, ob die Entscheidung des Arbeitgebers im Hinblick auf den Ort mobiler Arbeit dem mitbestimmungsfreien „Ob“ oder dem mitbestimmungspflichtigen „Wie“ nach § 87 Abs. 1 Nr. 14 BetrVG unterfällt.

aa) Literatur[76]

53 Die Literaturauffassungen fallen diesbezüglich auch hier unterschiedlich aus. So vertritt etwa *Grambow*,[77] dass es bei Verhandlungen über den Ort mobiler Arbeit regelmäßig an einem kollektiven Tatbestand nach § 87 Abs. 1 Nr. 14 BetrVG fehle. Die Verhandlungen seien meist als individuelle Vereinbarungen zwischen Arbeitnehmer und Arbeitgeber zu qualifizieren. Sofern jedoch die Kriterien über den Ort mobiler Arbeit abstrakt generell festgelegt werden, bestehe dennoch ein untrennbarer Bezug zu der Erbringung der Arbeitsleistung von Arbeitnehmern, weshalb auch in diesem Fall § 87 Abs. 1 Nr. 14 BetrVG nicht einschlägig sei. Eine vermittelnde Ansicht in der Literatur[78] ordnet die Entscheidung des Arbeitgebers, „ortsfeste“ oder „ortsflexible“ mobile Arbeit einzuführen, ebenfalls als mitbestimmungsfrei ein. Mitbestimmungspflichtig seien hingegen, beispielsweise bei „ortsflexibler“ Arbeit, Orte, an denen nicht gearbeitet werden

75 BT-Drs. 19/28899, S. 23.

76 Rechtsprechung dazu ist, soweit ersichtlich, seit Inkrafttreten des BRMG noch nicht ergangen.

77 *Grambow*, NJW 2021, 2074, 2076.

78 *Fitting*, BetrVG, § 87 Rn. 591.

soll. Überwiegend wird gleichwohl in der Literatur[79] vertreten, dass der Ort der mobilen Arbeit dem mitbestimmungspflichtigen „Wie" nach § 87 Abs. 1 Nr. 14 BetrVG unterstehe. Das Mitbestimmungsrecht erstrecke sich dabei sowohl auf die Festlegung von Orten, an denen mobil gearbeitet werden darf, als auch auf die Orte, an denen nicht mobil gearbeitet werden soll.[80] Das Mitbestimmungsrecht finde indes Rückhalt in der Gesetzesbegründung zu § 87 Abs. 1 Nr. 14 BetrVG.[81]

bb) Stellungnahme

54 Im Ergebnis ist sich auch hier der zuletzt aufgeführten Literaturansicht anzuschließen. Laut der Gesetzesbegründung erfasst das Mitbestimmungsrecht nach § 87 Abs. 1 Nr. 14 BetrVG „den Ort, von welchem aus mobil gearbeitet werden kann und darf" sowie auch „Regelungen zu konkreten Anwesenheitspflichten in Betriebsstätten des Arbeitgebers".[82] Dieses Ergebnis wird auch durch eine systematische Auslegung von § 87 Abs. 1 Nr. 14 BetrVG gedeckt. Schließlich umfasst kein anderes Mitbestimmungsrecht aus § 87 Abs. 1 BetrVG den Ort der mobilen Arbeit. Insoweit erlangt § 87 Abs. 1 Nr. 14 BetrVG als Auffangtatbestand diesbezüglich Relevanz.

d) Mobile Arbeit und Aufwendungsersatz

55 Letztlich führt noch die Konstellation zu Abgrenzungsschwierigkeiten, ob Regelungen zum Aufwendungsersatz im Zusammenhang mit mobiler Arbeit dem mitbestimmungsfreien „Ob" oder dem mitbestimmungspflichtigen „Wie" nach § 87 Abs. 1 Nr. 14 BetrVG unterstehen.

aa) Literatur[83]

56 In der Literatur wird die Frage nach dem Mitbestimmungsrecht bei Aufwendungsersatz im Kontext mobiler Arbeit wenig überraschend unterschiedlich beantwortet. So wird teilweise die Ansicht[84] vertreten, § 87 Abs. 1 Nr. 14 BetrVG erfasse keine Regelungen, die mit Kosten bei der Ausführung mobiler Arbeit einhergehen. Zum Teil[85] wird aber auch dargelegt, dass Regelungen über die Nutzung privater Endgeräte sowie Vereinbarungen über eine etwaige Kosten-

79 So beispielsweise *Oberthür*, ArbRB 2021, 276, 277; ErfK/*Kania*, § 87 BetrVG Rn. 137a; *Müller*, ArbRAktuell 2021, 437, 437.
80 *Oberthür*, ArbRB 2021, 276, 277.
81 ErfK/*Kania*, § 87 BetrVG Rn. 137a.
82 BT-Drs. 19/28899, S. 23.
83 Diesbezügliche Rechtsprechung existiert, soweit ersichtlich, seit Inkrafttreten des BRMG nicht.
84 So etwa *Müller*, ArbRAktuell 2021, 437, 438; *Oberthür*, ArbRB 2021, 276, 278.
85 So *Bayreuther*, NZA 2021, 839, 840 mit Verweis auf *Giesen*, ZFA 2021, 177, 194.

übernahme des Arbeitgebers die Mitbestimmung nach § 87 Abs. 1 Nr. 14 BetrVG auslösen können.

bb) Stellungnahme

57 Grundsätzlich kann der Arbeitnehmer Aufwendungsersatz von dem Arbeitgeber nach § 670 BGB verlangen, sofern er eigene Arbeitsmittel bei der mobilen Arbeit verwendet, die er nach § 670 BGB für erforderlich halten durfte.[86] Gleichzeitig setzt der Aufwendungsersatzanspruch des Arbeitnehmers aber auch voraus, dass die Nutzung der eigenen Arbeitsmittel im überwiegenden Interesse des Arbeitgebers erfolgt.[87] Schwieriger ist hingegen die Frage zu beantworten, inwieweit diesbezüglich ein Mitbestimmungsrecht des Betriebsrats bestehen kann. Eine systematische Auslegung von § 87 Abs. 1 Nr. 14 BetrVG ergibt jedenfalls, dass eine spezielle Mitbestimmung nach § 87 Abs. 1 Nr. 10 BetrVG wohl nicht vorliegt. Das BAG hat in zwei übertragbaren Entscheidungen zu § 87 Abs. 1 Nr. 10 BetrVG festgehalten, dass zum einen eine Reinigungspauschale[88] als auch zum anderen eine Spesenregelung[89] nicht als Lohn i. S. v. § 87 Abs. 1 Nr. 10 zu qualifizieren ist. Insoweit kommt für eine Mitbestimmung der Auffangtatbestand nach § 87 Abs. 1 Nr. 14 BetrVG in Betracht. Bereits nach einer historischen Auslegung von § 87 Abs. 1 Nr. 14 BetrVG erstreckt sich die Mitbestimmung des Betriebsrats auf den „Umgang mit Arbeitsmitteln der mobilen Arbeit“. Bei einem extensiven Verständnis des Wortlauts „Umgang“ impliziert dies bereits die Kostentragungslasten im Zusammenhang mit den Arbeitsmitteln mobiler Arbeit. Gleiches Ergebnis lässt sich aber auch über § 87 Abs. 1 Nr. 14 BetrVG i.V.m. einer Annexkompetenz des Betriebsrats begründen. Das BAG hat eine solche Annexkompetenz bereits im Kontext von § 87 Abs. 1 Nr. 4 BetrVG und der Frage nach dem Ersatz von Kosten bei etwaigen Überweisungen von Löhnen auf Bankkonten der Arbeitnehmer bejaht.[90] Übertragen auf § 87 Abs. 1 Nr. 14 BetrVG ist eine Mitbestimmung des Betriebsrats im Hinblick auf den Aufwendungsersatz insoweit denkbar, als Kosten wegen der Anschaffung eigener Arbeitsmittel für mobile Arbeit zwangsläufig und unvermeidbar für Arbeitnehmer anfallen. Dies ist beispielsweise bei privaten Stromkosten der Arbeitnehmer der Fall, sofern der Arbeitgeber etwa aufgrund von Desk-Sharing nicht mehr gewährleisten kann, dass alle Arbeitnehmer gleichzeitig im Betrieb sein können und diese von zu Hause aus arbeiten (müssen).

86 Vgl. BAG, 14.10.2003 – 9 AZR 657/02, Rn. 43 ff., juris.
87 Vgl. BAG, 14.10.2003 – 9 AZR 657/02, Rn. 45 ff., juris.
88 BAG, 28.4.2009 – 1 ABR 97/07, Rn. 33, juris.
89 BAG, 27.10.1998 – 1 ABR 3/98, Rn. 32, juris.
90 BAG, 5.3.1991 – 1 ABR 41/90, Rn. 15, juris.

VI. Veränderungen der Arbeit des Betriebsrats/ Herausforderungen und Lösungen für die Praxis

Jenseits der Mitbestimmung des Betriebsrats bei den Fragen der mobilen Arbeit führt gerade eben jene neue Arbeitsform zu besonderen Herausforderungen bei der Bewältigung der Betriebsratsarbeit, soweit es um den Austausch mit der mobil arbeitenden Belegschaft geht. Insoweit stößt die auf eine vor Ort arbeitende Mitarbeiterschaft konzipierte Betriebsratsarbeit an Grenzen. **58**

Zunächst hat der Betriebsrat gem. § 43 Abs. 1 Satz 1 BetrVG einmal in jedem Kalendervierteljahr eine Betriebsversammlung einzuberufen. Zwar konnte im Zuge der COVID-19-Pandemie die Betriebsversammlung gem. § 129 Abs. 1 BetrVG mittels audiovisueller Einrichtungen durchgeführt werden. Diese Regelung ist jedoch über den 7.4.2023 nicht verlängert worden, weshalb die Betriebsversammlungen nunmehr wieder in Präsenz abzuhalten sind. **59**

Dies mag bei zunehmender mobiler Arbeit auf den ersten Blick verwundern. Gleichwohl ist dies zu begrüßen, schließlich kann so die Kommunikation zwischen Betriebsrat und Arbeitnehmern weiterhin vor Ort gewährleistet werden. Die Betriebsversammlung dient anders als ggfs. arbeitgeberseitig initiierte Mitarbeiterversammlungen gerade nicht nur der Informationsweitergabe an die Belegschaft, sondern soll Raum für die freie Meinungsäußerung[91] der Mitarbeitenden zu betriebsbezogenen Themen geben. Die direkte Kommunikation gemeinsam vor Ort ermöglicht dabei sowohl dem Betriebsrat als auch den Arbeitnehmern, die Gestik, Mimik und Körpersprache des jeweils anderen wahrzunehmen und auch darauf zu reagieren. **60**

In größeren Unternehmen zunehmend populär geworden sind sogenannte „Townhall Meetings“, bei denen sich die Mitarbeiter ihrerseits in Livestreams der Unternehmensleitung einwählen, um über aktuelle Entwicklungen auf dem Laufenden zu bleiben.[92] In Ergänzung, aber keinesfalls als Ersatz der vorstehend zwingend in Präsenz durchzuführenden Betriebsversammlungen, bieten diese eine gute Option, die Belegschaft hinsichtlich der Betriebsratsarbeit informiert zu halten. Auch und gerade in hektischen Restrukturierungsphasen haben sich in der Praxis einzelne Videobotschaften des Betriebsrats als gute Alternative zu verschriftlichten Mitteilungen an die Belegschaft entwickelt, da sie eine persönliche Note sowie aktuelle emotionale Situationen deutlich authentischer wiedergeben. **61**

Die primär einzelfallbezogene Kommunikation im Rahmen von Sprechstunden des Betriebsrats für die Mitarbeitenden nach § 39 Abs. 1 Satz 1 BetrVG erfolgt regelmäßig vor Ort im Betrieb. Dieser Ort ist – in der Praxis häufig völlig unstreitig das Betriebsratsbüro – mit dem Arbeitgeber näher zu vereinbaren. In Ermangelung einer konkreten Formvorschrift können die Sprechstunden allerdings **62**

91 *Fitting*, BetrVG, § 45 Rn. 22.
92 *Maußner*, ArbRAktuell 2023, 37, 39.

ebenso digital abgehalten werden, sofern die Vertraulichkeit des gesprochenen Wortes gewahrt wird.[93] Insoweit entfällt mangels Festlegung eines räumlichen Ortes die Vereinbarungsnotwendigkeit mit dem Arbeitgeber.[94]

63 Ein ebenso individueller Anlass ist der Austausch des Betriebsrats anlässlich von Mitarbeiterbetroffenheiten bei personellen Einzelmaßnahmen. Hier weist § 102 Abs. 2 Satz 4 BetrVG ausdrücklich auf eine Anhörung des Mitarbeiters hin. Ein solcher Austausch ist ebenso bei den sich aus § 99 Abs. 2 BetrVG ergebenden Fragestellungen geboten. Hier bietet sich die Zuschaltung des mobil arbeitenden Mitarbeiters via Video- oder Telefonkonferenzschaltung in die (regelmäßig in Präsenz stattfindende) Betriebsratssitzung an.[95]

VII. Fazit

64 Resümierend lässt sich festhalten, dass der Begriff der mobilen Arbeit mit Einführung von § 87 Abs. 1 Nr. 14 BetrVG jedenfalls ein Oberbegriff für das Homeoffice wie auch für fest eingerichtete Telearbeitsplätze geworden ist. Im gleichen Zuge bildet § 87 Abs. 1 Nr. 14 BetrVG einen Auffangtatbestand, weshalb weiterhin die speziellen Mitbestimmungstatbestände aus § 87 Abs. 1 Nr. 1, Nr. 2, Nr. 6 und Nr. 7 BetrVG zu berücksichtigen sind, die bereits vor Inkrafttreten des BRMG zu beachten waren. § 87 Abs. 1 Nr. 14 BetrVG erlangt allerdings insbesondere bei Fragen über die betroffenen Personenkreise, den Zeitumfang beziehungsweise das Zeitkontingent, Ort sowie Aufwendungsersatz im Zusammenhang mit mobiler Arbeit eigenständige Bedeutung. Mit Einführung von § 87 Abs. 1 Nr. 14 BetrVG haben die Betriebsräte mehr Einfluss darüber gewonnen, inwieweit mobile Arbeit im Betrieb gestaltet werden kann und soll. In der Praxis gilt es für Betriebsräte zudem, der Abwesenheit der von ihnen vertretenen Mitarbeitenden durch digitale Kommunikationsangebote Rechnung zu tragen.

---

93 NK-ArbR/*Wolmerath*, § 39 BetrVG Rn. 7.

94 *Maußner*, ArbRAktuell 2023, 37, 37 f.

95 *Maußner*, ArbRAktuell 2023, 37, 39.

C. (Globale) Matrixorganisation

Abschnitt 1 – Perspektive Arbeitgeber

I. Einleitung

Das deutsche Arbeitsrecht geht im Grundsatz davon aus, dass alle individual- und kollektivrechtlichen Handlungen im Unternehmen verbleiben. Eine Ausnahme hiervon bildet der Gemeinschaftsbetrieb nach § 1 Abs. 2 BetrVG, bei dem Berichtslinien über die Unternehmensgrenzen hinweg verlaufen und ein Betriebsrat für Mitarbeiter von unterschiedlichen Unternehmen zuständig ist. § 1 Abs. 2 BetrVG wurde erst mit dem Betriebsverfassungs-Reformgesetz 2001[1] in das Betriebsverfassungsgesetz eingefügt, nachdem das Bundesarbeitsgericht diese Rechtsfigur zuvor in ständiger Rechtsprechung bestätigt hatte.[2] Das Bundesarbeitsgericht hat zu einigen Rechtsfragen, die im Gemeinschaftsbetrieb auftreten, Lösungsansätze gefunden – so ist etwa anerkannt, dass im Falle von betriebsbedingten Kündigungen eine Sozialwahl im Gemeinschaftsbetrieb durchzuführen ist, unabhängig davon, wer der Vertragsarbeitgeber ist.[3] Auch entspricht es ständiger Rechtsprechung, dass bei betriebsbedingten Kündigungen im Gemeinschaftsbetrieb geprüft werden muss, ob eine Weiterbeschäftigung bei einem Unternehmen, das am Gemeinschaftsbetrieb beteiligt, aber nicht der Vertragsarbeitsgeber ist, in Frage kommt.[4] **1**

Viele Rechtsfragen sind aber auch für den Gemeinschaftsbetrieb noch ungeklärt. **2** Noch dichter ist der Nebel in Fällen, in denen die Voraussetzungen für einen Gemeinschaftsbetrieb nicht gegeben sind, aber dennoch eine arbeitsrechtlich relevante Zusammenarbeit über Unternehmensgrenzen hinweg erfolgt. Um diesen Nebel, soweit möglich, zu lichten, sollen im Folgenden zunächst der Begriff der Matrixorganisation und die rechtlichen Rahmenbedingungen (insbesondere gesellschaftsrechtliche und territoriale Grenzen) arbeitsrechtlicher Maßnahmen dargestellt werden (unter Rn. 3 ff.). Im Anschluss (unter Rn. 8 ff.) wird auf Einzelfragen eingegangen, die bei der Mitbestimmung in der Matrixorganisation regelmäßig auftreten, insbesondere im Hinblick auf Einstellungen und Versetzun-

1 BT-Drs. 14/5741, S. 7.

2 *Fitting*, BetrVG, § 1 Rn. 108.

3 Hierzu ausführlich *Bodenstedt/Schnabel*, BB 2014, 1525.

4 BAG, 29.4.1999 – 2 AZR 352/98, NZA 1999, 932, 933; BAG, 22.3.2001 – 8 AZR 565/00, NZA 2002, 1349, 1356; *Kiel*, in: Ascheid/Preis/Schmidt, Kündigungsrecht, 7. Aufl. 2024, § 1 KSchG Rn. 545; *Krause*, in: Linck/Krause/Bayreuther, KSchG, § 1 Rn. 743; MHdB ArbR/*Kreft*, Bd. 2: Individualarbeitsrecht II, § 115 Rn. 58. In der Praxis aber immer noch ungeklärt ist, wie die Weiterbeschäftigung bei dem anderen Unternehmen umzusetzen ist, wenn es nicht zu einvernehmlichen Vertragsänderung kommt.

gen nach § 99 BetrVG, aber auch bei der generellen Reichweite der Mitbestimmung.

II. Begriffsbestimmungen/Rechtliche Grundlagen

1. Begriff der Matrixorganisation

3 Der zentrale Begriff des Betriebsverfassungsgesetzes ist „der Betrieb“. Nach der seit Jahrzehnten feststehenden Definition ist ein Betrieb „die organisatorische Einheit, innerhalb derer ein Arbeitgeber allein oder mit seinen Arbeitnehmern mit Hilfe von technischen und immateriellen Mitteln bestimmte arbeitstechnische Zwecke fortgesetzt verfolgt“.[5] Der Arbeitgeber, also der Inhaber des Betriebs, kann eine natürliche oder eine juristische Person sein, (nur) unter den Voraussetzungen des § 1 Abs. 2 BetrVG können auch mehrere Unternehmen zusammen einen Gemeinschaftsbetrieb bilden. Das entscheidende Kriterium für einen Betrieb ist der einheitliche Leitungsapparat, durch den die in der Arbeitsstätte vorhandenen materiellen und immateriellen Betriebsmittel gezielt eingesetzt werden und der Einsatz der menschlichen Arbeitskraft gesteuert wird.[6]

4 Eine Matrixorganisation ist etwas anderes. Insbesondere gibt es in der Matrixorganisation gerade keinen einheitlichen Leitungsapparat, der die Betriebsmittel gezielt einsetzt und steuert. Vielmehr gibt es unterschiedliche Leitungsapparate und damit ein alternatives Organisationsmodell für Unternehmen und Konzerne, bei dem Unternehmen und Konzerne nach Funktions- und Produktionsbereichen gegliedert werden.[7] Das ist eine Abkehr von den im traditionellen Betrieb üblichen vertikal hierarchischen und horizontal bereichsspezifischen Strukturen.[8] Wesentliches Merkmal der Matrixorganisation sind mehrlinige Leitungsstrukturen.[9] Diese Leitungsstrukturen laufen nicht entlang der Grenzen von Betrieben oder Unternehmen,[10] sondern richten sich nach Funktionen (z. B. Vertrieb, R&D,

---

5 BAG, 31.5.2000 – 7 ABR 78/98, NZA 2000, 1350, 1352; BAG, 25.5.2005 – 7 ABR 38/04, NJOZ 2005, 3725, 3727; BAG, Beschl. v. 22.6.2005 – 7 ABR 57/04, NZA 2005, 1248, 1249; BAG, Beschl. v. 9.12.2009 – 7 ABR 38/08, NZA 2010, 906, 908; BAG, Beschl. v. 23.11.2016 – 7 ABR 3/15, NZA 2017, 1003, 1005; inhaltlich so auch schon BAG, Beschl. v. 14.9.1988 – 7 ABR 10/87, AP BetrVG 1972 § 1 Nr. 9; BAG, Beschl. v. 14.12.1994 – 7 ABR 26/94, NZA 1995, 906, 907.

6 BAG, Urt. v. 18.1.1990 – 2 AZR 355/89, NZA 1990, 977, 978; BAG, Beschl. v. 24.1.1996 – 7 ABR 10/95, NZA 1990, 1110, 1111; BAG, Beschl. v. 11.2.2004 – 7 ABR 27/03, NZA 2004, 618, 618; BAG, Beschl. v. 22.6.2005 – 7 ABR 57/04, NZA 2005, 1248, 1249; BAG, Beschl. v. 15.10.2014 – 7 ABR 53/12, NZA 2015, 1014, 1016; BAG, Beschl. v. 20.2.2018 – 1 ABR 53/16, NZA 2018, 954, 955; ErfK/*Koch*, 24. Aufl. 2024, § 1 BetrVG Rn. 8, 14; *Fitting*, BetrVG, § 1 Rn. 94, 111; *Maschmann*, in: Richardi, BetrVG, § 1 Rn. 67.

7 Vgl. *Bodenstedt/Schnabel*, BB 2014, 1525.

8 Vgl. auch MüKo BGB/*Hergenröder*, § 1 KSchG Rn. 26.

9 *Maschmann*, in: Richardi, BetrVG, § 1 Rn. 101 m. w. N.

10 Siehe insoweit die anschauliche Grafik bei *Maschmann*, in: Richardi, BetrVG, § 1 Rn. 101, 102.

Produktion), Produkten oder Regionen (DACH, ASIA-Pac, CEE) und bilden damit die unterschiedlichen Konzernbereiche ab. Typischerweise werden diese (funktionalen, regionalen oder produktspezifisch definierten) Konzernbereiche von Matrixmanagern geleitet, die für ihre jeweiligen Bereiche unternehmensübergreifende Entscheidungen treffen können.

2. Rechtliche Grundlagen

Die Matrixorganisation wirft etliche rechtliche Fragen auf. Dies beginnt bereits 5
bei dem rechtlichen Verhältnis zwischen dem (unternehmensexternen) Matrixmanager und dem rechtlichen Vertreter des Unternehmens (z.B. im Falle einer GmbH der Geschäftsführer), indem etwa Produkte hergestellt werden, für die der Matrixmanager im Unternehmen (nicht gesellschaftsrechtlich, aber vertragsrechtlich) verantwortlich ist. Gesellschaftsrechtlich liegt die Weisungsbefugnis beim Geschäftsführer, nicht beim Matrixmanager. Das widerspricht aber dem Charakter der Matrixorganisation, diese kann nur dann funktionieren, wenn die Matrixmanager (also die Leiter der jeweiligen Säulen der Matrix) den Geschäftsführern direkte Anweisungen geben können. In der Praxis sieht es in der Regel so aus, dass die Matrixmanager den Mitarbeitenden, die in ihrer Säule tätig sind, unmittelbare Anweisung dazu geben, wie sie ihre Tätigkeit auszuüben haben. Gelegentlich sieht man in der Praxis hierzu (freiwillige) Betriebsvereinbarungen, in denen Berichtslinien innerhalb der Matrix festgelegt werden. Viel häufiger freilich werden unternehmensübergreifende Berichtsstrukturen entlang der unterschiedlichen Säulen der Matrix einfach „gelebt", ohne hierfür die rechtlichen Voraussetzungen zu schaffen. Dies führt zu arbeitsrechtlichen Risiken, die sich insbesondere dann materialisieren, wenn es zu Problemen mit Mitarbeitenden und/oder Betriebsräten kommt. Sofern die Matrixmanager die ihnen in Konzerngesellschaften zugewiesenen Mitarbeitenden anweisen, liegt Arbeitnehmerüberlassung vor.[11] Denkbar wäre auch, dass der Matrixmanager bevollmächtigt wird, die Mitarbeitenden im Namen der Konzernleitung anzuweisen. Allerdings führt dies zu Schwierigkeiten, wenn in Projektteams (im Wesentlichen virtuell) unternehmens- und standortübergreifend zusammengearbeitet wird und hierdurch zusätzliche betriebsratsfähige Einheiten entstehen.[12]

Anerkannt ist, dass das disziplinarische Weisungsrecht (also die Kündigungsbe- 6
fugnis, die Genehmigung von Urlaub, die Erteilung von Abmahnungen, vergütungsrelevante Performance-Entscheidungen usw.) beim Vertragsarbeitgeber verbleiben muss.[13] Disziplinarische Maßnahmen, die nicht von der hierfür zuständigen Person ausgesprochen bzw. durchgeführt werden, sind unwirksam.[14]

---

11 Die allerdings in der Regel nach § 1 Abs. 3 Nr. 2 AÜG privilegiert sein dürfte.

12 Vgl. hierzu auch *Maschmann*, in: Richardi, BetrVG, § 1 Rn. 104 ff. sowie *Bodenstedt/Schnabel*, BB 2014, 1525, zu dem Auftreten von doppelten Arbeitsverhältnissen in der Matrixorganisation.

13 *Kort*, NZA 2013, 1318, 1319; *Maschmann*, NZA 2017, 1557, 1558; MüKo BGB/*Hergenröder*, § 1 KSchG Rn. 26; *Koch*, in: Schaub/Koch, Arbeitsrecht von A-Z, Matrixorganisation.

Freilich gilt auch hier: wo kein Kläger, da kein Richter. In der Praxis ist häufig zu beobachten, dass der Matrixmanager nicht nur das fachliche, sondern auch das disziplinarische Weisungsrecht ausübt. Dies wird in der Regel akzeptiert, lediglich bei Kündigungen, die vom Matrixmanager und nicht von dem gesetzlichen Vertreter des Vertragsarbeitgebers unterzeichnet werden, wird die Kündigung häufig nach § 174 Satz 1 BGB zurückgewiesen (mit der Folge, dass – sofern keine wirksame Vollmacht beigefügt oder Kenntnis von der Bevollmächtigung bestand – die Kündigung unwirksam ist). Häufig werden auch die disziplinarischen Maßnahmen von den Matrixmanagern vorbereitet und von den hierfür zuständigen Mitarbeitenden des Vertragsarbeitgebers nach Vorgabe der Matrixmanager ausgeführt. Das ist auch sinnvoll, da die Trennung zwischen fachlichem und disziplinarischem Weisungsrecht künstlich ist – alle disziplinarischen Maßnahmen haben ihre Ursache im Arbeitsverhalten des Mitarbeiters, das der Matrixmanager am besten kennt.

7 Ansprechpartner des Betriebsrats in betriebsverfassungsrechtlichen Angelegenheiten ist der Arbeitgeber, § 2 Abs. 1 BetrVG. Gesellschaftsrechtlich wird der Arbeitgeber durch seine Organe bzw. vertretungsberechtigten Gesellschafter vertreten. Diese können sich jedenfalls durch einen entscheidungsbefugten Arbeitnehmer des Betriebs vertreten lassen.[15] Es ist umstritten, ob eine Vertretung auch durch einen bevollmächtigten Dritten (z. B. den Matrixmanager) möglich ist.[16] Nach zutreffender Auffassung muss jedoch eine Vertretung durch den nicht betriebs- und/oder unternehmensangehörigen Dritten möglich sein. Der Matrixmanager wird in aller Regel besser mit dem mitbestimmungspflichtigen Sachverhalt vertraut sein als die gesetzliche Vertretung des Arbeitgebers. Dadurch wird eine zielgerichtete und effektive Verhandlung mit dem Betriebsrat ermöglicht. Der Matrixmanager sollte jedoch abschlussbevollmächtigt sein und diese Vollmacht auch nachweisen können.

III. Mitbestimmungsrechtliche Fragestellungen in der Matrixorganisation

8 Wie oben dargestellt, weicht die Matrixorganisation in mehrerer Hinsicht von den im Betriebsverfassungsgesetz vorgesehenen Betriebsstrukturen ab. Das führt zu zahlreichen betriebsverfassungsrechtlichen Fragestellungen, die zum Teil noch nicht beantwortet sind. Im Folgenden werden die Fragen diskutiert, die in der Praxis, gerade bei der Beratung von internationalen Konzernen, häufiger auftreten.

---

14 *Maschmann*, NZA 2017, 1557, 1559 f.

15 Vgl. BAG, 21.12.1991, 7 ABR 16/91, NZA 1992, S. 850.

16 Für eine Vertretung durch einen bevollmächtigten Dritten: ErfK/*Koch*, 24. Aufl. 2024, § 1 BetrVG Rn. 17; dagegen *Thüsing*, in: Richardi, BetrVG, § 29 Rn. 52 m. w. N., nach dem es sich um Betriebsangehörige handeln muss, sofern der Betriebsrat der Hinzuziehung eines Betriebsfremden nicht zustimmt.

1. Einführung der Matrixorganisation als Betriebsänderung?

Die Einführung einer Matrixorganisation ist eine Betriebsänderung nach § 111 Satz 3 Nr. 4 BetrVG, insbesondere liegt eine grundlegende Änderung der Betriebsorganisation vor.[17] Die Betriebsorganisation ist die auf die Verfolgung der arbeitstechnischen Zwecke gerichtete Organisation. Hiermit gemeint ist der Betriebsaufbau in seiner fachlichen und hierarchischen Struktur, insbesondere die Organisation des Leitungsapparates.[18] Wenn im Zusammenhang mit der Einführung einer Matrixorganisation der Leitungsapparat so geändert wird, dass (fachliche) Anweisungen von unternehmensfremden Matrixmanagern anstelle von im Unternehmen beschäftigten Vorgesetzten gegeben werden, handelt es sich um eine grundlegende Änderung der Betriebsorganisation. Damit haben Unternehmer und Betriebsrat einen Interessenausgleich zu versuchen. Sofern ein Konzernbetriebsrat besteht und die Matrixorganisation ausschließlich in den deutschen Konzerngesellschaften gebildet wird, wird regelmäßig der Konzernbetriebsrat für die Verhandlungen über den Interessenausglich gemäß § 58 Abs. 1 BetrVG zuständig sein. Sofern kein Konzernbetriebsrat besteht, können im Interessenausgleich nur solche Maßnahmen beschrieben werden, die (im Falle der Zuständigkeit des Gesamtbetriebsrats) das Unternehmen bzw. (im Falle der Zuständigkeit des örtlichen Betriebsrats) den Betrieb betreffen. Sofern die Einführung der Matrixorganisation auch Auswirkungen auf ausländische Konzerngesellschaften hat, besteht hierfür keine Regelungsbefugnis für die Parteien des Interessenausgleichs. **9**

Durch die Einführung einer Matrixorganisation entstehen Mitarbeitenden in der Regel keine wirtschaftlichen Nachteile. Hierauf kommt es aber auch im Hinblick auf das Erfordernis eines Sozialplans nicht an. In den in § 111 Satz 3 BetrVG genannten Fällen besteht eine unwiderlegbare Vermutung, dass „wesentliche Nachteile“ für die Belegschaft entstehen.[19] Die Entstehung wesentlicher Nachteile wird fingiert und es besteht eine Verpflichtung des Arbeitsgebers, (auch) in Sozialplanverhandlungen einzutreten. Dies gilt auch dann, wenn die konkrete Betriebsänderung im Einzelfalle solche wesentlichen Nachteile nicht befürchten lässt.[20] In den Sozialplanverhandlungen ist zu prüfen – und ggf. von der Einigungsstelle nach billigem Ermessen zu entscheiden –, ob ausgleichs- oder milderungspflichtige Nachteile entstanden sind.[21] Sofern die Einigungsstelle zu dem Ergebnis kommt, dass keine derartigen Nachteile vorliegen, ist gleich- **10**

17 *Fitting*, BetrVG, § 111 Rn. 88; *Annuß*, in: Richardi, BetrVG, § 111 Rn. 109.

18 BeckOK ArbR/*Besgen*, 70. Edition 2023, § 111 BetrVG Rn. 23; *Steffan*, in: Düwell, BetrVG, § 111 Rn. 35; *Liebers*, in: Moll, Münchener Anwaltshandbuch Arbeitsrecht, § 56 Rn. 72; *Annuß*, in: Richardi, BetrVG, § 111 Rn. 108.

19 BAG, Beschl. v. 17.8.1982 – 1 ABR 40/80, NJW 1983, 1870, 1871; BAG, Beschl. v. 25.1.2000 – 1 ABR 1/99, NZA 2000, 1069, 1070; BAG, Beschl. v. 18.3.2008 – 1 ABR 77/06, NZA 2008, 957, 959; BAG, Urt. v. 9.11.2010 – 1 AZR 708/09, NZA 2011, 466, 467.

20 Vgl. LAG Schleswig-Holstein, 22.1.2014, 3 TaBV 38/13 unter Ziffer II.3.bb.

21 BAG, Beschl. v. 17.8.1982 – 1 ABR 40/80, NJW 1983, 1870, 1871; BAG, Beschl. v. 25.1.2000 – 1 ABR 1/99, NZA 2000, 1069, 1070.

wohl ein Sozialplan aufzustellen, in dem festgestellt wird, dass die Betriebsänderung nicht zu ausgleichs- oder milderungspflichtigen Nachteilen führt.[22]

2. Mitbestimmung in der Matrixorganisation

11 Auch für Matrixorganisationen gilt – selbstverständlich – das Betriebsverfassungsgesetz. Schwierigkeiten bestehen jedoch häufig, den Betrieb zu identifizieren. Insbesondere gibt es häufig Schwierigkeiten dabei, die „organisatorische Einheit" und den „einheitlichen Leitungsapparat" zu identifizieren (vgl. hierzu auch oben Rn. 4). Das gilt insbesondere in solchen Fällen, in denen in Deutschland Unternehmen angesiedelt sind, die zu einem ausländischen Konzern gehören und lediglich Vertriebsmitarbeiter beschäftigen, die in einer Matrixorganisation mit ihren Vertriebskollegen in anderen Regionen außerhalb Deutschlands zusammenarbeiten. In der Regel ist diese deutsche Konzerngesellschaft als GmbH organisiert und der Geschäftsführer eine im Ausland (in der Regel am Konzernsitz) ansässige Führungskraft, die auch im Ausland alle die deutsche Gesellschaft betreffenden Entscheidungen trifft.[23] In solchen Fällen kann es vorkommen, dass weder eine organisatorische Einheit noch ein einheitlicher Leitungsapparat besteht. An der organisatorischen Einheit kann es dann fehlen, wenn die in Deutschland beschäftigten Mitarbeitenden nicht miteinander in einem Team, sondern mit ihren Kollegen aus ausländischen Konzerngesellschaften in unterschiedlichen Zusammensetzungen zusammenarbeiten. An der Voraussetzung eines „einheitlichen Leitungsapparates" in Deutschland kann es fehlen, wenn die Geschäftsführer lediglich auf dem Papier in Deutschland tätig sind, tatsächlich aber (abgesehen von der gelegentlichen Unterzeichnung von Schriftstücken) keinerlei Einfluss auf die deutsche Gesellschaft ausüben. In beiden Fällen liegt kein Betrieb vor, sodass in Deutschland auch dann kein Betriebsrat gebildet werden kann, wenn die sonstigen Voraussetzungen des § 1 Abs. 1 BetrVG gegeben sind.

3. Mitbestimmung bei der Einstellung von betriebsfremden Matrixmanagern

12 Dem (örtlichen) Betriebsrat steht bei personellen Einzelmaßnahmen (Einstellung, Eingruppierung, Umgruppierung, Versetzung) nach § 99 BetrVG ein Mitbestimmungsrecht zu. Eine Einstellung liegt nach der ständigen Rechtsprechung

22 Bei *Koch*, in: Schaub, Arbeitsrechtshandbuch, 15. Aufl. 2013, Rn. 44 zu § 244 wird vertreten, dass ein Sozialplan mit materiellen Regelungen zu „möglichen" (also zum Zeitpunkt der Betriebsänderung noch nicht absehbaren) Nachteilen erzwingbar ist. Diese Auffassung ist abzulehnen, da es insoweit an der unmittelbaren Kausalität zwischen Betriebsänderung und Nachteilen fehlt.

23 Dies lässt sich trotz der damit verbundenen steuerlichen Risiken immer wieder beobachten, vgl. hierzu *Müth/Simon*, DStR 2022, 744.

des Bundesarbeitsgerichts vor, wenn eine Mitarbeitende in den Betrieb eingegliedert wird, um zusammen mit den dort schon beschäftigten Mitarbeitenden den arbeitstechnischen Zweck des Betriebs durch weisungsgebundene Tätigkeit zu verwirklich. Die für eine Einstellung im Sinne von § 99 Abs. 1 BetrVG erforderliche Eingliederung in die Betriebsorganisation erfordert nicht, dass die Mitarbeitenden ihre Arbeiten auf dem Betriebsgelände oder innerhalb der Betriebsräume verrichten. Entscheidend ist vielmehr, ob der Arbeitgeber mithilfe des Arbeitnehmers den arbeitstechnischen Zweck des jeweiligen Betriebs verfolgt.[24] Ein Arbeitnehmer kann in mehreren Betrieben gleichzeitig eingegliedert sein.[25]

Diese Rechtsprechung führt im Ergebnis dazu, dass die Übertragung von Führungsfunktionen auf betriebsfremde Dritte (unabhängig davon, ob sie einen Arbeitsvertrag mit dem Unternehmen haben, das den Betrieb führt, oder ob der Arbeitsvertrag mit einem Konzernunternehmen besteht) eine Einstellung nach § 99 Abs. 1 BetrVG sein kann, die der Zustimmung des Betriebsrats bedarf. Ob eine solche Eingliederung der Führungskraft in den Betrieb der ihr jeweils unterstellten Mitarbeiter vorliegt, muss im Wege einer Gesamtwürdigung aller Umstände des Einzelfalls geprüft werden.[26] **13**

Folgende Punkte sprechen nach Auffassung des Bundesarbeitsgerichts[27] für eine Eingliederung: **14**

- fachliche Weisungsbefugnisse der Führungskraft, sofern sich aus ihrer Wahrnehmung eine Einbindung bei der Erfüllung der im Betrieb von den dortigen Arbeitnehmern zu erledigenden operativen Aufgaben oder in die dortigen Arbeitsprozesse ergibt;
- die Führungskraft muss zur Durchführung der ihr obliegenden Aufgaben mit den im Betrieb tätigen Arbeitnehmern regelmäßig zusammenarbeiten und ihre fachlichen Weisungsbefugnisse auch tatsächlich wahrnehmen;
- ist die Führungskraft in Wahrnehmung ihrer Aufgaben tatsächlich – ggf. partiell – im Betrieb anwesend, stellt dies ein gewichtiges Indiz für die Eingliederung in die betrieblichen Arbeitsabläufe dar.

Zu beachten ist aber, dass sich die Eingliederung in den Betrieb nicht allein daraus ergibt, dass die Führungskraft ihre Tätigkeit auf dem Betriebsgelände oder innerhalb der Betriebsräumlichkeiten verrichtet.[28] Ebenso wenig ergibt sich (allein) aus disziplinarischen Befugnissen, dass die Führungskraft in den Betrieb eingegliedert ist.[29] **15**

---

24 Vgl. BAG, 12.6.2019, 1 ABR 5/18, NZA 2019, S. 1288 Rn. 17; BAG, 22.10.2019, 1 ABR 13/18, NZA 2020, S. 61, 62 Rn. 15 m. w. N.

25 *Fitting*, BetrVG, § 5 Rn. 22.

26 Vgl. BAG, 14.6.2022, 1 ABR 13/21, AP BetrVG 1972 § 99 Einstellung Nr. 69.

27 BAG, 14.6.2022, 1 ABR 13/21, a. a. O., Rn. 24 f.

28 BAG, 14.6.2022, 1 ABR 13/21, a. a. O., Rn. 24.

29 BAG, 14.6.2022, 1 ABR 13/21, a. a. O., Rn. 23.

16 Nach einer Entscheidung des LAG Köln sollen die oben genannten Grundsätze auch dann gelten, wenn die Führungskraft nicht bei einer deutschen Gesellschaft, sondern bei einer ausländischen Konzerngesellschaft beschäftigt ist und im Wesentlichen im Ausland (in Frankreich) arbeitet.[30] Das LAG Köln begründet dies damit, dass der Betriebsbegriff nicht „in dem Sinne räumlich zu verstehen ist, dass mit der Grenze des Betriebsgrundstücks oder der Betriebsräume der Betriebsbereich endet".[31] Es sei ausreichend, wenn es sich bei den im Ausland tätigen Mitarbeitenden um eine „Ausstrahlung des Inlandsbetriebs" handelt und der im Ausland tätige Arbeitnehmer an der Verfolgung des gemeinsamen Zwecks mitwirke, eine Einbindung in die Informations- und Kommunikationstechnik sei ausreichend.[32] Diese Auffassung überzeugt nicht. Auch für das Betriebsverfassungsgesetz gilt uneingeschränkt das Territorialitätsprinzip (mit Ausnahme der im Fünften und Sechsten Teil des BetrVG genannten besonderen Betriebsarten), sein Anwendungsbereich endet an der deutschen Grenze. Eine Ausweitung auf andere Staaten würde zu gegebenenfalls unauflösbaren Konflikten zwischen dem anwendbaren Recht im Staat der Führungskraft und dem deutschen Recht führen.

4. Anwendbarkeit von Betriebsvereinbarungen auf betriebsfremde Matrixmanager

17 Matrixmanager können, wie oben dargelegt, gleichzeitig in unterschiedlichen Betrieben eingegliedert sein. Das wirft die Frage auf, ob es zum doppelten Eingreifen der betriebsverfassungsrechtlichen Bestimmungen kommt, insbesondere, ob für den Matrixmanager die Betriebsvereinbarungen beider Betriebe gelten. Dies wird im Schrifttum bejaht,[33] führt jedoch zu Konflikten bei Betriebsvereinbarungen in den jeweiligen Betrieben, die den gleichen Regelungsgegenstand haben (z. B. Betriebsvereinbarung zu variabler Vergütung oder zu Urlaubsgrundsätzen). In der Praxis hat es sich daher bewährt, dass die Betriebsparteien den personellen Geltungsbereich der jeweiligen Betriebsvereinbarung sorgfältig definieren und fallbezogen entscheiden, ob Matrixmanager oder sonstige Mitarbeiter, die in weitere Betriebe eingegliedert sind, in den personellen Anwendungsbereich aufgenommen werden sollten. Sofern die Betriebsvereinbarung nicht gelten soll, ist zu empfehlen, eine kurze Begründung hierfür aufzunehmen, mit der die Herausnahme des Matrixmanagers aus dem Anwendungsbereich gerechtfertigt wird. So ist der Arbeitgeber für etwaige Vorwürfe, die Herausnahme verstoße gegen den allgemeinen Gleichbehandlungsgrundsatz, gewappnet.

---

30 LAG Köln, 17.7.2020, 9 TaBV 73/19, BeckRS 2020, 39372.

31 LAG Köln, 17.7.2020, 9 TaBV 73/19, a. a. O. Rn. 42.

32 LAG Köln, 17.7.2020, 9 TaBV 73/19, a. a. O. Rn. 42.

33 *Lingemann/Chakrabarti*, in: Arnold/Günther, Arbeitsrecht 4.0, 2. Aufl. 2022, § 2 Rn. 159; *Kort*, NZA 2013, 1318, 1324.

Abschnitt 2 – Perspektive Betriebsrat

I. Einleitung

1 Die Matrixorganisation ist auf dem Siegeszug. Immer mehr Unternehmen sehen Vorteile im Austausch von Zuständigkeiten und Aufgabenwahrnehmung zwischen mehreren gesellschaftsrechtlich eigenständigen Unternehmen. Die Zusammenfassung von fachlicher und disziplinarischer Weisungsbefugnis in einer Person ist nicht mehr der Regelfall, vielmehr die Ausnahme. Während der vertragliche Arbeitgeber weiterhin das disziplinarische Weisungsrecht ausübt und für arbeitsrechtliche Maßnahmen wie Abmahnung oder Kündigung zuständig bleibt, greift eine „betriebs- und/oder unternehmensfremde" Person – entweder aus einem anderen verbundenen Unternehmen oder aus dem Ausland – fachlich auf die Mitarbeiter:innen zu und vergibt Aufgaben oder Projekte.

2 Die daraus primär folgenden betriebsverfassungsrechtlichen Problemstellungen liegen auf der Hand: Welcher Betriebsrat ist zuständig für Anhörungen bei Einstellungen innerhalb der Matrix und liegt eine Versetzung vor, wenn Mitarbeiter:innen eine neue Führungskraft innerhalb der Matrix zugewiesen wird.

3 Zu diesen Fragen hat die Rechtsprechung sich bereits geäußert (siehe unten Rn. 10ff.).

4 Ungeklärt sind allerdings Fragen, die erst auf den zweiten oder dritten Blick bei der Umsetzung der Matrixorganisation auffallen: Wie gestaltet sich die Anwendbarkeit von Betriebsvereinbarungen auf Matrix-Mitarbeiter:innen bzw. Matrix-Führungskräfte? Wie ist mit Doppelzuordnungen umzugehen? Wie ist sicherzustellen, dass auch im Ausland tätige Führungskräfte deutsche Regelungen aus Betriebsvereinbarungen kennen, verstehen und diese leben und einhalten?

5 Der nachfolgende Beitrag gibt einen Überblick über die bisherige Rechtsprechung zum Betriebsverfassungsrecht in der Matrixorganisation und liefert zudem Lösungsansätze für den Umgang mit den bislang nicht entschiedenen Fragen in diesem Zusammenhang.

II. Begriffsbestimmungen und Lagedarstellung

1. Begriffsbestimmungen

a) Matrixorganisation

6 Der Begriff der Matrixorganisation oder Matrixstruktur ist weder legaldefiniert noch gibt es eine einheitliche und wiederverwendbare Definition. Die Arbeitsgerichte liefern ebenfalls keine ausdrückliche Begriffsbestimmung in ihren Entscheidungen, vielmehr setzen sie sie als bekannt voraus oder äußern sich nur in

Randbemerkungen hierzu, woraus sich der Leser dann eine Definition zusammenstellen muss. So erwähnt das BAG in einer Entscheidung zur variablen Vergütung, dass sich in einer Matrixstruktur Geschäftsbereiche über die Grenzen eines Unternehmens erstrecken und damit mehrere Unternehmen, die regelmäßig einem Konzern angehören, betreffen können.[1] Das LAG Köln stellt im Kontext Kündigungsschutz in Matrixstrukturen klar, dass die Strukturen so gestaltet sind, „dass nicht jede einzelne Gruppen-/Konzerngesellschaft vertikal hierarchisch und horizontal bereichs- oder aufgabenspezifisch gegliedert ist, vielmehr die einzelnen Gesellschaften selbst und in ihrer Funktion als Arbeitgeber wirtschaftlich in den Hintergrund treten und vielmehr der Konzern oder die Gruppe selbst nach Aufgaben- und Funktionsbereichen gegliedert wird".[2] Ableiten lässt sich aus diesen Beschreibungen, wie auch aus anderen Ansätzen in der Literatur, jedenfalls die für das Arbeits- und Betriebsverfassungsrecht relevante Mehrlinigkeit der Leitungsstrukturen.[3] Während in der Vergangenheit Führungsaufgaben in einer Person gebündelt waren, wird in der Matrixorganisation zwischen funktionaler und disziplinarischer Zuständigkeit unterschieden. Die übliche Aufgabenverteilung – auch im Konzern – wird nicht mehr je gesellschaftsrechtlicher Einheit vorgenommen, vielmehr über die Grenzen der Betriebe und Unternehmen hinweg. So werden neue Gliederungen vorgenommen, obwohl die gesellschaftsrechtliche Aufteilung weiterhin besteht und bestehen muss.

7 In Betracht kommt eine Gliederung nach Projekten, Produkten, Funktionsbereichen (z. B. Finanzen, Personal, Marketing) oder Regionen. Für diese neu gebildeten Einheiten gibt es in der Regel eine oder mehrere Führungskräfte, sogenannte Matrixmanager:innen. Unternehmen und Konzerne erhoffen sich von dieser Vorgehensweise Effektivität. Wo früher jedes Konzernunternehmen eine eigene Personalabteilung, eine eigene Buchhaltung usw. hatte, werden heute beispielsweise die Personal-, Finanz-, Einkaufs- oder Rechtsabteilungen in einem Unternehmen oder einer unternehmensübergreifenden Einheit zentral gebündelt, den zur Gruppe gehörenden Unternehmen als „shared functions" zur Verfügung gestellt und in der Folge erhebliche Kapazitäten eingespart.

b) Betriebsbegriff in der Matrix

8 Der Begriff des Betriebs ist zwar nicht legaldefiniert, jedoch wird er seit je her durch die Definition des BAG als Zusammenfassung sachlicher und personeller Mittel in einer Organisationseinheit zur Erreichung eines arbeitstechnischen Zwecks beschrieben.[4] Für die Organisationseinheit kommt es darauf an, dass die eingesetzten Mittel zur Erreichung des arbeitstechnischen Zwecks von einem einheitlichen Leitungsapparat gesteuert werden.[5] Durch die Neuorganisation in

1 BAG, 13.10.2021 – 10 AZR 729/19, NZA 2022, 268, 276.
2 LAG Köln, 22.4.2021 – 6 Sa 1066/20, NZA-RR 2021, 547, 549.
3 *Maschmann*, in: Maschmann/Fritz, Matrixorganisationen, Kap. 3 Rn. 1.
4 BAG, 14.9.1988 – 7 ABR 10/87, NZA 1989, 190.
5 BAG, 17.1.2007 – 7 ABR 63/05, NZA 2007, 703, 705.

der Matrix wird diese lange verwendete Begriffsbestimmung unsauber. Die einheitliche Leitung einer Organisation erfolgt in Matrix-Unternehmen nicht mehr zwingend am Standort, sodass das Merkmal Organisationseinheit nicht immer klar und transparent umfasst werden kann. In Ermangelung einer erneuerten Definition und aufgrund der Tradition des Betriebsbegriffs des BAG ist die Definition dennoch (mit Obacht) vorläufig weiter anzuwenden. Das Arbeitsgericht Frankfurt am Main äußerte sich schon 2009 im Kontext einer Betriebsratswahl zu der Problematik, dass „es einen einheitlichen Leitungsapparat, der in der organisatorischen Einheit am Standort X alle wesentlichen Entscheidungen des Arbeitgebers in personellen und sozialen Angelegenheiten trifft, vor Ort nicht gibt".[6] Der streitige „Betrieb" in dem Beschluss stelle aber eine betriebsratsfähige Einheit im Sinne von § 4 Abs. 1 Nr. 1 BetrVG als räumlich weit vom Hauptbetrieb entfernte Einheit dar, weshalb die Betriebsratswahl für wirksam erklärt wurde. Hauptbetrieb sei in der Folge derjenige Betrieb, „in dem Leitungsfunktionen des Arbeitgebers für den Betriebsteil wahrgenommen werden" und zwar unabhängig davon, ob sich die Geschäftsführung dort regelmäßig aufhält.[7]

Auch mit dem traditionellen Betriebsbegriff des BAG und den weiteren Regelungen des BetrVG kann somit in multidimensionalen Organisationen (noch) die Einheit des Betriebs bestimmt werden. Abzuwarten bleibt, ob das BAG eine neue Definition entwickelt. Bislang gibt es wenig Entscheidungen zum Thema Betriebsbegriff in der Matrix, was darauf hindeuten könnte, dass sich der tradierte Betriebsbegriff auch in der Matrix sinnvoll anwenden lässt.[8] Die geringe Anzahl an Entscheidungen dürfte auch damit zusammenhängen, dass sich die Abgrenzungsfrage regelmäßig nur im Kontext der im vierjährigen Turnus stattfindenden Betriebsratswahl stellt. So gut wie keine Entscheidung befasst sich mit den Fragen der Anwendbarkeit oder Anwendungspflicht von insbesondere bestehenden örtlichen Betriebsvereinbarungen in der Matrix. 9

2. Lagedarstellung

Die Rechtsprechung hatte sich in den vergangenen zehn Jahren sowohl mit individualrechtlichen Problemstellungen im Zusammenspiel von Arbeitsrecht und Matrixorganisation zu beschäftigen als auch mit betriebsverfassungsrechtlichen. Im Folgenden soll ein Überblick über die bisherige Rechtsprechung sowie die offenen Fragen zum Betriebsverfassungsrecht in der Matrixstruktur gegeben werden. 10

6 ArbG Frankfurt a. M., 21.7.2009 – 12 BV 184/09.
7 ArbG Frankfurt a. M., 21.7.2009 – 12 BV 184/09.
8 *Witschen*, RdA 2016, 38, 41.

a) Personelle Einzelmaßnahmen

aa) Versetzung durch Zuweisung zu einer „externen“ Führungskraft

11 Wird eine Matrixstruktur im Konzern neu eingeführt, führt dies, wie bereits dargestellt, zu einer Zuordnung von Arbeitnehmer:innen zu einer Führungskraft, die nicht im selben Betrieb oder Unternehmen beschäftigt ist. Ob dies stets eine Versetzung im Sinne von §§ 95 Abs. 3, 99 Abs. 1 BetrVG darstellt, hat das BAG noch nicht entschieden. Die Legaldefinition des § 95 Abs. 3 BetrVG allein reicht zur Bewertung nicht aus. Danach ist Voraussetzung für eine Versetzung „eine erhebliche Änderung der Umstände, unter denen die Arbeit zu leisten ist“. Längst entschieden ist, dass nicht jede Zuordnung unter eine:n neue:n Vorgesetzte:n eine Versetzung im Sinne des Gesetzes darstellt.[9] Die Zuordnung zu einer „externen Führungskraft“ kann jedoch eine Versetzung im Sinne des BetrVG sein, wenn damit für Arbeitnehmer:innen ein „spürbar anderes Arbeitsregime“ einhergeht, das von neuen Vorgesetzten ausgehen kann, wenn diese „über die Befugnis zur Erteilung bloßer Arbeitsanweisungen hinaus relevante Personalbefugnisse, etwa die Kompetenz zur Ausübung von Disziplinaraufgaben oder zur Leistungsbeurteilung besitzen und eigenverantwortlich wahrnehmen“.[10] Hat die externe Führungskraft allein ein fachliches Weisungsrecht, liegt demnach regelmäßig keine Versetzung vor.[11] Anders liegt der Sachverhalt bei zusätzlicher disziplinarischer Weisungsbefugnis (z. B. Aufgabe Leistungsbeurteilung). Es bleibt im Ergebnis stets bei einer Einzelfallentscheidung.

12 Klargestellt hat das BAG jüngst, dass die Zuweisung zu einer externen Führungskraft nicht dazu führt, dass der betroffene Beschäftigte aus seinem vorherigen Betrieb „ausgegliedert“ und in den Betrieb des Vorgesetzten eingegliedert wird.[12]

bb) Einstellung der Matrix-Führungskraft

13 Als Pendant zur Versetzung durch Unterstellung unter die Weisungen einer externen Matrix-Führungskraft ist das Mitbestimmungsrecht bei der Einstellung eben dieser Führungskraft bereits in der Rechtsprechung thematisiert worden. Eine Einstellung gem. § 99 Abs. 1 BetrVG liegt vor, wenn eine Person in einen Betrieb eingegliedert wird, um gemeinsam mit den im Betrieb Beschäftigten den arbeitstechnischen Zweck des Betriebs zu verwirklichen.[13] Die Bindung an Weisungen einer Führungskraft eben dieses Betriebs ist somit nicht (mehr) erforderlich.[14] Wenn der neu bestellten Führungskraft eine Arbeitsaufgabe zugewiesen ist, die (auch) dem arbeitstechnischen Zweck des Betriebs zu dienen bestimmt

9 BAG, 10.4.1984 – 1 ABR 67/82, NZA 1984, 223, 235.
10 BAG, 17.6.2008 – 1 ABR 38/07, NJOZ, 2008, 5195, 5200.
11 *Koch*, in: Schaub/Koch, Arbeitsrecht von A-Z, Matrixorganisation.
12 BAG, 26.5.2021 – 7 ABR 17/20, NZA 2021, 1494, 1498.
13 ErfK/*Kania*, § 99 BetrVG Rn. 4 m. w. N.
14 LAG Köln, 29.10.2021 – 9 TaBV 17/21, NZA-RR 2022, 133, 134.

ist, dem die ihr neu untergeordneten Mitarbeiter:innen angehören, kann schon durch die Bestellung zur Führungskraft eine Eingliederung und damit eine Einstellung vorliegen.[15]

In der Matrix-Struktur ist darüber hinaus denkbar, dass ein und dieselbe Person in verschiedenen Betrieben tätig wird und an der Verwirklichung mehrerer arbeitstechnischer Zwecke verschiedener Betriebe beteiligt ist, indem sie in den verschiedenen Betrieben als Führungskraft Aufgaben und Projekte betreut und koordiniert. Das BAG entschied in diesem Fall, dass eine Eingliederung in den Betrieb und eine daraus folgende Einstellung im Sinne von § 99 Abs. 1 BetrVG in mehreren Betrieben geschehen kann. Das sei jedenfalls dann anzunehmen, wenn eine Führungskraft durch die Wahrnehmung von Führungsaufgaben in verschiedenen Betrieben zur Erreichung des arbeitstechnischen Zwecks beiträgt. In dieser Fallkonstellation können Arbeitnehmer:innen also in mehrere Betriebe gleichzeitig eingegliedert und eingestellt sein.[16] Daraus folgt, dass Betriebsräte mehrerer Betriebe im Sinne des Gesetzes angehört werden müssen. 14

Als ein IT-Dienstleister hier versuchte, es sich einfach zu machen, indem er das Beteiligungsrecht aus § 99 BetrVG in die Zuständigkeit des Gesamtbetriebsrats legen wollte, um nur ein Gremium beteiligen zu müssen, hat das BAG dem einen Riegel vorgeschoben. Auch wenn Arbeitnehmer:innen in der Matrix in mehrere Betriebe eingegliedert werden, bleibt die Zuständigkeit bei den lokalen Gremien. Der erste Senat hat hier sehr deutlich klargestellt, eine Zuständigkeit des Gesamtbetriebsrats komme „nicht ernsthaft in Betracht". Auch wenn eine Einstellung in mehrere Betriebe vorliege, berühre dies nicht „das Gesamtunternehmen oder mehrere Betriebe" im Sinne von § 50 Abs. 1 Satz 1 BetrVG, vielmehr jeden Betrieb jeweils individuell.[17] 15

cc) Eingruppierung

An die Möglichkeit der mehrfachen Einstellung knüpft die Folgefrage der Eingruppierung an. Gemäß § 99 Abs. 1 Satz 2 BetrVG hat der Arbeitgeber den Betriebsrat bei Einstellungen und Versetzungen auch über die geplante Eingruppierung zu unterrichten. Nachdem das BAG klargestellt hat, dass eine Einstellung von Arbeitnehmer:innen in mehrere Betriebe möglich ist, hat es sich noch nicht zum Problem der Tarifkollision in diesem Fall geäußert. Denkbar ist, dass in zwei verschiedenen Betrieben, in die ein und dieselbe Führungskraft eingegliedert und eingestellt wird, unterschiedliche Tarifverträge zur Anwendung kommen. Dies kann sich sowohl aufgrund regionaler Unterschiede (gerade im Anwendungsbereich von Lohn- und Gehaltstarifverträgen) als auch aufgrund von Unterschieden im sachlichen Geltungsbereich ergeben. Der mehrfach eingestellte Arbeitnehmer wird jedoch nicht nach zwei verschiedenen Tarifverträgen 16

15 LAG Baden-Württemberg, 28.5.2014 – 4 TaBV 7/13, BeckRS 2014, 70642.
16 BAG, 12.6.2019 – 1 ABR 5/18, NZA, 2019, 1288, 1290.
17 BAG, 22.10.2019 – 1 ABR 13/18, NZA 2020, 61, 62.

vergütet werden (können). Da die Vergütungspflicht im Arbeitsverhältnis gem. § 611a Abs. 1 BGB aus dem Arbeitsvertrag folgt, erscheint es folgerichtig, dass allein der sogenannte Vertragsarbeitgeber eine Eingruppierung vornimmt und „seinen“ Betriebsrat im Rahmen der Anhörung nach § 99 Abs. 1 BetrVG über die Eingruppierung unterrichtet. Schwierig wird diese Argumentation, wenn die/der in zwei Betrieben eingestellte Mitarbeiter:in in den Anwendungsbereich von zwei regional in der Entgelthöhe unterschiedlichen Lohn- und Gehaltstarifverträgen fällt, die in demselben Unternehmen Anwendung finden.

b) Soziale Angelegenheiten

17 Die Mitbestimmung des Betriebsrats in sozialen Angelegenheiten gemäß § 87 BetrVG wird durch die Schaffung von Matrixstrukturen nicht direkt, wohl aber indirekt betroffen. Arbeitgeber, die solche Strukturen implementieren, werden es vorziehen, mit Gesamt- oder Konzernbetriebsräten in sozialen Angelegenheiten zu verhandeln, um einerseits Zeit und Kosten zu sparen und andererseits einheitliche Regelungen zu schaffen. Das zeigte sich schon beim zuvor ausgeführten Beispiel der Anhörung des Gesamtbetriebsrats zur Einstellung eines Mitarbeiters in mehrere Betriebe. Häufig geht mit der Einführung von Matrix-Strukturen die Einführung umfassender IT-Modernisierung im Sinne einer Vereinheitlichung einher. Neue konzerneinheitlich und betriebs- oder unternehmensübergreifend eingeführte Systeme sollen die Zusammenarbeit untereinander erleichtern. Das können sie, wenn sie überall einheitlich zum Einsatz kommen. Zur Begründung einer originären Zuständigkeit nach § 50 Abs. 1 (§ 58 Abs. 1) BetrVG reicht das allein aber nicht aus. Soweit ersichtlich haben sich die Gerichte noch nicht zu neuer Verteilung von Zuständigkeiten zwischen Betriebsrat, Gesamtbetriebsrat und Konzernbetriebsrat „aufgrund von Matrixorganisationen“ geäußert. Die aktuellen Zuständigkeitsregelungen im Betriebsverfassungsgesetz erlauben jedenfalls nicht, dass Arbeitgeber sich ihre Verhandlungspartner aus Effektivitätsgründen aussuchen. Das BAG hat bereits in anderem Zusammenhang klargestellt, dass der Grundgedanke des Betriebsverfassungsrechts die Aufgabenwahrnehmung auf lokaler Ebene durch die unmittelbar von den Arbeitnehmer:innen legitimierten Vertretern ist. Von diesem Grundsatz sei allein dann abzuweichen, wenn die Interessen der Arbeitnehmer:innen auf lokaler Ebene nicht mehr vertreten werden können, weil sich eine zu regelnde Angelegenheit nicht auf einen einzelnen Betrieb beschränken lässt. Insoweit müsse das zwingende Erfordernis einer betriebsübergreifenden Regelung hinzukommen. Reine Zweckmäßigkeitserwägungen könnten indes eine nicht lokale Zuständigkeit nicht begründen.[18] Hier bleibt abzuwarten, welche Verfahren zur Entscheidung über die Zuständigkeit bis zum BAG geführt werden.

---

18 BAG, 8.6.2004 – 1 ABR 4/03, NZA 2005, 227, 231.

c) Wirtschaftliche Angelegenheiten

aa) Wirtschaftsausschuss/Unterrichtung

18 Der Blick des Wirtschaftsausschusses wird vornherein nicht auf die betriebliche, vielmehr auf die Unternehmensebene gerichtet (§ 106 Abs. 2 BetrVG). Insofern folgte die Zuständigkeit dem Blick für die Wahrnehmung der Unterrichtungsrechte auch vor der Existenz von Matrixorganisationen schon über die Grenzen des Betriebs hinaus. Aus der gesetzlichen Regelung folgt, dass der Wirtschaftsausschuss auf der Ebene des Gesamtbetriebsrats besteht, sofern dieser mit Vertretern verschiedener Betriebe besetzt sein kann. Einen Konzernwirtschaftsausschuss sieht das Gesetz nicht vor. Das BAG hat eine Ausweitung von § 106 Abs. 1 Satz 1 BetrVG schon vor einigen Jahren abgelehnt[19] und ist von diesem Standpunkt bislang nicht abgerückt. Für die Praxis bedeutet das, dass ohne abweichende Vereinbarung die Wirtschaftsausschüsse mehrerer Unternehmen im Konzern parallel zu unterrichten sind.

19 Inhaltlich dürfte sich eine Informationspflicht bei Einführung einer Matrix-Struktur wohl aus § 106 Abs. 3 Nr. 10 BetrVG ergeben. Danach ist der Wirtschaftsausschuss über Vorgänge und Vorhaben, welche die Interessen der Arbeitnehmer des Unternehmens wesentlich berühren können, zu unterrichten. Sofern in der Literatur die Ansicht vertreten wird, das Informationsrecht des Wirtschaftsausschusses sei auf die Grenzen des Unternehmens beschränkt,[20] verkennt die Ansicht, dass nach dem Wortlaut lediglich die „Arbeitnehmer des Unternehmens" wesentlich betroffen sein müssen. Wie weit die Informationspflichten bei bestehender Betroffenheit oberhalb des Rechtsträgers in die „Matrix" hineinreichen, regelt Ziffer 10 nicht. Hier gilt u. a. der erweiterte Maßstab der Erforderlichkeit nach § 80 Abs. 2 i.V.m. § 106 Abs. 2 BetrVG. Denn die „Angelegenheiten des Unternehmens" begrenzen sich innerhalb von Matrixorganisationen nicht im Rechtsträger selbst. Die Angelegenheiten spiegeln sich vielmehr in matrixspezifischen organisatorischen und wirtschaftlichen Abhängigkeiten des Rechtsträgers (z. B. werden alle wesentlichen Fiskalentscheidungen zentral aus dem unternehmensübergreifenden Fiskalbereich gesteuert) sowie in aus der Matrix kommender Einflussnahme, sodass in der Folge der Rechtsträger selbst gar nicht (mehr) selbstständig entscheiden kann. Die Matrix ist holistisch konzipiert und interessiert sich regelmäßig wenig für die Belange eines einzelnen Rechtsträgers. Der Blick der Matrix geht auf das „Ganze". Nicht alle Teile der Matrixorganisation zu kennen und zu verstehen, bedeutet in dieser Konsequenz, die Matrix und ihre Einflussnahme insgesamt nicht zu kennen und erst recht nicht zu verstehen. Diese Form der „Unkenntnis" erfüllt in keinem Fall den Informationsanspruch des unternehmensbezogenen Wirtschaftsausschusses.

20 Der Wirtschaftsausschuss ist somit über alle Vorhaben und Vorgänge zu unterrichten, die Arbeitnehmerinteressen wesentlich berühren können. Hier kommt

19 BAG, 23.8.1989 – 7 ABR 39/88, NZA 1990, 863.
20 *Spieler*, in: Maschmann/Fritz, Matrixorganisationen, Kap. 3 Rn. 518.

sowohl die unmittelbare als auch mittelbare Berührung von Arbeitnehmer:inneninteressen in Betracht. Die Einführung einer Matrix-Struktur ist in der Regel ein unternehmensübergreifendes Projekt, welches in den verschiedenen Unternehmen und Betrieben unterschiedliche Auswirkungen und Umsetzungsschritte hat. Versucht man hier bei der Information des Wirtschaftsausschusses eine imaginäre Grenze um jeden Rechtsträger zu ziehen, werden Informationen, wie aufgezeigt, wenig sinnvoll und für den Wirtschaftsausschuss möglicherweise unbrauchbar.

bb) Betriebsänderung

21 Neben der Beteiligung des Wirtschaftsausschusses fällt unter die Mitbestimmung in wirtschaftlichen Angelegenheiten ebenso das zentrale Beteiligungs- und in Teilen Mitbestimmungsrecht des Betriebsrats bei Betriebsänderungen (§§ 111 ff. BetrVG). Ob die in § 111 Satz 3 BetrVG aufgezählten Formen von Betriebsänderungen abschließend sind oder nur eine exemplarische Auflistung darstellen, ist umstritten,[21] kann an dieser Stelle jedoch dahinstehen. Die Einführung einer Matrix-Struktur lässt sich jedenfalls unter den Tatbestand der grundlegenden Änderung der Betriebsorganisation (§ 111 Satz 3 Nr. 4 BetrVG) subsumieren, wenn sie eine gewisse Intensität und einen größeren Umfang erreicht, wohl nicht, wenn es allein um die Einbindung einzelner externer Führungskräfte geht.[22] Die grundlegende Änderung der Betriebsorganisation meint eine „vollständige Änderung des Betriebsaufbaus bzw. der Gliederung des Betriebs oder der Funktions- oder Aufgabenzuschnitte“.[23] Letzteres ist regelmäßig der Fall, wenn von der klassischen Führungsstruktur auf die mehrlinige Matrix-Führungsstruktur umgestellt wird, denn hier werden Zuständigkeiten und Verantwortungsbereiche umgewandelt, was nach der Definition des BAG regelmäßig zu einer grundlegenden Änderung der Betriebsorganisation führt.[24] Das geht heute soweit, dass selbstständige Rechtsträger nicht einmal mehr die zwingend erforderlichen unternehmensbezogenen Funktionen wie Finanzbuchhaltung, Einkauf, Recht und Compliance, Marketing, Vertrieb oder Marktauftritt selbst vorhalten. Ohne die in die Matrix ausgelagerten Funktionen und Aufgaben ist der isolierte Rechtsträger nicht mehr funktionsfähig, mithin nicht mehr „überlebensfähig“. Selbstständige Rechtsträger werden zu unvollständigen Unternehmen. In einem solchen Fall „führt die Matrix“ das Unternehmen und hieraus berühren auch alle Kompetenzen und Entscheidungen der Matrix die Interessen der Belegschaft des einzelnen Rechtsträgers innerhalb der Matrix.

---

21 Bejahend: *Annuß*, in: Richardi, BetrVG, § 111 Rn. 41; ablehnend: *Fitting*, BetrVG, § 111 Rn. 44.

22 *Bachner*, Die Matrixorganisation in der Betriebsverfassung, NZA 2019, 134, 141.

23 ErfK/*Kania*, § 111 BetrVG Rn. 17.

24 BAG, 18.3.2008 – 1 ABR 77/06, NZA 2008, 957, 959.

III. Anwendbarkeit von Betriebsvereinbarungen auf die Matrix-Führungskräfte

22 Nachdem im vorherigen Abschnitt Begriffsbestimmungen und der aktuelle Stand der Rechtsprechung und Literatur im Hinblick auf verschiedene Mitbestimmungsrechte im Zusammenhang mit der Matrix-Organisation dargestellt wurden, stellt sich die Frage der Auswirkungen. Die Frage des Bestehens eines Mitbestimmungsrechts bei der Einstellung von Matrix-Führungskräften wurde bereits oben beantwortet. Die spannende Frage bleibt, welche kollektivrechtliche Folge hat die Einstellung und Versetzung in einen oder mehrere Betrieb(e)? Nachfolgend wird beleuchtet, inwieweit Betriebsvereinbarungen auf Matrix-Führungskräfte in Deutschland anwendbar sind und welche Probleme sich stellen, wenn Matrix-Führungskräfte im Ausland mit Betriebsvereinbarungen in Berührung kommen.

1. Anwendbarkeit

23 Die Betriebspartner vereinbaren in ihren Betriebsvereinbarungen regelmäßig einen räumlichen und einen persönlichen Geltungsbereich. Der räumliche Geltungsbereich erstreckt sich entweder auf den jeweiligen Betrieb oder, bei Betriebsvereinbarungen, die durch den Gesamt- oder Konzernbetriebsrat abgeschlossen werden, auf Unternehmen oder Konzern. Persönlich fallen die Arbeitnehmer:innen der jeweiligen Einheit in den Geltungsbereich.

24 Wird nun eine Matrix-Führungskraft in mehrere Betriebe eingegliedert, könnten für sie verschiedene Betriebsvereinbarungen zur Anwendung kommen.

25 **Beispiel 1: Flexibles Arbeiten/mobile Arbeit**

In Betrieb A in Düsseldorf gilt eine Betriebsvereinbarung zum flexiblen Arbeiten, wonach Beschäftigte ihre Anwesenheit im Betrieb vollständig selbst bestimmen können. Dem Betriebsrat war die Flexibilität ein starkes Anliegen, weshalb die Priorität hierauf gelegt wurde. Eine monetäre Unterstützung für das mobile Arbeiten gibt es nicht, da Beschäftigte auch entscheiden können, vollständig in dem Betrieb zu arbeiten und weiterhin für jede/n Mitarbeiter:in ein betrieblicher Arbeitsplatz eingerichtet bleibt.

In Betrieb B in Hamburg gilt ebenso eine Betriebsvereinbarung zur mobilen Arbeit. Der Arbeitgeber hat sich nach der Pandemie entschieden, die Büroflächen zu verkleinern, da das Büro kaum noch ausgelastet war. Die Beschäftigten buchen über ein Desksharing-Tool einen Arbeitsplatz, wenn sie im Betrieb arbeiten möchten. In der Betriebsvereinbarung haben sich die Betriebspartner auf einen Zuschuss für Nebenkosten am häuslichen Arbeitsplatz in Höhe von 100 EUR pro Monat geeinigt. Begründet wurde dies in den Verhandlungen insbesondere damit, dass es vorkommen kann, dass nicht an jedem Tag für jeden Beschäftigten ein Büro-Arbeitsplatz vorhanden ist und dadurch trotz ausreichender Vorplanung ein mittelbarer Zwang entstehen kann, zuhause zu arbeiten. Insoweit unterliegt dieser Regelung auch der Gedanke, dass der heimische Arbeitsplatz nunmehr (auch) eine betriebliche Einrichtung ist, zu den Betriebsmitteln zählt, derer sich das Unternehmen bedient, und das vom Unternehmen als nutzbar einkalkuliert wird.

Die Führungskraft, die in beide Betriebe eingegliedert ist, ist keine leitende Angestellte im Sinne des BetrVG, sodass sie grundsätzlich in den Geltungsbereich der Betriebsvereinbarungen fällt. Sie hat einen Arbeitsvertrag mit dem Betriebsinhaber des Betriebs A in Düsseldorf.

26 Nun stellt sich die Frage, welche Regelung für sie gilt. Dafür müsste die Betriebszugehörigkeit zweifelsfrei festgestellt werden. Im Kontext der Arbeitnehmerüberlassung hat das BAG zur Bestimmung der Betriebszugehörigkeit die „Zwei-Komponenten-Lehre" entwickelt. Danach ist für die Betriebszugehörigkeit einerseits ein Arbeitsverhältnis zum Betriebsinhaber (durch Arbeitsvertrag oder Gesetz, z.B. § AÜG), andererseits eine tatsächliche Eingliederung des Arbeitnehmers in die Betriebsorganisation erforderlich.[25] Mit dieser Lehre lässt sich die Betriebszugehörigkeit der Matrix-Führungskraft und damit die Anwendbarkeit der Betriebsvereinbarung feststellen, wenn sie in dem Betrieb, mit dem ein Arbeitsvertrag abgeschlossen wurde, auch tatsächlich in die Organisation eingegliedert ist. Wenn die Führungskraft tatsächlich in beide Betriebe eingegliedert ist (siehe Rn. 13 ff.), gilt für sie die Betriebsvereinbarung des Betriebs, zu dem aufgrund des Arbeitsvertrags ein Arbeitsverhältnis besteht, im Beispiel also die Betriebsvereinbarung des Betriebs A in Düsseldorf. Denkbar ist aber auch der Fall, dass die Führungskraft zwar mit dem Betriebsinhaber des Betriebs A in Düsseldorf einen Arbeitsvertrag abgeschlossen hat, nach der Matrix-Umstrukturierung allerdings nur noch oder hauptsächlich für den Betrieb B in Hamburg tätig und zuständig ist und somit eine Eingliederung nur dort vorliegt. Diese Konstellation könnte eine Konzernleihe im Sinne von § 1 Abs. 3 Nr. 2 AÜG darstellen.

27 Dass die Zwei-Komponenten-Lehre nicht (mehr) überall zu sachgerechten Ergebnissen führt, hat das BAG in einer aktuelleren Entscheidung selbst erkannt: „Ihre [Anm.: die Zwei-Komponenten-Lehre] uneingeschränkte Anwendung hätte vielmehr zur Folge, dass der Arbeitnehmer einerseits dem Betrieb seines Vertragsarbeitgebers mangels Eingliederung nicht zugeordnet werden könnte, während es andererseits zum Betriebsarbeitgeber am arbeitsvertraglichen Band fehlt. In derartigen Fällen der aufgespaltenen Arbeitgeberstellung bedarf es daher einer differenzierten Beurteilung der betriebsverfassungsrechtlichen Zuordnung von Arbeitnehmern."[26]

25 BAG, 18.1.1989 – 7 ABR 21/88, NZA 1989, 724, 725.

Da sich der Senat in dieser Entscheidung allein mit der Frage des Rechts zur Teilnahme an einer Betriebsversammlung zu beschäftigen hatte, enthält die Entscheidung nicht die angekündigte differenzierte Beurteilung zur Zuordnung. 28

In der Literatur wird vertreten, dass in dem skizzierten Fall des Auseinanderfallens von Eingliederung und Arbeitsvertrag eine doppelte Betriebszugehörigkeit anzunehmen ist.[27] Diese Annahme scheint insbesondere im Hinblick auf die Rechtsprechung zur Einstellung nach § 99 BetrVG folgerichtig, erleichtert jedoch nicht die Frage nach der Anwendbarkeit der Betriebsvereinbarungen. Aus Praktikabilitätsgründen wird in der Literatur auf das Prioritätsprinzip verwiesen. Die zuerst abgeschlossene Betriebsvereinbarung solle zur Anwendung kommen. Es sei einfach zu ermitteln, welche Betriebsvereinbarung zuerst abgeschlossen wurde, und die Grundsätze von Spezialität und Günstigkeit wären wenig hilfreich, da die Regelungen der Betriebsvereinbarungen nicht zwingend miteinander zu vergleichen wären.[28] Für Beschäftigte ist dieser Ansatz wenig zufriedenstellend. Die Führungskraft aus dem Beispielfall ist fast ausschließlich für den Betrieb B in Hamburg zuständig und ist überwiegend mit den dortigen Kolleg:innen in Kontakt, die ihr begeistert von der Nebenkostenpauschale berichten. Sie hat zwar die Möglichkeit, jederzeit das Düsseldorfer Büro zu nutzen, jedoch nutzt sie es nicht, weil die Führungskraft ohnehin dort keine Kolleg:innen antrifft, die mit ihr zusammen arbeiten. Ein weiteres Problem in der Prioritätsbetrachtung stellt sich dann, wenn die zeitlich prioritäre Betriebsvereinbarung grundlegend überarbeitet wird und die bisher nicht priorisierte Betriebsvereinbarung nunmehr „die ältere Existenz" für sich selbst reklamiert. 29

Eine andere Auffassung in der Literatur will das Problem der Doppelzuständigkeit dadurch lösen, dass für soziale Angelegenheiten (§ 87 BetrVG), „die das Grundverhältnis", also wohl den Kerninhalt des arbeitsvertraglichen Austauschverhältnisses, betreffen, immer der Betriebsrat des Vertragsarbeitgebers zuständig ist.[29] Auch dieser Lösungsweg würde das vorbeschriebene Beispiel 1 nicht zufriedenstellend lösen. Damit wären überdies zumindest zwei weitere wesentliche Fragestellungen aufgeworfen. Zum einen ist im Einzelfall zu klären, welche Themenkreise zum Kernbereich des Arbeitsverhältnisses zählen (z. B. bei variablen Vergütungssystemen; Vereinbarungen zur Arbeitszeit). Zum anderen besteht stets die Möglichkeit, dass die konkret anzuwendende (heimische) Betriebsvereinbarung, für die Zusammenarbeit mit Mitarbeitenden im „fremden Betrieb" inhaltlich nicht passt. 30

---

26 BAG, 5.12.2012 – 7 ABR 48/11, NZA 2013, 793, 795.

27 *Berger*, in: Maschmann/Fritz, Matrixorganisationen, Kap. 3 Rn. 467.

28 *Spieler*, in: Maschmann/Fritz, Matrixorganisationen, Kap. 3 Rn. 657.

29 *Witschen*, RdA 2016, 38, 46.

2. Ausländische Matrix-Führungskräfte und Betriebsvereinbarungen

31 **Beispiel 2: Betriebsvereinbarung zur Arbeitszeit**

Der zuständige Betriebsrat des Betriebs in München vereinbart mit dem Arbeitgeber eine umfassende Betriebsvereinbarung zur Arbeitszeit, worin Kernarbeitszeiten, Gleitzeit, Zeiterfassung und weitere Themen geregelt werden. Die Führungskraft der Abteilung X arbeitet in San Diego und ist dort in einer amerikanischen Obergesellschaft angestellt. Die Kernarbeitszeiten in München sind in der Betriebsvereinbarung auf 09:00–16:00 Uhr festgelegt. In diesem Zeitraum müssen die Arbeitnehmer:innen – egal, ob im Betrieb oder am mobilen Arbeitsplatz – erreichbar sein. Außerhalb dieser Zeiten sind sie in ihrer Zeiteinteilung flexibel. San Diego und München trennen minus neun Stunden. Wenn der Vorgesetzte in San Diego nun nachmittags noch etwas mit den Mitarbeiter:innen seines Teams zu besprechen hat, bedeutet das für diese die Erforderlichkeit einer Besprechung deutlich nach 16:00 Uhr. Auch wenn die deutsche Betriebsvereinbarung zur Arbeitszeit für den Vorgesetzten in San Diego nicht unmittelbar gilt, so hat sie doch eine reflexive Wirkung auf ihn, denn wenn er von den Münchener Kolleg:innen verlangen würde, erreichbar zu sein, würde er das Team außerhalb der geltenden Betriebsvereinbarung führen. Dass der Arbeitgeber eine steuernde Kraft einfügt, die außerhalb des Regelungssystems arbeitet, kann im Umkehrschluss nicht dazu führen, dass das Regelungssystem nicht mehr gilt. Gerade in solchen Konstellationen stellt sich häufig die Frage, wie Arbeitszeit künftig überhaupt in international aufgestellten Matrixorganisationen geregelt werden kann. Es sei denn, diese Problemstellung wird mit der schlichten Formel „Ober sticht Unter" beantwortet. Eine Tatsache, die wir leider in vielen international aufgestellten Unternehmen antreffen. Eine Regelungsmüdigkeit macht sich breit, weil es auf beiden Seiten an entscheidungsbefugten Verantwortlichen fehlt. Eine Rahmenarbeitszeit ist für den DACH-Markt in der Regel gut umsetzbar, funktioniert aber nicht für den amerikanischen Kontinent und nicht für weite Teile Asiens.

32 Betriebsräte befinden sich in der Folge im Spagat zwischen Wahrung der Beschäftigteninteressen und dem Vorwurf, die Globalisierung blockieren zu wollen, wenn sie darauf bestehen, dass lokal vereinbarte Arbeitszeiten eingehalten werden. Das ist absurd und ignoriert die gesetzlichen Mit-Regelungskompetenzen des Betriebsrats.

33 Es gibt keine Regelung von Gesetzgeber und Rechtsprechung, sodass es erneut an den Betriebspartnern ist, die örtlich konkreten Fall-Konstellationen im Einzelfall bestmöglich abzufangen.

Beispiel 3: Beurteilung und variable Vergütung 34

In einem europaweit tätigen Konzern werden regelmäßig Mitarbeiterbefragungen durchgeführt. Da sehr persönliche Fragen gestellt werden, haben sich der Gesamtbetriebsrat und die deutsche Geschäftsführung in der Betriebsvereinbarung auf die Freiwilligkeit der Teilnahme geeinigt und zusätzlich festgehalten, dass die Teilnahme an der Befragung keinen Einfluss auf die in einer anderen Betriebsvereinbarung geregelte Leistungsbeurteilung mit an die Leistungsbeurteilung anknüpfender freiwilliger Gehaltserhöhung haben darf.

Mitarbeiter X ist in einer Abteilung tätig, die von einer Führungskraft aus Schweden geführt wird. Die schwedische Führungskraft erhält wiederum von ihrer Vorgesetzten eine Zielvorgabe für ihre variable Vergütung. Eine Komponente dieser Zielvorgabe ist eine Teilnahmequote von 100% an der Mitarbeiterbefragung bei den von ihr geführten Kolleg:innen.

Dieses Beispiel zeigt erneut das Problem der reflexiven Wirkung von Betriebsver- 35
einbarungen. Auch wenn die schwedische Führungskraft nicht unter den Geltungsbereich der deutschen Betriebsvereinbarung fällt, und selbst wenn sie sich nach einer ordnungsgemäßen Schulung daran hält und die Teilnahme der ihr unterstellten deutschen Kolleg:innen nicht in deren Beurteilung einbezieht, so wird sie dennoch mittelbar selbst von den Regelungen betroffen, da sich die Teilnahmequote in ihrer eigenen Bewertung widerspiegelt. Neben ihr als ausländischer Führungskraft, die (auch) deutsche Arbeitnehmer führt, müsste im Beispiel 3 ebenso die der schwedischen Führungskraft vorgesetzte Person entsprechend geschult werden, sodass eine solche Zielvorgabe gar nicht erst gesetzt werden dürfte.

Das Beispiel verdeutlicht ferner die mittelbare Drittwirkung von Betriebsverein- 36
barungen. Es zeigt, dass der Arbeitgeber, der eine Matrixorganisation führt, zwar einerseits von Effektivität profitieren kann, andererseits jedoch zusätzliche Aufgabe wahrnehmen muss, internationale Mitarbeiter:innen mit der deutschen Mitbestimmung – und zwar mit jeder Regelung, die die Betriebspartner in Deutschland treffen – vertraut zu machen.

Dieses Beispiel lässt sich auf viele andere Bereiche übertragen. Gerade bei dem 37
sensiblen und wichtigen Thema Incentivierung und variable Vergütung führt eine internationale Matrix-Struktur zu vielen Schwierigkeiten. Unternehmensziele sind häufig trotz Globalität noch auf die nationalen Gesellschaften fokussiert, woraus etwa im Vertrieb die Gefahr resultiert, dass ein Vorgesetzter im Ausland andere Inhaltsschwerpunkte hat als seine europäischen oder deutschen Mitarbeiter:innen. Wer richtet sich hier nach wem? Das reale Miteinander muss mit großem Unverständnis und Unwillen mitbestimmungsferner Organisationsteile der Matrix rechnen. Und schon gelten in der Folge deutsche Betriebs- und Organisationsteile als „schwierig", für die stets von globalen Regelsätzen abweichende Sonderregelungen im weltweiten Vergleich zu beachten sind. So wird

der wegen der hohen Zufriedenheit der Belegschaften erhebliche Wettbewerbsvorteil der kollektiven Mitbestimmung zum verkannten Hindernis für die globale Matrix. Das muss nicht sein, wenn die Betriebspartner sich des Themas konsequent annehmen und auch dort Regelungen schaffen, wo sonst „Ober sticht Unter“ regiert.

IV. Ausübung der Mitbestimmung in der Matrix-Organisation

38 Nachdem die Probleme der Anwendbarkeit von Betriebsvereinbarungen in der Matrix-Struktur angesprochen sind, knüpft der nachfolgende Abschnitt an die bereits unter Rn. 17 aufgeworfene Problematik der Zuständigkeit bei der Mitbestimmung in der Matrix-Organisation an.

39 Wie ausgeführt, reicht allein der arbeitgeberseitige Wunsch nach Effizienz – Zeit und Kosten zu sparen – nicht zur Begründung einer Zuständigkeit von Gesamt- oder Konzernbetriebsrat. Der lokale Betriebsrat ist primär zuständig für die im Betriebsverfassungsgesetz geregelten Mitbestimmungsrechte.[30] Dieser Grundsatz lässt sich auch schon aus dem Wortlaut des Gesetzes ableiten. Gemäß § 50 Abs. 1 Satz 1 BetrVG ist der Gesamtbetriebsrat allein dann für Angelegenheiten zuständig, die das Gesamtunternehmen oder mehrere Betriebe betreffen, wenn die Angelegenheit nicht durch die einzelnen Betriebsräte geregelt werden kann. Dieser Subsidiaritätsgedanke[31] ist stets zu beachten, bevor man über eine abweichende Zuständigkeitsverteilung nachdenkt.

40 Nach Einführung einer Matrix-Struktur kann sich die zusätzliche Schwierigkeit der Auflösung des Konzerns im Sinne des Aktiengesetzes ergeben. Gemäß § 54 Abs. 1 Satz 1 BetrVG kann für einen Konzern im Sinne von § 18 Abs. 1 AktG ein Konzernbetriebsrat errichtet werden. Aus dem Verweis auf § 18 AktG ergibt sich, dass ein Konzernbetriebsrat nur im Unterordnungskonzern gebildet werden kann.[32] Der Konzernbegriff in § 18 Abs. 1 AktG ist dreigliedrig: Satz 1 definiert den Konzern als Zusammenfassung eines herrschenden und eines oder mehrerer abhängiger Unternehmen unter der einheitlichen Leitung des herrschenden Unternehmens. Satz 2 regelt eine unwiderlegliche Vermutung für Unternehmen mit Beherrschungsvertrag oder Eingliederung. Satz 3 stellt eine Vermutungsregelung für die Annahme eines Konzerns auf, wonach von einem abhängigen Unternehmen vermutet wird, dass es mit einem herrschenden Unternehmen (§ 17 Abs. 1 AktG) einen Konzern bildet. Wenn nun kein Beherrschungsvertrag besteht oder ein solcher aufgrund der Aufteilung von Zuständigkeiten wegfällt, ist zu prüfen, ob die Vermutungsregelung des § 18 Abs. 1 Satz 3 AktG greift. Da Aufgaben in der Matrix regelmäßig gesellschaftsübergreifend wahrgenommen

30 BAG, 23.9.1975 – 1 ABR 122/73.
31 *Annuß*, in: Richardi, BetrVG, § 50 Rn. 3.
32 BAG, 16.5.2007 – 7 ABR 63/06, NJOZ 2008, 726, 730.

werden, ist in den meisten Fällen nicht (mehr) **ein** Unternehmen herrschend,[33] was dazu führen kann, dass durch die Einführung der Matrix-Struktur kein Konzern i. S. d. § 18 Abs. 1 AktG mehr vorliegt.[34] Wenn zentrale unternehmerische Bereiche gesellschaftsübergreifend gestreut geführt werden, liegt keine einheitliche Planung und somit keine Beherrschung durch **ein Unternehmen** vor. Vielmehr erfolgt die Planung aus verschiedenen Einheiten heraus über die Unternehmensgrenzen hinweg.[35]

Die Implementierung einer Matrix-Organisation verändert also die Zuständigkeiten bei der Ausübung der Mitbestimmungsrechte zunächst einmal nicht. Vielmehr kann sie aber dazu führen, dass das Gremium des Konzernbetriebsrats aufzulösen ist. **41**

Insgesamt wird die Frage der betriebsverfassungsrechtlichen Aufgabenwahrnehmung durch die tatsächlich bestehenden Matrixanforderungen komplizierter. Für die Gremien stellt sich vermehrt die Frage einer effizienten und vor allem durchsetzungsfähigen Aufgabenverteilung, ob lokale Betriebsräte oder Gesamt- bzw. Konzernbetriebsräte handeln sollen und ob es sich also tatsächlich um eine Angelegenheit handelt, die nicht abweichend von den Zuständigkeitsvorstellungen des Gesetzgebers besser einheitlich durch GBR/KBR gelöst werden will. Rechtssicherheit kann hier durch das Instrument der Delegation geschaffen werden (§ 50 Abs. 2 bzw. 58 Abs. 2 BetrVG), wobei sich die lokalen Gremien dabei auch die Entscheidungsbefugnis vorbehalten können. **42**

V. Herausforderungen und Lösungen

Unter IV. (Rn. 22 ff.) und V. (Rn. 39 ff.) wurden (noch) nicht gelöste Probleme des Betriebsverfassungsrechts in der Matrixstruktur erörtert. Abschließend soll der nachfolgende Abschnitt Lösungsansätze für diese Probleme liefern, die insbesondere Betriebsräte bei der Arbeit in der Matrix unterstützen sollen. **43**

1. Mehrfachzuordnung und Anwendbarkeit von Betriebsvereinbarungen

Die Mehrfachzuordnung von Matrix-Mitarbeiter:innen und Führungskräften, die in den Anwendungsbereich verschiedener Betriebsvereinbarungen fallen, ist das wohl alltäglichste Problem, mit dem Betriebsräte konfrontiert werden. Wo im klassischen Unternehmenssystem eindeutig war, wer in den Anwendungsbereich der Betriebsvereinbarung fällt, und die Regelung zum Geltungsbereich in Verhandlungen meist der einfachste Punkt war, muss nun arbeitgeberseitig eindeutig klargestellt werden, welche Mitarbeiter:innen wo zugeordnet sind und **44**

---

33 ArbG Düsseldorf, 29.9.2010 – 8 BV 7/10, BeckRS, 2011, 72343.
34 *Kort*, Matrix-Strukturen und Betriebsverfassungsrecht, NZA 2013, 1318, 1323.
35 ArbG Düsseldorf, 29.9.2010 – 8 BV 7/10, BeckRS, 2011, 72343.

welche Auswirkungen das hat (oder haben soll). Denkt man das Beispiel 1 weiter, wird klar, dass überall dort, wo in Betriebsvereinbarungen finanzielle Mittel verteilt werden und wo ein Budget zur Verfügung steht, der Geltungsbereich eindeutig bestimmt und bestimmbar sein muss. Wenngleich dies für die Betriebspartner einen zusätzlichen Aufwand bedeutet, müssen sie, solange Gesetzgeber und Rechtsprechung auf diese Problematik nicht reagiert haben, Regelungen treffen, die solche Unstimmigkeiten vermeiden.

45 Hier kann es beispielsweise sinnvoll sein, im Geltungsbereich eine zusätzliche Klausel für Mitarbeiter:innen mit Mehrfachzuordnung aufzunehmen. Ihnen kann entweder ein Wahlrecht eingeräumt werden, welches sie zur Schaffung von Rechtssicherheit innerhalb eines bestimmten Zeitraums ausüben müssen, oder das Günstigkeits- oder Prioritätsprinzip wird vereinbart. Ein zusätzlicher Verwaltungsaufwand bei der Durchführung von Betriebsvereinbarungen wird sich mit den aktuell zur Verfügung stehenden gesetzlichen Regelungen und der geltenden Rechtsprechung nicht vermeiden lassen.

2. Globalität/Matrix-Führungskräfte aus dem Ausland

46 Im Kontext der Globalität stellt sich einerseits das Problem der Regelung von Arbeitszeit bei Zusammenarbeit zwischen verschiedenen Zeitzonen, andererseits die wohl noch größere Herausforderung der korrekten Durchführung von Betriebsvereinbarungen bei Beteiligung von Führungskräften, die typischerweise nicht im kollektiven Arbeitsrecht geschult sind und einen mitbestimmungsfernen Hintergrund mitbringen. Es fehlt häufig allein an der Sensibilisierung für die Wirkungsweise des kollektiven Arbeitsrechts.

47 Im Kontext Arbeitszeit sollten Einzelfallregelungen oder weite Öffnungsklauseln vermieden werden, denn der Gedanke der Mitbestimmung nach dem Betriebsverfassungsgesetz ist gerade der Schutz des Kollektivs vor individuellen Nachteilen.

48 Die Betriebspartner werden sich überlegen müssen, ob und inwieweit sie für international bzw. matrixweit tätige Arbeitnehmer:innen Sondertatbestände fassen. Auch wenn es lästig erscheint, für kleine Populationen Ausnahmen zu schaffen, ist es der Auftrag der Mitbestimmung, auch kleine Kollektive zu schützen und sie nicht rechtlos zu setzen.

49 Hinsichtlich der Durchführung der Betriebsvereinbarungen stehen die Arbeitgeber:innen in der Pflicht, ihre mitbestimmungsfernen Führungskräfte zu schulen und mit kollektiven betrieblichen Regelungen vertraut zu machen. Auch die Betriebsräte sind hier in der Verantwortung, denn sie sind gem. § 80 Abs. 1 Nr. 1 BetrVG dafür zuständig, zu überwachen, dass die zugunsten der Arbeitnehmer:innen geltenden Betriebsvereinbarungen durchgeführt werden. Selbstverständlich ist dabei ein dauerhaftes Screening nicht leistbar, allerdings muss an den Stellen, an denen bekannt ist, dass mitbestimmungsferne Führungskräfte deutsche Betriebsvereinbarungen durchführen, jedenfalls stichprobenartig die Einhaltung überprüft werden. Zudem kann es sich anbieten, dass sich die Betriebsräte bei der Ausarbeitung von Schulungen beteiligen und so sicherstellen, dass die aus Arbeitnehmer:innensicht wichtigen Bestandteile der Betriebsvereinbarungen korrekt erläutert werden.

Im zuletzt aufgeworfenen Sachverhalt der Incentivierung und der Überschnei- 50
dung bei Zielvorgaben und -vereinbarungen scheint die einzige Möglichkeit die Schaffung entsprechender weiter Regelungen. Hier muss es Rechtskreisregelungen geben, die dahin lauten, dass ein externer Betreter einer Rechtssphäre (im Beispiel 3 die schwedische Führungskraft der deutschen Mitarbeiter:innen) sich innerhalb dieser Sphäre korrekt verhalten muss. Für die schwedische Führungskraft muss dies wiederum im Verhältnis zu ihrer Führungskraft gelten, denn auch sie darf keinen wirtschaftlichen Nachteil dadurch erleiden, dass sie über Ländergrenzen hinweg tätig ist und mit einem fremden Mitbestimmungssystem bindend in Kontakt kommt. In einigen Unternehmen wird diesem Umstand bereits mit der Funktion eines lokal zuständigen Compliance-Managers begegnet, der diese „Überwachungsaufgabe der korrekten und ggf. konsistenten Umsetzung von Betriebsvereinbarungen in der Matrix" übernimmt und im Einzelfall entsprechend intervenieren kann.

3. Zuständigkeiten

Die Analyse unter Rn. 22 ff. und Rn. 38 ff. führt zu dem Ruf nach allgemeingül- 51
tigen Regelungen mit umfassender Zuständigkeit für Gesamt- oder Konzernbetriebsräte – wenn nicht gar nach einer Zuständigkeit auf europäischer Betriebratsebene.

Wenngleich eine Überarbeitung der Richtlinie über die Einsetzung Europäischer 52
Betriebsräte im Europäischen Parlament beschlossen wurde,[36] ist nicht damit zu rechnen, dass die Mitbestimmungsrechte im Sinne des BetrVG ausgedehnt werden. Aktuell haben die Europäischen Betriebsräte keine dem deutschen System vergleichbaren Mitbestimmungsrechte, vielmehr allein Informations- und Anhörungs- und in seltenen Fällen vereinfachte Beratungsrechte, wodurch Europäische Betriebsräte (EBR) eher vergleichbar sind mit dem Wirtschaftsausschuss des BetrVG.[37] Auch wenn die Rechte nun gestärkt werden sollen, ist mit dem Erreichen der deutschen Ausprägung der Mitbestimmung – gerade in Bezug auf die Mitbestimmung in sozialen Angelegenheiten – (noch) nicht zu rechnen.

Wie oben beschrieben ist hingegen die Annahme der Zuständigkeit von Gesamt- 53
oder Konzernbetriebsräten nicht ohne Weiteres möglich. Die Matrixstruktur

36 Pressemitteilung des Europäischen Parlaments vom 2.2.2023, https://www.europarl.europa.eu/news/de/press-room/20230130IPR70210/european-works-councils-more-rights-and-participation-for-employees (zuletzt abgerufen am 21.11.2023).

37 *Koch*, in: Schaub/Koch, Arbeitsrecht von A-Z, Europ. BR.

stellt die Primärzuständigkeit örtlicher Betriebsräte gleichwohl im Sinne einer Regelungsharmonisierung regelmäßig in Frage. Innerhalb der Matrix-Struktur lässt sich, wie das Beispiel 1 verdeutlicht, kaum noch erklären, weshalb Mitarbeiter:innen auf örtlicher Ebene unterschiedlich behandelt werden sollen. Demgegenüber steht der Gedanke, dass gerade entgeltrelevante Regelungen immer auch darauf angelegt sind, regionale Faktoren mit einzubeziehen, um eine höhere Einzelfallgerechtigkeit zu verwirklichen.

54 Für die Betriebsräte verbleibt es bei dem Grundsatz der Subsidiarität der Zuständigkeit von Gesamt- oder Konzernbetriebsrat. Dort wo es ihnen sinnvoll erscheint, kann eine Delegation gem. § 50 Abs. 2 oder § 58 Abs. 2 BetrVG vorgenommen werden. Stets abzuwägen ist, ob die Angelegenheit auch aus Arbeitnehmer:innensicht durch das übergeordnete Gremium zufriedenstellend gelöst und geregelt werden kann. Das kann von Thema zu Thema und von Betrieb zu Betrieb variieren.

55 Denkbar sind außerdem Strukturvereinbarungen im Sinne von § 3 Abs. 1 Nr. bis 3 BetrVG.[38] Danach können unternehmenseinheitliche Betriebsratsstrukturen oder Spartenbetriebsräte geschaffen werden, wenn dies die Bildung von Betriebsräten erleichtert oder einer sachgerechteren Wahrnehmung der Interessen der Arbeitnehmer:innen dient. In Strukturen, in denen Beschäftigte mit den Kolleg:innen, mit denen sie Büro und Kantine teilen, kaum noch inhaltlich zusammenarbeiten, vielmehr (fast) ausschließlich mit Kolleg:innen an anderen Standorten kooperieren, kann die Bildung von Spartenbetriebsräten zu einer interessengerechteren Vertretung führen. Während die Anforderungen an die Bildung unternehmenseinheitlicher Betriebsräte allerdings relativ gering sind, dürften die Voraussetzungen für die Bildung von Spartenbetriebsräten nur selten vorliegen, denn diese beinhalten neben der Organisation nach Sparten auch die Anforderung, dass „die Leitung der Sparte Entscheidungen in beteiligungspflichtigen Angelegenheiten trifft“. Da die Zentralfunktionen wie Personal, Finanzen usw. häufig ebenfalls „in einer Sparte“ zentralisiert und gerade nicht an der Spitze einer jeden Sparte eingerichtet sind, scheitert hieran regelmäßig die Bildung von Spartenbetriebsräten.

56 Letztlich kommt es immer darauf an, dass sich die Beschäftigten durch das jeweilige Gremium gut repräsentiert und vertreten fühlen.

---

38 *Witschen*, RdA 2016, 38, 44 f.

D. Technologisierung

Abschnitt 1 – Perspektive Arbeitgeber

IT-Mitbestimmung neu denken – Wege aus der Innovationsfalle

I. Einleitung

Die Nutzung von ERP, HCM, Vertriebssteuerungs- und Office-Programmen ist 1
in unserer digitalisierten Welt nicht mehr wegzudenken. Hinzu kommen oftmals auf den Kunden zugeschnittene Trainingstools, Umfragetools oder elektronische Personalakten. Nahezu jeder Bereich eines Unternehmens ist von IT durchdrungen. Das Mitbestimmungsrecht des Betriebsrats aus § 87 Abs. 1 Nr. 6 BetrVG wird nach ständiger Rechtsprechung des BAG[1] weit ausgelegt. Da die bloße Eignung einer technischen Überwachungseinrichtung zur Leistungs- und Verhaltenskontrolle nach der Rechtsprechung ausreicht und fast jedes IT-Tool Logdaten verarbeitet, unterliegt auch nahezu jedes IT-Tool der Mitbestimmung aus § 87 Abs. 1 Nr. 6 BetrVG.

Die Betriebsparteien kommen dem bestehenden Regelungsbedarf kaum noch 2
hinterher. Die Gründe dafür sind vielschichtig. In Einzelfällen mag es an der Arbeitgeberin liegen, die erforderliche Informationen nicht umfassend und verständlich zur Verfügung stellt. Teilweise aber auch am fehlenden Sachverstand des Betriebsrats. Häufig wird die Diskussion indes von datenschutzrechtlichen Fragestellungen überlagert, zu denen die Betriebsparteien unterschiedlicher Auffassung sind. Der Kern der Mitbestimmung – nämlich der Schutz der Mitarbeiter vor einem zu großen Überwachungsdruck[2] – tritt dabei häufig in den Hintergrund. So ist es durchaus nicht selten, dass Mitarbeiter sehnlichst auf die Nutzung von IT-Tools warten, die in anderen Unternehmen längst angewendet werden, während im eigenen Betrieb die Betriebsparteien immer noch über deren Einführung streiten. Jüngstes Beispiel hierfür ist die Nutzung von MS Teams, welches sich während der Pandemie als Segen erwiesen hat. Hinzu kommt, dass sich die IT-Mitbestimmung in einem wirtschaftlich schwierigen Gesamtumfeld zunehmend als Investitions- und Innovationsfalle erweist. Internationale – insbesondere US-amerikanische Konzerne – neigen inzwischen dazu, Digitalisierungsprojekt in Deutschland in Gänze zu stoppen, wenn der Mitbestimmungsprozess aus ihrer Sicht unverhältnismäßige Ausmaße annimmt. Wer einen gewissen Weitblick hat, kann sich ausmalen, welche Nachteile dies für die deutschen Standorte im internationalen Kontext und letztlich auch für den Wirt-

1 Z. B. BAG, AP BetrVG 1972 § 87 Überwachung Nr. 50.
2 Vgl. BAG, AP BetrVG 1972 § 87 Überwachung Nr. 49.

schaftsstandort Deutschland hat. Der deutsche Markt ist zwar sicher interessant, er ist aber doch auch nur ein kleiner Fleck auf der Weltkarte. Hinzu kommt, dass die nächste Herausforderung bereits Realität ist: Künstliche Intelligenz.

3 Bestehende Anknüpfungspunkte dafür, den Prozess der IT-Mitbestimmung zu verbessern, sind hinlänglich bekannt. Mittels digitaler Lösungen wird von den Fachbereichen oftmals verlangt, die erforderlichen Informationen abschließend zur Verfügung zu stellen, bevor überhaupt der Mitbestimmungsprozess eingeleitet wird. Viele Unternehmen haben das Verfahren nach § 87 Abs. 1 Nr. 6 BetrVG bzw. allgemeingültige Regelungen „vor der Klammer“ in IT-Rahmenvereinbarungen geregelt. Feststellend, dass die Prozesse trotz dieser Instrumente immer noch zu langwierig sind, gehen einige Unternehmen neue Wege. Sie erhoffen sich, Beschleunigungseffekte durch eine Neujustierung bestehender Vereinbarungen zu erzielen. Diese neuen Vereinbarungen werden dann mit werbewirksamen Titeln wie „Zukunftsvereinbarung“ oder „Digitalisierungsvereinbarung“ überschrieben. Losgelöst von diesen Bemühungen wird es aber auch erforderlich, der Ausuferung der Mitbestimmung mit rechtlichen Argumenten zu begegnen. Dieser Beitrag zeigt auf, welche Anknüpfungspunkte sich für Arbeitgeber bieten.

II. Entfall des Mitbestimmungsrechts

1. Vorrang von Gesetz und Tarifvertrag (§ 87 Abs. 1 Es. BetrVG)

4 Das Mitbestimmungsrecht des Betriebsrats entfällt, wenn eine gesetzliche oder tarifliche Regelung besteht, § 87 Abs. 1 Es. BetrVG. Wird der Mitbestimmungsgegenstand durch eine solche Norm inhaltlich und abschließend geregelt, besteht für die Betriebsparteien keine Ausgestaltungsmöglichkeit. Wird die Arbeitgeberin bspw. gesetzlich verpflichtet, die Arbeitszeit der Arbeitnehmer elektronisch aufzuzeichnen, besteht mit Blick auf die Einführung dieser technischen Überwachungseinrichtung kein Mitbestimmungsrecht des Betriebsrats.

5 Entsprechendes gilt auch mit Blick auf die Leistungs- und Verhaltenskontrolle zur Aufklärung von Straftaten, Ordnungswidrigkeiten und groben Pflichtverletzungen. Die Datenverarbeitung zur Aufklärung von Straftaten ist abschließend in § 26 Abs. 1 Satz 2 BDSG geregelt. Die Rechtsprechung erkennt aber auch ein Interesse der Arbeitgeberin an der Aufklärung schwerer Pflichtverletzungen an. Die Rechtsgrundlage hierfür ist § 26 Abs. 1 Satz 1 BDSG.[3] Der Begriff „Beendigung“ umfasst nämlich die Abwicklung eines Beschäftigungsverhältnisses und damit alle personenbezogenen Daten aufgrund eines konkreten Verdachtsmoments, die zur Erfüllung seiner Darlegungs- und Beweislast in einem potenziellen Kündigungsschutzprozess benötigt werden könnten. Aufgrund des Gesetzes-

3 BAG, 29.6.2017 – 2 AZR 597/16.

vorrangs von § 26 Abs. 1 Satz 1, 2 BDSG besteht somit kein betrieblicher Regelungsspielraum. Eine Klausel, welche die Leistungs- und Verhaltenskontrolle durch ein IT-System generell ausschließt, käme einem pauschalen Datenverarbeitungsverbot gleich. Dies würde eine Überschreitung der erzwingbaren Mitbestimmungsrechte bedeuten.[4]

2. Keine Überwachungsabsicht durch die Arbeitgeberin

Nach ständiger Rechtsprechung spielt es für das Mitbestimmungsrecht des Be- 6
triebsrats keine Rolle, ob die Arbeitgeberin mittels einer technischen Überwachungseinrichtung überhaupt Verhalten oder Leistung von Arbeitnehmern überwachen will. Danach genügt es, wenn die technische Einrichtung objektiv geeignet ist, Verhaltens- oder Leistungsinformationen über den Arbeitnehmer zu erheben. Auf die subjektive Überwachungsansicht kommt es nicht an.[5] Damit setzt sich die Rechtsprechung über den Wortlaut der Norm hinweg, welcher verlangt, dass die technische Einrichtung dazu bestimmt sein muss, Verhalten oder Leistung von Arbeitnehmern zu überwachen. Die enge Sichtweise der Rechtsprechung überzeugt daher nicht. Erklärt die Arbeitgeberin von Beginn an, keine Verhaltens- oder Leistungskontrollen durchführen zu wollen, ist nach hier vertretener Auffassung schon kein Raum für Mitbestimmung.[6]

3. Keine Verhaltens- oder Leistungsdaten

Durch die technische Einrichtung müssen zumindest Verhaltens- oder Leis- 7
tungsdaten verarbeitet werden, um das Mitbestimmungsrecht des Betriebsrats auszulösen. Die Verarbeitung von personenbezogenen Daten allein genügt demgegenüber nicht. Richtigerweise hat das BAG daher auch ein Mitbestimmungsrecht des Betriebsrats im Falle eines rein automatisierten Namensabgleichs („Screening“) von Arbeitnehmerdaten mit Namen auf den Terrorlisten der EU verneint. Die aufgrund des Datenabgleichs generierten Ergebnisse bilden weder ein konkretes Verhalten oder eine konkrete Leistung eines Arbeitnehmers ab noch lassen sie auf solche schließen.[7] Die Verarbeitung von Statusdaten in einem IT-System kann allerdings dann verhaltens- und leistungsrelevant werden, wenn sie mit anderen Daten – z. B. Zeitstempeln – verknüpft werden. Dies gilt es arbeitgeberseitig zu klären.

---

4 *Ludwig*, NZA 2023, 321 ff.
5 BAG, AP BetrVG 1972 § 87 Überwachung Nr. 45.
6 So schon *Ludwig/Ramcke*, BB 2016, 2293 ff.
7 BAG, AP BetrVG 1972 § 87 Überwachung Nr. 49.

4. Kein Entscheidungsspielraum für die Arbeitgeberin

8 Insbesondere im internationalen Kontext ist es nicht selten, dass Vorgaben über die Einführung eines IT-Systems durch eine ausländische Muttergesellschaft getroffen werden. Die deutsche Arbeitgeberin ist verpflichtet, diese Vorgaben umzusetzen. Sofern alle Entscheidungen im Ausland getroffen werden – also auch die Entscheidung über die Vergabe von Zugriffsberechtigungen –, ist es richtig, dass ein Mitbestimmungsrecht des Betriebsrats entfällt. In diesem Fall gibt es keine eigene Handlung der Arbeitgeberin, an die das Mitbestimmungsrecht anknüpfen könnte. Entsprechend hat das BAG zu § 87 Abs. 1 Nr. 10 BetrVG entschieden: Fehlt es an einer eigenen Entscheidung der Arbeitgeberin oder zumindest an deren Mitwirkung bei einer durch Dritte getroffenen Entscheidung, besteht kein Raum für eine Mitbestimmung des Betriebsrats.[8] Anders verhält es sich demgegenüber, wenn z. B. im Rahmen von Dienstvertragskonstellationen seitens des Dienstleisters IT-Tools eingesetzt werden und Zugriff auf diese IT-Tools sowohl Arbeitnehmer des Auftragnehmers als auch der Arbeitgeberin haben. Denkbar sind hier beispielsweise Kollaborationstools. In diesen Fällen wird man ein Mitbestimmungsrecht des Betriebsrats bejahen müssen, da die Entscheidung über die Ausgestaltung des Auftragsverhältnisses der Arbeitgeberin zukommt.

III. Grenzen des Mitbestimmungsrechts

1. Abgrenzung zum Datenschutzrecht

9 Die Abgrenzung des Mitbestimmungsrechts aus § 87 Abs. 1 Nr. 6 BetrVG zum allgemeinen Datenschutzrecht ist nicht abschließend geklärt. Dies führt in der betrieblichen Praxis regelmäßig zu Konflikten. Häufig sieht sich der Betriebsrat veranlasst, im Rahmen der Verhandlungen seinerseits eine vollständige datenschutzrechtliche Überprüfung des einzuführenden IT-Tools durchführen zu wollen. Die Arbeitgeberin verweist demgegenüber regelmäßig auf bereits zuvor eingeholte Stellungnahmen von Datenschützern, welche die Datenschutzkonformität des IT-Systems bestätigen. Häufig wird diese Einschätzung seitens der Betriebsräte – und oftmals seitens der sie beratenden Anwälte – in Frage gestellt. Diesen Konflikt gilt es aufzulösen.

10 Nach hier vertretener Auffassung ist das Datenschutzrecht nicht Bestandteil der erzwingbaren Mitbestimmung nach § 87 Abs. 1 BetrVG. Richtigerweise wird man davon ausgehen müssen, dass das Datenschutzrecht als vorrangiges Gesetzesrecht bereits aufgrund von § 87 Abs. 1 Es. BetrVG der Mitbestimmung des Betriebsrats entzogen ist. Bei der DSGVO handelt es sich um unmittelbar und zwingend geltendes Recht. Dort ist abschließend geregelt, wie personenbezogene Daten verarbeitet werden dürfen. Entsprechendes gilt für die Regelungen

8 BAG, BeckRS 2019, 18930.

des BDSG. Dem stehen auch nicht die Öffnungsklauseln in Art. 88 DSGVO bzw. § 26 Abs. 4 BDSG entgegen. Hierbei handelt es sich nämlich lediglich um eine freiwillige Regelungsoption. Hinsichtlich der zwingenden datenschutzrechtlichen Regelungen besteht kein Regelungsspielraum.[9] Losgelöst davon bestehen Betriebsräte in der Regel darauf, dass die Betriebsvereinbarung auf der Grundlage von § 87 Abs. 1 Nr. 6 BetrVG keine datenschutzrechtliche Erlaubnisgrundlage für die Verarbeitung personenbezogener Daten darstellen soll. Demnach liegt die Verantwortung für die Einhaltung datenschutzrechtlicher Vorgaben ausschließlich bei der Arbeitgeberin. Der Betriebsrat kann im Rahmen der Verhandlungen nach § 87 Abs. 1 Nr. 6 BetrVG nicht die Regelung datenschutzrechtlicher Pflichten durchsetzen.

Gegenstand des Mitbestimmungsverfahrens ist auch nicht die Überprüfung der 11
Einhaltung von Datenschutzbestimmungen, sondern nur der angemessene Persönlichkeitsschutz der Arbeitnehmer unter dem Blickwinkel der Leistungs- und Verhaltenskontrolle durch die Arbeitgeberin. Die Frage nach der Gesetzesmäßigkeit der Datenverarbeitung an sich bedingt nicht die Beteiligung des Betriebsrats, zumal nicht jeder Datenschutzverstoß eine persönlichkeitsrechtliche Dimension hat. Im Rahmen der Verhandlungen kann es daher nicht darum gehen, zu welchen Zwecken die Verarbeitung von Beschäftigtendaten erfolgt, ob die Datenzugriffe datenschutzkonform sind, ob die Nutzung der personenbezogenen Daten durch Dritte gerechtfertigt oder aber der Transfer der Daten in Drittländer datenschutzkonform ist.[10] Entsprechend ist auch das Ermessen einer Einigungsstelle darauf beschränkt, festzustellen, ob die Einführung und Anwendung einer technischen Einrichtung unter dem Aspekt der Leistungs- und Verhaltenskontrolle eine mögliche Gefährdung der Persönlichkeitsrechte der Arbeitnehmer nach sich zieht. Nur mit Blick darauf ist eine Verhältnismäßigkeitsprüfung unter Berücksichtigung der Persönlichkeitsrechte der Arbeitnehmer und der Interessen der Arbeitgeberin durchzuführen. In diesem Zusammenhang werden seitens der Betriebsräte häufig die Beteiligungsrechte aus §§ 80, 75 BetrVG angeführt. Allerdings führt der Auskunftsanspruch des Betriebsrats nicht dazu, dass die erzwingbare Mitbestimmung aus § 87 Abs. 1 BetrVG ausgeweitet wird. Hat die Arbeitgeberin die aus ihrer Sicht bestehende Datenschutzkonformität einer Verarbeitung personenbezogener Daten nachgewiesen, ist es nicht Aufgabe des Betriebsrats oder einer Einigungsstelle, diese Feststellungen ihrerseits einer gutachterlichen Prüfung zu unterziehen.

2. Technische Veränderungen nicht durchsetzbar

Häufig kommt es im Rahmen der Verhandlungen mit dem Betriebsrat vor, dass 12
dieser von der Arbeitgeberin verlangt, dass bestimmte Funktionalitäten eines IT-Systems nicht genutzt werden. Sofern dies über die Einstellungen eines IT-Sys-

9 Vgl. *Ludwig*, NZA 2023, 321 ff.
10 *Ludwig*, NZA 2023, 321 ff.

tems umgesetzt werden kann, mögen sich die Betriebsparteien darauf verständigen. Nicht erzwingbar wäre indes, von der Arbeitgeberin eine kostenträchtige technische Veränderung („Umprogrammierung“) eines IT-Systems zu verlangen. Nach höchstrichterlicher Rechtsprechung handelt es sich bei § 87 Abs. 1 Nr. 6 BetrVG um ein Abwehrrecht. Ein Initiativrecht kommt dem Betriebsrat nicht zu.[11] Damit trifft ausschließlich die Arbeitgeberin die Entscheidung, welches IT-System mit welchen technischen Funktionalitäten eingeführt werden soll. Eine technische Veränderung könnte auch nicht über die Einigungsstelle durchgesetzt werden. Sie würde das ihr zustehende Ermessen überschreiten. Regelmäßig wird es als milderes Mittel ohnehin genügen, wenn die Arbeitgeberin organisatorische Maßnahmen ergreift, indem sie bspw. ihre Arbeitnehmer anweist, bestimmte Funktionalitäten nicht zu nutzen.

IV. Neujustierung der Mitbestimmung

13 Losgelöst von den vorstehend genannten rechtlichen Erwägungen ist es empfehlenswert, die wechselseitigen Interessen der Betriebsparteien zu beleuchten und daraus performante Lösungen für die Zukunft zu entwickeln. Die Arbeitgeberin hat üblicherweise ein Interesse daran, dass der Digitalisierungsprozess zügig voranschreitet, da hiervon letztlich auch ihre Wettbewerbsfähigkeit abhängt. IT-Systeme müssen daher schnell eingeführt und – z.B. im Vertrieb – steuernde und prozessoptimierende Leistungs- und Verhaltenskontrollen möglich sein. Betriebsräte und die von ihnen vertretenen Arbeitnehmer haben in der Regel ein Interesse daran, dass sie vor Überforderung, Arbeitsplatzverlust und Zukunftsängsten geschützt werden. Zumindest den Arbeitnehmern geht es in der Regel weniger darum, welche Datenverarbeitungen die Arbeitgeberin im Einzelnen mittels der technischen Einrichtung durchführen darf, oder aber, ob das IT-System datenschutzkonform ist. Hiervon ausgehend schließen innovative Betriebsparteien inzwischen Vereinbarungen, welche die herkömmlichen Rahmenbetriebsvereinbarungen-IT ersetzen. Diese sehen nämlich üblicherweise einen Mechanismus vor, der allgemeingültige Regelungen „vor die Klammer“ zieht und mit Blick auf den Umfang der Mitbestimmung zwischen IT-Systemen unterscheidet, mittels derer die Arbeitgeberin Leistungs- und Verhaltenskontrollen durchführen will, und solchen IT-Systemen, mittels derer überhaupt keine Leistungs- und Verhaltenskontrolle durchgeführt werden soll. Was in der Theorie gut klingt, hat sich der Praxis in vielen Fällen aber dennoch nicht als Heilsbringer erwiesen. Die Gründe hierfür sind vielschichtig. Sie dürften u.a. darin liegen, dass viele Betriebsräte im Ergebnis doch nicht bereit sind, auf ihre Mitbestimmung zu Details zu verzichten. Einfallstor hierfür ist die in vielen Rahmenbetriebsvereinbarungen enthaltene „Zweifelsregelung“, wonach der Betriebsrat im Zweifel doch auf umfänglichen Verhandlungen bestehen kann. Dies hat dazu geführt, dass sich der gewünschte Beschleunigungseffekt oftmals nicht eingestellt

---

11 BAG, AP BetrVG 1972 § 87 Initiativrecht Nr. 4.

hat. Im Ergebnis läuft das darauf hinaus, dass die dringend benötigte Geschwindigkeit nur dann erreicht werden kann, wenn die Betriebsparteien abstrakt allgemeine Regelungen zu zulässigen Leistungs- und Verhaltenskontrollen vor die Klammer ziehen und die Beteiligung des Betriebsrats mit Blick auf die Einführung sämtlicher IT-Tools auf eine bloße Information mit anschließender Beschlussfassung durch den Betriebsrat aus Nachweiszwecken beschränkt wird. Durch umfassende Auditrechte wird sichergestellt, dass die Arbeitgeberin die ihr eingeräumten Freiheiten nicht missbraucht. Im Gegenzug treffen die Betriebsparteien Regelungen, die den vorstehend genannten Sorgen der Arbeitnehmer Rechnung tragen. Denkbar wären Regelungen zur Qualifizierung von Mitarbeitern mit Blick auf benötigte Anforderungsprofile der Arbeitgeberin in der Zukunft („workforce planning"), Regelungen zur Flexibilisierung der Arbeitszeit, Regelungen zur Überwachung des Gesundheitsschutzes über das bestehende Maß hinaus („psychische Gefährdungsbeurteilung") oder Ausstiegshilfen ungeachtet des Vorliegens der Voraussetzungen einer Betriebsänderung. Die Gestaltungsmöglichkeiten sind vielfältig und hängen natürlich stark vom Unternehmensgegenstand ab.[12]

V. Fazit

Zumindest arbeitgeberseitig steht das Urteil fest: Die IT-Mitbestimmung bedarf einer Neujustierung. Sie ist geeignet, die Wettbewerbsfähigkeit von Unternehmen in Deutschland zu gefährden. Es bieten sich verschiedene Anknüpfungspunkte dafür, wie der dringend benötigte Beschleunigungseffekt erzielt werden kann. Zunächst gilt es festzustellen, ob die technische Überwachungseinrichtung überhaupt der Mitbestimmung des Betriebsrats unterliegt. Hierbei bestehen Gestaltungsmöglichkeiten, die arbeitgeberseitig idealerweise schon im Beschaffungsprozess berücksichtigt werden. Sofern ein Mitbestimmungsrecht des Betriebsrats besteht, gilt es, die (umfassende) Information des Betriebsrats auf der Grundlage von § 80 BetrVG von der eigentlich erzwingbaren Mitbestimmung aus § 87 BetrVG zu unterscheiden. Die Informationen sind – wie aufgezeigt – nicht zugleich umfassend Gegenstand des Mitbestimmungsverfahrens. Dies gilt insbesondere für datenschutzrechtliche Fragestellungen. Schließlich wäre überlegenswert, die IT-Mitbestimmung im Lichte der Bedürfnisse der Betriebsparteien in Gänze neu zu gestalten. Letzteres verlangt Mut und Vertrauen. 14

12 Vgl. umfassend *Ludwig/Hinze*, NZA 2021, 1444 ff.

Abschnitt 2 – Perspektive Betriebsrat

I. Einleitung

1 Die Mitbestimmung bei technischen Einrichtungen im Sinne von § 87 Abs. 1 Nr. 6 BetrVG ist sehr weitgehend. Erfasst wird die Einführung und Anwendung solcher Einrichtungen, dies beinhaltet aber auch Regelungen zu Updates bzw. Änderungen der technischen Einrichtungen.

2 Aufgrund des Umstandes, dass mittlerweile die meisten Arbeitsmittel technische Einrichtungen im Sinne von § 87 Abs. 1 Nr. 6 BetrVG sind bzw. die meisten Arbeitsplätze mit solchen technischen Einrichtungen ausgestattet sind, erfährt dieses Mitbestimmungsrecht eine sehr große Relevanz. Dies auch deshalb, weil der Anwendungsbereich dazu noch sehr „niederschwellig" ist. Es gibt keine Einschränkung – wie bei allen Tatbeständen des § 87 BetrVG – dahingehend, dass die technische Einrichtung einem größeren Personenkreis zugänglich sein muss bzw. eine größere Anzahl von personenbezogenen Daten der Arbeitnehmer verarbeiten muss.

3 Der Anwendungsbereich des § 87 Abs. 1 Nr. 6 BetrVG ist in allen Betrieben teilweise so erheblich, dass die Betriebspartner den neuen technischen Einrichtungen kaum hinterherkommen und teilweise über Rahmenvereinbarungen versuchen, sich vor einem mitbestimmungswidrigen Zustand zu retten.

4 Hinzu kommen dann auch noch Systeme, die nicht, wie vielleicht eine bloße Textverarbeitungssoftware, nur Logindaten von Mitarbeitenden verarbeiten, sondern in der Lage sind, Aufgaben bzw. ganze Tätigkeitsfelder selbst zu übernehmen, und damit Einfluss auf die Personalplanung haben. Dies kann unter Einfluss von Künstlicher Intelligenz (KI) oder „selbstständig lernenden" Algorithmen der Fall sein.

5 Schließlich werden die Verhandlungen regelmäßig verkompliziert durch die einzuhaltenden datenschutzrechtlichen Bestimmungen.

II. Rechtliches

1. Allgemeines

6 Die Tatbestandsvoraussetzungen des § 87 Abs. 1 Nr. 6 BetrVG sind zunächst einmal recht überschaubar.

7 Es bedarf einer technischen Einrichtung, die dazu bestimmt ist, das Verhalten oder die Leistung der Arbeitnehmer zu überwachen.

Mit der „technischen Einrichtung“ soll abgegrenzt werden, dass die Überwachung nicht von Personen vorgenommen wird.[1] Wie die technische Einrichtung die Leistungs- oder Verhaltenskontrolle durchführt, spielt keine Rolle. Insbesondere ist es nicht von Belang, ob die Einrichtung automatisch arbeitet oder manuell genutzt wird.[2] Auch ist es unerheblich, wie lange der Überwachungsvorgang andauert, sei es nur für einen kurzen Moment oder während eines ganzen Arbeitstages. 8

Der Wortlaut des Gesetzes, dass die technische Einrichtung „dazu bestimmt“ ist, das Verhalten und die Leistung zu überwachen, wird von der ständigen Rechtsprechung so verstanden und ausgelegt, dass die technische Einrichtung nicht ausschließlich oder überwiegend die Überwachung der Arbeitnehmer bezwecken muss. Vielmehr ist es ausreichend, wenn die technische Einrichtung eine entsprechende Möglichkeit mit sich bringt, sie also objektiv zur Überwachung geeignet ist. Es kommt also ausdrücklich nicht auf den Willen an, die technische Einrichtung auch so zu nutzen. 9

2. Besonderheiten

Eine Besonderheit dieses Mitbestimmungsrechts liegt vor, wenn die technische Einrichtung im Sinne des § 87 Abs. 1 Nr. 6 BetrVG nicht vom Arbeitgeber oder Unternehmer des Betriebs betrieben wird, sondern von einem Dritten und die Arbeitnehmer des Betriebs von dieser technischen Einrichtung erfasst werden. 10

Bekannte Beispiele sind Videoüberwachungssysteme, die von Dritten – möglicherweise Betreibern (Vermietern) einer Immobilie – genutzt werden, um das Areal zu sichern; oder Schließsysteme von Gebäuden, die mittels Karten oder sogar Fingerprint-Identifikation bedient werden. 11

In diesen Fällen werden auch die Arbeitnehmer eines Betriebs von solchen technischen Einrichtungen erfasst, wenn sie diese nutzen müssen oder eben von einer Videokamera zwangsläufig beim Betreten und Verlassen des Gebäudes erfasst werden. Denn damit entsteht die Möglichkeit der Leistungs- und Verhaltenskontrolle, auch wenn das entsprechende System von einem Dritten betrieben wird. 12

Der Arbeitgeber ist auch in diesen Fällen verpflichtet, mit dem Betriebsrat eine entsprechende Regelung zu verhandeln und abzuschließen. Das Mitbestimmungsrecht entfällt in diesen Fällen nicht. Das hat das Bundesarbeitsgericht im Rahmen der sog. „Fingerprint“-Entscheidung festgestellt.[3] Das Bundesarbeitsgericht entschied, dass Arbeitgeber sich dem Mitbestimmungsrecht des Betriebsrats nicht dadurch entziehen können, dass Verhaltensregeln oder technische Einrichtungen von einem Vertragspartner (des Arbeitgebers) vorgegeben seien. Vielmehr habe der Arbeitgeber durch entsprechende Vertragsgestaltung 13

1 *Fitting*, BetrVG, § 87 Rn. 225.
2 *Fitting*, BetrVG, § 87 Rn. 226.
3 BAG, Beschl. v. 27.1.2004 – 1 ABR 7/03 (LAG Hessen, Beschl. v. 24.10.2002 – 5 TaBV 83/02).

mit dem Dritten sicherzustellen, dass die ordnungsgemäße Wahrnehmung der Mitbestimmung weiter ausgeübt werden kann.

14 Das bedeutet, dass Betriebsräte sehr wohl auch in den Fällen, in denen Geschäftsräume des Betriebs in Räumlichkeiten liegen, die von einem Dritten mittels technischer Einrichtungen so überwacht werden, dass eine Leistungs- und Verhaltenskontrolle möglich ist, ihre entsprechende Mitbestimmung ausüben können oder sogar müssen, um die ggf. aus dieser technischen Einrichtung folgende Gefahr für die Persönlichkeitsrechte der Arbeitnehmer zu bannen. Der Arbeitgeber kann sich nicht mit der Begründung aus der Verantwortung ziehen, dass er diese technische Einrichtung nicht selbst betreibt.

15 Diese Argumentation greift selbstverständlich auch bei IT-Dienstleistern, die von Arbeitgebern eingesetzt werden. Auch diese Vertragspartner müssen die Betriebsvereinbarungen und Regelungen einhalten, die zwischen den Betriebsparteien vereinbart wurden.

16 Selbstverständlich dürfen IT-Dienstleister auch keine „eigene" technische Einrichtung einsetzen, die eine Kontrolle der Leistung und des Verhaltens der Arbeitnehmer erlaubt, ohne dass dies mit dem Betriebsrat geregelt wurde.

17 Insoweit empfiehlt sich die Prüfung, welche technischen Einrichtungen IT-Dienstleister einsetzen, um die verschiedenen Programme, Tools und damit verbundenen personenbezogenen Daten der Arbeitnehmer zu verarbeiten. Hier wird sich regelmäßig noch die eine oder andere technische Einrichtung „finden", die noch nicht geregelt wurde und von deren Existenz und Anwendung der Arbeitgeber selbst nichts wusste. Diese Prüfung sollte der Betriebsrat durchführen, um sicherzugehen, dass es keine „fremde" technische Einrichtung gibt, die er nicht kennt, und dadurch seine Mitbestimmungsrechte nicht ausgeübt werden können. Arbeitgeberseitig sollte eine entsprechende Kontrolle durchgeführt werden, um sicherzustellen, dass man den gesetzlichen Verpflichtungen nachkommt, zum einen, um einfach die gesetzlichen Bestimmungen einzuhalten und keine Compliance-Verstöße zu begehen. Zum anderen wäre ein solcher Vorgang für die vertrauensvolle Zusammenarbeit mit dem Betriebsrat sicherlich nicht förderlich und aufkommende Unstimmigkeiten leicht vermeidbar.

III. Handlungsempfehlungen

18 Im Rahmen von Verhandlungen zu Regelungen über technische Einrichtungen sind die folgenden Punkte für die Betriebsparteien regelmäßig von Bedeutung. Diese Punkte werden häufig intensiv diskutiert, teilweise auch mit dem Ergebnis, dass hierüber ein handfester Streit entbrennt, sodass daran die Verhandlungen scheitern und eine Einigungsstelle den Konflikt befrieden muss.

1. Zuständigkeit

Die Frage, welche Gremien bei technischen Einrichtungen zuständig sind, folgt den allgemeinen Regelungen. Insoweit gibt es hier nur die üblichen Fragestellungen nach der originären Zuständigkeit von Betriebsrat, Gesamtbetriebsrat (§ 50 BetrVG) und Konzernbetriebsrat (§ 58 BetrVG). Im Kern geht es also um die Frage, ob die technische Einrichtung das Gesamtunternehmen bzw. mehrere Betriebe im Unternehmen oder den Konzern als ganzen bzw. mehrere Unternehmen im Konzern betrifft und weder durch die einzelnen Betriebsräte bzw. Gesamtbetriebsräte geregelt werden können. Letzteres ist so zu verstehen, dass objektiv ein zwingendes Erfordernis für eine unternehmenseinheitliche (betriebsübergreifende) bzw. konzerneinheitliche (unternehmensübergreifende) Regelung besteht.[4] 19

Das Bundesarbeitsgericht geht richtigerweise davon aus, dass bei der Einführung einer Software (die eine technische Einrichtung im Sinne des § 87 Abs. 1 Nr. 6 BetrVG darstellt), die unternehmensweit genutzt wird und deren Administration nur einheitlich für das gesamte Unternehmen erfolgen kann, aus zwingenden Gründen eine betriebsübergreifende Regelung erforderlich ist und damit der Gesamtbetriebsrat zuständig ist.[5] 20

Deshalb wird regelmäßig die betriebsverfassungsrechtliche Zuständigkeit in Unternehmen oder auch Konzernen nicht bei örtlichen Betriebsräten angesiedelt sein. Die meisten eingesetzten technischen Einrichtungen in Form von Software werden unternehmensweit eingesetzt und von einer IT-Abteilung oder einer vergleichbaren Einheit, die intern oder auch extern bestehen kann, betreut, die dann auch entsprechende Administratorrechte für alle Betriebe und Unternehmen wahrnimmt und damit dann auch entsprechende Möglichkeiten der Leistungs- und Verhaltenskontrolle innehat. 21

2. Geltungsbereich

Grundsätzlich weist der Geltungsbereich bei Betriebsvereinbarungen bzw. Regelungen zu technischen Einrichtungen keine Besonderheiten auf. Die Arbeitnehmer, die die technische Einrichtung nutzen oder deren personenbezogene bzw. personenbeziehbare Daten in dem entsprechenden System verarbeitet werden, sind in den entsprechenden Geltungsbereich aufzunehmen. Für Leiharbeitnehmer oder andere Arbeitnehmergruppen stellen sich insoweit keine Besonderheiten, die nicht auch bei anderen Regelungswerken der Betriebsparteien gelten. 22

4 BAG, Beschl. v. 8.3.2022 – 1 ABR 20/21 (LAG Köln, Beschl. v. 21.5.2021 – 9 TaBV 28/20).
5 BAG, Beschl. v. 8.3.2022 – 1 ABR 20/21 (LAG Köln, Beschl. v. 21.5.2021 – 9 TaBV 28/20).

3. Begriffsbestimmungen

23 Bei den Begriffsbestimmungen gibt es keine zwingend zu beachtenden rechtlichen Vorschriften. Die Betriebsparteien können hier im Rahmen ihrer Gestaltungsmöglichkeiten vieles frei gestalten. Es empfiehlt sich jedoch, die häufig in Regelungswerken für technische Einrichtungen verwendeten Begrifflichkeiten (nahezu fast immer: Reports, Auswertungen, Rollen und Schnittstellen) zu definieren, um hier nicht bereits eine Möglichkeit für Unklarheiten bei der Regelung und Nutzung der technischen Einrichtung zu erlauben.

4. Systembeschreibung/Module

24 Die Systembeschreibungen sollten so präzise als möglich sein. Sofern diese Beschreibungen eben nicht konkret und präzise sind, sind Streitigkeiten vorprogrammiert. Dies sollte unbedingt vermieden werden.

25 Dem Betriebsrat sind insoweit die entsprechenden Informationen – auch anhand von Unterlagen – zur Verfügung zu stellen (§ 80 Abs. 2 Satz 1 und Satz 2 BetrVG).

26 Da die technischen Einrichtungen regelmäßig über eine gewisse technische Komplexität verfügen, die die Betriebsräte nicht eigenständig überprüfen können, wird die Hinzuziehung von Sachverständigen, insbesondere technischen Sachverständigen, grundsätzlich erforderlich sein. Der Verweis auf „sachkundige Arbeitnehmer" durch den Arbeitgeber wird regelmäßig nicht geeignet sein, die Anfragen des Betriebsrats ausreichend zu beantworten.

27 Bei umfangreichen technischen Einrichtungen (z. B. Workday, SAP, SuccessFactors, MS 365 etc.), die über mehrere Apps oder Module verfügen, die teilweise auch unabhängig voneinander eingeführt oder genutzt werden können, ist insbesondere darauf zu achten, dass die jeweiligen Apps und Module präzise beschrieben werden und gleichzeitig auch darauf hingewiesen wird, dass Namensänderungen der Module zu berücksichtigen sind – also dass nicht der Name des Moduls für die Beschreibung entscheidend ist, sondern der Inhalt, und ggf. Änderungen des Namens keine Rolle spielen.

28 Ein Punkt bei technischen Einrichtungen, insbesondere bei Software, der nahezu immer zu Diskussionen führt, ist die Frage, wie man mit Änderungen des Systems umgeht. Dies können sein die Einführung weiterer Apps/Module oder Änderungen aufgrund von systemseitig bedingten Änderungen durch Updates, Releases etc.

29 Hier ist zunächst festzustellen, dass die Gesetzesformulierung „Anwendung" weit überwiegend so verstanden wird, dass darunter auch Änderungen der technischen Einrichtung fallen. Welche Qualität die Änderung haben muss, damit das Mitbestimmungsrecht „erneut" ausgelöst wird, wird unterschiedlich beurteilt. Sicher ist jedenfalls, dass eine Veränderung zumindest dann „wieder" mit-

bestimmungspflichtig nach § 87 Abs. 1 Nr. 6 BetrVG ist, wenn sich durch die Veränderung Auswirkungen auf die Leistungs- und Verhaltenskontrollmöglichkeiten der technischen Einrichtung ergeben.[6]

Nach anderer Auffassung ist jede Änderung der technischen Einrichtung mitbestimmungspflichtig.[7] Letztere Auffassung argumentiert zutreffend, dass das Gesetz die Mitbestimmung nicht von einer Intensität des Eingriffs abhängig macht. Dies ist auch bei anderen Mitbestimmungsrechten nicht Voraussetzung. **30**

Losgelöst von der Frage, welche Änderungen nun die Mitbestimmung wieder „auslösen", sollte für jede einzelne technische Einrichtung geprüft werden, ob tatsächlich jede Änderung einer technischen Einrichtung wieder mitzubestimmen ist. Der damit einhergehende Aufwand kann je nach Gremium und technischer Einrichtung schlicht und ergreifend zu groß werden. Gerade bei umfangreichen und komplexen Systemen ist das Nachhalten von Änderungen und deren Auswirkungen sehr herausfordernd. In jedem Falle muss geregelt werden, dass der Betriebsrat über die entsprechenden Änderungen in Kenntnis gesetzt wird. Der Grad der Tiefe der Information hängt vom Einzelfall und dem Bedürfnis des Betriebsrats ab. **31**

Ein weiterer Punkt, der im Zusammenhang mit Änderungen von technischen Einrichtungen erhebliche praktische Bedeutung hat, ist, dass die Systeme häufig von Dritten/Externen betrieben werden. Hier muss bei der Beratung des Arbeitgebers zwingend darauf geachtet werden, dass sich dieser beim Betreiber der technischen Einrichtung eine Prüfungsmöglichkeit sichert, um nicht in einen mitbestimmungswidrigen Zustand zu geraten und auch um den Betriebsrat nach § 80 Abs. 2 BetrVG frühzeitig zu informieren.[8] **32**

Nicht mehr von der Mitbestimmung erfasst ist nach der Rechtsprechung des BAG die Abschaffung einer technischen Kontrolleinrichtung.[9] **33**

5. Zugriffs- und Berechtigungskonzept

Ebenfalls ein wichtiger Punkt, der in Betriebsvereinbarungen bei technischen Einrichtungen geregelt werden sollte, ist, welche Funktionen/Personen dürfen auf welche Daten zugreifen und dürfen diese in welcher Art und Weise verarbeiten. Diese Ausgestaltung unterliegt ebenfalls der zwingenden Mitbestimmung.[10] **34**

---

6 ErfK/*Kania*, 24. Aufl. 2024, § 87 BetrVG Rn. 59.
7 *Klebe*, in: Däubler/Kittner/Klebe/Wedde, 17. Aufl. 2020, § 87 Abs. 1 Nr. 6 BetrVG Rn. 188.
8 *Dahl/Brink*, NZA 2018, 1231.
9 BAG, Beschl. v. 28.11.1989 – 1 ABR 97/88 (LAG Schleswig-Holstein, Beschl. v. 15.9.1988 – 6 TaBV 19/88) NZA 1990, 406, beck-online).
10 *Fitting*, BetrVG, § 87 Rn. 255.

6. Ausschluss von Leistungs- und Verhaltenskontrolle

35 Im Regelfall wird es bei jeder für eine technische Einrichtung abzuschließenden Betriebsvereinbarung darum gehen, wie man mit den Möglichkeiten der Leistungs- und Verhaltenskontrolle umgeht.

36 Einige technische Einrichtungen sollen gerade dazu eingesetzt werden, das Verhalten zu kontrollieren. Dies gilt zum Beispiel für Video- und/oder Kameraanlagen, mit denen Eigentum gesichert werden soll.

37 Gleiches gilt für häufig im Außendienst eingesetzte technische Einrichtungen, z. B. CRM-Systeme, wie Salesforce, oder aber auch Arbeitszeiterfassungssysteme. Gerade letztere sollen die Leistungszeit der Mitarbeitenden festhalten und kontrollieren.

38 Grundsätzlich sollte bei solchen technischen Einrichtungen die Leistungs- und Verhaltenskontrolle so ausgestaltet werden, dass eine solche schon technisch so weit als möglich ausgeschlossen wird. Dies ist aber aufgrund der immer weiter zunehmenden Komplexität der technischen Einrichtung kaum noch möglich. Viele dieser bekannten technischen Einrichtungen, wie zum Beispiel Workday, MS 365 oder SuccessFactors sind cloudbasiert und werden als „Software as a Service"-Lösung betrieben. Technische Mechanismen zum Schutz vor ungewollter Kontrolle sind systemseitig nicht möglich, weil erst gar nicht vorgesehen – oder noch schwieriger für die Betriebsparteien zu regeln – sie werden während des Betriebs der technischen Einrichtung an- und/oder abgeschaltet.

39 Aus diesem praktischen Bedürfnis heraus ist es für die Betriebsratsseite immer zwingend geboten, auch über organisatorische Regelungen die Leistungs- und Verhaltenskontrollmöglichkeiten einzudämmen. Für die Arbeitgeberseite empfiehlt sich ein solches Vorgehen ebenfalls. Denn sollten sich plötzlich einmal die technischen Voraussetzungen des Systems kurzfristig und im schlimmsten Falle auch noch unbemerkt so ändern, dass Regelungen aus einer dazugehörigen Betriebsvereinbarung berührt werden, kann dies zu Streitigkeiten zwischen den Betriebsparteien führen, die regelmäßig nicht gewollt sind. Wurde jedoch auch ein doppeltes Netz mit organisatorischen Regelungen vereinbart, hält sich die Aufregung bei solchen technischen Veränderungen regelmäßig in Grenzen, weil eben kein ungeregelter mitbestimmungspflichtiger Zustand eingetreten ist.

40 Eine Regelung, die häufig in Betriebsvereinbarungen zu lesen war bzw. noch zu lesen ist, hat zum Inhalt, dass die Betriebsparteien übereingekommen sind, dass Daten/Informationen, die durch die technische Einrichtung in einer nicht zugelassenen Weise gewonnen worden sind, nicht für personelle Maßnahmen oder in einem Gerichtsverfahren („Beweisverwertungsverbot") verwendet werden dürfen. Solche Regelungen sind aufgrund der Entscheidung des Bundesarbeitsgerichts[11] nicht mehr zu empfehlen. Das Bundesarbeitsgericht entschied, dass den Betriebsparteien die Regelungsmacht fehlt, ein über das formelle Verfahrens-

---

11 BAG, Urt. v. 29.6.2023 – 2 AZR 296/22 (LAG Niedersachsen, Urt. v. 6.7.2022 – 8 Sa 1149/20).

recht der ZPO hinausgehendes Verwertungsverbot zu begründen oder die Möglichkeit des Arbeitgebers wirksam zu beschränken, in einem Individualrechtsstreit Tatsachenvortrag über betriebliche Geschehnisse zu halten und diesen unter Beweis zu stellen.

Damit sind viele in Betriebsvereinbarungen formulierte Schutzmechanismen für die Arbeitnehmer hinfällig und damit entfällt auch ein Hebel, um umfangreiche Verhandlungen zu Fragen der technischen Absicherung der Arbeitnehmer abzukürzen. 41

Noch dazu hat das BAG in der Entscheidung noch einmal betont, dass das Recht zur außerordentlichen Kündigung des Arbeitsvertrags gem. § 626 BGB im Voraus weder verzicht- noch erheblich erschwerbar und eine gegenteilige Regelung nach § 134 BGB nichtig ist. 42

Diese Rechtsprechung des BAG ist weder für die Arbeitnehmervertretung noch für den Arbeitgeber hilfreich. 43

Durch diese Rechtsprechung ist die Abkürzung der Ausgestaltung der technischen Einrichtungen über Beweisverwertungsverbote oder Tatsachenvortragsverbote hinfällig. Wie es derzeit aussieht, ist der Gesetzgeber nicht bereit, die ZPO zu ändern. 44

Fraglich ist, ob eine Regelung, die vorsieht, dass personelle Maßnahmen, die aufgrund einer unzulässigen Nutzung der technischen Einrichtung erfolgt sind, unwirksam sind und der Arbeitnehmer einen Anspruch darauf hat, dass diese rückgängig gemacht wird. Die Regelung der Unwirksamkeit einer personellen Maßnahme, die in Form einer fristlosen Kündigung ergangen ist, dürfte durch die Entscheidung überholt worden sein. 45

Anders ist es, wenn die Betriebspartner regeln, dass der Arbeitnehmer zumindest einen Anspruch auf Rückgängigmachung der Maßnahme hat. Hier würde die fristlose Kündigung nicht erschwert werden. Denn diese kann erklärt werden. Ebenfalls wäre eine Rückgängigmachung dieser Kündigung dem Gesetz nicht unbekannt. Eine Wiedereinstellung kann immer wieder vereinbart werden. 46

Sicherlich sollten aber auch andere Varianten diskutiert werden. Als eine Variante wird der Zustimmungsvorbehalt des Betriebsrats vor Ausspruch einer Kündigung sicherlich häufiger verwendet werden. Ein solcher Zustimmungsvorbehalt nach § 102 Abs. 6 BetrVG greift auch gegenüber außerordentlichen Kündigungen.[12] 47

Wichtig für den Betriebsrat sollte jedoch sein, dass er für den Fall der nicht zulässigen Nutzung einer technischen Einrichtung sich ein eigenes Recht auf Löschung der sich daraus möglicherweise gewonnenen Daten einräumt. Denn ein solches Recht steht dem Betriebsrat nur durch eigenständige Regelung zu. Der Betriebsrat kann die ordnungsgemäße Durchführung der Betriebsvereinbarung 48

12 *Fitting*, BetrVG, § 102 Rn. 124.

verlangen. Dieser Anspruch ist im Grunde auf die Zukunft gerichtet und erfasst nicht den Umgang mit bereits verarbeiteten Daten. So hat das BAG entschieden, dass ein dem Betriebsrat bei der Verletzung eines Mitbestimmungsrechts nach § 87 Abs. 1 BetrVG gegen den Arbeitgeber zustehender Beseitigungsanspruch nur die Beendigung des betriebsverfassungswidrigen Zustands erfasst, nicht aber die Rückgängigmachung sich aus der Verletzung des Mitbestimmungsrechts ergebender Folgen.[13]

7. Kontrollmöglichkeiten des Betriebsrats

49 Grundsätzlich hat der Betriebsrat die ihm gesetzlich zugewiesenen Kontrollrechte der Regelungen der Betriebsvereinbarung gemäß § 80 BetrVG. Dies bringt es auch mit sich, dass dem Betriebsrat die entsprechenden Unterlagen zur Verfügung gestellt werden – § 80 Abs. 2 BetrVG.

50 Es bietet sich aber an, dass gerade bei komplexen technischen Einrichtungen detaillierte Kontrollmöglichkeiten für den Betriebsrat, insbesondere unter Einbeziehung von Sachverständigen, eingeräumt werden. Diese Kontrollmöglichkeiten können dann bereits beinhalten, welche ggf. erforderlichen Administratoren zur Verfügung stehen müssen, wie schnell das Prozedere durchgeführt werden muss oder auf welchem Wege die Einsicht in die technische Einrichtung erfolgt – also ob der Betriebsrat ggf. zum Serverstandort reisen kann, um auch dort Überprüfungen vornehmen zu können.

8. Datenschutzrechtliche Fragestellungen

51 Ein häufiges Thema bei Verhandlungen im Rahmen von technischen Einrichtungen sind datenschutzrechtliche Fragestellungen. Selbstverständlich sind die datenschutzrechtlichen Bestimmungen einzuhalten und der Betriebsrat muss die entsprechenden datenschutzrechtlich konformen Umsetzungen kontrollieren. Auch eine Absenkung des datenschutzrechtlichen Niveaus der Datenverarbeitung ist wegen Art. 88 DSGVO nicht möglich. Ob es möglich ist, eine „Verbesserung" des Datenschutzes verbindlich und rechtswirksam zu regeln, ist nicht eindeutig. Hierzu wird auch häufig die These vertreten, dass dies auch nicht möglich sei.[14] Insoweit ist hier bei entsprechenden Regelungen Vorsicht geboten.

---

13 BAG, Beschl. v. 23.3.2021 – 1 ABR 31/19 (LAG Köln, Beschl. v. 19.7.2019 – 9 TaBV 125/18).

14 *Fitting*, BetrVG, § 87 Rn. 265.

9. Compliance-Untersuchungen

Regelungen zu sogenannten Compliance-Untersuchungen finden deshalb Erwähnung, weil diese relativ selten zu finden sind – aber doch regelmäßig mit erheblichen Eingriffen in die Rechte der betroffenen Arbeitnehmer einhergehen und der Mitbestimmung nach dem BetrVG unterliegen, gerade wegen des Einsatzes technischer Einrichtungen. 52

Eine Compliance-Untersuchung zeichnet sich regelmäßig dadurch aus, dass aufgrund eines Verdachts Ermittlungen in größerem Umfang im Betrieb durchgeführt werden. 53

Häufig werden dabei die Mitarbeitenden befragt. In fast allen Fällen bestehen die Ermittler auf Einblick in die E-Mail-Korrespondenz des verdächtigten Mitarbeitenden. Dabei wird der entsprechende Zeitraum der Untersuchung möglichst weit bemessen, um den Sachverhalt und ggf. den Umfang eines Fehlverhaltens sowie mögliche Schadensersatzansprüche umfangreich aufzuklären. Dies führt dann dazu, dass sehr viel Datenmaterial gesichtet und ausgewertet wird, um den Umfang des möglichen Fehlverhaltens zu prüfen und das damit unter Umständen für das Unternehmen verbundene Risiko zu erkennen. 54

Dazu werden die E-Mails (bzw. die entsprechenden Dateien) regelmäßig technisch aufbereitet, um sie mittels einer Software und entsprechenden an den Verdacht angepassten Schlagwörtern zu durchsuchen. 55

Bei solchen Untersuchungen werden natürlich nicht nur die E-Mails des Verdächtigen untersucht, sondern – das ist der E-Mail immanent – eben auch personenbezogene Daten des jeweiligen Empfängers oder Absenders der E-Mail. Auch dadurch werden die Ermittlungen auf einen Teil der Mitarbeitenden ausgeweitet, der mit großer Wahrscheinlichkeit nichts mit dem den Ermittlungen zugrunde liegenden Verdacht zu tun hat. 56

Auch dieser Aspekt führt dazu, dass eine solche Ermittlung den Betriebsrat bzw. die Arbeitnehmervertretungen äußerst sensibilisiert. Insbesondere gilt es dabei noch zu bedenken, dass durchaus auch E-Mails von Betriebsräten, Schwerbehindertenvertretern oder anderen Organen der Betriebsverfassung in den Ermittlungen auftauchen und untersucht werden könnten. 57

Die E-Mails selbst sind immer als technische Einrichtung oder zumindest als Teil einer solchen zu qualifizieren. Für solche Fälle werden regelmäßig keine Öffnungsklauseln in Betriebsvereinbarungen für einzelne technische Einrichtungen vorgesehen. 58

In diesem Zusammenhang ist es wichtig, dass die Mitbestimmungsrechte im Zusammenhang mit der Untersuchung von E-Mails nach dem oben beschriebenen Vorgehen gewahrt werden müssen. 59

Insbesondere wird ein Betriebsrat, der Kenntnis von der Durchführung entsprechender Untersuchungen mittels der oben beschriebenen Technik bekommt und 60 nicht eingebunden wurde, regelmäßig gegen solche Untersuchungen vorgehen. Sobald ein Betriebsrat aber erst einmal die Umgehung oder Nichtbeachtung seiner Rechte feststellen musste und dann auch noch erfolgreich eine Unterlassungsverfügung durchgesetzt hat, wird es sehr schwierig für den Arbeitgeber, eine konstruktive und einvernehmliche Lösung herbeizuführen. Dies ist auch deshalb schwierig, weil auf Arbeitgeberseite die Untersuchungen regelmäßig schnell durchgeführt werden müssen. Diese wenige Zeit reicht aber nicht für ein Einigungsstellenverfahren, in dem es um die Einführung und Anwendung entsprechender Software geht.

61 Dass bei solchen Untersuchungen regelmäßig Betriebsfremde – meist Rechtsanwälte – eingesetzt werden und die Untersuchung durchführen, macht die Sache mitbestimmungsrechtlich nicht einfacher und führt meist dazu, dass auch geklärt werden muss, ob die Auswertung der E-Mails durch die betriebsfremden Rechtsanwälte selbst erfolgt. Dann müsste möglicherweise die von den Rechtsanwälten genutzte Software auch mitbestimmt werden. Je nach konkreter Ausgestaltung des Sachverhalts werden die ermittelnden Betriebsfremden gerade nicht mit einem konkreten Auftrag zur Rechtsverfolgung und -verteidigung ausgestattet. Vielmehr sollen sie einen Verdacht untersuchen. Ein solcher Verdacht rechtfertigt aber nicht, dass eine Vielzahl von personenbezogenen Daten einer möglicherweise nicht überschaubaren Anzahl von Arbeitnehmern ohne Wahrung des § 87 Abs. 1 Nr. 6 BetrVG an die Rechtsanwälte weitergegeben werden dürfen, damit diese dann die aus ihrer Sicht notwendigen Maßnahmen zur Durchsuchung einleiten.

62 Losgelöst von dieser letzten skizzierten Problematik ist der Betriebsrat bei entsprechenden Compliance-Untersuchungen, die unter Einsatz von technischen Einrichtungen erfolgt, in der Mitbestimmung. Hier sollte insbesondere geklärt werden, welche Daten aus welchem Zeitraum zur Verfügung gestellt werden dürfen, ob und wie dadurch in andere Regelungswerke (z. B. Betriebsvereinbarungen für das E-Mail-System) eingegriffen wird, welche Auswertungen aus den technischen Einrichtungen vorgenommen werden dürfen (z. B. mit welchen Schlagworten Daten durchsucht werden dürfen), Aufbewahrungsfristen der entsprechenden Daten – insbesondere der Daten, die keine Relevanz haben, besondere Berücksichtigung vertraulicher Korrespondenz (z. B. mit dem Betriebsarzt, Schwerbehindertenvertretung, Betriebsrat etc.).

10. Einigungsstelle

63 Aus Arbeitgebersicht spricht sehr viel dafür, eine gemeinsame Lösung zu finden, anstatt es auf ein Einigungsstellenverfahren ankommen zu lassen. Einigungsstellen zur Regelung der Einführung und Anwendung von technischen Einrichtungen sind nur bedingt geeignet, eine zügige Lösung herbeizuführen. Konflikte im Rahmen von Videoüberwachungen oder einfachen Kassensystemen sind sicherlich zeitnah in einer Einigungsstelle regelbar, aber komplexe

Software-Systeme, die ständig weiterentwickelt werden und häufig als SaaS-Lösung (SaaS = Software as a Service) sehr regelmäßig vom Hersteller verändert werden durch Updates/Patches und andere Überholungen, sind in einer Einigungsstelle kaum bis sehr schwer regelbar, weil eben das System immer wieder Änderungen erfährt, die durchaus erheblich sind und damit immer wieder neue Regelungen der Einigungsstelle verlangen.

E. Arbeitsentgelt von Betriebsratsmitgliedern

Abschnitt 1 – Perspektive Arbeitgeber

I. Einleitung

Die richtige Vergütung von Betriebsratsmitgliedern ist eine risikobehaftete Thematik, die von allen Akteuren mit Problembewusstsein und Fingerspitzengefühl behandelt werden muss. In den vergangenen Jahren haben insbesondere Fälle deutlich zu hoher Vergütungen in der Öffentlichkeit Aufmerksamkeit erregt. Aus Sicht der Öffentlichkeit steht hier eine Begünstigung von Betriebsratsmitgliedern im Raum. Eine solche Begünstigung bzw. der Anschein einer solcher Begünstigung untergräbt das Vertrauen in die Betriebsverfassung und die Redlichkeit ihrer Akteure. In der Praxis spielen vermeintliche oder tatsächliche Begünstigungsfälle eine eher untergeordnete Rolle. Viel häufiger sind Fälle von Benachteiligung, weil Arbeitnehmer aufgrund der Übernahme eines Betriebsratsamtes nicht mehr entsprechend ihrer Fähigkeiten vergütet und beruflich entwickelt werden. Auch dies ist für die Betriebsverfassung problematisch, weil es dazu führt, dass sich besonders begabte und fähige Mitarbeiter nicht (mehr) für ein Betriebsratsamt zur Verfügung stellen. 1

Der BGH hat mit seiner befremdlichen Entscheidung im Januar 2023 massive Rechtsunsicherheit erzeugt und redliche Organe von Arbeitgebern, die ein Betriebsratsmitglied weder begünstigen noch benachteiligen wollen, mit dem Risiko möglicher Strafbarkeit und der Legalitätspflicht belegt.[1] Der BGH hat der Möglichkeit, für die Bemessung des Vergütungsniveaus eines Betriebsratsmitgliedes auf eine hypothetische Gehaltsentwicklung im Sinne einer Sonderkarriere abzustellen, offenbar eine Absage erteilen wollen. Aus der Sicht vieler Beobachter blieb nach dem Urteil des BGH allein eine Vergütungsentwicklung anhand der betriebsüblichen Entwicklung der überwiegenden Anzahl vergleichbarer Arbeitnehmer (§ 37 Abs. 4 BetrVG). Eine weitere Frage, die sich für Arbeitgeber und Berater in Ansehung des BGH-Urteils stellte, war die der rückwirkenden und zukunftsbezogenen Korrektur vermeintlich rechtswidriger Vergütungen: Müssen Gehälter, die anhand einer hypothetischen Karriere ermittelt wurden, sofort eingestellt und zurückgefordert werden? In der Praxis gab es im Verlaufe des Jahres 2023 tatsächlich viele Fälle dieser Art. Es war schnell klar, dass der Gesetzgeber aufgerufen ist, wieder Rechtssicherheit herzustellen. Der jüngste Regierungsentwurf zur Betriebsratsvergütung[2] bringt einige Klarheit in den angeheizten Diskurs, kann aber nicht alle offenen Fragen beseitigen. 2

---

1 BGH, 10.1.2023 – 6 StR 133/22, NZA 2023, 301.

2 Bundesregierung „Entwurf eines Zweiten Gesetzes zur Änderung des Betriebsverfassungsgesetzes", 1.11.2023.

II. Grundzüge der Vergütung von Betriebsratsmitgliedern

3 Das BetrVG stellt bisher keine direkten Vorgaben für die Vergütung von Betriebsratsmitgliedern bereit. Es gibt zwei Normen, aus denen sich alle Grundsätze ableiten lassen: Einerseits § 37 Abs. 4 BetrVG, der eine Mindestvergütung regelt und andererseits das Begünstigungs- und Benachteiligungsverbot in § 78 Satz 2 BetrVG.

1. Betriebsratstätigkeit als Ehrenamt

4 Gem. § 37 Abs. 1 BetrVG ist Betriebsratsarbeit ehrenamtliche Arbeit. Durch das Ehrenamtsprinzip soll die Unabhängigkeit des Betriebsrats vom Arbeitgeber gesichert werden, die Grundvoraussetzung für eine sachgerechte Durchführung der Betriebsratstätigkeit ist. Die durch den Betriebsrat vertretenen Arbeitnehmer sollen und können davon ausgehen, dass der Arbeitgeber nicht durch Gewährung oder Entzug materieller Vorteile gegenüber den Betriebsratsmitgliedern auf kollektive Vereinbarungen Einfluss nehmen kann. Stattdessen erhalten Betriebsratsmitglieder weiterhin ihr vertragliches Arbeitsentgelt. Bei Freistellungen aufgrund von Betriebsratstätigkeit wird nach dem sog. Lohnausfallprinzip dasjenige Entgelt gezahlt, das verdient worden wäre, wenn anstelle der Betriebsratstätigkeit die vertraglich geschuldete Leistung erbracht worden wäre.[3]

2. Schutz vor wirtschaftlichen und beruflichen Nachteilen

5 Betriebsratsarbeit nimmt Arbeitszeit auf Kosten der Arbeitsleistungserbringung in Anspruch, wodurch es denklogisch zu Abstrichen bei der beruflichen Weiterentwicklung kommt. Bei Übernahme des Amtes vergleichbare Arbeitnehmer werden mit der Zeit in der Regel bessere Entlohnung und eine bessere berufliche Stellung erreichen. Dies berücksichtigt § 37 Abs. 4 BetrVG, der einen Anspruch auf Lohnanpassung entsprechend betriebsüblicher beruflicher Entwicklung begründet, um diese sonst eintretenden Nachteile wirtschaftlicher und beruflicher Art zu verhindern.[4] Danach hat sich das Gehalt des Betriebsratsmitglieds während der Dauer seiner Amtszeit sowie einschließlich eines Jahres nach Amtsende in Relation zu vergleichbaren Arbeitnehmern zu entwickeln. Eine betriebsübliche Entwicklung bemisst sich anhand einer normalen betrieblichen und persönlichen beruflichen Entwicklung. Diese charakterisiert sich wiederum dadurch, dass der Arbeitgeber durch ein gleichförmiges Verhalten eine Regel begründet, die zur Erwartbarkeit konkreter beruflicher Entwicklung in der überwiegenden Anzahl vergleichbarer Fälle führt.[5] In einigen Fällen ist die Vergütungsentwicklung unproblematisch zu ermitteln. Besonders bei langjährig freigestellten Be-

---

3 Vgl. BAG, 5.3.1997, NZA 1997, 1242, 1244.
4 Vgl. BT-Drs. VI/1786, S. 41; Schriftlicher Bericht zu BT-Drs. VI/2729, S. 23.
5 BAG, 22.1.2020, NZA 2020, 594, 596 m. w. N.

triebsratsmitgliedern stellt sich aber die Frage danach, wie sich der berufliche und gehaltliche Aufstieg entwickelt hätte, wäre das Amt nicht ausgeübt worden und ob dies ggf. relevant für die Bemessung einer angemessenen Vergütung sein kann.

Wichtig ist es zu verstehen, dass es sich bei § 37 Abs. 4 BetrVG um eine Mindestvergütung anhand einer statistischen Entwicklung einer Vergleichsgruppe handelt. Das unterdurchschnittliche Betriebsratsmitglied wird durch die Anwendung der Regelung strukturell begünstigt, das überdurchschnittliche strukturell benachteiligt. Es handelt sich um eine „Hilfslösung", die vor allem zur Beweiserleichterung für benachteiligte Betriebsratsmitglieder geschaffen wurde. Insbesondere kann § 37 Abs. 4 BetrVG überhaupt nicht die Kenntnisse und Fähigkeiten berücksichtigen, die ein (freigestelltes) Betriebsratsmitglied während seiner Betriebsratstätigkeit erlangt und anwendet. Außerdem sind Unternehmen in der Regel hierarchisch in Form einer Pyramide aufgebaut, sodass den Beförderungsmöglichkeiten nach dem reinen Gesetz der Mehrheit der Entwicklung der Vergleichsgruppe Grenzen gesetzt sind. 6

§ 37 Abs. 4 BetrVG orientiert sich am durchschnittlichen Arbeitnehmer und wird deshalb stets zu einer Benachteiligung überdurchschnittlich begabter Betriebsratsmitglieder führen. Möchte man auch solche Arbeitnehmer für die Betriebsratsarbeit gewinnen, so kann man § 37 Abs. 4 BetrVG nicht allein und ausschließlich anwenden. 7

3. Benachteiligungs- und Begünstigungsverbot

§ 78 Satz 2 BetrVG regelt als weitere elementare Vorschrift das Verbot der Benachteiligung und der Begünstigung aufgrund der Betriebsratstätigkeit. Eine zu niedrige Vergütung eines Betriebsratsmitglieds ist deshalb ebenso wie eine zu hohe Vergütung unzulässig, wenn sie sich nicht auf einen sachlichen Grund stützen kann.[6] Für die Ermittlung des richtigen Vergütungslevels sind bisher die hypothetische berufliche Entwicklung und das sich daraus ergebende Entgelt maßgeblich, welche das Betriebsratsmitglied ohne Amtsausübung erwartet hätte.[7] 8

III. Schwerpunktkonstellationen in der Praxis

Typischerweise befassen sich Arbeitgeber mit der Frage der Zulässigkeit der Betriebsratsvergütung erst dann ausführlich, wenn entweder das Betriebsratsmitglied eine höhere Vergütung fordert oder, und das dürfte insbesondere nach dem BGH-Urteil der Fall gewesen sein, die bisherige Vergütungspraxis aufgrund möglicher Strafbarkeit kritisch zu hinterfragen ist. Im Verlaufe des Jahres 2023 9

---

6 Zur Begünstigung BAG, 21.3.2018, NZA 2018, 1019, 1020; zur Benachteiligung BAG, 20.1.2010, NZA 2010, 777.

7 Vgl. BAG, 20.1.2021, NZA 2021, 864, 866.

kam aufgrund des BGH-Urteils zu zahlreichen Verfahren gegen Betriebsratsmitglieder über die Rückforderung vermeintlich zu hoch gezahlter Vergütung. Wo liegen Unter- und Obergrenze? Welche Vergütung ist zu niedrig und welche zu hoch?

1. Bestimmung der Untergrenze zulässiger Betriebsratsvergütung

10 Maßgeblich für die Bestimmung der Untergrenze sind die §§ 37 Abs. 4, 78 Satz 2 BetrVG.

a) Benachteiligungsverbot des § 78 Satz 2 BetrVG

11 Ausgangspunkt ist zunächst das Benachteiligungsverbot des § 78 Satz 2 BetrVG, zu geringe Vergütung kann eine danach unzulässige Benachteiligung aufgrund der Betriebsratstätigkeit darstellen. Die Berufung auf eine hypothetische Entwicklung bringt in der Praxis allerdings Schwierigkeiten für Betriebsratsmitglieder mit sich, die sich darauf berufen wollen. Die Darlegungs- und Beweislast bzgl. einer dem angestrebten Entgelt entsprechenden beruflichen Entwicklung, die allein aufgrund Amtsausübung ausgeblieben ist, liegt bei dem Betriebsratsmitglied. Die Darlegung bloßer konkreter Möglichkeiten einer solchen Entwicklung reicht dabei nicht aus.[8] Vielmehr muss erkennbar sein, dass die Betriebsratsarbeit der Grund dafür ist, dass das Mitglied nicht in der Position mit entsprechendem Entgelt ist. Darzulegen ist bspw., dass eine erfolglose Stellenbewerbung auf der Amtstätigkeit beruht, bzw. eine ursächliche fehlende Qualifikation allein Resultat der Freistellung zur Betriebsratsarbeit ist.[9] Da es sich bei der Entscheidung über eine Stellenbesetzung allerdings um eine „innere Tatsache" aus der Arbeitgebersphäre handelt, kommt es für den Fall, dass das Betriebsratsmitglied seine ausreichende fachliche Qualifikation darlegt, zu einer abgestuften Darlegungs- und Beweislast. Es kann dann schlicht behaupten, die Ablehnung beruhe auf der Betriebsratstätigkeit, daraufhin muss der Arbeitgeber seine Auswahlentscheidung erläutern können.[10] Gleichwohl bleibt auch hier ein Ermessensspielraum. Es gelingt Betriebsratsmitgliedern in der Praxis deshalb selten, ihre Vergütung aufgrund einer hypothetischen Karriereentwicklung geltend zu machen.

b) Mindestniveau des § 37 Abs. 4 BetrVG

12 In Fällen vermeintlich zu geringer Betriebsratsvergütung rückt deshalb regelmäßig § 37 Abs. 4 BetrVG in den Fokus – die Antwort des Gesetzgebers auf die Defizite des Betriebsratsmitgliedes bei Darlegung einer Benachteiligung gemäß

8 Vgl. BAG, 20.1.2021, NZA 2021, 864, 867 m. w. N.

9 BAG, 14.7.2010, NJOZ 2011, 272, 273 f.

10 BAG, 20.1.2021, NZA 2021, 864, 867.

§ 78 Satz 2 BetrVG.[11] Er wird als für die Betriebsratsvergütung spezifische Konkretisierung des Benachteiligungsverbotes aus § 78 Satz 2 BetrVG verstanden und führt einen neuen Maßstab ein. Statt hypothetischer Individualentwicklung wird durch das Abstellen auf tatsächliche berufliche Entwicklungen vergleichbarer Arbeitnehmer ein praktikablerer Anspruch angeboten. Dabei wird unterstellt, dass das Betriebsratsmitglied eine entsprechende Entwicklung genommen hätte.[12] Interessant für den Arbeitgeber ist dabei die Frage, wie sich die Vergleichsgruppe i. S. d. § 37 Abs. 4 BetrVG bestimmen lässt. Die wohl herrschende Meinung, insb. gestärkt durch ständige Rspr., geht von einer Vergleichbarkeit mit Arbeitnehmern aus, die zur Zeit der Amtsübernahme ähnliche, im Wesentlichen gleich qualifizierte Tätigkeiten ausgeführt haben und dafür fachlich und persönlich genauso qualifiziert waren, wie das Betriebsratsmitglied.[13] Lässt sich keine in diesem Sinne vergleichbare Gruppe bilden, muss § 37 Abs. 4 BetrVG außer Betracht bleiben, die Betriebsratsvergütung bemisst sich dann ausschließlich nach § 78 Satz 2 BetrVG.[14]

2. Bestimmung der Obergrenze zulässiger Betriebsratsvergütung

Für die Bestimmung der Obergrenze ist § 78 Satz 2 BetrVG maßgeblich – das **13**
Begünstigungsverbot. § 37 Abs. 4 BetrVG spielt dagegen keine Rolle, er konkretisiert allein das Benachteiligungsverbot; Wortlaut und Telos verbieten eine Anwendung auf diesen Fall.[15] Die Frage nach der Rechtfertigung eines konkreten Vergütungsniveaus aus sachlichen Gründen rückt somit in den Mittelpunkt. Finden sich solche sachlichen Gründe nicht für die konkrete, höhere Vergütung, bleibt es bei dem Mindestniveau des § 37 Abs. 4 BetrVG, der mithin von dem Begünstigungsverbot des § 78 Satz 2 BetrVG gedeckelt wird.[16]

3. Problemstellung durch die BGH-Entscheidung

Diese Grundsätze waren bisher zu berücksichtigen, wenn es um die Bemessung **14**
der Betriebsratsvergütung ging. Praktisch gab es auch bereits vor der Entscheidung des BGH zahlreiche Unsicherheiten. Was soll man beispielsweise tun, wenn bei langjährig freigestellten Betriebsratsmitgliedern die für § 37 Abs. 4 BetrVG maßgeblichen ursprünglich vergleichbaren Arbeitnehmer bereits aus dem Betrieb ausgeschieden sind oder aus anderen Gründen der Vergleich mit anderen Arbeitnehmern Schwierigkeiten bereitet?

11 Vgl. Schriftlicher Bericht zu BT-Drs. VI/2729, S. 15.
12 GK-BetrVG/*Weber*, Bd. I, § 37 Rn. 136; BAG, 22.1.2020 NZA 2020, 594, 596 f. m. w. N.
13 BAG, 22.1.2020, NZA 2020, 594, 596 m. w. N.
14 *Annuß*, NZA 2018, 134, 135 m. w. N.
15 Vgl. BAG, 23.11.2022 – 7 AZR 122/22, NZA 2023, 513 m. w. N.
16 Vgl. BAG, 17.8.2005, NZA 2006, 448, 449 f.; vgl. BAG, 23.11.2022 – 7 AZR 122/22, NZA 2023, 513, 517.

15 Welche Qualifikationen eines freigestellten Betriebsratsmitgliedes dürfen im Rahmen seiner hypothetischen Karriere nach § 78 Satz 2 BetrVG berücksichtigt werden? Dürfen in diesem Zusammenhang Kenntnisse und Fähigkeiten, die das Betriebsratsmitglied während seiner Amtstätigkeit erworben hat, bei der Bemessung seiner Vergütung berücksichtigt werden?

16 Im Kern hatte sich der BGH mit genau dieser Frage zu befassen.[17] In der Entscheidung waren Vorstandsmitglieder bzw. Personalleiter des Automobilkonzerns VW angeklagt, die in Verdacht standen, mehreren Betriebsräten unzulässig hohe Arbeitsentgelte gewährt und damit den Straftatbestand der Untreue (§ 266 StGB) verwirklicht zu haben. Dabei wurde innerhalb der Tatbestandsprüfung als entscheidend angesehen, ob die gewährten Leistungen gegen das betriebsverfassungsrechtliche Begünstigungsverbot (§ 78 Satz 2 BetrVG) verstoßen. Den Betriebsratsmitgliedern waren monatliche Entgeltzahlungen von bis zu 17.000 EUR brutto und jährliche freiwillige Bonuszahlungen von bis zu 560.000 EUR brutto gezahlt worden – Vergütung, die intern den Managerebenen vorbehalten ist. Begründet wurde diese Vergütungsentwicklung u.a. damit, dass die betreffenden Betriebsräte nach ihrer Amtsübernahme die unternehmensinterne Managementprüfung bestanden hätten und ihnen Angebote zum Wechsel in entsprechende Positionen unterbreitet worden seien. Sie seien in unternehmerische Entscheidungen eingebunden gewesen, hätten komplexe Aufgaben wahrgenommen und in der Zusammenarbeit vergütungsrelevante, überdurchschnittliche Leistungen gezeigt. Die Angeklagten hatten sich dabei auf die Einschätzungen der Berater verlassen, denen zufolge die Vergütung rechtmäßig gewesen sei.

17 Der 6. Strafsenat gelangte wie auch das LG Braunschweig in der Vorinstanz[18] zu dem Ergebnis, dass die in Frage stehende Vergütung gegen das Begünstigungsverbot nach § 78 Satz 2 BetrVG verstößt und damit zur Tatbestandsverwirklichung des § 266 StGB, der Untreue, geführt hat. Es wurde nach Ansicht des BGH für die Vergütungsbemessung in unzulässiger Weise auf vermeintlich durch die Betriebsratstätigkeit erworbene Qualifikationen abgestellt. Die Berücksichtigung einer entsprechenden hypothetischen Sonderkarriere sei aufgrund von § 37 Abs. 4 BetrVG ausgeschlossen: „Denn die Betriebsratstätigkeit ist unentgeltlich auszuüben, wobei im Interesse der Unabhängigkeit ein strenger Maßstab anzulegen ist. Dieser verbietet es, auf die hypothetische Gehaltsentwicklung des Betriebsrats bei einer Sonderkarriere abzustellen."

18 Das liest sich so, als könne über die Berücksichtigung erworbener Kompetenzen hinaus ein hypothetischer Maßstab generell nicht mehr herangezogen werden. Dabei war dies in der oben beschriebenen Weise eigentlich nach gefestigter arbeitsgerichtlicher Rechtsprechung zumindest im Rahmen des § 78 Satz 2 BetrVG bislang möglich.

---

17 BGH, 10.1.2023 – 6 StR 133/22, NZA 2023, 301.
18 LG Braunschweig, 28.9.2021 – 16 KLs 406 Js 59398/16 (85/19), BeckRS 2021, 47174.

Der BGH vertritt in der Entscheidung zu der Frage der Bemessung der Betriebsratsvergütung somit eine sehr restriktive Auffassung mit weitreichender Auswirkung. Aus seiner Sicht ist es offenbar bei Strafe verboten, für die Bemessung der Betriebsratsvergütung im Rahmen der Betriebsratstätigkeit erworbene Kenntnisse und Fähigkeiten zu berücksichtigen. In Bezug auf die Vergütung wird dadurch das Betriebsratsamt zum Ende der individuellen Karriere. 19

IV. Auswirkungen des BGH-Urteils in der Praxis

Die Auswirkungen dieses Urteils waren fatal. Es führte dazu, dass Unternehmensverantwortliche und rechtliche Berater nicht mehr guten Gewissens und ohne strafrechtliches Risiko die Bestimmung der Vergütung von Betriebsratsmitgliedern – wie in der Praxis bisher üblich – anhand einer hypothetischen Karriere vornehmen konnten. 20

Insbesondere stellte sich nach dem Urteil die Frage einer möglichen Strafbarkeit für all die Geschäftsführer, Vorstände und Prokuristen, die in der Vergangenheit die Vergütung von Betriebsratsmitgliedern in einer solchen Weise festgelegt haben. Wie gehen Unternehmensverantwortliche und rechtliche Berater nun damit um? Machen sich Unternehmer strafbar, wenn sie davon absehen, die gegenwärtige Vergütung sofort zu kürzen und in der Vergangenheit vorgenommene (vermeintliche) Überzahlungen zurückzufordern? Sind sie im Rahmen ihrer Legalitätspflicht und der Business Judgement Rule dazu verpflichtet, unverzüglich tätig zu werden? Sollten Unternehmer nun zur Rückforderung der „Überzahlungen" verpflichtet sein, ist davon auszugehen, dass die betroffenen Betriebsräte sich dies nicht gefallen lassen und vor den Arbeitsgerichten klagen werden. Genau dies geschah in einigen Fällen. Paradoxerweise haben Betriebsrat und Arbeitgeber in solchen Prozessen häufig das gleiche Ziel: Der Betriebsrat möchte den angestrebten Prozess gewinnen und seine gegenwärtige Vergütung behalten. Der Arbeitgeber möchte den Prozess verlieren und somit von den Gerichten bestätigt bekommen, dass seine damalige Entscheidung richtig war und er sich nicht wegen Untreue strafbar gemacht hat. Welche prozessualen Möglichkeiten hat der Arbeitgeber beim Führen eines solchen Prozesses? Darf er einen Vergleich schließen oder den Prozess „absichtlich" verlieren? 21

1. Reichweite der Legalitätspflicht und Business Judgement Rule

Den Vorstand oder Geschäftsführer trifft eine strikte Legalitätspflicht.[19] Er muss sich an Recht und Gesetz halten. Trifft ein Unternehmer eine in seinem Ermessen liegende unternehmerische Entscheidung, die sich im Nachhinein als fehlerhaft darstellt, kann jedoch die Business Judgement Rule i. S. d. § 93 Abs. 1 AktG zur Anwendung gelangen. Die Business Judgement Rule wird teilweise als ein 22

19 *Altmeppen*, GmbHG, § 43 Rn. 6.

richterlicher Nachprüfung entzogener unternehmerischer Ermessensspielraum interpretiert oder auch als eine unwiderlegliche Vermutung objektiv rechtmäßigen Verhaltens eingeordnet.[20]

23 Der BGH hat in seinem Urteil angedeutet, dass im Rahmen der Frage der Vergütung des Betriebsratsmitglieds kein Ermessenspielraum des Vorstands bestehe, da die gesetzlichen Vorgaben des Betriebsverfassungsrechts zwingend seien. Es sei vielmehr davon auszugehen, dass den Vorstand eine Legalitätspflicht zur Einhaltung der Vorgaben des Betriebsverfassungsgesetzes (vorliegend § 78 BetrVG) treffe, sodass für die Business Judgement Rule hier kein Platz sei.

24 Beschäftigt der Unternehmer also Betriebsratsmitglieder, denen er im Rahmen einer hypothetischen Karriere aufgrund während der Betriebsratstätigkeit hinzugewonnenen Fähigkeiten und Kenntnisse eine höhere Vergütung zugesprochen hat, verstößt er – so ist das BGH-Urteil zu verstehen – gegen § 78 BetrVG und somit gegen seine Legalitätspflicht.

a) Reduzierung der Vergütung

25 Abreden, die gegen das Benachteiligungs- oder Begünstigungsverbot verstoßen (§ 78 BetrVG), sind gemäß § 134 BGB nichtig.[21] Der Arbeitgeber ist mithin grundsätzlich dazu verpflichtet, überhöhte Gehaltszahlungen an aktive Betriebsratsmitglieder einzustellen und auf das zulässige Maß zurückzuführen. Anderenfalls wird die unzulässige Begünstigung fortgesetzt, ohne dass hierfür ein Rechtsgrund etwa in Form eines Anspruchs des Betriebsratsmitglieds besteht, was zu einer Strafbarkeit nach § 119 Abs. 1 Nr. 3 BetrVG oder § 266 StGB führen kann.[22]

26 Die Zahlung einer überhöhten Vergütung ist als unzulässige Betriebsratsbegünstigung nach § 119 Abs. 1 Nr. 3 BetrVG strafbewehrt. Da dafür ein Strafantrag nach § 119 Abs. 2 BetrVG erforderlich ist und dieser regelmäßig weder im Interesse der Gewerkschaft noch des Arbeitgebers liegt, kommt dies bisher in der Praxis relativ selten vor.[23] Ändern könnte sich dies mit den Plänen der Ampel-Koalition, die das bislang bestehende absolute Antragserfordernis nach § 119 Abs. 2 BetrVG streichen und die Norm in ein Offizialdelikt umwandeln möchte.[24] Dasselbe Verhalten kann im Einzelfall aber auch den Vorwurf einer Untreue

20 *Ritter/Nehls*, in: Schüppen/Schaub, Münchener Anwaltshandbuch Aktienrecht, § 22 Rn. 93.
21 *Baade/Reiserer*, DStR 2022, 155.
22 *Bittmann/Mujan*, BB 2012, 1604; *Giese/Schomburg*, NJW 2022, 1415.
23 *Strauß*, NZA 2018, 1372.
24 Koalitionsvertrag zwischen SPD, BÜNDNIS 90/DIE GRÜNEN und FDP, S. 71.

(§ 266 StGB) nach sich ziehen, für die kein Strafantrag erforderlich ist.[25] In der Siemens/AUB-Entscheidung[26] hat der BGH in einem Verstoß gegen § 119 Abs. 1 Nr. 1 BetrVG noch keine untreuespezifische Pflichtverletzung gesehen. Anders der BGH in einer späteren Entscheidung,[27] wenn derartige Zahlungen im Konflikt zu einer Geschäftsordnung oder dem Corporate Governance Kodex stehen.

Ebenso kann eine überhöhte Betriebsratsvergütung zu steuerstrafrechtlichen Vorwürfen führen, wenn die zu viel gezahlten Vergütungsteile entgegen § 4 Abs. 5 Satz 1 Nr. 10 EStG als Betriebsausgabe abgezogen werden.[28] **27**

b) Rückzahlungsforderung der (vermeintlichen) Überzahlung

Eine weitere Frage ist, ob der Arbeitgeber überhöhte Leistungen nicht nur für die Zukunft einstellen, sondern auch für die Vergangenheit zurückfordern muss – will er sich nicht dem Vorwurf der Strafbarkeit und einem eigenen Haftungsrisiko aussetzen. **28**

Der Rückforderungsanspruch kann insbesondere auf § 812 Abs. 1 Satz 1 BGB gestützt werden, der die Rückabwicklung im Fall der Leistung ohne Rechtsgrund vorsieht (Anspruch aus ungerechtfertigter Bereicherung). Hier wird das Betriebsratsmitglied in einem Prozess voraussichtlich eine Reihe von Einwänden vortragen. Ob den Arbeitgeber die Pflicht trifft, Überzahlungen zurückfordern zu müssen, hängt primär davon ab, welche Erfolgsaussichten den zu erwartenden Einwänden des Betriebsratsmitglieds beizumessen sind.[29] **29**

In Anbetracht der Tatsache, dass beide Parteien in einem denkbaren Prozess häufig das gleiche Ziel verfolgen, könnten die vorgebrachten Einwände des Betriebsrats eine Art Weichenstellung zur Erreichung des „gemeinsamen" Ziels sein. **30**

aa) Verstoß gegen ein gesetzliches Verbot (§ 817 Satz 2 BGB)

Verstößt die Zahlung eines zu hohen, unzulässig begünstigenden Gehalts gegen § 78 Satz 2 BetrVG, kann der Arbeitgeber die überzahlten Beträge grundsätzlich nach § 817 Satz 1 BGB von dem betroffenen Betriebsratsmitglied zurückfordern. Da der Arbeitgeber durch die Gewährung der überhöhten Vergütung aber ebenfalls gegen das Verbot der Betriebsratsbegünstigung verstößt, wird zum Teil vertreten, dass der Rückzahlungsanspruchs gem. § 817 Satz 2 BGB ausgeschlossen sei.[30] **31**

---

25 MüKo StGB/*Mosbacher*, § 119 BetrVG Rn. 28.
26 BGH, Beschl. v. 13.9.2010 – 1 StR 220/09.
27 BGH, Beschl. v. 20.6.2018 – 4 StR 561/17.
28 *Giese/Schomburg*, NJW 2022, 1415.
29 Vgl. *Bittmann/Mujan*, BB 2012, 1604.
30 *Künzl*, in: Ascheid/Preis/Schmidt, Kündigungsrecht, § 78 BetrVG Rn. 19; LAG Düsseldorf, Urt. v. 17.4.2019 – 7 Sa 1065/18.

32 Diese Ansicht entspricht zwar dem Wortlaut der Norm, verkennt aber die Wechselwirkung zwischen dem Ausschlusstatbestand und der Verbotsnorm. Da bereicherungsrechtliche Ansprüche dem Billigkeitsrecht angehören, müssen Sinn und Zweck des Verbotsgesetzes Berücksichtigung finden – bei § 78 Satz 2 BetrVG also die Wahrung der inneren und äußeren Unabhängigkeit der Betriebsratstätigkeit als Ehrenamt und der Schutz der Funktionsfähigkeit des gesamten Betriebsrats. Entsprechend ist das Ergebnis nach der Rechtsprechung des BAG[31] über eine teleologische Reduzierung des § 817 Satz 2 BGB zu korrigieren und dem Arbeitgeber ein Rückzahlungsanspruch gegen begünstigte Betriebsräte zuzubilligen.

33 In jüngeren Entscheidungen wenden sich das ArbG Essen[32] und LAG Düsseldorf[33] dennoch gegen die Rechtsauffassung des BAG. Erstinstanzlich hielt das ArbG Essen den Rückzahlungsanspruch nach § 817 Satz 2 BGB für ausgeschlossen: Da der rechtswidrige Zustand lediglich für die Vergangenheit nicht geändert werde, liege ein Verstoß gegen Treu und Glauben nicht vor. Das LAG Düsseldorf bestätigte dies unter Berufung auf Sinn und Zweck des Begünstigungsverbots, dem es nicht entspreche, wenn der Arbeitgeber in sicherer Kenntnis des Rückforderungsanspruchs das Betriebsratsmitglied „gefahrlos" begünstige.

bb) Leistung in Kenntnis der Nichtschuld (§ 814 Alt. 1 BGB)

34 Hatte der Arbeitgeber positive Kenntnis von der Nichtschuld, kann er das Geleistete nicht nach § 814 Alt. 1 BGB zurückfordern. Eine Ausnahme greift nur dann, wenn der Leistungsempfänger nicht schutzwürdig ist.[34] Das dürfte jedenfalls bei offensichtlich unzulässig begünstigenden Vorteilen gegenüber dem Betriebsratsmitglied der Fall sein. Allerdings ist ein Ausschluss des Rückforderungsanspruchs nach § 814 Alt. 1 BGB hinsichtlich der teleologischen Reduktion des § 817 Satz 2 BGB inkonsequent und die dortige Wertung unterläuft, sofern man der Ansicht des BGH folgt.[35]

cc) Entreicherung (§ 818 Abs. 3 BGB)

35 Das Betriebsratsmitglied kann sich zudem gem. § 818 Abs. 3 BGB auf Entreicherung berufen. Dies ist gem. § 819 Abs. 2 BGB allerdings dann nicht möglich, wenn das Betriebsratsmitglied wusste, dass es durch die Annahme der Leistung gegen ein gesetzliches Verbot verstößt. Der Arbeitgeber muss nachweisen, dass das Betriebsratsmitglied von dem Verstoß positive Kenntnis hatte. Dies dürfte jedoch selbst nach dem Besuch von Grundlagenseminaren zum Betriebsverfas-

31 BAG, Urt. v. 8.11.2017 – 5 AZR 11/17.
32 ArbG Essen, 4.10.2018 – 1 Ca 1124/18.
33 LAG Düsseldorf, 17.4.2019 – 7 Sa 1065/18.
34 BGH, Urt. v. 10.12.1998.
35 *Giese/Schomburg*, NJW 2022, 1415.

sungsrecht nur schwer nachzuweisen sein, wenn die rechtswidrig begünstigende Vergütung nicht gerade ganz offensichtlich in krassem Missverhältnis zur eigentlich zustehenden Vergütung stand.[36]

Vor dem Hintergrund, dass der Arbeitgeber bis zum BGH-Urteil selbst davon ausgegangen ist, dass die höhere Vergütung rechtens war, kann das Betriebsratsmitglied durch den Einwand des § 818 Abs. 3 BGB den Prozess gewinnen. **36**

dd) Treu und Glauben (§ 242 BGB)

In der Rechtsprechung bisher nicht geklärt ist, ob sich der Ausschluss des Rückzahlungsanspruchs aus einem besonderen Vertrauensschutz gemäß § 242 BGB ergeben kann. Für die Geschäftsleitung ist es jedenfalls aber vertretbar, unter Berücksichtigung von Treu und Glauben auf die Rückzahlung der zu viel gezahlten Betriebsratsvergütung zu verzichten. **37**

Das BAG[37] hielt in einer Entscheidung aus dem Jahr 2017 eine korrigierende Rückgruppierung der Vergütung für treuwidrig i. S. d. § 242 BGB, weil es sich nach einer vormaligen Höhergruppierung bereits um die zweite Umgruppierung handelte. Der Arbeitnehmer dürfe darauf vertrauen, dass der Arbeitgeber seine Korrektur nicht erneut infrage stelle. Denkbar ist der Ausschluss des Rückzahlungsanspruchs also zumindest dann, wenn der Arbeitgeber die Betriebsratsvergütung nach der erstmaligen Festlegung nochmal korrigiert hat. **38**

Im Übrigen ist die Rechtsprechung sehr restriktiv, wenn es darum geht, die Nichtigkeitsfolge des § 134 BGB durch den Grundsatz von Treu und Glauben zu überwinden. Der Arbeitgeber müsse nicht nur einen Vertrauenstatbestand gesetzt, sondern zugleich auch eine besonders schwere Treuepflichtverletzung begangen haben, da man ansonsten zu schnell rechtswidrigen Geschäften wieder zur Wirksamkeit verhelfen würde.[38] **39**

Ein Ausnahmefall kann aber mit guten Argumenten für das besondere Über- und Unterordnungsverhältnis zwischen Arbeitgeber und Arbeitnehmer gelten. Allein der Arbeitgeber ist für die korrekte Berechnung und Auszahlung der Vergütung entsprechend gesetzlicher Vorgaben verantwortlich. Vor dem Hintergrund dieser Vertrauensstellung ist es vertretbar, dass der Arbeitgeber gegenüber dem Betriebsratsmitglied auf die Rückforderung überzahlter Beträge verzichtet, ohne selbst (erneut) rechtswidrig oder gar strafbar zu handeln.[39] Dafür spricht insbesondere, dass durch die Rückforderung der Überzahlung die Betriebsparteien, die eigentlich vertrauensvoll zusammenarbeiten, gespalten werden. Mit dem Verzicht erreicht der Arbeitgeber im besten Fall eine Akzeptanz für die neue Methodik und reduziert in Summe das Prozessrisiko. Im Sinne des gesam- **40**

---

36 *Bittmann/Mujan*, BB 2012, 1604.
37 BAG, Urt. v. 13.12.2017 – 4 AZR 576/16.
38 BAG, Urt. v. 20.10.1967 – 3 AZR 385/66; BGH, Urt. v. 23.1.1981 – I ZR 40/79.
39 *Giese/Schomburg*, NJW 2022, 1415.

ten Unternehmens und unter sorgfältiger Berücksichtigung der Schutzpflichten in Bezug auf die Vermögensinteressen des Unternehmens kann eine solche Abwägung schließlich dazu führen, dass die Vorteile des Verzichts auf die Rückforderung überwiegen. Diesbezüglich sollten insbesondere auch die Grundsätze der Business Judgement Rule Anwendung finden.[40]

c) Strafbarkeit bei Unterlassen der Rückforderung?

41 Ebenso stellt sich die Frage nach den Folgen, die den Unternehmer treffen, wenn er es unterlässt, überhöhte Zahlungen zurückzufordern. Kann das Unterlassen der Rückforderung überhöhter Betriebsratsvergütung eine Strafbarkeit wegen Betriebsratsbegünstigung oder Untreue begründen?

aa) § 119 Abs. 1 Nr. 3 BetrVG, § 13 Abs. 1 StGB

42 Gegen eine Strafbarkeit aus § 119 Abs. 1 Nr. 3 BetrVG sprechen Wortlaut und systematische Auslegung der Norm. Eine mögliche Strafbarkeit nach § 119 Abs. 1 Nr. 3 BetrVG wegen Unterlassens der Rückforderung erfordert eine Garantenstellung i. S. d. § 13 Abs. 1 StGB. Eine solche Garantenstellung kann sich aus § 43 Abs. 1 GmbHG oder § 93 Abs. 1 Satz 1 AktG ergeben. Danach ist der Geschäftsleiter verpflichtet, rechtskonformes Verhalten des Unternehmens sicherzustellen und den Geschäftsbetrieb so zu organisieren, dass Regelverstöße verhindert werden (Legalitätsprinzip). Bei den in § 43 Abs. 1 GmbHG oder § 93 Abs. 1 Satz 1 AktG genannten Pflichten, handelt es sich um untreuespezifische Pflichten, die dem Schutz der Vermögensinteressen des Unternehmens dienen. Die Ausgestaltung der Pflicht im Rahmen des § 119 Abs. 1 Nr. 3 BetrVG reicht somit nicht weiter als im Rahmen der Untreue nach § 266 StGB, sodass sich daraus keine absolute Pflicht zur Rückforderung ergeben kann. Würde man in der unterlassenen Rückforderung die Verletzung einer untreuespezifischen Pflicht sehen, käme es zur strafrechtlichen Überkompensation, die der Auslegung am Wortlaut zuwiderliefe und somit zu einer Überdehnung des § 119 Abs. 1 Nr. 3 BetrVG führt.[41]

bb) Untreue (§ 266 StGB)

43 Die unterlassene Rückforderung überhöhter Gehälter kann im Einzelfall eine Untreue nach § 266 StGB begründen. Eine allgemeine Rechtspflicht zur Durchsetzung der Ansprüche besteht nicht, sodass die Frage des „Ob“ der Rückforderung eine unternehmerische Entscheidung ist, bei der zur Konkretisierung des strafrechtlichen Pflichtenkreises auf den strafrechtlichen Sorgfaltsmaßstab des § 93 Abs. 1 AktG zurückgegriffen werden kann. Dem Vorstand steht dabei ein

40 *Giese/Schomburg*, NJW 2022, 1415.
41 *Giese/Schomburg*, NJW 2022, 1415.

Ermessensspielraum zu. Er hat die Chancen und Risiken seiner Entscheidung sowie die denkbaren Handlungsalternativen gegeneinander abwägen.[42] Eine derartige Entscheidung ist, selbst wenn sie sich ex post als nachteilig erweist, nicht pflichtwidrig (Business Judgement Rule) und kann daher keine Strafbarkeit wegen Untreue begründen.[43]

Bestehen Anhaltspunkte für eine überhöhte Vergütung, bilden die ursprünglich für die Geltendmachung von Schadensersatzpflichten vom Aufsichtsrat gegenüber dem Vorstand entwickelten Grundsätze aus der ARAG/Garmenbeck-Entscheidung[44] die Leitlinien für das unternehmerische Handeln und begründen konkrete Pflichten. Diese gelten dabei für Vorstände und Geschäftsführer gleichermaßen.[45] **44**

Der Vorstand/Geschäftsführer muss bei Anzeichen für zu hohe Betriebsratsvergütungen zunächst den konkreten Sachverhalt ermitteln. Er muss sich eine möglichst breite, in Bezug auf den jeweiligen Einzelfall nach Art und Umfang angemessene Entscheidungsgrundlage verschaffen.[46] Ein Absehen von der Anspruchsverfolgung kann ausnahmsweise in Betracht kommen, wenn gewichtige Unternehmensinteressen es geboten erscheinen lassen, keine Rückforderung der zu viel gezahlten Vergütung zu verlangen. Dies kann anzunehmen sein, wenn die Unternehmensbelange die Rechtsverfolgungsinteressen überwiegen oder zumindest annähernd gleichwertig sind. Ins Gewicht fallen dabei negative Auswirkungen auf die Geschäftstätigkeit und das Ansehen der Gesellschaft in der Öffentlichkeit, die Störung der Betriebsratsarbeit und die Beeinträchtigung des Betriebsklimas.[47] **45**

Für die Geltendmachung von Ansprüchen gilt dabei, dass der Vorstand bei der Beurteilung der Frage, ob und in welchem Umfang Ansprüche geltend gemacht werden sollen, tatsächliche und rechtliche Unsicherheiten über das Bestehen oder Nichtbestehen des Anspruchs sowie potenzielle Einwendungen des Anspruchsgegners in seine Entscheidung mit einbeziehen kann und muss. Die potenziell beeinträchtigten Unternehmensbelange sind dabei gegen das Rechtsverfolgungsinteresse abzuwägen. Wenn die zu betreibende Forderung als verhältnismäßig gering anzusehen ist oder deren Werthaltigkeit mangels Privatvermögen des Betriebsratsmitglieds zu bezweifeln ist, kann das Absehen von ihrer Durchsetzung gerechtfertigt sein.[48] **46**

---

42 BGH, Urt. v. 22.11.2005 – 1 StR 571/04.
43 *Giese/Schomburg*, NJW 2022, 1415.
44 BGH, Urt. v. 21.4.1997 – II ZR 175/95.
45 BGH, Beschl. v. 26.11.2015 – 3 StR 17/15.
46 BGH, Urt. v. 22.11.2005 – 1 StR 571/04.
47 BGH, Urt. v. 21.4.1997 – II ZR 175/95.
48 *Giese/Schomburg*, NJW 2022, 1415.

d) Zusammenfassung

47 Zusammenfassend kann die unterlassene Rückforderung einer entgegen § 78 Satz 2 BetrVG gewährten Vergütung für Leitungsorgane also den Vorwurf der Untreue begründen, wenn diese nicht unter Beachtung der oben dargelegten Grundsätze erfolgt ist. Welches Vorgehen zweckdienlich ist, hängt insbesondere davon ab, mit welcher tatsächlichen und rechtlichen Gewissheit bereicherungsrechtliche Rückzahlungsansprüche geltend gemacht werden können und welche Unternehmensinteressen dadurch potenziell gefährdet werden. Entscheidend ist, dass eine Vorgehensweise gewählt wird, die durch den unternehmerischen Ermessensspielraum gedeckt ist und entsprechend dokumentiert wird.

48 Zu beachten ist, dass allein die Schonung des Betriebsratsmitglieds noch keinen Grund darstellt, von der Rechtsverfolgung abzusehen. Ergibt die Abwägung, dass eine Anspruchsverfolgung im Einklang mit den Unternehmensinteressen steht, ist der Anspruch geltend zu machen. Jedenfalls ist zu einer Kürzung der Gehälter für die Zukunft, aber auch rückwirkend auf den Monatsbeginn – wie es VW vorgemacht hat[49] – zu raten. Aus strafrechtlicher Sicht dürfte die Rückforderung nicht mehr erforderlich sein, wenn vertragliche Ausschlussfristen den Anspruch bereits vernichtet haben und eine Rückforderung oder die Durchsetzung des Anspruchs von vornherein ausgeschlossen ist. Mit Blick auf den besonderen Vertrauensschutz des Arbeitnehmers in Bezug auf die korrekte Ermittlung und Auszahlung der Vergütung durch den Arbeitgeber wird es in vielen Fällen schon aufgrund von Erwägungen gem. § 242 BGB vertretbar sein, dass der Arbeitgeber auf eine Rückforderung verzichtet.

2. Wer kann einen Prozess anstreben und wie soll sich der Arbeitgeber vor Gericht verhalten?

49 Wie aufgezeigt kann der Arbeitgeber in Ansehung des BGH-Urteils dazu verpflichtet sein, die Vergütung einzelner Betriebsratsmitglieder zu reduzieren und eine Überzahlung zurückzufordern – selbst wenn sich beide Parteien eigentlich darüber einig sind, dass sie an der bestehenden Situation nichts ändern wollen – der Arbeitgeber möchte nicht, dass ihm der Vorwurf der Strafbarkeit wegen Untreue gemacht werden kann und das Betriebsratsmitglied möchte seine höhere Vergütung behalten.

50 Das Betriebsratsmitglied hat dann die Möglichkeit vor dem Arbeitsgericht Klage zu erheben. Wurde die Vergütung gekürzt, kann er Feststellungklage (§ 256 ZPO) mit dem Ziel erheben, dass der Anspruch auf die höhere Vergütung fortbesteht und in Form der Leistungsklage die Rückzahlung des gekürzten Teils verlangen. Fordert der Unternehmer die Überzahlung zurück, kann das Betriebsratsmitglied Feststellungklage (§ 256 ZPO) mit dem Ziel erheben, dass der Anspruch nicht besteht und er nichts zurückzahlen muss.

49 Der Spiegel v. 22.12.2017, „Untreueverdacht – VW kürzt Betriebsratsgehälter rückwirkend".

Der Arbeitgeber selbst hat in der vorliegenden Konstellation keine Möglichkeit den Prozess einzuleiten. Die Feststellungsklage (§ 256 ZPO) setzt ein bestehendes streitiges Rechtsverhältnis voraus,[50] was erst dadurch entsteht, dass der Arbeitgeber die Vergütung des Betriebsratsmitgliedes kürzt und/oder den zu viel gezahlten Teil zurückfordert. Nicht zulässig ist die Feststellung von Rechtsfolgen aus einem Rechtsverhältnis, das noch nicht besteht, sondern erst in Zukunft unter Voraussetzungen, deren Eintritt noch offen ist, entstehen kann.[51] Der Arbeitgeber kann sich also nicht im Vorhinein gerichtlich absichern lassen, ob er überhaupt dazu verpflichtet ist, die Vergütung des Betriebsratsmitgliedes zu kürzen oder zurückzufordern. 51

Dies führt dazu, dass der Arbeitgeber in dem Prozess eine Position vertreten „muss“, die er möglicherweise eigentlich gar nicht vertreten möchte. Verhält er sich rechtswidrig, wenn er es unterlässt, Angaben zu machen, die „seine“ Position stärken? Macht es diesbezüglich einen Unterschied, ob es sich um ein Beschlussverfahren oder um ein Urteilsverfahren handelt? 52

Die Arbeitsgerichte entscheiden im Urteils- und im Beschlussverfahren, wobei sich die Verfahren wechselseitig ausschließen. Während das Urteilsverfahren im Wesentlichen für Streitigkeiten zwischen Arbeitgeber und Arbeitnehmer bestimmt ist, sind Gegenstand des Beschlussverfahrens im Wesentlichen Streitigkeiten aus dem BetrVG, dem SprAuG und den Unternehmensmitbestimmungsgesetzen. Streitigkeiten über Rückforderungsansprüche wegen überhöhter Vergütung (Streitigkeit im Rahmen des Arbeitsvertrages, § 611a BGB) zwischen Arbeitgeber und Betriebsratsmitglied (Arbeitnehmer i. S. d. § 611a BGB) werden im Urteilsverfahren ausgetragen.[52] 53

Im Urteilsverfahren müssen die Parteien dem Gericht die zum Obsiegen notwendigen Tatsachen vorbringen und gegebenenfalls beweisen (sog. Beibringungsgrundsatz), wohingegen im Beschlussverfahren das Gericht den Sachverhalt im Rahmen der gestellten Anträge von Amts wegen (sog. Amtsermittlungsgrundsatz, § 83 Abs. 1 ArbGG) erforscht. 54

Gegenstand des Prozesses in einem vorliegend möglichen Urteilsverfahren wäre also der Parteivortrag. Es besteht nach §§ 288 Abs. 1, 138 Abs. 3 ZPO nun die Möglichkeit, die behaupteten Tatsachen ausdrücklich oder durch Nichtbestreiten zuzugestehen und sie so einer Beweisaufnahme entziehen. Solche unstreitigen Tatsachen müssen vom Gericht der Entscheidung ohne Nachprüfung zugrunde gelegt werden (§ 288 ZPO). Diese Bindung des Gerichts an die „formelle Wahrheit“ endet jedoch bei unmöglichen oder offensichtlich unwahren Tatsachen.[53] 55

Nach herrschender Meinung ist allerdings auch das bewusst unwahre Geständnis bzw. das Hinnehmen von der gestehenden Partei ungünstigen Tatsachen für das 56

50 BeckOK ZPO/*Bacher*, § 256 Rn. 2.
51 BeckOK ZPO/*Bacher*, § 256 Rn. 6; BGH, Urt. v. 19.1.2021 – VI ZR 194/18.
52 ArbG Essen, Urt. v. 4.10.18 – 1 Ca 1124/18; LAG Düsseldorf, Urt. v. 17.4.19 – 7 Sa 1065/18.
53 MüKo ZPO/*Prütting*, § 288 Rn. 36.

Gericht bindend. Zweifelhaft ist zwar das Argument, die Wahrheitspflicht (§ 138 Abs. 1 ZPO) verbiete nur die Unwahrheit zu eigenen Gunsten, denn die Wahrheitspflicht besteht auch gegenüber dem Gericht. Für die Bindung spricht jedoch § 290 ZPO, wonach ein bewusst unwahres Geständnis mangels Irrtums nicht widerrufen werden kann. Für die herrschende Meinung spricht zudem, dass die gestehende Partei den Anspruch auch anerkennen könnte, ohne einer Wahrheitsprüfung ausgesetzt zu sein. Einigkeit besteht jedoch darüber, dass bei betrügerischem Zusammenwirken der Parteien keine Bindung des Gerichts besteht.[54]

V. Reaktion der Arbeitsgerichte und des Gesetzgebers auf das BGH-Urteil

57 Spannend war und ist zudem, wie die Reaktionen der Arbeitsgerichte auf das BGH-Urteil ausfallen.

1. Entscheidungen post BGH

a) ArbG Braunschweig, 5.7.2023 – 3 Ca 132/23; 3 Ca 138/23[55]

58 Ein Blick auf die arbeitsgerichtliche Rechtsprechung zeigt: Das als besonders praxisrelevant identifizierte Szenario der Rückforderungen vermeintlicher „Überzahlungen" hat im unmittelbaren Anschluss an das BGH-Urteil begonnen. VW hat als direkt betroffenes Unternehmen wegen des strafrechtlichen Risikos zahlreiche Gehälter von Betriebsratsmitgliedern gekürzt. Zwei freigestellte Betriebsratsmitglieder haben sich dagegen gewehrt und vor dem ArbG Braunschweig[56] die Vergütungsdifferenzen eingeklagt. Mit Urteilen vom 5.7.2023 hat das ArbG Braunschweig den Klagen im vollen Umfang stattgegeben. VW muss danach das ausstehende Gehalt auf der ursprünglich vereinbarten Grundlage nachzahlen.

59 Die beiden Mitarbeitenden wurden mit unterschiedlichen Begründungen in eine niedrigere Gehaltsgruppe rückgruppiert. Im ersten Fall wurde der Mitarbeiter bei Beginn seiner Betriebsratstätigkeit 2002 in die Entgeltstufe 18 des anwendbaren Tarifvertrags eingestuft. Zuletzt war er aufgrund der Beurteilung der „Kommission Betriebsratsvergütung" in der Entgeltgruppe 20 zu verorten. Auf Grundlage einer Vergleichsgruppenbetrachtung stufte der Arbeitgeber ihn Ende 2022 zurück in die Entgeltgruppe 18. Der Betriebsrat kritisierte die Vergleichsgruppenbildung und verwies darauf, dass er 2015 eine Stelle angeboten bekommen habe, die unstreitig eine Gehaltsentwicklung bis zur Entgeltgruppe 20 vor-

54 MüKo ZPO/*Prütting*, § 288 Rn. 35.
55 ArbG Braunschweig, 5.7.2023 – 3 Ca 132/23; 3 Ca 138/23.
56 ArbG Braunschweig, 5.7.2023 – 3 Ca 138/23.

gesehen habe. Der Arbeitgeber trug dagegen vor, dass er durch das BGH-Urteil zu einer strengeren Vergleichsgruppenbetrachtung verpflichtet sei.

Dies ließ das ArbG Braunschweig allerdings nicht als Argument für die Rückgruppierung und damit verbundene Kürzung des Gehalts gelten. Unter Hinweis auf die Stelle, die dem Mitarbeiter im Jahr 2015 angeboten wurde, entschied das Gericht, dass der Arbeitgeber dem Betriebsrat die ausstehende Vergütung nachzahlen müsse. Die Entscheidung des BGH vom 10.1.2023 stehe der Berücksichtigung dieses Stellenangebotes unter dem Gesichtspunkt einer „hypothetischen Karriere" nicht entgegen. Es habe sich um eine tatsächlich zu besetzende Stelle gehandelt, für die sich der Arbeitnehmer nicht aufgrund seiner Tätigkeit im Betriebsrat, sondern der zuvor übertragenen Aufgaben und den dort gezeigten Leistungen qualifiziert habe. Die Stelle habe er nur mit Rücksicht auf eine kurz zuvor im Betriebsrat übernommene Funktion abgelehnt. **60**

In dem zweiten Fall war ein Mitarbeiter Ende 2016 vor der Übernahme des Betriebsratsamtes (Mai 2017) von der Entgeltstufe 12 in die Entgeltstufe 13 höhergruppiert worden. Die Beklagte nahm mit Wirkung ab Oktober 2022 eine Rückgruppierung in die Entgeltstufe 12 vor und kürzte das Gehalt des Klägers für die Monate Februar und März 2023 um ca. 280,00 EUR brutto monatlich. Sie begründete die Rückgruppierung damit, dass die Höhergruppierung des Klägers Ende 2016 in die Entgeltstufe 13 im unmittelbaren Zusammenhang mit der Amtsübernahme ohne erkennbare Änderung seiner Tätigkeit erfolgt sei. Der Kläger machte geltend, die Höhergruppierung habe auf einer bereits im April 2016 vollzogenen Erweiterung seines Tätigkeitsbereichs beruht. Auch hier hat das ArbG Braunschweig der Klage unter Hinweis auf den Vortrag des Klägers zu übernommenen Zusatzaufgaben als Grundlage für die Höhergruppierung stattgegeben. Es hat festgestellt, dass die Beklagte dieser Darstellung des Klägers nicht entgegengetreten sei.[57] **61**

Im Ergebnis vermeidet das Arbeitsgericht damit eine klare Positionierung zu der BGH-Entscheidung, da es aufgrund tatsächlicher Gegebenheiten und in dem vom BGH vorgegebenen Rahmen entscheidet. **62**

b) LAG Baden-Württemberg, 26.5.2023 – 12 TaBV 1/23[58]

Das LAG Baden-Württemberg hatte über die Einschlägigkeit eines betriebsverfassungsrechtlichen Mitbestimmungstatbestandes bzgl. der Entscheidung des Arbeitgebers, Betriebsratsvergütung zu kürzen, zu entscheiden. Dafür war nicht maßgeblich, ob das konkrete Vergütungsniveau nach den §§ 37 Abs. 4, 78 Satz 2 BetrVG rechtmäßig war. Dennoch sah sich das LAG veranlasst in einem obiter dictum Stellung zu der BGH-Entscheidung zu nehmen. Kernaussage des Beschlusses ist, dass tatsächlich gar keine Divergenz zwischen BGH und BAG bestehe. Wesentlicher Punkt der BGH-Entscheidung sei, dass § 37 Abs. 4 **63**

57 ArbG Braunschweig, 5.7.2023 – 3 Ca 132/23.
58 LAG Baden-Württemberg, 26.5.2023 – 12 TaBV 1/23, NZA-RR 2023, 420.

BetrVG auch im Rahmen des Begünstigungsverbotes des § 78 Satz 2 BetrVG rechtliche Wirkung entfalte. Diese Ansicht soll zumindest nach Auffassung des LAG Baden-Württemberg auch das BAG teilen, was es der Entscheidung des BAG vom 29.8.2018[59] entnimmt.

64 Das obiter dictum ist eher als eine Aufforderung an die Arbeitsgerichtsbarkeit zu verstehen, sich von dem BGH-Urteil nicht beirren zu lassen. In der Sache hat das BAG 2020,[60] bestätigt in 2022,[61] klar entschieden, dass § 37 Abs. 4 BetrVG keine Aussage über eine Obergrenze zulässiger Betriebsratsvergütung trifft.

c) LAG Rheinland-Pfalz, 12.1.2023 – 2 Sa 116/22[62]

65 In diesem Fall klagte ein Betriebsratsmitglied auf die Einordnung in eine höhere Entgeltgruppe aufgrund der im Rahmen seiner in Vollzeit ausgeübten Betriebsratstätigkeit. Unter Berufung auf das Urteil des BGH verneint das LAG einen entsprechenden Anspruch und gibt in diesem Rahmen die wesentlichen Punkte der Argumentation des BGH wieder. So lehnt das Gericht ausdrücklich ab, die während der Amtstätigkeit erworbene Kompetenzen zugunsten des Betriebsratsmitgliedes zu berücksichtigen.

d) ArbG Emden, 5.7.2023 – 2 Ca 280/22 E[63]

66 Das Arbeitsgericht Emden bezieht klar Position. In seinem Urteil vom 5.7.2023 spricht es sich gegen den BGH und das LAG Rheinland-Pfalz ausdrücklich für eine weitergehende Berücksichtigung von Qualifikationen und Fähigkeiten aus, die ein Betriebsratsmitglied im Rahmen seiner Tätigkeit erlangt hat. Es äußert unter Hinweis auf die richterliche Unabhängigkeit ausdrücklich, dass es der Auffassung des LG Braunschweig sowie des BGH, dass Fähigkeiten und Kenntnisse, die das Betriebsratsmitglied während seiner Zeit im Betriebsrat erworben habe, keine Berücksichtigung finden dürften, die Gefolgschaft verweigere.

67 Anknüpfungspunkt für eine (hypothetische) Beförderung dürfe zwar nach § 78 Satz 2 BetrVG nicht die Betriebsratstätigkeit als solche sein. Eine Berücksichtigung der im Betriebsratsamt erworbenen Qualifikationen des Bewerbers sei nach Auffassung des ArbG Emden jedoch zulässig und – bei Einschlägigkeit der Qualifikationen für die zu besetzende Stelle – sogar geboten, um eine unzulässige Benachteiligung gemäß § 78 Satz 2 BetrVG zu vermeiden:[64]

> „Einerseits ist die Beförderung eines fachlich qualifizierten Betriebsratsmitgliedes aus Sicht des Bevorzugungsverbotes unproblematisch, wenn das Be-

---

59 BAG, 29.8.2018 – 7 AZR 206/17, NZA 2019, 253.
60 BAG, 22.1.2020 – 7 AZR 222/19, NZA 2020, 594 m. w. N.
61 BAG, 23.11.2022 – 7 AZR 122/22, NZA 2023, 513 m. w. N.
62 LAG Rheinland-Pfalz, 12.1.2023 – 2 Sa 116/22, BeckRS 2023, 18356.
63 ArbG Emden, 5.7.2023 – 2 Ca 280/22 E.
64 So auch überzeugend *Annuß*, NZA 2018, 134, 136 m. w. N.

triebsratsmitglied zuvor freiwillig sein Amt aufgibt. Wenn das Bevorzugungsverbot des § 78 Satz 2 BetrVG selbst für eine erfolgreiche Beförderung aber eine solche Aufgabe des Amtes verlangen würde, wäre die Folge, dass für fachlich überdurchschnittlich qualifizierte Betriebsratsmitglieder eine (frühzeitige) Aufgabe des Amtes wirtschaftlich attraktiver wäre, als im Amt zu bleiben. Denn als (freigestellte) Mitglieder des Betriebsrats stünden sie wirtschaftlich potentiell schlechter da. Durch ein solches sich aus tatsächlichen wirtschaftlichen Zwängen ergebenes Erfordernis, das Betriebsratsamt für eine Beförderung ggf. aufgeben zu müssen, könnten qualifizierte Mitarbeiterinnen und Mitarbeiter von einer Mitarbeit im Betriebsrat abgehalten werden. Weniger qualifizierte Mitarbeiterinnen und Mitarbeiter würden dagegen auf Grund des Anspruches auf die Mindestvergütung gemäß § 37 Abs. 4 BetrVG, die derjenigen vergleichbarer Arbeitnehmer mit betriebsüblicher Entwicklung entspricht, eher zur Betriebsratsarbeit motiviert. Mit anderen Worten: Durch ein faktisches Erfordernis, das Betriebsratsamt für eine Beförderung ggf. aufgeben zu müssen, würden Fehlanreize geschaffen, die einer effektiven Gremienarbeit, einer konstruktiven Betriebspartnerschaft und damit letztlich einer funktionsfähigen Betriebsverfassung eher zuwiderliefen. Das will das Gesetz verhindern."

Die Entscheidung ist in ihrer Klarheit zu begrüßen, weitere ähnliche Entschei- 68
dungen der Arbeitsgerichte sind zu erwarten. Laut beck-aktuell, gab es bis Juli 2023 bereits „mehr als 20 Klagen allein in Braunschweig".[65] Der Artikel sagt: „Aus dem Konzernumfeld" von VW heißt es, „dass eine höhere zweistellige Zahl von Betriebsratsmitgliedern von der engen Auslegung des BGH betroffen sei – und zwar über alle Gehaltsstufen hinweg. Um Änderungen komme man wohl nicht herum." „An weiteren Arbeitsgerichten, die für VW-Standorte zuständig sind, gibt es zahlreiche ähnliche Klagen. Aus diesen Verfahren erhoffen sich beide Seiten Herstellung von Rechtssicherheit, Planbarkeit und Verlässlichkeit."

2. BAG-Rechtsprechung

Die einschlägige Rechtsprechung des BAG zu Fragen der Vergütung von Be- 69
triebsratsmitgliedern ist geprägt durch eine gewisse Zurückhaltung und einige Unklarheiten. Der BGH konnte sich deshalb in seinem Urteil an diversen Stellen ausdrücklich auf die Rechtsprechung des BAG berufen und hat die Möglichkeit einer Anrufung des Gemeinsamen Senats wegen divergierender Rechtsprechung überhaupt nicht in Erwägung gezogen. Im Jahr 2005 hatte das BAG[66] in der Tat geurteilt, dass für den Anspruch auf Vergütungserhöhung aus § 78 Satz 2

65 beck-aktuell v. 6.7.2023, „Freigestellte VW-betriebsräte im Vergütungsstreit erfolgreich" https://rsw.beck.de/aktuell/daily/meldung/detail/arbg-braunschweig-freigestellte-vw-betriebsraete-im-verguetungsstreit-erfolgreich (zuletzt abgerufen am 3.1.2024).
66 BAG, Urt. v. 17.8.2005 – 7 AZR 528/04 NZA 2006, 448.

BetrVG die berufliche Entwicklung maßgeblich sei, die das Betriebsratsmitglied ohne seine Amtstätigkeit tatsächlich genommen hätte. Dies könnte so verstanden werden, dass im Rahmen der Betriebsratstätigkeit erlangte Qualifikationen und Fähigkeiten bei der Frage der nach § 78 Satz 2 BetrVG zu bestimmenden Vergütung nicht zu berücksichtigen sind.[67] Allerdings fehlt es diesbezüglich bislang an einer ausdrücklichen Positionierung des BAG, an der die Entscheidung des BGH gemessen werden könnte.

70 Die generelle Ablehnung einer hypothetischen Gehaltsentwicklung im Rahmen von § 78 Satz 2 BetrVG steht aber nicht im Einklang mit der arbeitsgerichtlichen Rechtsprechung. Auch die Anwendung des § 37 Abs. 4 BetrVG bei Prüfung des Begünstigungsverbotes i. S. d. § 78 Satz BetrVG weicht von einem klaren Standpunkt des BAG ab – § 37 Abs. 4 BetrVG konkretisiert danach allein das Benachteiligungsverbot.[68]

3. Ausblick

71 Aufgrund der steigenden Zahl von arbeitsgerichtlichen Prozessen in Reaktion auf das BGH-Urteil war es – jedenfalls bis zur Initiative des Gesetzgebers – nur eine Frage der Zeit, wann das BAG zu dem Urteil des BGH Stellung nehmen muss und wird. Dabei ist eher davon auszugehen, dass das BAG den BGH im Sinne des LAG Baden-Württemberg interpretiert und nicht von einer klaren Divergenz zu seiner Rechtsprechung ausgehen wird.

a) Aussage und Wirkung des BGH-Urteils

72 Das eigentliche Problem der BGH-Entscheidung liegt nach meiner Auffassung darin, dass es sich zu einer im Kern arbeitsrechtlichen Thematik zu undifferenziert und ungenau und ohne das notwendige Feingefühl für die Rezeption einer fremden und sehr ausdifferenzierten Rechtsprechung und Rechtspraxis äußert – mit gravierenden Folgen für die Praxis. Aufgrund des Strafbarkeitsrisikos der Unternehmensorgane einerseits und dem Bemühen der Berater, den sichersten Weg zu gehen, andererseits sind viele bisher gangbare Wege faktisch versperrt. In der Praxis – so die Beobachtung des Verfassers – wurde und wird aufgrund des BGH-Urteils nur noch der Weg über eine Vergleichsgruppenbildung nach § 37 Abs. 4 BetrVG gewählt, mit strengen Maßstäben für die Bildung der Vergleichsgruppe. Die bisher möglichen anderen Wege, bspw. die hypothetische Beförderung in eine höherwertige Position, wird nicht mehr genutzt. Die Organe befürchten, sich strafbar zu machen und die Berater möchten nicht haften.

73 Der BGH hat es versäumt, sich strukturiert und mit dem nötigen arbeitsrechtlichen Problembewusstsein mit der Rechtsprechung des BAG auseinanderzusetzen. Insbesondere scheint es, als wäre das Bewusstsein für den Unterschied zwi-

67 So wohl auch *Annuß*, NZA 2018, 134, 137.
68 Vgl. BAG, 23.11.2022 – 7 AZR 122/22, NZA 2023, 513 m. w. N.

schen § 37 Abs. 4 BetrVG und § 78 Satz 2 BetrVG sowie deren Verhältnis zueinander nicht ausreichend vorhanden. Das Urteil liest sich deshalb so, als wäre der bisher gängige Weg, die Betriebsratsvergütung bspw. im Falle einer fehlenden Vergleichsgruppe nach § 78 Satz 2 BetrVG über eine hypothetische Gehaltsentwicklung zu bemessen, nicht mehr möglich, ohne sich strafbar zu machen. Dabei stützt sich der BGH auf die Ausführungen des LG Braunschweig. Bei den in diesem Zusammenhang aufgeführten Argumenten, aufgrund derer der BGH zu dem Schluss gelangt, auf eine hypothetische Gehaltsentwicklung des Betriebsrats könne man bei der Bemessung des zu zahlenden Entgeltes nicht abstellen,[69] handelt es sich allerdings um Argumente, die in der Argumentation des LG Braunschweig lediglich im Rahmen der Prüfung des § 37 Abs. 4 BetrVG eine Rolle spielen. Es geht um tatsächliche Umstände für die Bildung der Vergleichsgruppen – hypothetische Überlegungen spielen hier keine Rolle. Das LG Braunschweig weist also zu Recht und im Einklang mit der Rechtsprechung des BAG darauf hin, dass im Rahmen von § 37 Abs. 4 BetrVG nur auf die tatsächliche Entwicklung der Vergleichsgruppe abzustellen sei. Eine Rechtfertigung der mit dem Betriebsratsmitglied vereinbarten Vergütung gemäß § 78 Satz 2 BetrVG – also dem Benachteiligungsverbot – wird lapidar mit dem Hinweis darauf abgetan, dass die Berücksichtigung von „Fähigkeiten, Kenntnissen und Leistungen, die im Betriebsratsamt gezeigt werden“ unberücksichtigt bleiben müsse, weil andernfalls die Arbeitnehmer benachteiligt würden, die solche Fähigkeit nicht im Rahmen einer Amtstätigkeit erlangen können. Es handele sich um einen „karrieretechnischen Vorteil“ und damit einen Verstoß gegen das Begünstigungsverbot. Eine generelle Aussage zu einer hypothetischen Gehaltsentwicklung wird im Rahmen der Diskussion zu § 78 Satz 2 BetrVG vom LG Braunschweig nicht getroffen. Die Begründung des BGH, dass „§ 37 Abs. 4 Satz 1 BetrVG […] eine Bewertung der Betriebsratstätigkeit für Vergütungszwecke [ausschließt]“ und „vergleichbar […] vielmehr nur [ist], wer im Zeitpunkt der Amtsübernahme ähnliche, im Wesentlichen gleich qualifizierte Tätigkeiten ausgeführt hat und dafür in gleicher Weise wie der Betriebsrat fachlich und persönlich qualifiziert war“ zeigt, dass der BGH die Problematik und die Debatte falsch verortet. § 37 Abs. 4 BetrVG regelt eine Mindestvergütung für Betriebsratsmitglieder auf Grundlage statistischer Darlegungen und erleichtert damit die Beweisführung. Die Aussage, dass keine höhere Vergütung für Betriebsratsmitglieder zulässig sei und keine Benachteiligung vorliegen kann, wenn sich das Betriebsratsmitglied entsprechend seiner Vergleichsgruppe entwickelt, ist schon logisch falsch: Sie benachteiligt das überdurchschnittliche Betriebsratsmitglied, das sich besser als seine Vergleichsgruppe entwickelt hätte. Sie verhindert, dass sich ein Betriebsratsmitglied jemals in eine Führungsposition entwickeln kann, in die aufgrund des Bedarfs und der pyramidenförmigen hierarchischen Struktur nur eine Minderheit der Vergleichsgruppe aufsteigen kann.

---

69 BAG, Urt. v. 10.1.2023 – 6 StR 1133/22, Rn. 22.

b) Tätigwerden des Gesetzgebers

74 Aufgrund der durch das BGH-Urteil entstandenen Rechtsunsicherheit wurde sehr schnell der Ruf nach dem Gesetzgeber laut.

75 Und in der Tat: Das Bundesarbeitsministerium um Minister *Hubertus Heil* (SPD) hatte nach der Entscheidung des BGH sehr schnell eine Kommission bestehend aus dem Präsidenten des Bundessozialgerichts (BSG) Prof. Dr. *Rainer Schlegel*, der Präsidentin des BAG a.D. *Ingrid Schmidt* und Prof. Dr. *Gregor Thüsing*, Direktor des Lehrstuhls für Arbeitsrecht am Institut für Arbeitsrecht und Recht der sozialen Sicherheit in Bonn eingesetzt. Ende September präsentierte das Ministerium die von der Kommission ausgearbeiteten Vorschläge für eine klarstellende Regelung. Am 1.11.2023 hat das Bundeskabinett nun ein Gesetz zur Vergütung von Betriebsräten beschlossen, welches sich fast wortgleich mit den Vorschlägen der Kommission deckt.

76 Ziel des Entwurfes ist ausdrücklich die Präzisierung, nicht Erweiterung oder Änderung der bestehenden Regelungen der §§ 37 Abs. 4 und 78 Satz 2 BetrVG. Dadurch soll das Risiko von Begünstigungsverbotsverstößen redlich handelnder Arbeitgeber und Betriebsratsmitglieder reduziert werden.[70] Der Entwurf sieht konkret vor:

> 1. Dem § 37 Absatz 4 werden folgende Sätze angefügt:
>
> „Zur Bestimmung der vergleichbaren Arbeitnehmer nach Satz 1 ist auf den Zeitpunkt der Übernahme des Betriebsratsamts abzustellen, soweit nicht ein sachlicher Grund für eine spätere Neubestimmung vorliegt. Arbeitgeber und Betriebsrat können in einer Betriebsvereinbarung ein Verfahren zur Festlegung vergleichbarer Arbeitnehmer regeln. Die Konkretisierung der Vergleichbarkeit in einer solchen Betriebsvereinbarung kann nur auf grobe Fehlerhaftigkeit überprüft werden; Gleiches gilt für die Festlegung der Vergleichspersonen, soweit sie einvernehmlich zwischen Arbeitgeber und Betriebsrat erfolgt und in Textform dokumentiert ist."
>
> 2. Dem § 78 wird folgender Satz angefügt:
>
> „Eine Begünstigung oder Benachteiligung liegt im Hinblick auf das gezahlte Arbeitsentgelt nicht vor, wenn das Mitglied einer in Satz 1 genannten Vertretung in seiner Person die für die Gewährung des Arbeitsentgelts erforderlichen betrieblichen Anforderungen und Kriterien erfüllt und die Festlegung nicht ermessensfehlerhaft erfolgt."[71]

77 Entscheidender Zeitpunkt für die Bildung der Vergleichsgruppe bleibt zunächst die Aufnahme der Betriebsratstätigkeit. Die Vergleichsgruppe kann im Laufe der Betriebsratstätigkeit allerdings angepasst werden. Diese Möglichkeit der

---

70 Vgl. BR-Drs. 564/23 „Entwurf eines Zweiten Gesetzes zur Änderung des Betriebsverfassungsgesetzes" 3.11.2023, S. 1.

71 BR-Drs. 564/23 „Entwurf eines Zweiten Gesetzes zur Änderung des Betriebsverfassungsgesetzes" 3.11.2023, S. 5.

Neujustierung bei Vorliegen eines sachlichen Grundes ist zu begrüßen. Häufig scheiden die ursprünglich vergleichbaren Mitarbeiter im Laufe einer längeren Betriebsratskarriere aus, sodass eine neue Vergleichsgruppe gebildet werden muss. Ein sachlicher Grund für eine Neubestimmung der Vergleichsgruppe kann aber auch darin liegen, dass das Betriebsratsmitglied ohne Ausübung seiner Betriebsratstätigkeit in eine höhere Position befördert worden wäre und sich dadurch die zu vergleichenden Arbeitnehmer geändert haben.

Des Weiteren bietet der Gesetzgeber den Betriebsparteien die Möglichkeit, **78** selbst für Rechtssicherheit zu sorgen und die Kriterien für die Bildung von Vergleichsgruppen und die vergleichbaren Arbeitnehmer in einer Betriebsvereinbarung festzulegen. Gerichtlich überprüfbar ist eine solche Betriebsvereinbarung nur auf grobe Fehlerhaftigkeit, es besteht also ein durchaus breiter Ermessensspielraum der Betriebsparteien. Grob fehlerhaft dürfte die Betriebsvereinbarung nur sein, wenn sachfremde Kriterien für die Bildung der Vergleichsgruppen zugrunde gelegt wurden. Nach ständiger Rechtsprechung des BAG sind vergleichbar diejenigen Arbeitnehmer, die im Zeitpunkt der Amtsübernahme ähnliche, im Wesentlichen gleich qualifizierte Tätigkeiten ausgeführt haben wie der Amtsträger und dafür in gleicher Weise wie dieser fachlich und persönlich qualifiziert waren.

Diese Regelung wird redlichen Betriebsparteien definitiv helfen, rechtssichere **79** und praktikable Lösungen zu finden und das Strafbarkeitsrisiko der auf Unternehmensseite handelnden Organe zu beseitigen. Der Abschluss einer solchen Betriebsvereinbarung ist allerdings freiwillig. Besser wäre es, sie zum Gegenstand erzwingbarer Mitbestimmung zu machen. Das würde insbesondere strukturell benachteiligten Betriebsratsmitgliedern helfen, notfalls über eine Einigungsstelle eine sachgerechte Regelung zur Vergleichsgruppenbildung zu erzwingen.

Zum zweiten wird die Berücksichtigung der hypothetischen berufliche Entwick- **80** lung für die Bemessung der Betriebsratsvergütung ausdrücklich in einem neuen § 78 Satz 3 BetrVG normiert. Der Gesetzgeber positioniert sich damit deutlich und weist den BGH in die Schranken. Entscheidend dürften folgende Ausführungen in der Gesetzesbegründung sein:

> „Dabei kann es sachlich gerechtfertigt sein, bei einer solchen Stellenbesetzung auch die durch und während der Amtstätigkeit erworbenen Kenntnisse, Fähigkeiten und Qualifikationen zu berücksichtigen, soweit sie im Unternehmen auch außerhalb des Betriebsratsamtes für die jeweilige Stelle karriere- und vergütungsrelevant sind. Sie sind das Ergebnis eines individuellen persönlichen Lernprozesses des Betriebsratsmitglieds und nicht ohne weiteres durch eine Funktion im Betriebsrat oder einem seiner Ausschüsse oder Gremien vorgegeben. Nicht berücksichtigungsfähig ist indes, dass etwa ein Mitglied des Betriebsrats ggf. mit Vorständen und Managern ‚auf Augenhöhe verhandelt‘ oder ‚komplexe Aufgaben‘ wahrnimmt oder in ‚unternehmerische Entscheidungskomplexe eingebunden‘ ist. Diese Maßstäbe knüpfen in unzu-

lässiger Weise an die Betriebsratstätigkeit an und finden keine Stütze im Betriebsverfassungsgesetz (BGH, Urteil vom 10. Januar 2023 – 6 StR 133/22, Rn. 39).“

81 Der bloße Zuwachs an Kompetenzen, Kenntnissen und Fähigkeiten während der Ausübung des Amtes als Betriebsrat begründet für sich alleine ohne Bezug zu einer konkreten Stelle im Betrieb und deren Anforderungsprofil keinen Anspruch nach § 78 Satz 2 BetrVG auf eine höhere Vergütung; hierin liegt keine Benachteiligung gegenüber Nicht-Betriebsratsmitgliedern, deren bloßer persönlicher Kompetenzzuwachs ebenfalls nicht ohne Weiteres, insbesondere ohne Beförderung, zu einem entsprechend höheren Vergütungsanspruch führt.

82 Damit ist der Weg frei für Beförderungsentscheidungen freigestellter Betriebsratsmitglieder, die von diesen im Rahmen ihrer Betriebsratskarriere erworbene Kenntnisse und Fähigkeiten berücksichtigen. Aufgrund des Aufgaben- und Anforderungsprofils von Betriebsratsmitgliedern wird dies häufig eine Karriere im Personalbereich sein. Die genaue Kenntnis der betrieblichen Regelungen, die für die Ausübung der Betriebsratstätigkeit erforderliche soziale Kompetenz und die Verhandlungs- und Führungserfahrung dürften freigestellte Betriebsratsmitglieder häufig für diese Aufgaben qualifizieren. Dabei sollte das freigestellte Betriebsratsmitglied sich unbedingt auf eine vakante Position bewerben und in einem Auswahlprozess festgestellt und dokumentiert werden, dass er nach dem vom Unternehmen vorgegebenen Anforderungs- und Qualifikationsprofil der am besten geeignete Bewerber ist. Wenn dann die tatsächliche Beförderung aufgrund der Freistellung als Betriebsratsmitglied unterbleibt, steht einer rechtssicheren hypothetischen Beförderung und entsprechenden Vergütung nichts entgegen.

83 Nicht helfen wird der Gesetzesentwurf den strukturell benachteiligten Betriebsratsmitgliedern. So wie eine sachgerechte Ermessensentscheidung nicht zu beanstanden sein wird, die eine (hypothetische) Beförderung des Betriebsratsmitgliedes vorsieht, wird auch die gegenteilige Entscheidung nicht zu beanstanden sein. Das vermeintlich oder tatsächlich benachteiligte Betriebsratsmitglied wird künftig darlegen und beweisen können müssen, dass die Entscheidung seiner Nichtbeförderung ermessensfehlerhaft war. Die Rechtsprechung dürfte hier zumindest mit Auskunftsansprüchen in Bezug auf das Bewerbungsverfahren und die Kriterien für die Auswahlentscheidung helfen.

84 Es bleibt abzuwarten, ob der Gesetzesentwurf das Gesetzgebungsverfahren erfolgreich durchstehen wird. Dies dürfte zeitnah klar sein, weil der Entwurf von der Bundesregierung mit Blick auf die Rechtsunsicherheit seit der BGH-Entscheidung als besonders eilbedürftig i. S. d. Art. 76 Abs. 2 Satz 4 GG eingestuft wurde.[72]

72 BR-Drs. 564/23 „Entwurf eines Zweiten Gesetzes zur Änderung des Betriebsverfassungsgesetzes“ 3.11.2023, S. 3.

VI. Praxistipp

Ungeachtet des Gesetzesentwurfs und des Zeitpunkts seines Inkrafttretens sollten Betriebsparteien bereits jetzt von der Möglichkeit Gebrauch machen, die Kriterien zur Bildung von Vergleichsgruppen und die vergleichbaren Arbeitnehmer in einer Betriebsvereinbarung zu regeln. Dabei sollte man sich unbedingt an den von der Rechtsprechung für eine Vergleichsgruppenbildung entwickelten Kriterien orientieren. **85**

Weiterhin würde ich (freigestellten) Betriebsratsmitgliedern bereits jetzt raten, sich aktiv auf höherwertige vakante Positionen zu bewerben, wenn sie der Auffassung sind, die dafür erforderliche Qualifikation mitzubringen. Stellt sich in einem Bewerbungsverfahren heraus, dass das Betriebsratsmitglied unzweifelhaft der beste und qualifizierteste Bewerber ist, halte ich bereits jetzt eine hypothetische Beförderung für zulässig und nicht strafbar. Wichtig ist hier natürlich die umfassende Dokumentation. **86**

Abschnitt 2 – Perspektive Betriebsrat

I. Einleitung

1 Richtigerweise ordnet der Gesetzgeber das Betriebsratsamt als unentgeltliches Ehrenamt ein – die „Arbeit“ der Betriebsratsmitglieder wird als solche grundsätzlich nicht bezahlt. Zudem kann die Tätigkeit des Betriebsrats auch nicht z. B. mit einem Leistungsbeurteilungssystem bewertet und dann im Nachgang mit dem entsprechenden Leistungsbezug honoriert werden. Das Amt soll unparteiisch und unbeeinflusst im Interesse der Belegschaft und auch des Unternehmens ausgeübt werden.

2 Einige wenige Fälle, die sehr prominent in der Öffentlichkeit stehen, vermitteln den Eindruck, viele Arbeitgeber würden versuchen, Betriebsräte durch entsprechende Vergütungsanreize gefügig zu machen – und gleichzeitig natürlich auch, dass sich viele Betriebsratsmitglieder entsprechend „kaufen“ lassen würden.

3 Sollte im jeweiligen Einzelfall eine Begünstigung oder Bestechung vorliegen, liegt offensichtlich ein rechtswidriges Verhalten vor: Es kann nicht rechtmäßig sein, sich die Gunst von Betriebsratsmitgliedern mit Grundgehältern aus der Managementebene und exorbitanten Bonuszahlungen erkaufen zu wollen.

4 In der Praxis trifft man selten auf Fälle, in denen eine Begünstigung anzunehmen oder auch nur zu befürchten ist; im betriebsverfassungsrechtlichen Alltag ist eher das Gegenteil die Regel, viele Betriebsratsmitglieder erfahren eine Benachteiligung im Vergleich zu der Situation ohne Betriebsratsamt, da ihre Berufs- und Vergütungsentwicklung aufgrund der Übernahme des Ehrenamts vollständig ausbleibt oder zumindest deutlich ins Stocken gerät.

5 Arbeitgeber neigten bisher schon – und tun dies nun auch insbesondere angesichts der jüngeren Rechtsprechung – zu einer zurückhaltenden Entwicklung der Vergütung der Mitglieder des Betriebsrats.

6 Das Urteil des Bundesgerichtshofs vom 10.1.2023[1] wurde richtigerweise als Paukenschlag verstanden, der in vielen Unternehmen zu einem Umdenken geführt hat – denn in vielen Unternehmen existiert kein geordneter Prozess zum Umgang mit der Vergütung und der etwaigen Beförderung von Betriebsratsmitgliedern. Oftmals sind keine bzw. keine ordnungsgemäßen Vergleichsgruppen gebildet und die Gehaltserhöhungen werden im Einzelfall „verhandelt“.

7 Dabei ist die korrekte, faire Behandlung von Betriebsratsmitgliedern und die Einhaltung der gesetzlich vorgegebenen Überprüfung der beruflichen und entgeltlichen Entwicklung im allseitigen betrieblichen Interesse von grundlegender Bedeutung: Nur wenn tatsächlich gewährleistet ist, dass die Übernahme des Be-

1 BGH, 6 StR 133/22, NZA 2023, 301.

triebsratsamts weder zu einer Bestrafung noch zu einer Begünstigung führt, sind Arbeitnehmer auch bereit, dieses Ehrenamt dauerhaft zu übernehmen.

Angesichts der Komplexität der Thematik ist es der richtige Ansatz, transparente und gleichbehandelnde Regelungen für die Bildung von Vergleichsgruppen, für Beförderungen und für die Entgeltüberprüfung aufzustellen und den ständigen Überprüfungsprozess ebenso transparent zu dokumentieren. **8**

Im Folgenden werden nach einer Kurzdarstellung der rechtlichen Grundlagen konkrete Handlungsempfehlungen für die praktische Umsetzung der gesetzlichen Regelungen gegeben. **9**

II. Grundlage: Arbeitsbefreiung und Entgeltschutz nach dem Entgeltausfallprinzip

Nach § 37 Abs. 2 BetrVG sind Betriebsratsmitglieder unter Fortzahlung ihres Arbeitsentgelts von der Pflicht zur Arbeitsleistung zu befreien. Sie sind also so zu vergüten, als ob sie – statt Aufgaben eines Betriebsratsmitglieds auszuführen – ihre geschuldete Arbeitsleistung erbracht hätten (Entgeltausfallprinzip). Erforderlich ist die hypothetische Betrachtung, welches Entgelt das Betriebsratsmitglied ohne die Arbeitsbefreiung erhalten hätte, unabhängig von einer Freistellung nach § 38 Abs. 1 BetrVG. **10**

Das Gesetz sieht einen ergänzenden Entgeltschutz in der Regelung des § 37 Abs. 4 Satz 1 BetrVG vor: Insbesondere bei vollständig freigestellten Betriebsratsmitgliedern wird die berufliche Entwicklung mit zunehmender Dauer der Freistellung mit dem Entgeltausfallprinzip allein nicht aufgefangen werden können. Zusätzlichen Entgeltschutz, der ein „Einfrieren" der Vergütung verhindert, soll deshalb § 37 Abs. 4 Satz 1 BetrVG gewähren. Danach darf die Bezahlung von Betriebsratsmitgliedern nicht geringer ausfallen als diejenige von vergleichbaren Arbeitnehmern mit einer betriebsüblichen beruflichen Entwicklung. Es ist gleichermaßen eine hypothetische Betrachtung vorzunehmen. Dabei wird aber nicht auf die berufliche Entwicklung des Betriebsratsmitglieds, sondern auf die betriebsübliche berufliche Entwicklung vergleichbarer Arbeitnehmer abgestellt. § 37 Abs. 4 Satz 1 BetrVG stellt damit sicher, dass die Betriebsratstätigkeit das Betriebsratsmitglied weder in wirtschaftlicher noch in beruflicher Hinsicht gegenüber den anderen Arbeitnehmern schlechterstellt, und konkretisiert damit das allgemein gehaltene Benachteiligungsverbot (§ 78 Satz 2 BetrVG). § 37 Abs. 4 Satz 1 BetrVG ist insbesondere für vollständig freigestellte Betriebsratsmitglieder relevant, gilt jedoch auch für nicht- oder teilfreigestellte Betriebsratsmitglieder. **11**

III. Vergleichsgruppenbildung

12 Nach § 37 Abs. 4 BetrVG sind Vergleichsgruppen für die Mitglieder des Betriebsrats zu bilden. Durch das Abstellen auf vergleichbare Mitarbeitende hat sich der Gesetzgeber gegen eine hypothetische Betrachtung und für eine Entgeltbemessung entschieden, die von den jeweiligen Mitarbeitenden losgelöst auf Vergleichsgruppen abstellt.

13 Die Rechtsprechung bedient sich bei der **Definition der vergleichbaren Mitarbeitenden** seit Jahrzehnten gleicher oder ähnlicher Formulierungen:

> „Vergleichbar sind Arbeitnehmer des Betriebs, die im Zeitpunkt der Übernahme des Amtes, bei Ersatzmitgliedern im Zeitpunkt des Nachrückens, eine im Wesentlichen gleich qualifizierte Tätigkeit wie das Betriebsratsmitglied ausgeübt haben und auch hinsichtlich Persönlichkeit, Qualifikation und Leistung vergleichbar sind.“[2]

14 **Betrachtungszeitpunkt** für die Vergleichbarkeit ist nach der Rechtsprechung des Bundesarbeitsgerichts der Tag der Amtsübernahme,[3] bei Ersatzmitgliedern der Zeitpunkt des Nachrückens.[4] Der Zeitpunkt ist nicht als genauer Tag zu verstehen, da der Tag der Amtsübernahme zufällig sein kann (Zeitpunkt der Betriebsratswahl, Verkündung der Ergebnisse, konstituierende Sitzung) und es dem Bundesarbeitsgericht bei dieser Voraussetzung offensichtlich (nur) darum geht, einen in etwa gleichen Startpunkt für den Vergleich der betriebsüblichen beruflichen Entwicklung zu finden. Angelehnt an den dreimonatigen Zeitraum der Betriebsratswahl (vom 1.3. bis 31.5.) kann wohl auch ein Monatszeitraum vor und nach Übernahme des Amtes für den Vergleich in Betracht kommen.

15 Vereinbaren die Arbeitsvertragsparteien allerdings nach der Amtsübernahme eine **Vertragsänderung der Tätigkeit**, ist auch die Vergleichsgruppe entsprechend anzupassen.[5]

16 Die Rechtsprechung stellt grundsätzlich auf Mitarbeitende des **Betriebs** ab, weil nach dem Gesetzeswortlaut „vergleichbare[r] Arbeitnehmer mit betriebsüblicher beruflicher Entwicklung“ maßgebend sind.[6] Es soll sogar schon ein einzelner vergleichbarer Arbeitnehmer ausreichen.[7]

17 Keine klaren Vorgaben bestehen im Hinblick auf die Anzahl der Vergleichsgruppenmitglieder. Es wird vertreten, es sei nicht erforderlich, von vornherein alle in

---

2 Vgl. LAG München, 10.9.2021 – 4 Sa 112/21; BAG, 22.1.2020 – 7 AZR 222/19, Rn. 21; zum Zeitpunkt bei Nachrückern BAG, 21.2.2018 – 7 AZR 496/16.

3 Vgl. BAG, 22.1.2020 – 7 AZR 222/19.

4 Vgl. BAG, 22.1.2020 – 7 AZR 222/19.

5 LAG München, 10.9.2021 – 4 Sa 112/21.

6 Vgl. BAG, 14.7.2010 – 7 AZR 359/09.

7 LAG Hamm, 17.2.2012 – 10 Sa 1479/11; vgl. auch BAG, 21.4.1983 – 6 AZR 407/80 und BAG, 17.8.2005 – 7 AZR 528/04.

Betracht kommenden Arbeitnehmer in eine Vergleichsgruppe aufzunehmen.[8] Eine solche eingeschränkte Auswahl führt doch aber geradezu zu der Gefahr einer Benachteiligung oder auch Begünstigung. Wenn 50 „geeignete" Mitarbeitende für die Bildung der Vergleichsgruppe zur Verfügung stehen, müsste man klar begründen können, warum welche – eigentlich tauglichen – Teilnehmer nicht aufgenommen werden. Der Mehraufwand, der aufgrund der Bearbeitung einer entsprechend großen Vergleichsgruppe entsteht, ist keine Rechtfertigung für eine solche Einschränkung, insbesondere, da doch inzwischen ausreichend technische Hilfsmittel zur Verfügung stehen, die für den jährlichen Überprüfungsprozess genutzt werden können.

Was geschieht, wenn es **keinen vergleichbaren Mitarbeitenden** im Betrieb gibt, ist von der Rechtsprechung bisher nicht entschieden. Die Meinungen in der Literatur sind z. B. (a) Mitarbeitende im Betrieb, die am ehesten vergleichbar sind, (b) vergleichbare Mitarbeitende im Unternehmen oder (c) abstrakte Bestimmung.[9] Das LAG Hessen hat in einem Hinweisbeschluss in einem letztlich nicht entschiedenen Fall richtigerweise für die Variante (b) votiert: sind in dem gleichen Unternehmen vergleichbare Mitarbeiter vorhanden, wird dem Gesetzeszweck am ehesten Rechnung getragen, wenn auf die richtige Person abgestellt wird, auch wenn der Betriebsbezug dabei unberücksichtigt bleibt. 18

Qualifikationen, die erst nach Bildung der Vergleichsgruppe erworben wurden, sind dann zu berücksichtigen, wenn diese Fähigkeiten im Zusammenhang mit der bisherigen Arbeitstätigkeit stehen.[10] D. h., dass nicht jede im Zeitverlauf erworbene Qualifikation zu berücksichtigen ist. Es handelt sich nicht um einen Regel-, sondern vielmehr um einen Ausnahmefall. Es würde daher z. B. eine unzulässige Begünstigung nach § 78 Satz 2 BetrVG darstellen, wenn neu erworbene rhetorische Fähigkeiten eines Betriebsratsmitglieds bei der Vergütungshöhe berücksichtigt werden, obwohl bisher eine Vertragstätigkeit als Fließbandarbeiter ausgeübt wurde. 19

Nicht berücksichtigt werden auch Qualifikationen, die die Betriebsratsmitglieder durch die Betriebsratstätigkeit selbst erworben haben;[11] die konkreten Aussagen dazu im Urteil des Bundesgerichtshofs vom 10.1.2023:[12] 20

> „Unzutreffend ist die von den Angeklagten in Anspruch genommene Auffassung, wonach es bei besonderen Umständen abweichend von den vorbezeichneten Grundsätzen auf eine individuelle hypothetische Ausnahmekarriere des Betriebsrats als Manager ankomme und dementsprechende Vergleichspersonen zu bestimmen seien. Hieran ändert nichts, dass die betreffenden Betriebsräte nach ihrer Amtsübernahme die unternehmenseigene Management-

8 *Jacobs/Krell*, RdA 2023, 193, 198.
9 Vgl. zum Meinungsstand *Jacobs/Krell*, RdA 2023, 193, 199.
10 *Thüsing*, in: Richardi, BetrVG, § 37 Rn. 75; wohl auch *Fitting*, BetrVG, § 37 Rn. 120; vor allem *Byers*, NZA 2014, 65.
11 Vgl. LG Braunschweig, 28.9.2021 – 16 KLs 406 Js 59398/16 (85/19).
12 BGH, 6 StR 133/22, NZA 2023, 301.

prüfung bestanden oder mit Vorständen und Managern ‚auf Augenhöhe verhandelt' und als Betriebsrat komplexe Aufgaben wahrgenommen hätten, in ‚unternehmerische Entscheidungskomplexe eingebunden' gewesen seien, Angebote zum Wechsel in Managementpositionen erhalten oder in der Zusammenarbeit vergütungsrelevante Leistungen gezeigt hätten. Erst recht kann aus der Betriebsratstätigkeit als solcher nicht geschlussfolgert werden, der Betriebsrat habe ‚den Marschallstab im Tornister' und könne fortan mit Führungskräften verglichen werden. Denn diese Maßstäbe knüpfen in unzulässiger Weise an die Bewertung der Betriebsratstätigkeit als solcher an und finden keine Stütze im Betriebsverfassungsgesetz."

21 Aus den Entscheidungen der Rechtsprechung kann folgendes **Schema für die Vergleichsgruppenbildung** abgeleitet werden:

- Die Vergleichsgruppe sollte idealerweise eine **Vielzahl von Mitarbeitenden** beinhalten (anzustreben ist ein Korridor von etwa 7–15 Vergleichspersonen), damit sichergestellt ist, dass ein Vergleich im Laufe der Zeit auch dann noch stattfinden kann, wenn Mitarbeitende aus dem Unternehmen ausscheiden. Eine gewillkürte Verkleinerung einer Vergleichsgruppe ist nur mit entsprechender Begründung möglich.
- Im Zeitpunkt der Übernahme des Amtes (Betrachtungszeitraum drei Monate) werden alle **Mitarbeitenden des Betriebs** erfasst, die im Wesentlichen vergleichbare Tätigkeiten im Betrieb verrichten. Dabei können auch Kolleginnen und Kollegen erfasst werden, die zwar nicht in der Abteilung der Mitarbeitenden beschäftigt werden, aber auf der gleichen Hierarchiestufe stehen.
- Anschließend scheiden die Mitarbeitenden aus der Betrachtung aus, die ob der Persönlichkeit, Qualifikation und Eingruppierung bei näherer Betrachtung nicht vergleichbar sind. Hierzu zählt auch die Berufserfahrung. Die Qualifikation verliert bei der Vergleichbarkeit an Wert, wenn beide Mitarbeitende über eine hohe Berufserfahrung verfügen, da dann feststeht, dass die höhere Qualifikation nicht zu einem höheren Entwicklungspotenzial geführt hat. Nur abgeschlossene Studiengänge/Ausbildungen erfüllen das Kriterium „Qualifikation". Das Kriterium „Qualifikation" steigt in der Gewichtung, je näher die Qualifikation an der zum Zeitpunkt der Amtsübernahme ausgeübten Tätigkeit liegt. Umgekehrt verliert das Kriterium „Qualifikation" an Bedeutung, je weiter sie sich von der zum Zeitpunkt der Amtsübernahme ausgeübten Tätigkeit entfernt.
- Die Berücksichtigung erfolgt, indem die Vergleichsgruppe angepasst wird. D. h. die Vergleichsgruppe muss (ganz überwiegend) aus Mitarbeitenden mit vergleichbaren (Zusatz-)Qualifikationen oder aus Mitarbeitenden bestehen, die Tätigkeiten ausüben, für die eine vergleichbare (Zusatz-)Qualifikation (z. B. abgeschlossenes Studium) erforderlich ist.
- Eine unterschiedliche Eingruppierung im Zeitpunkt der Amtsübernahme stellt grundsätzlich ein Indiz für eine fehlende Vergleichbarkeit dar. Dieses Kriterium könnte z. B. aber dann in den Hintergrund treten, wenn die Ver-

gleichspersonen tatsächlich die gleichen Tätigkeiten ausüben und die unterschiedliche Eingruppierung aus anderen Gründen (z. B. wegen in der Praxis häufig vorkommender Besitzstandswahrung) erfolgte. Soweit im Zeitpunkt der Amtsübernahme kein entsprechendes Entgeltsystem zur Anwendung kam, ist die jeweilige individuelle Vergütungshöhe und die Wertigkeit der ausgeübten Tätigkeit in der Vergleichsbetrachtung angemessen zu berücksichtigen.
- Findet der Arbeitgeber im Betrieb auch nach diesen Grundsätzen keine Mitarbeitenden mit im Wesentlichen gleich qualifizierten Tätigkeiten (auch unter Anwendung eines weiten Bewertungsmaßstabes), erweitert er ihre Betrachtung auf andere Betriebe des Unternehmens.
- Verbleibt **nur noch ein Mitarbeiter in der Vergleichsgruppe**, bildet dieser die Vergleichsgruppe bis zu dem Zeitpunkt, in dem er aus der Vergleichsgruppe ausscheidet.

IV. Berechnung des Arbeitsentgelts bei freigestellten Betriebsratsmitgliedern

§ 37 Abs. 4 BetrVG garantiert einem freigestellten Betriebsratsmitglied **nicht das absolut gleiche Entgelt**, das vergleichbare Mitarbeitende erhalten. Entgelterhöhungen, auf die das Betriebsratsmitglied vor seiner Amtsübernahme keinen Anspruch hatte oder, wenn es arbeitete, nicht hätte, haben bei der Bemessung seines Arbeitsentgelts nach der Wahl zum Betriebsratsmitglied außer Betracht zu bleiben.[13] 22

Etwaige Gehaltserhöhungen der Vergleichspersonen sind aber jedenfalls für freigestellte Mitglieder nach einer Entscheidung des BAG aus dem Jahr 2018 dann zu berücksichtigen, wenn die **Mehrheit der Vergleichspersonen** in einem bestimmten Zeitraum – etwa in einem Kalenderjahr – eine Gehaltserhöhung erhalten hat. Auch eine **Durchschnittsberechnung** ist z. B. dann zulässig, wenn es sich um eine kleine Vergleichsgruppe handelt oder die Gehaltserhöhungen der Vergleichspersonen unterschiedlich ausgefallen sind.[14] Aus der Entscheidung lassen sich folgende Überlegungen ableiten: 23

- Bei unterschiedlichen Entgelterhöhungen innerhalb der Vergleichsgruppe ist es entscheidend, in welchem Umfang das Entgelt der **Mehrzahl der Arbeitnehmer**, die der Vergleichsgruppe angehören („Karawane"), angehoben wird.
- Kann wie bei einer sehr kleinen Vergleichsgruppe (in dem vom BAG entschiedenen Fall bestand die Vergleichsgruppe aus drei Vergleichspersonen) nicht festgestellt werden, dass das Entgelt der Mehrzahl der vergleichbaren Arbeitnehmer in gleichem Umfang erhöht wurde, kann das Betriebsratsmit-

13 Vgl. BAG, 18.1.2017 – 7 AZR 205/15.
14 BAG, 21.2.2018 – 7 AZR 496/16.

glied nach der Rechtsprechung des BAG den **Durchschnitt** der den Angehörigen der Vergleichsgruppe gewährten Entgelterhöhung beanspruchen, wenn nur auf diese Weise eine Begünstigung oder Benachteiligung nach § 78 Satz 2 BetrVG vermieden werden kann.

24 Daraus lassen sich folgende **Handlungsschritte** ableiten:

1. Für die Ermittlung des neuen Betriebsratsmitglied-Grundentgelts werden alle Grundentgelte der Vergleichsgruppe ab dem ersten Monat nach der erstmaligen Freistellung pro Jahr aufgelistet.
2. Es wird pro Jahr ab erstmaliger Vollfreistellung geprüft, ob die Mehrheit der Vergleichsgruppe ein höheres Grundentgelt als das Betriebsratsmitglied hat.
3. Wenn keiner, die Minderheit oder gleich viele Vergleichsgruppenmitglieder ein höheres Grundentgelt haben, erfolgt für das jeweils betrachtete Jahr keine Grundentgeltanpassung.
4. Wenn die Mehrheit der Vergleichsgruppenmitglieder ein höheres Grundentgelt für das betrachtete Jahr hat, wird der Median der Grundgehaltserhöhungen aller Vergleichsgruppenmitglieder in Prozent ermittelt.
5. Das Betriebsratsmitglied hat den Anspruch auf den Median der Grundentgelterhöhungen aller Vergleichsgruppenmitglieder in Prozent; es gibt keinen Anspruch auf den Median der tatsächlichen Grundgehälter.
6. Der Median der Grundentgelterhöhungen aller Vergleichsgruppenmitglieder in Prozent wird auf das aktuelle Grundentgelt des Betriebsratsmitglieds angewendet und um den daraus resultierenden tatsächlichen Betrag erhöht.
7. Bei der Vergleichsbetrachtung in den Kalenderfolgejahren werden erfolgte Anpassungen mitgezählt, bis es zu einer Vergleichsanpassung für das Betriebsratsmitglied kommt. Nach einer erfolgten Vergleichsanpassung für das Betriebsratsmitglied beginnt im Kalenderfolgejahr die Zählweise wieder von vorne („Zähler auf null“).
8. Sollte die Vergleichsgruppe für den betrachteten Zeitraums nur noch aus drei oder weniger Vergleichsgruppenmitgliedern bestehen, so wird für die Durchführung der Schritte statt des Medians der Durchschnitt (in Prozent) für den betrachteten Zeitraum herangezogen.
9. Tariferhöhungen, die zwischen Arbeitgeber und Gewerkschaften vereinbart werden, werden zu den von den Tarifpartnern vereinbarten Terminen unabhängig von diesem Prozess an Betriebsratsmitglieder im Tarif weitergegeben.

25 Die gleichen Grundsätze gelten für die Entwicklung der **variablen Entgeltbestandteile**.

26 Hinsichtlich der Höhe des **variablen Entgelts** ist allerdings grundsätzlich nicht auf die Vergleichsgruppe, sondern auf das Entgeltausfallprinzip nach § 37 Abs. 2 BetrVG abzustellen. Die Berechnung der geschuldeten Vergütung nach dem Lohnausfallprinzip erfordert eine hypothetische Betrachtung, welches Arbeitsentgelt das Betriebsratsmitglied ohne die Arbeitsbefreiung verdient hätte. Zur Berechnung der hypothetischen Vergütung ist die Methode zu wählen, die dem Lohnausfallprinzip am besten gerecht wird. Dabei sind die Besonderheiten des jeweiligen Vergütungsbestandteils zu berücksichtigen. Gegebenenfalls ist bei schwankenden Bezügen eine Schätzung nach den Grundsätzen des § 287 Abs. 2 ZPO vorzunehmen. Bei der Berechnung der Höhe eines umsatzabhängigen Jahresbonus ist der Zielerreichungsgrad zugrunde zu legen, den das Betriebsratsmitglied hypothetisch in diesem Jahr ohne die Arbeitsbefreiung zur Wahrnehmung von Betriebsratsaufgaben erreicht hätte.[15]

Bei vollständig freigestellten Betriebsratsmitgliedern kann im Rahmen der vorzunehmenden Schätzung ergänzend auf die durchschnittliche Höhe der variablen Vergütung der Vergleichsgruppenmitglieder abgestellt werden, insbesondere, wenn keine sonstigen konkreten Anhaltspunkte für die hypothetische Betrachtung vorliegen. **27**

Alternativ kann konkretisierend – soweit vorhanden – auf die letzte vergütungsbezogene Leistungsbeurteilung vor der Freistellung (und vor der erstmaligen Wahl in das Betriebsratsamt) abgestellt werden. Diese Beurteilung wird sodann ins Verhältnis zur entsprechenden durchschnittlichen Leistungsbewertung der Vergleichsgruppe gesetzt. Dieser Wert (x % über oder unter der Vergleichsgruppe) ist maßgebend für die künftigen Leistungsbewertungen. **28**

V. Beförderungen von freigestellten Betriebsratsmitgliedern

Die Übertragung höherwertiger Tätigkeiten (Beförderung) ist nur dann betriebsüblich im Sinne von § 37 Abs. 4 BetrVG und damit im Rahmen der Berechnung des Arbeitsentgelts der Betriebsratsmitglieder zu berücksichtigen, wenn nach den betrieblichen Gepflogenheiten dem Betriebsratsmitglied die höherwertige Tätigkeit hätte übertragen werden müssen oder die Mehrzahl der vergleichbaren Arbeitnehmer einen solchen Aufstieg erreicht.[16] **29**

Bei der Vergleichsbetrachtung in den Kalenderfolgejahren werden erfolgte Beförderungen daher nur für die Bemessung des Arbeitsentgelts herangezogen, wenn 50 + 1 der Vergleichsgruppe die Beförderung erreicht haben. **30**

Das gilt auch für heterogene Vergleichsgruppen, bei denen sich die Vergleichsgruppe von Beginn an auf Mitarbeitende, die unterschiedlichen Entgeltstufen zugeordnet sind, erstreckt. **31**

Als Beförderung gilt jede Höhergruppierung in der entsprechenden Vergütungssystematik: der Aufstieg in eine höhere Tarifgruppe, ein höheres Level oder eine Gradeerhöhung. Jeder Schritt zählt als eine Beförderung. Dies gilt in heterogenen Vergleichsgruppen auch unabhängig davon, ob die Beförderung ober- oder unterhalb der Karrierestufe des Betriebsratsmitglieds erfolgt. **32**

---

15 BAG, 29.4.2015 – 7 AZR 123/13.
16 BAG, 17.8.2005 – 7 AZR 528/04, Rn. 13.

33 Wird ein Mitarbeitender von einer Entgeltstufe direkt in eine zwei Stufen darüber liegende Entgeltstufe gehoben, liegen **zwei Beförderungen** vor und nicht nur eine, da die Wertigkeit der jeweiligen einzelnen Beförderungsstufe sonst nicht abgebildet wird. Das gilt auch, wenn ein Mitarbeiter zwar zeitversetzt, aber dennoch in einem Kalenderjahr z. B. zunächst in die nächsthöhere und dann im gleichen Jahr noch einmal, also im Ergebnis um zwei Stufen befördert wird.

34 Bei der Betrachtung ist nicht das Kalenderjahr maßgeblich, sondern die Summe der erfolgten Beförderungen im Hinblick auf die Vergleichsgruppenmitglieder. Wenn die Anzahl der Beförderungen dazu führt, dass für das Betriebsratsmitglied eine Beförderung vorzunehmen ist, erfolgt eine Nullung, die Zählung für Beförderungen beginnt von Neuem. Der Betrachtungszeitraum für Beförderungen kann also über das Kalenderjahr hinausgehen.

35 Beispiel: Die Vergleichsgruppe besteht aus zehn Mitarbeitern. Im Kalenderjahr 2021 werden drei Mitarbeitende befördert. Im Februar 2022 werden vier Mitarbeitende befördert. Ergebnis: das BR-Mitglied erfährt im Prüfungszeitpunkt im Jahr 2022 eine Beförderung. Die Zählung der Beförderungen beginnt neu und startet damit bei null.

36 Diese Grundsätze gelten auch, wenn in einer heterogenen Vergleichsgruppe die Beförderung eines **Vergleichsgruppenmitglieds stattfindet, das im Vergleich zum Betriebsratsmitglied bisher einer niedrigeren Beförderungsstufe** zugeordnet ist. Es kommt auch in diesen Fällen nur darauf an, ob ein Aufstieg um eine Stufe (gleich welche) erfolgt ist. Wenn 50 + 1 der heterogenen Vergleichsgruppe eine Beförderung um eine Stufe erhalten haben, werden diese Beförderungen bei dem Arbeitsentgelt berücksichtigt. Erreichen dann 50 + 1 der Mitarbeitenden die für sie jeweils aus ihrer Ausgangslage geltende zweite Beförderungsstufe, werden auch diese Sprünge berücksichtigt.

37 Wurde ein Betriebsratsmitglied aufgrund der Vergleichsgruppensituation befördert, ist dies bei der einmal im Jahr durchzuführenden Entgeltüberprüfung zu berücksichtigen: Das Gehalt wird aufgrund des Beförderungsanspruchs auf das Einstiegsgehalt der neuen Tarifgruppe bzw. des neuen Grades erhöht, wenn dieses höher liegt als das durch die prozentuale Entgeltanpassung ermittelte Gehalt.

VI. Berechnung des Arbeitsentgelts bei nicht freigestellten Betriebsratsmitgliedern

38 § 37 Abs. 4 BetrVG gilt auch für nicht freigestellte Betriebsratsmitglieder.[17] Daher ist es auch für die nicht freigestellten Betriebsratsmitglieder sinnvoll, im Zeitpunkt der Amtsübernahme eine Vergleichsgruppe zu bilden.

17 BAG, 13.11.1987 – 7 AZR 550/86.

Die Anpassung an die Vergleichsgruppe erfolgt allerdings nicht automatisch. Vielmehr trägt das Betriebsratsmitglied die Darlegungs- und Beweislast dafür, dass es wegen der Betriebsratstätigkeit nicht zu einer betriebsüblichen Entwicklung gekommen ist.[18] Dabei genügt es nicht, dass sich aus seinem Vortrag ergibt, die Beförderung auf eine höher bezahlte Stelle sei ohne das Betriebsratsamt möglich und wahrscheinlich; das Gericht muss aufgrund der vorgetragenen Tatsachen und Hilfstatsachen zu der Überzeugung gelangen können, dass dem Betriebsratsmitglied ohne das Betriebsratsamt die höherwertige Tätigkeit tatsächlich übertragen worden wäre.[19] 39

Dabei kann eine zeitliche Belastung nur ein erster Anhaltspunkt sein. Allein ausschlaggebend kann sie nicht sein, da die Reduzierung der Arbeitszeit ob der Aufgaben als Betriebsrat letztlich nichts anderes bewirkt als eine Teilzeitbeschäftigung. Vielmehr hat das Betriebsratsmitglied weitere Anhaltspunkte darzulegen, die verdeutlichen, dass es gerade wegen der durch die Betriebsratstätigkeit reduzierten Arbeitszeit zu einer Hemmung der beruflichen Entwicklung gekommen ist. Dieser Vortrag kann z. B. in einer entsprechenden Äußerung von Vorgesetzten (z. B. in Beurteilungs- oder Beförderungsgesprächen) bestehen. Zudem kann das Betriebsratsmitglied z. B. darlegen, dass es ob seiner zeitlich eingeschränkten Verfügbarkeit andere Arbeitsinhalte mit weniger Entwicklungspotenzial verrichten musste als vergleichbare Arbeitnehmerinnen und Arbeitnehmer. 40

Folgende **Prüfungsschritte** bieten sich an: 41

- Welche zeitliche Inanspruchnahme durch die Betriebsratstätigkeit bestand?
- Gibt es Anhaltspunkte dafür, dass diese zeitliche Inanspruchnahme dazu geführt hat, dass sich das Betriebsratsmitglied seiner beruflichen Entwicklung nicht in derselben Weise widmen konnte wie vergleichbare Arbeitnehmerinnen und Arbeitnehmer?

Die Tatsache, dass ein Betriebsratsmitglied auf der Basis einer Vereinbarung mit dem Arbeitgeber (und nicht wegen Vorliegens der gesetzlichen Voraussetzungen) freigestellt war (weil dies wegen der Fülle der zu erledigenden Aufgaben erforderlich gewesen ist), ist ohne Belang.[20] Denn die im Gesetz geregelten Freistellungen sind bloße Mindestgrenzen. Sie könnten und müssten überschritten werden, wenn dies ob der Fülle der zu erledigenden Aufgaben geboten sei (st. Rspr. des BAG).[21] 42

---

18 Vgl. zur Darlegung- und Beweislast ausführlich BAG, 20.1.2021, 7 AZR 52/20.
19 Vgl. auch schon BAG, 17.8.2005 – 7 AZR 528/04 und BAG, 22.1.2020 – 7 AZR 222/19.
20 Vgl. BAG, 30.4.1987 – 6 AZR 428/84.
21 Vgl. BAG, 16.1.1979 – 6 AZR 683/76.

VII. Regelung durch Betriebsvereinbarung

43 Es ist zulässig, konkretisierende betriebliche Vereinbarungen zu § 37 Abs. 4 BetrVG – etwa zum Verfahren der Festlegung vergleichbarer Mitarbeitender – zu treffen. Solche Regelungen müssen sich aber im Rahmen der gesetzlichen Vorgaben in § 37 Abs. 4 BetrVG und § 78 Satz 2 BetrVG bewegen. § 37 Abs. 4 BetrVG ist als Ausprägung des Benachteiligungsverbots des § 78 Satz 2 BetrVG und wesentlicher Teil der Konzeption der Vergütung von Betriebsratsmitgliedern in § 37 BetrVG zwingend und kann weder durch Tarifvertrag noch aufgrund einer Betriebsvereinbarung oder Regelungsabrede abgeändert werden. Regelungen zur Durchführung der Vorschrift müssen sich in Übereinstimmung mit den Grundsätzen des § 37 BetrVG halten.

44 Mit einer solchen Betriebsvereinbarung schaffen die Betriebsparteien Transparenz, nicht nur für alle Mitglieder des Betriebsrats, sondern auch für die Belegschaft. Die Regelungen für die Vergleichsgruppenbildung und Entgeltüberprüfung sollten dabei auch für alle, nicht nur für die freigestellten BR-Mitglieder, und unabhängig vom tatsächlichen Freistellungsumfang zur Anwendung kommen.

45 Um eine zeitaufwändige gerichtliche Klärung etwaiger Meinungsverschiedenheiten vermeiden zu können, kann eine innerbetriebliche Konfliktregelung im Rahmen einer (freiwilligen) Einigungsstelle hilfreich sein.

46 Einen entsprechenden Ansatz verfolgt nun auch die Kommission „Rechtssicherheit in der Betriebsratsvergütung“.[22] In dem Vorschlag zur Novellierung von § 37 Abs. 4 BetrVG ist vorgesehen, dass „Arbeitgeber und Betriebsrat […] in einer Betriebsvereinbarung ein Verfahren zur Festlegung vergleichbarer Arbeitnehmer regeln“.

VIII. Fazit

47 Die Bemessung der Betriebsratsvergütung und ihre Entwicklung bleibt ein weites Feld. Natürlich fördert die aktuelle Rechtsprechung die Diskussion und sorgt schrittweise für ein klareres Bild. Dessen ungeachtet wird es immer wieder Fälle in der Praxis geben, die neue Fragen aufwerfen, weil die bisherigen in der Rechtsprechung entwickelten Lösungsansätze nicht immer auf alle Anwendungsfälle übertragen werden können.

48 Gerade deshalb sollten die Betriebsparteien ihre Gestaltungsspielräume nutzen und durch eine entsprechende Betriebsvereinbarung klare Regelungen für den Prozessablauf schaffen und den Prozess im Nachgang dann auch ebenso transparent dokumentieren.

---

22 NZA 2023, 1303 ff.

F. Anpassung der Betriebsstrukturen an die neue Arbeitswelt

Abschnitt 1 – Perspektive Arbeitgeber

I. Betriebsräte in Start-ups

1 Betriebsräte in Start-ups klingt nicht gerade wie Topf und Deckel. Dennoch ist dieses Phänomen in den letzten Jahren gehäuft zu finden: Betriebsratsgründungen in der Start-up-Szene. Als Beispiele hierfür können Start-ups wie Lieferando, Flaschenpost oder auch Gorillas dienen. Mit derartigen Bestrebungen einer Betriebsratsgründung gingen nicht selten gerichtliche Streitigkeiten einher: Gerade aus Gründerperspektive scheint die Entwicklung fremd zu sein und wird nicht selten als persönlicher Angriff verstanden. Gleichwohl wird sie proaktiv seitens der Arbeitnehmer vorangetrieben. Auch die Gewerkschaft ver.di unterstützt die Arbeitnehmer in diesem Vorhaben, wie etwa die Betriebsratsgründung bei Hello Fresh zeigt.[1]

2 Vor dem Hintergrund dieser Entwicklung ist eine spannende Entscheidung des BAG aus dem Jahr 2021 ergangen, die gerade mit Blick auf die Start-up-Szene eine neue Dimension erreicht. Das BAG entschied zum unternehmenseinheitlichen Betriebsrat, konkret zu § 3 BetrVG. Trotz der aktuellen Entwicklungen in der Start-up-Szene sind die aussagekräftigen und wegweisenden Feststellungen, die in diesem Urteil getroffen wurden, bei vielen unberücksichtigt geblieben. Das kann auf verschiedene Gründe zurückgeführt werden: In Deutschland gibt es bislang kaum Betriebsräte, die auf Akklamation der Mitarbeiter gewählt werden und dabei unternehmenseinheitlich, unabhängig von etwaigen Standorten, zuständig sind. Darüber hinaus ist ein unternehmenseinheitlicher Betriebsrat bislang überwiegend als unwichtig eingestuft worden. Überdies ist die Norm des § 3 BetrVG zwar vielen bekannt, die meisten wissen aber nicht, wofür sie Anwendung finden soll. Dabei wird teilweise sogar so weit gegangen, die Regelung als einen „Betriebsunfall des Gesetzgebers" zu bezeichnen. Doch wie die jüngsten Entwicklungen zeigen, sollte sich gerade in der Start-up-Szene mit dieser Entscheidung auseinandergesetzt werden. So kann sich bereits in einem frühen Entwicklungsstadium der Betriebsratsgründung entsprechend verhalten und auf diese Weise Risiken einer Betriebsratsgründung nach § 3 BetrVG vermieden werden.

---

1 Tagesspiegel v. 9.2.2023, https://www.tagesspiegel.de/berlin/berliner-wirtschaft/betriebsrat-fur-hellofresh-wahlvorbereitung-kann-starten-9320321.html (zuletzt abgerufen am 7.11. 2023).

3 Neben der Bedeutung dieser Entscheidung aus Start-up-Sicht gehen mit ihr auch schwierige Fragen zum Legitimationszweck einher. Demzufolge ist sich in diesem Zusammenhang auch mit anderen Legitimationsthemen auseinanderzusetzen. Dabei wird letztlich die Thematik der Abwägung in den Fokus rücken, konkret zwischen der Legitimationsfrage einerseits und der Effektivitätsfrage andererseits.

II. Entscheidung des BAG[2]

4 Im März 2021 befasste sich das BAG in einer Entscheidung mit einem nach § 3 Abs. 3 BetrVG gewählten unternehmenseinheitlichen Betriebsrat. Dabei wies das BAG darauf hin, dass ein Belegschaftsbeschluss nach § 3 Abs. 3 BetrVG, einen unternehmenseinheitlichen Betriebsrat zu wählen, bis zu einer gegenteiligen Beschlussfassung („actus contrarius") der Arbeitnehmer bestehen bleibt. Änderungen der betrieblichen Strukturen innerhalb des Unternehmens haben dabei keine Auswirkungen auf den Beschluss der Arbeitnehmer. Bei der Aufnahme anderer Betriebe in die Unternehmensstruktur bleibt ein unternehmenseinheitlicher Betriebsrat bestehen. Ein bei einem der aufgenommenen Betriebe bestehender Betriebsrat geht unter. Dies gilt jedoch nur, solange im Rahmen von verschiedenen Organisationsmaßnahmen kein gemeinsamer Betrieb mit einem weiteren Unternehmen entsteht. In diesem Fall ist ein Betriebsrat nach den gesetzlichen Strukturen zu wählen.

5 Dem Beschluss lag folgender Sachverhalt zugrunde:

6 Die beteiligte Arbeitgeberin beschäftigt an mehr als 30 Standorten etwa 4.600 Mitarbeiter. Bei ihrer Rechtsvorgängerin fand im Jahr 2002 eine Abstimmung der Arbeitnehmer über die Errichtung eines unternehmenseinheitlichen Betriebsrats statt. Zu diesem Zeitpunkt bestand weder eine tarifliche Regelung nach § 3 Abs. 1 BetrVG noch war ein Betriebsrat bei ihr gebildet worden. Die Mehrheit der Arbeitnehmer stimmte für die Wahl eines unternehmenseinheitlichen Betriebsrats. Dieser wurde daraufhin erstmals im Jahr 2002 sowie auch in der Folgezeit gewählt. Im Anschluss kam es zu diversen Organisationsentscheidungen des Arbeitgebers: Es fanden Verschmelzungen und Übertragungen statt. Im Jahr 2012 übertrug die Rechtsvorgängerin einen Teilbereich auf eine weitere GmbH. Aufgrund dieser Übertragung kann nicht ausgeschlossen werden, dass zwischen der Rechtsvorgängerin und der Arbeitgeberin ein gemeinsamer Betrieb gegründet wurde. Im Jahr 2014 wurde eine weitere GmbH unter Auflösung auf die Rechtsvorgängerin verschmolzen. Bei dieser GmbH bestand zum Zeitpunkt der Auflösung ein Betriebsrat. Im Laufe der Zeit wurden an mehreren Standorten der Arbeitgeberin Betriebsräte gewählt. Die an diesen Standorten gewählten Betriebsräte errichteten schließlich einen Gesamtbetriebsrat. Im Jahr 2019 wurde eine weitere GmbH auf die Arbeitgeberin verschmolzen. Auch bei

2 BAG, 24.3.2021 – 7 ABR 16/20, NZA 2021, 1337.

dieser GmbH bestand an einem Standort ein Betriebsrat, der nach der Verschmelzung zunächst zurücktrat, einen Wahlvorstand zur Neuwahl bestellte und schließlich nach der Verschmelzung erneut gewählt wurde.

Es wurde schließlich beantragt, u. a. festzustellen, dass keine unternehmenseinheitliche betriebsratsfähige Organisation mehr besteht. **7**

Folgende Feststellungen des BAG sind hervorzuheben: **8**

Ein Belegschaftsbeschluss nach § 3 Abs. 3 BetrVG setzt voraus, dass dieser von mindestens drei Arbeitnehmern des Unternehmens veranlasst ist.[3] Eine besondere Form ist hierfür nicht vorgeschrieben. § 3 Abs. 3 BetrVG ist in seinen Voraussetzungen abschließend: Die Wahl aufgrund eines Beschlusses der Arbeitnehmer ist nur „im Fall des Abs. 1 Nr. 1a" zulässig. Daraus folgt, dass ein solcher Arbeitnehmerbeschluss zur Bildung eines unternehmenseinheitlichen Betriebsrats nur für *ein* Unternehmen mit mehreren Betrieben erfolgen kann. Daran fehlt es etwa, wenn lediglich ein Hauptbetrieb und mehrere Kleinstbetriebe nach § 4 Abs. 2 BetrVG bestehen, da letztere dem Hauptbetrieb zuzuordnen sind. **9**

Ein nach § 3 Abs. 3 BetrVG wirksam gefasster Beschluss verliert nicht allein durch Zeitablauf seine Wirkung. Dies folgt aus gesetzessystematischen Erwägungen und dem Sinn und Zweck der Regelung: Für die tarifliche Regelung im Sinne des § 3 Abs. 1 Nr. 1a BetrVG ist ausdrücklich anerkannt, dass eine solche getroffene Regelung erst mit dem Tarifvertrag endet, unabhängig von einer betriebsverfassungsrechtlichen Wahlperiode. Hätte der Gesetzgeber für § 3 Abs. 3 BetrVG eine andere Regelung gewollt, wäre eine solche aufgenommen worden. Überdies dient die Regelung des § 3 Abs. 3 BetrVG dem Sinn und Zweck, die Bildung einer Interessenvertretung in einem Unternehmen mit lediglich kleinen Betrieben zu erleichtern. Ein solches Bedürfnis besteht dauerhaft, ebenfalls unabhängig von einer betriebsverfassungsrechtlichen Wahlperiode. **10**

Die Dauerwirkung des Beschlusses findet ihr Ende in einem sog. actus contrarius. Das bedeutet, dass eine Rückkehr zur gesetzlichen Betriebsverfassung und die Wahl von Einzelbetriebsräten nur dann möglich ist, wenn eine erneute Abstimmung der Belegschaft erfolgt. **11**

Betriebliche Organisationsentscheidungen des Arbeitgebers innerhalb des Rahmens von § 3 BetrVG haben keine Auswirkungen auf einen unternehmenseinheitlichen Betriebsrat. Verschmelzungen und Übertragungen führen nicht selten zu einem Anstieg der Arbeitnehmerzahl im Unternehmen. § 13 Abs. 1 Nr. 1 BetrVG, der die Schwankungen der Arbeitnehmerzahl abschließend im Betriebsverfassungsgesetz regelt, ist auf einen Beschluss nach § 3 Abs. 3 BetrVG nicht anwendbar. Die Übernahme von Betrieben im Zuge von Verschmelzungen führt nicht dazu, dass die Abstimmung nach § 3 Abs. 3 BetrVG ihre Wirkung verliert. Vielmehr schafft § 3 Abs. 3 BetrVG die Möglichkeit, dass ein Betriebsrat für ein gesamtes Unternehmen gewählt wird. Dabei sind die gesetzlichen Be- **12**

3 Vgl. hierzu BAG, NZA 2021, 1337, 1340, Rn. 33.

triebsstrukturen und die diese beeinflussenden möglichen Organisationsentscheidungen des Arbeitgebers nicht von Bedeutung.

13 Belegschaften von neu hinzukommenden Betrieben werden ab diesem Zeitpunkt von dem unternehmenseinheitlichen Betriebsrat repräsentiert. Wie die Übernahme der hinzukommenden Betriebe organisiert wird, bspw. durch Eingliederung, ist irrelevant. Der unternehmenseinheitliche Betriebsrat bleibt vielmehr bestehen. Ein Betriebsrat, der bei einem der übernommenen Betriebe gebildet wurde, geht unter. Die hier entstehende Lücke der demokratischen Legitimation, dass der unternehmenseinheitliche Betriebsrat nicht von der Belegschaft des hinzukommenden Betriebs gewählt wurde, ist hinzunehmen. Damit vergleichbar sind Fallkonstellationen, in denen Arbeitnehmer erst nach der Wahl des Betriebsrats Betriebsmitglieder geworden sind. Gerechtfertigt werden kann die Lücke mit der Erwägung, dass hinzukommende Arbeitnehmer, die den unternehmenseinheitlichen Betriebsrat ablehnen, jederzeit die Möglichkeit haben, durch einen entsprechenden actus contrarius (Gegenabstimmung) den unternehmenseinheitlichen Betriebsrat zu Fall zu bringen.

14 Die Grenze findet der Belegschaftsbeschluss nach § 3 Abs. 3 BetrVG in Umstrukturierungen, die sich nicht mehr in dessen Rahmen bewegen, also über betriebliche Organisationsentscheidungen des Arbeitgebers hinausgehen. Das ist der Fall, wenn zwischen mehreren Unternehmen ein gemeinsamer Betrieb besteht. Für unternehmensübergreifende Repräsentationseinheiten verleiht § 3 BetrVG den Arbeitnehmern keine Gestaltungsmöglichkeit. § 3 BetrVG spricht nur von *einem* Unternehmen. In so einem Fall ist der Betriebsrat fortan wieder nach den gesetzlichen Strukturen zu wählen.

III. Statusfeststellung in der Start-up-Szene

15 Diese BAG-Entscheidung ist insbesondere mit Blick auf die Start-up-Szene spannend: Viele Start-ups stehen derzeit vor einem Kulturwandel. Neben gestiegenen Zinsen und der Bankenkrise in den USA wird die Refinanzierung von Start-ups zunehmend schwieriger. Nicht nur große Unternehmen, wie beispielsweise Google, Amazon[4] oder der Facebook-Konzern Meta[5] müssen Personalabbaumaßnahmen im fünfstelligen Bereich vornehmen. Wie die kürzlichen Entwicklungen zeigen, macht eine Kündigungswelle auch vor der Start-up-Branche

4 Stern v. 23.3.2023, https://www.stern.de/digital/online/google--amazon-und-co--wie-der-traumjob-im-silicon-valley-zum-albtraum-wurde-33302918.html (zuletzt abgerufen am 7.11.2023).

5 Handelsblatt v. 14.3.2023, https://www.handelsblatt.com/technik/it-internet/facebook-konzern-noch-einmal-10-000-mitarbeiter-meta-steht-vor-naechstem-deutlichen-stellenabbau/29035696.html (zuletzt abgerufen am 7.11.2023).

nicht Halt.[6] Das österreichische Nachhilfe-Start-up Gostudent, das Berliner Start-up Urban Sports Club oder auch das Berliner Mobilität-Start-up Tier Mobility mussten sich von einigen Mitarbeitern trennen.[7] Das Umfeld der Start-up-Szene ist ein anderes geworden. In einer solchen Zeit des Umbruchs und der Unsicherheit werden Mitarbeitervertretungen attraktiver und der Ruf nach ihnen lauter. So muss sich etwa das Start-up Sumup damit auseinandersetzen.[8] Die medienträchtige Entwicklung der Betriebsratsgründung bei der Smartphone-Bank N26 verdeutlicht, dass eine solche der Start-up-Szene grundsätzlich fremd ist.[9] In der Start-up-Szene herrschen flache Hierarchien. Es besteht *ein* Team. Es herrscht ein Miteinander anstelle eines Gegeneinanders. Viele der Gründer sehen diese Entwicklung daher kritisch, andere unterstützen ihre Beschäftigten bei der Betriebsratsgründung.[10] Einige empfinden dies sogar als einen persönlichen Angriff gegen sich selbst. Fakt ist, diese Entwicklung ist in den anhaltenden unsicheren Zeiten selten aufzuhalten. Die Gründer stehen vor der Entscheidung, wie sie damit umgehen möchten: eine defensive Haltung oder die Rolle des proaktiven Unterstützers einnehmen. Für ersten Weg entschied sich wohl der Lieferdienst Gorillas. Laut Medienberichten wurde versucht, die Betriebsratswahlen durch strukturelle Veränderungen im Unternehmen zu Fall zu bringen.[11] Dennoch sollte die Rolle des proaktiven Unterstützers aus Gründersicht keinesfalls unterschätzt werden. Die Vorteile von Mitarbeitern als zukünftigen Betriebsratsmitgliedern, mit denen bereits vor einer solchen Entwicklung stets eine gute Zusammenarbeit stattgefunden hat, sollten bei der Entscheidung nicht unberücksichtigt bleiben. Nicht zuletzt vor dem Hintergrund der Auswirkungen einer Betriebsratsgründung auf Akklamation der Mitarbeiter ist eine gute Zusammenarbeit zwischen Gründer und Betriebsrat – gerade aus Gründersicht – von enormer Bedeutung.

---

6 Handelsblatt v. 7.2.2023, https://www.handelsblatt.com/technik/it-internet/kuendigungswelle-diese-deutschen-start-ups-und-tech-firmen-bauen-stellen-ab/28965910.html (zuletzt abgerufen am 7.11.2023).

7 Gründerszene v. 8.9.2022, https://www.businessinsider.de/gruenderszene/business/massenentlassungen-in-der-deutschen-startup-szene-sept-2022/ (zuletzt abgerufen am 7.11.2023).

8 Finance Forward v. 20.12.2021, https://financefwd.com/de/sumup-betriebsrat/ (zuletzt abgerufen am 7.11.2023).

9 Zeit Online v. 13.8.2020, https://www.zeit.de/wirtschaft/unternehmen/2020-08/betriebsrat-n26-arbeitsbedingungen-einstweilige-verfuegung-management (zuletzt abgerufen am 7.11.2023).

10 Business Insider v. 27.4.2023, https://www.businessinsider.de/wirtschaft/meta-facebook-mitarbeiter-in-deutschland-waehlen-betriebsrat/ (zuletzt aufgerufen am 7.11.2023).

11 Süddeutsche Zeitung v. 24.11.2023, https://www.sueddeutsche.de/wirtschaft/gorillas-betriebsrat-arbeitsgericht-berlin-1.5472240 (zuletzt abgerufen am 7.11.2023).

IV. Die Auswirkungen der BAG-Entscheidung auf die Start-up-Szene

16 Bedeutung erlangt die Entscheidung des BAG vom 24.3.2021 – 7 ABR 16/20 für ein Start-up, wenn in diesem ein unternehmenseinheitlicher Betriebsrat gewählt wird und das Start-up weiterwächst. Auch nach weiterem Wachstum besteht ein unternehmenseinheitlicher Betriebsrat grundsätzlich fort. Für dieses Szenario lohnt sich ein genauerer Blick auf die Entscheidung des BAG. Nach dem BAG ist entscheidend, ob die ursprüngliche Identität gleichbleibt.[12] Dieser Punkt ist der Dreh- und Angelpunkt, denn anders gewendet: Hat sich die ursprüngliche Identität verändert, ist der ursprüngliche durch Akklamation entstandene unternehmenseinheitliche Betriebsrat nicht mehr anzuerkennen. Wann die ursprüngliche Identität noch gewahrt bzw. nicht mehr gewahrt ist, ist eine Abwägungsentscheidung. Maßgebend ist das Demokratieprinzip, auf der einen Seite im Sinne der Anerkennung des Wahlergebnisses eines unternehmenseinheitlichen Betriebsrats auf Grundlage des BetrVG und auf der anderen Seite im Sinne einer angemessenen Interessenvertretung, einen dem Interesse der Beschäftigten in ihrer Variabilität angemessenen Vertreter zu finden.

17 Die Anerkennung eines Wahlergebnisses einer Betriebsratswahl hat im Allgemeinen einen hohen Schutz und Stellenwert. Ein einmal gewählter Betriebsrat hat grundsätzlich Bestandsschutz. Das ergibt sich daraus, dass eine Nichtigkeit einer Betriebsratswahl faktisch nie gegeben ist. Hierzu müssten offensichtliche und grobe Verstöße gegen wesentliche Grundsätze des im Betriebsverfassungsrecht kodifizierten Wahlrechts vorliegen. Diese müssen so gravierend sein, dass auch der Anschein einer dem Gesetz entsprechenden Wahl nicht mehr besteht.[13] Mit anderen Worten: Die Betriebsratswahl müsste „den Stempel der Nichtigkeit auf der Stirn tragen“.[14] Auch eine Anfechtbarkeit einer Betriebsratswahl im Sinne des § 19 BetrVG ist nur unter sehr engen Voraussetzungen möglich. Nach § 19 Abs. 1 BetrVG muss gegen wesentliche Vorschriften über das Wahlrecht, die Wählbarkeit oder das Wahlverfahren verstoßen worden sein, eine Berichtigung nicht erfolgt sein und zudem müsste der Verstoß geeignet gewesen sein, das Wahlergebnis zu ändern oder jedenfalls zu beeinflussen. Schließlich hat eine wirksame Anfechtung nur zur Folge, dass der Betriebsrat mit Ex-nunc-Wirkung sein Amt verliert.[15] Bis zur Rechtskraft der Entscheidung bleibt der gewählte Betriebsrat im Amt.[16] Sämtliche Beteiligungsrechte des Betriebsrats muss der Arbeitgeber bis dahin wahren.

---

12 BAG, 24.3.2021 – 7 ABR 16/20, NZA 2021, 1337.

13 BAG, 27.7.2011 – 7 ABR 61/10, NZA 2012, 345.

14 St. Rspr.: vgl. BAG, 20.4.2005 – 7 ABR 44/04, NZA 2005, 1426; BAG, 21.9.2011 – 7 ABR 54/10, NZA-RR 2012, 186.

15 *Thüsing*, in: Richardi, BetrVG, § 19 Rn. 68.

16 *Thüsing*, in: Richardi, BetrVG, § 19 Rn. 69.

Auf der Kehrseite ist die Funktion eines (unternehmenseinheitlichen) Betriebsrats, nämlich die Interessenvertretung der Beschäftigen, zu beachten. Durch ein weiteres Wachstum eines Unternehmens nach Akklamation eines unternehmenseinheitlichen Betriebsrats besteht die Gefahr, dass möglicherweise ein Teil der Belegschaft unzulässigerweise ausgeschlossen ist. Die Erreichbarkeit des Betriebsrats für die Belegschaft ist sicherzustellen. **18**

V. § 3 BetrVG: Betriebsstruktur

Nicht nur ein Unternehmenswachstum, sondern auch eine strukturelle Änderung kann die ursprüngliche Identität des Unternehmens berühren. Strukturelle Änderungen können beispielsweise Unternehmenszusammenschlüsse oder Verschmelzungen sein. Auf diesen Umstandsmoment folgt der Zeitmoment: Denn was passiert, wenn sich die Betriebsstruktur während der laufenden Legislaturperiode strukturell ändert? **19**

Ist der unternehmenseinheitliche Betriebsrat gewählt worden im Sinne des § 3 Abs. 3 BetrVG, gilt grundsätzlich, wie unter vorstehender Ziffer IV dargestellt: Ein einmal gewählter Betriebsrat bleibt im Amt. **20**

Anders kann dies für unternehmenseinheitliche Betriebsräte zu beurteilen sein, die durch Tarifvertrag im Sinne des § 3 Abs. 1 Nr. 1 lit. a BetrVG oder durch Betriebsvereinbarung im Sinne des § 3 Abs. 2 BetrVG gebildet wurden. Ändert sich die Betriebsstruktur während der laufenden Legislaturperiode, wird in vielen Fällen versucht, dies über sog. „Merger-Klauseln" zu regeln. Solche „Merger-Klauseln" dürften nur in Einzelfällen effektiv sein. In der Regel wird man nur Anpassungsklauseln für wirksam halten können.[17] Solche Klauseln sind anhand eines zweistufigen Schemas zu prüfen. Erstens ist danach zu fragen, ob der konkrete Tatbestand der strukturellen Änderung von der Klausel erfasst ist. Eine Vielzahl möglicher struktureller Änderungen kann durch solche Klauseln nur eingeschränkt erfasst werden. Die jetzige Struktur müsste dazu noch von dem Parteiwillen umfasst sein, weil sie vorhersehbar war. Es darf kein „Ersatz-BetrVG" in dem Sinne geschaffen werden, dass immer derselbe Betriebsrat zuständig sein soll, unabhängig davon, was passiert. Zweitens ist als ungeschriebenes Element ggf. eine teleologische Reduktion angezeigt. Es geht immer um die Frage, ob abweichende Mitarbeiterstrukturen durch die Vertragsparteien geregelt werden können und ob dadurch die Mitarbeitervertretung effektiv verbessert wird. Dabei ist irrelevant, welche Auswirkungen eine solche Regelung auf den Arbeitgeber hat. Tarifverträge bzw. Betriebsvereinbarungen nach § 3 Abs. 1 Nr. 1 lit. a bzw. § 3 Abs. 2 BetrVG müssen deshalb streng geprüft werden: Es geht auch hier um eine Abwägung zwischen dem Demokratieprinzip des gewählten Betriebsrats einerseits und das Interesse der Mitarbeiter infolge der Strukturänderungen andererseits. **21**

---

17 *Belling*, NZA 1996, 906, 909.

22 Ist das Gestaltungsrecht überschritten und die Klausel insoweit unwirksam, besteht eine Anpassungs- bzw. Nachverhandlungspflicht. In der Regel folgen nach neuen Strukturmaßnahmen unverzügliche Nachverhandlungen. Erfolgen diese nicht bzw. nicht zielführend, muss es den Vertragsparteien möglich sein, zu kündigen, ggf. auch außerordentlich. Zu denken ist an den Wegfall der Geschäftsgrundlage im Sinne des § 313 BGB. Ungeklärt ist dabei, ob ein eigenes Kündigungsrecht nach § 313 BGB besteht und welche Fristen hierfür gelten.[18]

23 Wann ein Kündigungsrecht nach § 313 BGB gegeben sein kann, zeigt folgendes Beispiel: In einer Konzerngesellschaft gibt es einen Konzernbetriebsrat, der bislang die Aufgaben des Gesamtbetriebsrats und des Wirtschaftsausschusses übernahm. Es kam während der laufenden Legislaturperiode zu einem Merger. Danach sind alle Betriebe auf eine Gesellschaft verschmolzen. Es gab keinen Konzernbetriebsrat mehr, aber noch einen Gesamtbetriebsrat. In diesem Fall stellte sich die Frage, ob der Gesamtbetriebsrat als Rechtsnachfolger des Konzernbetriebsrats tätig werden konnte. Eine solcher Fall dürfte wohl kaum auf eine „Merger-Klausel“ gestützt werden können, da die Vertragsparteien diesen Fall nicht vorhersehen konnten.

VI. Fazit: Zwischen Legitimation und Effektivität

24 Die Existenz eines unternehmenseinheitlichen Betriebsrats ist stets eine Abwägungsentscheidung zwischen Demokratie- und Repräsentationsprinzip. Letztlich dreht es sich immer um eine Abwägung zwischen der Legitimationsfrage einerseits und der Effektivitätsfrage andererseits. Das Konstrukt des unternehmenseinheitlichen Betriebsrats ist zunächst vom BAG bestätigt worden und zeigt, dass dieser praktische Relevanz hat. Bei betrieblichen strukturellen Änderungen ist einzelfallabhängig zu prüfen, ob ein unternehmenseinheitlicher Betriebsrat tatsächlich bestehen bleibt. „Merger-Klauseln“ in Tarifverträgen oder Betriebsvereinbarungen im Sinne des § 3 Abs. 1 lit. a, Abs. 2 BetrVG können strukturelle Änderungen abbilden, haben aber ihre Grenzen. Wichtig ist, solche Klauseln einzelfallabhängig zu gestalten und auszulegen. Ein schablonenhaftes Vorgehen gibt es hierfür nicht.

---

18 *Däubler*, ZTR 1996, 241.

Abschnitt 2 – Perspektive Betriebsrat

I. Einleitung

Schon länger wird die „Suche nach dem Arbeitgeber in der Betriebsverfassung“[1] zum Gegenstand der Debatte gemacht, wenn auch über die Jahre aufgrund steigender Frequenz bei Umorganisationen innerhalb der Unternehmens- und Konzernstrukturen und der durch wachsende digitale Möglichkeiten immer weniger ortsgebundenen Arbeit und Führung die hergebrachten Grundlagen zum Betrieb zu verschwimmen scheinen. Ob damit der Betriebsbegriff zwischenzeitlich überkommen ist oder nicht,[2] wird aufgrund der Geschwindigkeit, mit der die Formen agiler Arbeit und der Umsetzung digitaler Möglichkeiten, die den Aktionsradius von Unternehmen international erweitern, stets aufs Neue zu beurteilen sein. Ob die Betriebsverfassung dazu immer die richtigen Muster bereithält und nicht doch (weiter) versucht wird, die bisherigen Begriffsverständnisse so weit aufzubohren, bis schließlich auch die neuesten Entwicklungen der unternehmerischen Organisation von Arbeit von ihnen erfasst werden, bleibt abzuwarten. Die Möglichkeit zu abweichenden Betriebsratsstrukturen nach § 3 BetrVG, der 2001 in seine aktuelle Gestalt gebracht wurde, kann zumindest als Lösungsansatz für aktuelle Entwicklungen in Betracht gezogen werden. 1

II. Ausgangspunkt: Gesetzliche Betriebsratsstruktur und Betriebsbegriff

Vor der Abweichung nach § 3 BetrVG ist das gesetzliche Grundmodell anzuschauen. 2

1. Das Grundmodell der Betriebsverfassung

Ausgangspunkt der §§ 1 und 4 BetrVG ist der „klassische“, wenn auch nicht legaldefinierte Betriebsbegriff (dazu unten Rn. 8 ff.) in Gestalt eines Einzelbetriebs, der von einem Unternehmer bzw. Unternehmen unterhalten wird. In diesem „Betrieb“ wird nach § 1 Abs. 1 Satz 1 BetrVG unter den dort genannten Voraussetzungen ein Betriebsrat gewählt, der innerhalb dieses Gebildes „Betrieb“ die Interessen der Arbeitnehmer gegenüber dem Arbeitgeber zu vertreten hat. 3

1 So z. B. der Titel des Aufsatzes des ehemaligen Präsidenten des BAG Professor Dr. *Hellmut Wißmann*, NZA 2001, 409; ähnlich der Titel von *Wisskirchen/Block*, NZA-Beilage 2017, 90; auch *Rieble*, NZA-Beilage 2014, 28 begibt sich auf die „rechtliche Suche nach dem Arbeitgeber“.

2 Dem geht z. B. *Schrader*, NZA 2019, 951 nach und kommt zu dem Schluss, dass der Betriebsbegriff noch zeitgemäß sei.

Der Betrieb ist nach diesem Verständnis auf das Unternehmen beschränkt und geht nicht über dessen Grenzen hinaus.

4 Unterhält das Unternehmen mehrere Betriebe, ist in jedem ein Betriebsrat zu wählen, wenn dieser die Voraussetzungen des § 1 Abs. 1 Satz 1 BetrVG erfüllt. Auf Ebene des Unternehmens ist dann – zwingend – von den Betriebsräten ein Gesamtbetriebsrat zu bilden, §§ 47 ff. BetrVG. Auch hierbei gehen die einzelnen Betriebe nicht über die Grenzen des Unternehmens hinaus.

5 Ist das Unternehmen allerdings in einem Konzern nach § 18 AktG eingebunden, kann – fakultativ – von den (Gesamt-)Betriebsräten der Konzernunternehmen ein Konzernbetriebsrat auf Ebene der Konzernleitung errichtet werden (§§ 54 ff. BetrVG). Damit verlässt die Betriebsverfassung die Grenzen des Unternehmens und bezieht auch andere Unternehmen im selben Konzern bei der Errichtung eines Konzernbetriebsrats ein. Unter dem Konzern nach § 54 BetrVG ist aufgrund der Klammerverweisung auf § 18 Abs. 1 AktG der Unterordnungskonzern, und nicht der Gleichordnungskonzern zu verstehen.[3] Nach der Rechtsprechung des BAG muss allerdings das herrschende Unternehmen seinen Sitz in Deutschland haben oder eine Teilkonzernspitze im Inland existieren.[4] Der Unterordnungskonzern ist aber eine wirtschaftliche Einheit unter einheitlicher Leitung, die für den so hierarchisch gegliederten Konzern in seiner Gesamtheit als Partnerin des Konzernbetriebsrats die Rolle der Arbeitgeberin spielt.[5] Insofern erinnert auch dieses Verhältnis wieder an den Grundtyp des bipolaren Verhältnisses zwischen Betriebsrat und Arbeitgeber im Betrieb.

6 Auch keine Abweichung von dieser grundlegenden Struktur: Der Betrieb, der zwar im Sinne des § 1 Abs. 1 Satz 1 BetrVG ein solcher ist, aber nicht die dort bestimmten Personalgrenzen zur Wahl eines Betriebsrats erreicht (Kleinstbetrieb), ist dem Hauptbetrieb zuzuordnen, § 4 Abs. 2 BetrVG. Er ist damit Teil des Betriebs. Betriebsteile, die nicht die Voraussetzungen des § 4 Abs. 1 Satz 1 BetrVG erfüllen, sind als Teil ihres Betriebs an dessen Betriebsratswahl beteiligt, also ihrem Betrieb zugeordnet. Die Betriebsteile, die die Voraussetzungen des § 4 Abs. 1 Satz 1 BetrVG erfüllen, gelten (Fiktion) unter den dort genannten Voraussetzungen als Betrieb im Sinne des BetrVG und in ihnen kann ein Betriebsrat gewählt werden. Die Arbeitnehmer dieses Betriebsteils können aber auch nach § 4 Abs. 1 Satz 2 BetrVG beschließen, an der Betriebsratswahl des Hauptbetriebs teilzunehmen. Auch in diesen Konstellationen stehen sich ein Arbeitgeber und der jeweilige Betriebsrat gegenüber. Keine Abweichung vom Grundmodell.

7 Eine klare Abweichung von diesem Grundmodell stellt allerdings der gemeinsame Betrieb mehrerer Unternehmen dar, der zunächst vom BAG anerkannt wur-

---

3 *Fitting*, BetrVG, § 54 Rn. 9; GK-BetrVG/*Franzen*, Bd. 1, § 54 Rn. 8; jew. m. w. N.
4 BAG, Beschl. v. 23.5.2018 – 7 ABR 60/16, Rn. 23 m. w. N.
5 Vgl. *Wißmann*, NZA 2001, 409.

de[6] und dann eine gesetzliche Regelung in § 1 Abs. 1 Satz 2 BetrVG erfahren hat.[7] Schließlich wurde zu seiner erleichterten Feststellung die Vermutungsregel des § 1 Abs. 2 BetrVG vom Gesetzgeber eingeführt. Die mit ihm entstandenen Probleme sind dennoch nicht alle gelöst.[8]

2. Der Betriebsbegriff des BetrVG

Wie das Grundmodell der Betriebsverfassung – und seine gesetzlich vorgesehene Abweichung durch den gemeinsamen Betrieb mehrerer Unternehmen – zeigen, hängt die gesamte Konstruktion an dem Betriebsbegriff, den das Gesetz nicht selbst definiert, sondern voraussetzt. Der ehemalige Präsident des BAG *Wißmann* beschrieb ihn als das „Ergebnis unternehmerischen Handelns, (das) vom Arbeitsrecht vorgefunden wird".[9] 8

In der Rechtsprechung des BAG hat der Betriebsbegriff des BetrVG eine von Brüchen geprägte Entwicklung genommen:[10] Im Ausgangspunkt wurde die Definition von *Jacobi* und deren Weiterentwicklung von *Hueck* zum funktionalen Betriebsbegriff[11] vom BAG zugrunde gelegt. Danach sei der Betrieb die „Vereinigung von persönlichen, sächlichen und immateriellen Mitteln zur fortgesetzten Verfolgung eines von einem oder von mehreren Rechtssubjekten gemeinsam gesetzten technischen Zweckes".[12] *Hueck* entwickelte den Begriff weiter und definierte den Betrieb als die „organisatorische Einheit, innerhalb derer ein Unternehmer allein oder in Gemeinschaft mit seinen Mitarbeitern mit Hilfe von sächlichen und immateriellen Mitteln bestimmte arbeitstechnische Zwecke fortgesetzt verfolgt".[13] U. a. erwähnt *Huecks* erweiterte Definition nun die „organisatorische Einheit" und anstelle des „technischen Zwecks" von *Jacobi* „arbeitstechnische Zwecke". Diese Definition fand sich dann früh in den Entscheidungen des BAG wieder, wurde aber ohne jede Begründung seiner Abkehr seit 1982 vom BAG aufgegeben[14] und durch die bis heute prägende Formel von der Leitungsmacht ersetzt. 9

---

6 Vgl. BAG, NZA 1996, 1110.

7 *Fitting*, BetrVG, § 1 Rn. 108.

8 Fragenkatalog bei *Wißmann*, NZA 2001, 409, 410 ff.

9 *Wißmann*, NZA 2001, 409.

10 Ausführlich dazu *Wolter*, HSI-Schriftenreihe, Bd. 40, S. 371 ff.

11 *Jacobi*, Betrieb und Unternehmen als Rechtsbegriffe, in: FS der Leipziger Juristenfakultät für Dr. Victor Ehrenberg zum 30. März 1926, 1927, S. 1, 9; *Hueck*/Nipperdey, Lehrbuch des Arbeitsrechts, Bd. 1, S. 93 f.; vgl. dazu auch *Maschmann*, in: Richardi, BetrVG, § 1 Rn. 16.

12 *Jacobi*, Betrieb und Unternehmen als Rechtsbegriffe, in: Festschrift der Leipziger Juristenfakultät für Dr. Victor Ehrenberg zum 30. März 1926, 1927, S. 9.

13 *Hueck*/Nipperdey, Lehrbuch des Arbeitsrechts, Bd. 1, S. 93 f.; zur Entwicklung auch *Joost*, Betrieb und Unternehmen als Grundbegriffe des Arbeitsrechts, München 1988, S. 46 ff.

14 Vgl. Darstellung der Rechtsprechung „vor 1982" und „ab 1982" bei *Wolter*, HSI-Schriftenreihe, Bd. 40, S. 375 ff.

10 Im Beschluss von 1982 heißt es dazu zur Abgrenzung, ob ein oder mehrere Betriebe vorliegen:[15] „Das Bundesarbeitsgericht hat deshalb schon mehrfach betont, daß es für die Frage, wann es sich betriebsverfassungsrechtlich um einen Betrieb handelt, in erster Linie auf die Einheit der Organisation, weniger auf die Einheit der arbeitstechnischen Zweckbestimmung ankommt […]. Die in einer Produktionsstätte vorhandenen materiellen und immateriellen Betriebsmittel müssen für den verfolgten arbeitstechnischen Zweck zusammengefaßt, geordnet und gezielt eingesetzt, der Einsatz menschlicher Arbeitskraft muß gesteuert werden. Wird von einem **einheitlichen Leitungsapparat** diese Aufgabe wahrgenommen, ist regelmäßig vom Vorliegen eines Betriebs i. S. des Betriebsverfassungsgesetzes auszugehen; […] ob ein einheitlicher Betrieb, oder ob mehrere getrennte Betriebe anzunehmen sind, muß daher **in erster Linie auf die Leitungsstruktur abgestellt** werden." Die entscheidende Anknüpfung an den Leitungsapparat war geboren; andere Begriffsmerkmale traten dahinter zurück und nahmen allenfalls noch als „Orientierungshilfen"[16] an der Bewertung teil.[17]

11 Diese Begriffsbestimmung, die für den Gemeinschaftsbetrieb noch nachvollziehbar erscheinen könnte, wurde dann auch auf den Grundtyp „Ein Unternehmen – ein Betrieb" und sämtliche Erscheinungsformen des Betriebsbegriffs im BetrVG übertragen.[18]

12 Hiernach ist nach üblicherweise verwendeter Formel des BAG zum funktionellen Betriebsbegriff[19] „Betrieb i. S. d. Betriebsverfassungsgesetzes […] eine organisatorische Einheit, innerhalb derer der Arbeitgeber zusammen mit den von ihm beschäftigten Arbeitnehmern bestimmte arbeitstechnische Zwecke fortgesetzt verfolgt. Dazu müssen die in der Betriebsstätte vorhandenen materiellen und immateriellen Betriebsmittel zusammengefasst, geordnet und gezielt eingesetzt und die menschliche Arbeitskraft von einem einheitlichen Leitungsapparat gesteuert werden […]." Betont wird, dass diese Leitung die Entscheidungen in den wesentlichen betriebsverfassungsrechtlichen Angelegenheiten, insbesondere in sozialen und personellen Angelegenheiten trifft.[20]

13 Für den Betriebsteil im Sinne des § 4 Abs. 1 BetrVG in Abgrenzung zum Betrieb verlangt das BAG zudem eine organisatorische Abgrenzbarkeit und relative Ver-

---

15 BAG, Beschl. v. 23.9.1982 – 6 ABR 42/81, Rn. 16, juris.

16 BAG, Beschl. v. 23.9.1982 – 6 ABR 42/81, Rn. 20, 21, juris.

17 Auf den Punkt bringt es *Trümner*, in: Däubler/Klebe/Wedde, BetrVG, § 3 Rn. 67, denn das BAG habe den Betriebsbegriff „auf die einfache Formel reduziert: Betrieb = Einheit der Organisation, Einheit der Organisation = einheitlicher Leitungsapparat, einheitlicher Leitungsapparat = Stelle, die die Kernaufgaben in den sozialen und personellen Mitbestimmungsangelegenheiten wahrnimmt."

18 Vgl. Darstellung der Rechtsprechung „ab 1982" und Kritik daran bei *Wolter*, HSI-Schriftenreihe, Bd. 40, S. 378 ff.

19 Z. B. BAG, Urt. v. 31.5.2007 – 2 AZR 254/06, Rn. 19 juris; BAG, Beschl. v. 23.11.2016 – 7 ABR 3/15.

20 Vgl. *Trümner*, in: Däubler/Klebe/Wedde, BetrVG, § 3 Rn. 79 m. w. N.; *Wisskirchen/Block*, NZA-Beilage 2017, 90, 91; *Bachner*, NZA 2019, 134, 138.

selbstständigung, für die der Grad der Verselbstständigung entscheidend sei, der im Umfang der Leitungsmacht zum Ausdruck komme. Für das Vorliegen eines Betriebsteils i. S. v. § 4 Abs. 1 Satz 1 BetrVG genüge ein Mindestmaß an organisatorischer Selbstständigkeit gegenüber dem Hauptbetrieb. Dazu reiche es aus, dass „in der organisatorischen Einheit überhaupt eine den Einsatz der Arbeitnehmer bestimmende Leitung institutionalisiert ist, die Weisungsrechte des Arbeitgebers“ ausübe.[21]

Die Beurteilung dieser unbestimmten Rechtsbegriffe ist prozessual in die Hände des LAG als letzter Tatsacheninstanz gelegt, denen das BAG einen Beurteilungsspielraum zuerkennt, der nur daraufhin vom BAG überprüfbar ist, ob das LAG den Rechtsbegriff selbst verkannt, gegen Denkgesetze verstoßen oder wesentliche Umstände außer Acht gelassen hat.[22] 14

Für die Praxis heißt das: Zur Identifikation des Betriebs, in dem ein Betriebsrat zu wählen ist, ist die Leitungsstruktur zu betrachten, während andere Kriterien wie etwa räumliche Nähe und Anzahl der Beschäftigten, Betriebszwecke und die Beschaffenheit einer etwa (noch) vorhandenen Betriebsstätte allenfalls indiziell wirken. 15

III. Herausforderungen im Zusammenhang mit abweichenden Arbeitgeberstrukturen in Bezug auf die Betriebsratsstruktur

Wenn schon die Definition des Betriebsbegriffs selbst nicht unproblematisch ist, weil er nach der Rechtsprechung des BAG letztendlich von der Struktur der Leitungsmacht, dem „Leitungsapparat“, abhängt (siehe oben Rn. 10) und dabei der Einzelfallbeurteilung durch die Tatsacheninstanzen unterliegt, ist die Anknüpfung des Betriebsrats am Betrieb, insbesondere anhand einer arbeitgeberseitig leicht änderbaren Leitungsstruktur, nicht immer leicht festzustellen, wenn die wirtschaftlichen Organisationsformen mehr und mehr vom Grundmuster der Betriebsverfassungsorganisation abweichen. Diese Entwicklung hat mit dem Gemeinschaftsbetrieb – mit all seinen Problemen – einen gesetzlichen ersten Schritt genommen und ist durch weitere Erscheinungsformen wie Leiharbeit und Drittpersonaleinsatz mit weiteren Problemen konfrontiert worden, die die Rechtsprechung zwischenzeitlich mit Antworten versehen hat, die aber nicht alle Probleme lösen. Durch die rasant voranschreitende Digitalisierung in der 16

21 Z. B. BAG, Urt. v. 31.5.2007 – 2 AZR 254/06, Rn. 19 juris, m. w. N.; BAG, Beschl. v. 21.6.2023 – 7 ABR 19/22, Rn. 33; für die Aufgabe dieses Kriteriums im Hinblick auf § 4 Abs. 1 Satz 1 Nr. 1 BetrVG, der nur auf die räumliche Entfernung abstellt und nicht wie Nr. 2 auf die organisatorische Verselbstständigung, plädiert mit guter Begründung *Witschen*, RdA 2016, 38, 43.

22 BAG, Beschl. v. 17.1.2007 – 7 ABR 63/05; 9.12.2009 – 7 ABR 38/08; BAG, Beschl. v. 21.6.2023 – 7 ABR 19/22, Rn. 34 m. w. N.

Wirtschaft treten inzwischen weitere Ausprägungen der wirtschaftlichen Organisation wie die Formen agiler Arbeit, Mobile Working und besonders Matrix-Organisationen[23] hervor, die mit steigendem Auslegungsaufwand mit der gesetzlichen Betriebsverfassung in Einklang zu bringen sind – oder indem ggf. die Betriebsverfassung angepasst wird (§ 3 BetrVG).

17 Zuletzt haben besonders die wirtschaftlichen Organisationsstrukturen in Matrix-Form[24] die Gerichte in verschiedenen Zusammenhängen beschäftigt, insbesondere im Zusammenhang mit Führungskräften aus anderen Unternehmen im eigenen Betrieb[25] oder aus demselben Unternehmen, aber einem anderen Betrieb.[26] Auch Fragen der Grenzen des Betriebs bei Fehlen der Leitungsebene im Inland[27] und der Anforderungen an die „institutionalisierte" Leitungsmacht in einem betriebsratsfähigen Betriebsteil[28] – jeweils in Unternehmen mit Matrix-Strukturen – haben die Instanzgerichte inzwischen erreicht.

18 Was geschieht in Fällen, denen in die Arbeitnehmer eines deutschen Unternehmens in einem deutschen Betrieb im Rahmen der Formen agiler Arbeit z.B. zu einem Scrum-Team mit ausländischen Arbeitnehmern einer Tochter des internationalen, aber nicht in Deutschland ansässigen Konzerns eigenverantwortlich und selbstständig zur Erreichung eines bestimmten Ziels im Wege der Gruppenarbeit nach § 87 Abs. 1 Nr. 13 BetrVG zusammenarbeiten müssen?[29] Kann hier der deutsche Betriebsrat mitbestimmen? Was wenn alle deutschen Mitarbeiter in solche internationale Teams eingefügt sind – gibt es dann in Deutschland überhaupt noch einen Betrieb, in dem die deutschen Arbeitnehmer einen Betriebsrat wählen können? Wer ist dann der „Arbeitgeber" als sein Betriebspartner?

---

23 Zur Begriffserläuterung siehe bereits die ersten drei Kapitel dieses Buches.

24 Laut *Wisskirchen/Block*, NZA-Beilage 2017, 90: „[…] die gängigste komplexe Organisationsform in internationalen Konzernen".

25 Zu einem grenzüberschreitenden Fall einer ausländischen Führungskraft, die in einem deutschen Betrieb qua einwirkender Leitungsmacht auf die im deutschen Betrieb beschäftigten Arbeitnehmer in einem gemischten Projektteam wegen einer Einstellung nach § 99 BetrVG anzuhören war: LAG Köln, 17.7.2020 – 9 TaBV 73/19. Die Rechtsbeschwerde zum BAG – 1 ABR 30/20 – hat eine anderweitige Erledigung gefunden.

26 Vgl. zur Einstellung nach § 99 BetrVG: BAG, Beschl. v. 12.6.2019 – 1 ABR 5/18; BAG, Beschl. v. 14.6.2022 – 1 ABR 13/21.

27 LAG Hessen, Urt. v. 13.4.2011 – 8 Sa 922/10, Leitsatz: „Der Annahme eines Betriebs in Deutschland steht nicht entgegen, dass keine einheitliche Leitung der in Deutschland tätigen Arbeitnehmer vorhanden, sondern die Leitung der einzelnen Abteilungen außerhalb Deutschlands angesiedelt ist, solange ein Mindestmaß an Organisation in Deutschland gegeben ist."; zustimmend *Kort*, NZA 2013, 1318, 1321, der aber die Betrachtung des Einzelfalls betont.

28 ArbG Frankfurt a.M., Beschl. v. 21.7.2009 – 12 BV 184/09; zustimmend *Koch*, in: Schaub, Arbeitsrechts-Handbuch, 19. Aufl. 2021, § 187 Matrix-Strukturen Rn. 9; ebenso *Kort*, NZA 2013, 1318, 1321.

29 Zu einem Fall der Gruppenarbeit, die die Arbeit in Scrum-Teams betrifft und in dem Betriebsrat im Einzelfall ein Mitbestimmungsrecht nach § 87 Abs. 1 Nr. 13 BetrVG zugesprochen wurde: ArbG Bonn, Beschl. v. 6.10.2022 – 3 BV 116/21.

Abhilfe zu einigen Problemen kann hier in Teilen eine alternative Betriebsratsstruktur nach § 3 BetrVG verschaffen. Wie weit diese Hilfe bislang reicht, wird aufzuzeigen sein. 19

IV. Lösung durch „§ 3 BetrVG“-Vereinbarung (TV/BV)?

Inzwischen sind Vereinbarungen nach § 3 BetrVG in vielen Unternehmen und Konzernen verbreitet. Die von der Arbeitsgerichtsbarkeit recht streng[30] kontrollierten Voraussetzungen des § 3 BetrVG werden jedoch im Sinne pragmatischer Lösungen von den vertragschließenden Parteien teilweise nicht immer eingehalten.[31] Es lohnt sich daher, die Norm näher zu betrachten. 20

1. Überblick über die Norm und Grundsätze

Die seit 2001 ohne Zustimmungsvorbehalt der Arbeitsverwaltung[32] neu gefasste Vorschrift, deren Verfassungsmäßigkeit seitens des BAG[33] für die Praxis geklärt ist, regelt in ihrem „Kernstück“ in Abs. 1 einen abgeschlossenen, in den Tatbestandsmerkmalen jedoch weit gefasst erscheinenden Katalog an Möglichkeiten zur kollektivrechtlichen Abweichung von der in den §§ 1 und 4 BetrVG vorgegebenen betriebsverfassungsrechtlichen „Normalstruktur“ (siehe oben Rn. 3 ff.). Eine Abweichung von der gesetzlichen Zuständigkeitsverteilung für die Ausübung der Beteiligungsrechte ist jedoch nicht erlaubt.[34] 21

Dieses entlang von gesellschaftsrechtlichen und klassisch-organisatorisch mehr oder weniger eindeutig abgrenzbaren Strukturen ausgerichtete gesetzliche Bild von der Betriebsverfassungsstruktur kann durch kollektive Vereinbarungen nach § 3 BetrVG modifiziert werden. Ziel des Gesetzgebers war es dabei, „maßgeschneiderte“ Lösungen zu ermöglichen: „Den Beteiligten vor Ort, insbesondere den Tarifvertragsparteien, sollen mit der Neufassung des § 3 weitreichende und flexible Gestaltungsmöglichkeiten eingeräumt werden, damit sie mit Hilfe von Vereinbarungslösungen Arbeitnehmervertretungen schaffen können, die auf die 22

30 Siehe z. B. die ausf. Prüfung von ArbG Stuttgart, Beschl. v. 6.4.2023 – 21 BV 54/22, Rn. 81–96.

31 So die Beobachtung von *Hohenstatt/Sittard*, in: Wilhelmsen/Hohenstatt/Scheibert/Seibt, Umstrukturierung und Übertragung von Unternehmen, D.VII Rn. 149.

32 Zur Wirksamkeitsvoraussetzung der behördlichen Zustimmung zur alten Fassung des § 3 BetrVG vgl. z. B. BAG, NZA 2001, 1149, 1151. Das Erfordernis der staatlichen Zustimmung zu Tarifverträgen ist mit der Reform 2001 entfallen, weil „angesichts der Vielgestaltigkeit der zu regelnden Sachverhalte […] die Vertragsparteien vor Ort die Sachgerechtigkeit von unternehmensspezifischen Arbeitnehmervertretungsstrukturen besser beurteilen (können) als staatliche Stellen“, BT-Drs. 14/5741, S. 33.

33 BAG, NZA 2013, 738, 742 f.; BAG, NZA 2009, 1424; vgl. zur Diskussion GK-BetrVG/*Franzen*, Bd. 1, § 3 Rn. 71 f.

34 BAG, NZA 2015, 694; *Fitting*, BetrVG, § 3 Rn. 2.

besondere Struktur des jeweiligen Betriebs, Unternehmens oder Konzerns zugeschnitten sind.“[35]

23 Nach § 3 Abs. 1 Nr. 1 lit. a BetrVG kann ein unternehmenseinheitlicher Betriebsrat vereinbart werden, wenn das Unternehmen mehrere Betriebe oder Betriebsteile hat. Dann fallen die Betriebsebene (Betriebsräte) und die Unternehmensebene (Gesamtbetriebsrat) in einer betriebsverfassungsrechtlichen Organisationseinheit nach § 3 Abs. 5 Satz 1 BetrVG zusammen, in der ein Betriebsrat zu wählen ist. Der unternehmenseinheitliche Betriebsrat hat alle Rechte, die sonst nach § 50 BetrVG unter den Betriebsräten und dem Gesamtbetriebsrat aufgeteilt sind. Dem Vorteil eines großen Gremiums – in der Regel am Sitz des Unternehmens – steht der Nachteil großer räumlicher Entfernung des Betriebsrats zu den Arbeitnehmern gegenüber.

24 Nach § 3 Abs. 1 Nr. 1 lit. b BetrVG können in Unternehmen mit mehreren Betrieben oder Betriebsteilen diese zu betriebsverfassungsrechtlichen Organisationseinheiten nach § 3 Abs. 5 Satz 1 BetrVG zusammengefasst werden. Bestehen noch mindestens zwei dieser Einheiten, ist immer noch ein Gesamtbetriebsrat zu bilden. Diese Struktur hat gegenüber dem unternehmenseinheitlichen Betriebsrat den Vorteil einer oft weniger weiten Entfernung zwischen den Arbeitnehmern und den sie vertretenden Betriebsräten und wird daher vom BAG gegenüber dem unternehmenseinheitlichen Betriebsrat nach § 3 Abs. 1 Nr. 1 lit. a BetrVG bevorzugt.[36]

25 Nach § 3 Abs. 1 Nr. 2 BetrVG wird eine vor allem in großen Unternehmen oder Konzernen vorfindbare arbeitsorganisatorische Aufteilung in produkt- oder projektbezogene Geschäftsbereiche (Sparten) als Anknüpfungspunkt für die Bildung einer alternativen Betriebsverfassungsstruktur mit sog. Spartenbetriebsräten ermöglicht.

26 Nach § 3 Abs. 1 Nr. 3 BetrVG wird fast schon generalklauselartig die Etablierung von „anderen Arbeitnehmervertretungsstrukturen“ ermöglicht, „soweit dies insbesondere aufgrund der Betriebs-, Unternehmens- oder Konzernorganisation oder aufgrund anderer Formen der Zusammenarbeit von Unternehmen einer wirksamen und zweckmäßigen Interessenvertretung der Arbeitnehmer dient“. Diese Vorschrift, die wegen § 3 Abs. 2 BetrVG exklusiv für die Tarifparteien gilt, ist der häufigste Fall von sog. „Strukturtarifverträgen“ bzw. „Zuordnungstarifverträgen“, die eine alternative Betriebsverfassungsstruktur etablieren.

27 Während die vorgenannten Tatbestände neue betriebsverfassungsrechtliche Organisationseinheiten schaffen, in denen Betriebsräte gewählt werden, die die Wahl von Betriebsräten in der gesetzlichen Struktur ausschließen, sie also ersetzen, können nach den Tatbeständen des § 3 Abs. 1 Nr. 4 und 5 BetrVG zusätzliche Gremien etabliert werden. Die zusätzlichen Gremien (Arbeitsgemeinschaf-

35 BT-Drs. 14/5741, S. 33.

36 Vgl. BAG, Beschl. v. 24.4.2013 – 7 ABR 71/11.

ten) nach Nr. 4 sollen der unternehmensübergreifenden Zusammenarbeit zwischen den Arbeitnehmervertretungen dienen, haben also Unterstützungsfunktion, ersetzen aber nicht die Betriebsräte. Ebenso zusätzliche betriebsverfassungsrechtliche Vertretungen der Arbeitnehmer nach § 3 Abs. 1 Nr. 5 BetrVG, die der Zusammenarbeit zwischen Arbeitnehmern und Betriebsrat erleichtern sollen. Beide letztgenannten Gremienarten kommen eher selten in der Praxis vor.[37]

Die Besonderheit in Unternehmen, in denen nirgends ein Betriebsrat besteht und auch keine tarifvertragliche Betriebsratsstruktur etabliert wurde, regelt § 3 Abs. 3 BetrVG. Danach können die Arbeitnehmer eines solchen Unternehmens durch Mehrheitsbeschluss einen unternehmenseinheitlichen Betriebsrat nach § 3 Abs. 1 Nr. 1 lit. a BetrVG zu wählen beschließen. Die Voraussetzungen des § 3 Abs. 1 Nr. 1 lit. a BetrVG müssen aber auch wirklich vorliegen.[38] 28

§ 3 Abs. 4 BetrVG regelt in Gestalt eines Auffangtatbestandes den Zeitpunkt, zu dem erstmals in den betriebsverfassungsrechtlichen Organisationseinheiten nach § 3 Abs. 1 Nr. 1–3 BetrVG Betriebsräte zu wählen sind, und was mit der Amtszeit bisheriger Betriebsräte geschieht. Regelt der Kollektivvertrag nichts zum Wahlzeitpunkt, gilt nach § 3 Abs. 4 Satz 1 BetrVG der nächste reguläre Wahlzeitpunkt nach § 13 Abs. 1 BetrVG, es sei denn, es besteht kein Betriebsrat oder es ist aus anderen Gründen eine Neuwahl des Betriebsrats erforderlich. Nach Satz 2 der Vorschrift endet im Falle von durch den Kollektivvertrag geregelten Wahlzeitpunkten der neuen Betriebsräte die Amtszeit der dadurch entfallenden Betriebsräte mit der Bekanntgabe des Wahlergebnisses. So wird eine lückenlose Arbeitnehmervertretung garantiert und zugleich – durch die Wahl der Arbeitnehmer – der dem vorherigen Betriebsrat als Betriebsrat der betriebsverfassungsrechtlichen Organisationseinheit als Funktionsnachfolger[39] durch die Arbeitnehmer legitimiert. 29

§ 3 Abs. 5 Satz 1 BetrVG regelt, dass die nach Abs. 1 bis 3 der Norm errichteten betriebsverfassungsrechtlichen Organisationseinheiten als *Betrieb im Sinne des Betriebsverfassungsgesetzes* (Wortlaut im Sinne dieses Gesetzes) gelten (unwiderlegbare gesetzliche Fiktion), sodass sämtliche Normen des Betriebsverfassungsgesetzes, die am Begriff „Betrieb“ anknüpfen, nun an der kollektivvertraglich geregelten Organisationseinheit anknüpfen (z. B. §§ 9, 27, 28, 38 etc.). § 3 Abs. 5 Satz 2 BetrVG betrifft die Rechte der in der Organisationseinheit gewählten Betriebsräte (Organrechte) und von deren Mitgliedern (persönliche Rechtsstellung), und zwar aufgrund der fehlenden Begrenzung im Wortlaut nach strittiger Auffassung auch über das BetrVG hinaus, soweit sich diese Organrechte oder Rechte der persönlichen Rechtsstellung in anderen Gesetzen finden (z. B. 30

37 Die Möglichkeit zur Schaffung zusätzlicher Arbeitsgemeinschaften nach § 3 Abs. 1 Nr. 4 BetrVG bezeichnen z. B. *Wisskirchen/Block*, NZA-Beilage 2017, 90, 94 als „zahnlosen Tiger“.

38 Vgl. BAG, Beschl. v. 24.3.2021 – 7 ABR 16/20.

39 Dazu BAG, NZA 2018, 50 ff.

KSchG: zu Organrechten § 17 Abs. 2 KSchG; zur persönlichen Rechtsstellung § 15 KSchG[40]).

2. Einzelheiten zu ausgewählten Tatbeständen

31 Die drei alternativen Modelle flexibler Strukturen für Arbeitnehmervertretungen sind in § 3 Abs. 1 Nr. 1 bis 3 BetrVG geregelt. Gesetzlich vorgezeichnet ist die Möglichkeit der Zusammenfassung einzelner oder aller Betriebe eines Unternehmens (Nr. 1 lit. a und b) sowie die Errichtung von Spartenbetriebsräten (Nr. 2). Die Bildung von „anderen Arbeitnehmervertretungsstrukturen" nach Nr. 3 ist hingegen nicht weiter ausgestaltet, um maßgeschneiderte Lösungen aufgrund der Betriebs-, Unternehmens- oder Konzernorganisation oder aufgrund anderer Formen der Zusammenarbeit von Unternehmen zu ermöglichen.

a) § 3 Abs. 1 Nr. 1 lit. a BetrVG – unternehmenseinheitlicher Betriebsrat

32 Diese Vorschrift erlaubt die Zusammenfassung aller Betriebe und Betriebsteile desselben Unternehmens zu einer einzigen betriebsverfassungsrechtlichen Organisationseinheit, die dann als Betrieb nach § 3 Abs. 5 BetrVG gilt und in der der Betriebsrat zu wählen ist. Da es dann nur noch einen Betriebsrat gibt, entfällt ein Gesamtbetriebsrat.[41] Ein Gemeinschaftsbetrieb kann nicht von dieser Vorschrift – wohl aber von § 3 Abs. 1 Nr. 3 BetrVG – erfasst werden, weil er mehreren Unternehmen zugeordnet ist.[42] Betriebsteile nach § 4 Abs. 1 BetrVG können in eine betriebsverfassungsrechtliche Organisationseinheit nach § 3 Abs. 1 Nr. 1 lit. a BetrVG einbezogen werden,[43] weil sie nach dieser Vorschrift als selbstständige Betriebe gelten. Kleinstbetriebe nach § 4 Abs. 2 BetrVG sind ohnehin dem Hauptbetrieb zuzuordnen, sodass es insoweit auf die Zuordnungsfrage nach § 3 nicht ankommt; nicht von § 4 Abs. 1 BetrVG erfasste Betriebsteile sind ebenfalls Teil ihrer Betriebe, deren unselbstständiger Teil sie sind, und damit ohnehin von § 3 Abs. 1 Nr. 1 lit. a BetrVG erfasst.

33 Die Vereinbarung eines unternehmenseinheitlichen Betriebsrats setzt nach dieser Vorschrift voraus, dass die betriebsverfassungsrechtliche Organisationseinheit die Bildung von Betriebsräten erleichtert oder sie der sachgerechten Wahrnehmung der Interessen der Arbeitnehmer dient, wobei den Tarif- bzw. Betriebsparteien ein Einschätzungsspielraum hinsichtlich des Vorliegens der Vorausset-

---

40 Strittig, zur insoweit nicht widerspruchsfreien Rechtsprechung des BAG bei Stilllegungssachverhalten nach § 15 Abs. 4 und 5 BetrVG vgl. *Trümner*, in: Däubler/Klebe/Wedde, BetrVG, § 3 Rn. 198 m. w. N.

41 *Trümner*, in: Däubler/Klebe/Wedde, BetrVG, § 3 Rn. 37; *Fitting*, BetrVG, § 3 Rn. 27; GK-BetrVG/*Franzen*, Bd. 1, § 3 Rn. 11.

42 *Hohenstatt/Sittard*, in: Wilhelmsen/Hohenstatt/Scheibert/Seibt, Umstrukturierung und Übertragung von Unternehmen, D.VII Rn. 153 m. w. N.

43 *Trümner*, in: Däubler/Klebe/Wedde, BetrVG, § 3 Rn. 38; *Fitting*, BetrVG, § 3 Rn. 26.

zungen zukommt.[44] Die Erleichterung der Bildung von Betriebsräten soll erfüllt sein, wenn ohne die Vereinbarung betriebsratlose Betriebe oder Betriebsteile so eine Arbeitnehmervertretung erhalten,[45] also „weiße Flecken" auf der Landkarte der Arbeitnehmervertretungen vermieden werden.[46] Der „sachgerechten Wahrnehmung der Interessen der Arbeitnehmer" soll es dienen, wenn diese den Entscheidungsabläufen im Unternehmen angepasst wird, insbesondere dann, wenn Entscheidungen in beteiligungspflichtigen Angelegenheiten überwiegend zentral auf Unternehmensebene gefällt werden.[47] Bei der Beurteilung soll personellen Einzelmaßnahmen und sozialen Angelegenheiten besonderes Gewicht zukommen.[48] Allerdings darf der Aspekt der Ortsnähe der Arbeitnehmervertretung für die betroffenen Arbeitnehmer nicht vernachlässigt werden, sodass es nahe liegt, einen unternehmenseinheitlichen Betriebsrat nur dann zu bilden, wenn die in ihm zusammengefassten Betriebe und Betriebsteile in der Anzahl begrenzt sind und nicht allzu weit voneinander entfernt liegen. Andernfalls ist die Effizienz der Arbeitnehmervertretung nicht gewahrt.[49] Ebenso hat das BAG klargestellt, dass der Zweck der Norm nicht erfüllt ist, wenn dieser eher durch eine Gestaltung nach § 3 Abs. 1 Nr. 1 lit. b erreicht wird.[50] Ob die bei weiteren Entfernungen eingeschränkten Kommunikationsmöglichkeiten zwischen Belegschaft und Betriebsrat im Rahmen einer Vereinbarung nach § 3 BetrVG durch weitere Freistellungen nach § 38 Abs. 1 Satz 5 BetrVG oder zusätzliche erleichternde Maßnahmen kompensiert werden können[51] oder einer Feststellung der „besseren Dienlichkeit" entgegenstehen,[52] ist streitig.

Auch soll der technische Fortschritt der Kommunikation, z. B. die Verwendung **34**
von Video- und Telefontools, eine Reduktion der Bedeutung der Logik von der Standortnähe des Betriebsrats vor Ort für die Arbeitnehmer zur Folge haben und auch bei der Beurteilung der „sachgerechten Vertretung der Arbeitnehmer" Berücksichtigung finden.[53] Dem steht jedoch die bewusste Entscheidung des Gesetzgebers entgegen, diese Art der Kommunikation z. B. für den Betriebsrat oder

44 BAG, Beschl. v. 24.4.2013 – 7 ABR 71/11, Rn. 31 für eine BV; Beschl. v. 13.3.2013 – 7 ABR 70/11, Rn. 38 zu einem TV.

45 *Fitting*, BetrVG, § 3 Rn. 29 ff.; *Trümner*, in: Däubler/Klebe/Wedde, BetrVG, § 3 Rn. 52.

46 BAG, Beschl. v. 24.4.2013 – 7 ABR 71/11, Rn. 30.

47 *Fitting*, BetrVG, § 3 Rn. 30; *Richardi/Maschmann*, in: Richardi, BetrVG, § 3 Rn. 22 ff.

48 *Hohenstatt/Sittard*, in: Wilhelmsen/Hohenstatt/Scheibert/Seibt, Umstrukturierung und Übertragung von Unternehmen, D.VII Rn. 154.

49 Vgl. BAG, Beschl. v. 24.4.2013 – 7 ABR 71/11; *Fitting*, BetrVG, § 3 Rn. 30.

50 Vgl. BAG, Beschl. v. 24.4.2013 – 7 ABR 71/11.

51 Dafür z. B. *Trümner*, in: Däubler/Klebe/Wedde, BetrVG, § 3 Rn. 55 m. w. N.; dagegen z. B. *Hohenstatt/Sittard*, in: Wilhelmsen/Hohenstatt/Scheibert/Seibt, Umstrukturierung und Übertragung von Unternehmen, D.VII Rn. 154.

52 Das LAG Nürnberg, Beschl. v. 26.1.2023 – 1 TaBV 22/22 – entschied, dass die Erhöhung der Zahl der BR-Mitglieder nach § 9 BetrVG gegen die Sachgerechtigkeit eines vom BetrVG abweichenden Unternehmensbetriebsrat nach § 3 Abs. 1 Nr. 1 lit. a BetrVG spreche. Der Leitsatz ist insoweit auf die gesamte Nr. 1 erstreckt, nicht bloß auf Nr. 1 lit. a.

53 *Hohenstatt/Sittard*, in: Wilhelmsen/Hohenstatt/Scheibert/Seibt, Umstrukturierung und Übertragung von Unternehmen, D.VII Rn. 154.

die Betriebsversammlung nicht mehr wie in der COVID-19-Pandemie unter § 129 BetrVG a. F. mit einfachen Voraussetzungen zu ermöglichen, sondern wie § 30 Abs. 1 Satz 5 und Abs. 2 BetrVG zeigen, die Betriebsratssitzung grundsätzlich vor Ort in Präsenz und nur unter engen Voraussetzungen digital stattfinden darf, während eine digitale Variante für die Betriebsversammlung nicht eingeführt wurde, diese also grundsätzlich ebenfalls vor Ort stattzufinden hat. Auch die Sprechstunden des Betriebsrats nach § 39 BetrVG sind trotz der Pflicht zur Vereinbarung von Zeit und Ort zwischen den Betriebsparteien hinsichtlich des Ortes in der Regel räumlich vor Ort im Betrieb zu verstehen. Mittels der fortschreitenden Digitalisierung kann also nicht ohne Weiteres das Kriterium der Ortsnähe bei der Beurteilung abgewertet werden,[54] zumal es in § 4 Abs. 1 Nr. 1 BetrVG auch einer der Aspekte ist, die für einen Betriebsteil die Berechtigung zur Wahl eines eigenen Betriebsrats bedingen können.

35 Diese Aspekte sind es eher, die die Bedeutung der Entscheidungsträgernähe der Verortung des Betriebsrats in Zweifel ziehen lassen. Denn die Praxis zeigt, dass die neueren digitalen Möglichkeiten eher eine Beschleunigung der Kommunikation auf digitalen Wegen zwischen Betriebsrat und Arbeitgeber zur Folge haben. Ob es freie Verhandlungen, das Monatsgespräch oder auch Informationsveranstaltungen gegenüber dem Betriebsrat sind. Viel Kommunikation läuft aufgrund der erweiterten Möglichkeiten der Digitalisierung bereits nicht mehr vor Ort, sondern im digitalen Raum.

b) § 3 Abs. 1 Nr. 1 lit. b BetrVG – zusammengefasste Betriebe

36 Diese Vorschrift erlaubt die Zusammenfassung von Betrieben und Betriebsteilen zu betriebsverfassungsrechtlichen Organisationseinheiten, in denen dann Betriebsräte gewählt werden. Sie erlaubt nach überwiegender Ansicht nicht die Spaltung von nach §§ 1, 4 BetrVG bestehenden Betrieben,[55] was jedoch nicht ausschließt, dass vor Abschluss einer Vereinbarung nach § 3 BetrVG Betriebe oder Betriebsteile im Sinne der §§ 1, 4 BetrVG vom Arbeitgeber gespalten werden (Achtung: Betriebsänderung nach § 111 Satz 3 Nr. 3 Alt. 2 BetrVG, die Interessenausgleich- und Sozialplanpflichten begründen kann, § 112 BetrVG), um sie für eine Vereinbarung nach § 3 BetrVG „tauglich“ zu machen.

37 In Bezug auf den Gemeinschaftsbetrieb, Betriebsteile und Kleinstbetriebe gilt dasselbe wie für Nr. 1 lit. a. Die Zusammenfassung nach Nr. 1 lit. b hat nicht den Wegfall der Ebene des Gesamtbetriebsrats zur Folge, da bei mindestens zwei Betrieben mit Betriebsräten von diesen ein Gesamtbetriebsrat gebildet werden muss, §§ 47 ff. BetrVG.

38 Diese Variante der Betriebsratsstruktur wird oft bei Filialunternehmen mit einer Vielzahl von Niederlassungen oder bei Vertriebsbüros oder Außenstellen verein-

---

54 In diese Richtung auch ArbG Weiden, Beschl. v. 3.2.2022 – 3 BV 9/21, Rn. 30.

55 *Fitting*, BetrVG, § 3 Rn. 36; *Richardi/Maschmann*, in: Richardi, BetrVG, § 3 Rn. 21; a. A. *Trümner*, in: Däubler/Klebe/Wedde, BetrVG, § 3 Rn. 60 ff.

bart, die zwar eine gewisse Eigenständigkeit haben und einen eigenständigen Betrieb bilden können, die aber eng mit größeren Betrieben zusammenarbeiten. Mit Nr. 1 lit. b kann eine durchschaubare Anzahl von „Regionalbetriebsräten“ gebildet werden.[56] Auch und grade dort, wo durch mobile Arbeit viele Mitarbeiter gar nicht oder nur teilweise in einer Betriebsstätte arbeiten, ist die Einbeziehung, z. B. unter regionalen Gesichtspunkten, ein verbreiteter Weg der Zusammenfassung nach § 3 BetrVG.

Dabei verlieren die Betriebe nach §§ 1, 4 BetrVG, die nach § 3 Abs. 1 Nr. 1 lit. b 39
BetrVG (ebenso nach § 3 Abs. Nr. 1 lit. a BetrVG) zu einer betriebsverfassungsrechtlichen Organisationseinheit zusammengefasst werden, nach Auffassung des BAG[57] allein hierdurch nicht ihre jeweilige Betriebsidentität. Diese bleibt erhalten. Die Betriebe werden lediglich zu Teileinheiten der neu geschaffenen betriebsverfassungsrechtlichen Organisationseinheit. Die Zusammenfassung nach § 3 Abs. 1 Nr. 1 lit. b stellt demnach – trotz der Ähnlichkeit im Wortlaut des § 111 Satz 3 Nr. 3 BetrVG („Zusammenschluss mit anderen Betrieben“) – keine Betriebsänderung nach § 111 Satz 3 Nr. 3 BetrVG dar.[58] Erst wenn der Arbeitgeber den Abschluss des Zuordnungstarifvertrages zum Anlass nehme, die Organisations- und Leitungsstruktur der betroffenen Betriebe durch zusätzliche Maßnahmen auch tatsächlich zu ändern, erlösche die Betriebsidentität.[59] Solange die Betriebsidentitäten der einzelnen zusammengefassten Betriebe existieren, sind diese der Anknüpfungspunkt für die normative Fortgeltung von in ihnen vor der Zusammenfassung abgeschlossenen Betriebsvereinbarungen. Sie gelten bezogen auf ihren bisherigen Geltungsbereich auch im neu zusammengefassten fingierten Betrieb normativ fort.[60] Der neu gewählte „Regionalbetriebsrat“ des fingierten Betriebs kann jedoch – z. B. zur Vereinheitlichung – mit dem Arbeitgeber zur Ablösung eine neue Betriebsvereinbarung abschließen.

Auch die Zusammenfassung von Betrieben nach Nr. 1 lit. b muss die Bildung 40
von Betriebsräten erleichtern oder der sachgerechten Wahrnehmung der Interessen der Arbeitnehmer dienen (siehe oben Rn. 33 ff. zu diesen Merkmalen).

c) § 3 Abs. 1 Nr. 2 BetrVG – Spartenbetriebsrat

Unternehmen oder Konzerne können in sog. Sparten organisiert sein, einem aus 41
der Betriebswirtschaftslehre stammenden Begriff.[61] Solche Sparten können die Unternehmensgrenzen überschreiten und wie eine eigenständige Einheit betrieben werden, ohne rechtlich verselbstständigt zu sein. Da die Betriebsverfassung aber im Grundsatz betriebsbezogen organisiert ist (siehe oben Rn. 3 ff.), kann eine solche Spartenorganisationsform Probleme bereiten, da (auch) die Sparten-

56 *Fitting*, BetrVG, § 3 Rn. 34.
57 BAG, NZA 2008, 1259 Rn. 24.
58 *Fitting*, BetrVG, § 3 Rn. 76.
59 BAG, NZA 2008, 1259 Rn. 28.
60 BAG, NZA 2008, 1259 Rn. 29; NZA 2012, 110, 111.
61 Vgl. *Richardi/Maschmann*, in: Richardi, BetrVG, § 3 Rn. 28 m. w. N.

leitungen die wesentlichen Entscheidungen treffen, die auch die Beteiligungsrechte der Betriebsräte berühren können, und diese in der Regel nicht in einer Hand mit der Betriebsleitung liegen, die dem BR gegenübersteht. Um diesem Problem zu begegnen, wurde für einen Ausschnitt von möglichen Sparten § 3 Abs. 1 Nr. 2 BetrVG zur Anpassung der Betriebsverfassung an die Spartenorganisation eingeführt. Allerdings begrenzt das Gesetz selbst die Möglichkeiten nach dieser Vorschrift, denn eine abweichende Betriebsratsstruktur nach Sparten für Unternehmen und Konzerne geht nur, „soweit sie nach produkt- oder projektbezogenen Geschäftsbereichen (Sparten) organisiert sind". Zudem muss eine sog. Spartenleitung bestehen, die „**auch** Entscheidungen in **beteiligungs**pflichtigen Angelegenheiten trifft", § 3 Abs. 1 Nr. 2 BetrVG. Liegen beide Voraussetzungen vor, kann ein sog. Spartenbetriebsrat errichtet werden, allerdings nur, wenn dies der sachgerechten Wahrnehmung der Aufgaben des Betriebsrats dient, § 3 Abs. 1 Nr. 2 a. E. BetrVG.

42 Die Intensität der Leitungsmacht der Spartenleitung ist gegenüber der der Betriebsleitung in zweifacher Hinsicht abgeschwächt: Zum einen genügt, dass sie „auch" Entscheidungen in beteiligungspflichtigen Angelegenheiten für ihre Sparte treffen kann, muss also nicht alleinige Entscheiderin sein. Zudem genügen Entscheidungen in „beteiligungspflichtigen" Angelegenheiten, also nicht notwendigerweise mitbestimmungspflichtigen Angelegenheiten, wie es für die Betriebsleitung nach Auffassung des BAG nötig ist. Diese Unterscheidungen sind konsequent, da andernfalls die Spartenleitung zugleich die Betriebsleitung nach dem gesetzlichen Modell wäre und für Nr. 2 kein eigener Anwendungsbereich mehr verbliebe.[62]

43 Eine funktionsbezogene Aufteilung der zusammenarbeitenden Unternehmen (z. B. nach Bereichen wie Einkauf, Verkauf, Marketing, Kundenservice, Region etc.) wird von der Vorschrift nicht erfasst; diese könnten jedoch von Nr. 3 erfasst werden.[63] Nach überwiegender Auffassung kommt die Vorschrift daher bei den immer stärker verbreiteten Matrix-Strukturen nicht zur Anwendung, soweit sie nicht produktions- oder projektbezogene Geschäftsbereiche schaffen.[64]

44 Die Sparten können auch innerhalb eines Betriebs bestehen,[65] in der Regel sind sie aber betriebsübergreifend und inzwischen auch oft unternehmensübergreifend. Gerade bei betriebsübergreifenden Sparten ist es wichtig, dass die Spartenleitung nicht dezentral in den Betrieben, sondern betriebsübergreifend einge-

62 Zum Vorstehenden vgl. *Trümner*, in: Däubler/Klebe/Wedde, BetrVG, § 3 Rn. 72 f. m. w. N.

63 *Fitting*, BetrVG, § 3 Rn. 39.

64 *Richardi/Maschmann*, in: Richardi, BetrVG, § 3 Rn. 28 m. w. N.; *Trümner*, in: Däubler/Klebe/Wedde, BetrVG, § 3 Rn. 64; a. A. GK-BetrVG/*Franzen*, Bd. 1, § 3 Rn. 13 m. w. N., der zwar die fehlende Deckungsgleichheit des Gesetzeswortlauts mit den Anforderungen der Praxis erkennt („irritiert [...] gesetzgeberische Ungenauigkeit"), aber unterstellt, der Gesetzgeber habe auch diese Organisationsformen einbeziehen wollen – ohne allerdings Nachweise für diese Annahme zu liefern.

65 *Fitting*, BetrVG, § 3 Rn. 37, 42; *Trümner*, in: Däubler/Klebe/Wedde, BetrVG, § 3 Rn. 63.

richtet ist.[66] Entsprechend bedarf es bei unternehmensübergreifenden Sparten einer unternehmensübergreifenden Spartenleitung.

Anders als für die Errichtung eines Konzernbetriebsrats, für den es aufgrund der Verweisung in § 54 Abs. 1 BetrVG auf § 18 Abs. 1 AktG auf einen Unterordnungskonzern ankommt, ist eine solche Struktur für die Bildung von Spartenbetriebsräten nicht erforderlich. Nach überwiegender Meinung genügt auch die Spartenbildung im Gleichordnungskonzern.[67] **45**

Ob ein bloß in der Gesetzesbegründung beiläufig erwähnter „Sparten**gesamt**betriebsrat" nach Nr. 2 gebildet werden kann, ist umstritten,[68] wird aber nach Nr. 3 für möglich gehalten.[69] Ein „Spartenkonzernbetriebsrat" ist gesetzlich jedenfalls nicht vorgesehen.[70] **46**

Gerade bei unternehmensübergreifenden Sparten stellt sich – wie bei einem Gemeinschaftsbetrieb – oft die Frage, welche Beteiligungsrechte gegenüber welchem oder gar mehreren Arbeitgebern geltend gemacht werden und ob eine Spartenleitung überhaupt berechtigt ist, mit bindender Wirkung für alle betroffenen Unternehmen mit dem Spartenbetriebsrat Vereinbarungen abzuschließen. Insoweit empfiehlt es sich, schon in der Vereinbarung nach § 3 Abs. 1 Nr. 2 BetrVG hierfür Regelungen vorzusehen.[71] **47**

d) § 3 Abs. 1 Nr. 3 BetrVG – andere Betriebsratsstrukturen

Diese Vorschrift – nach der gem. § 3 Abs. 2 BetrVG allerdings nur eine tarifvertragliche Vereinbarung zulässig ist – eröffnet einen weiten Gestaltungsrahmen. Auch Abweichungen von der Vertretungsebenen-Struktur des Gesetzes hinsichtlich Gesamt- und Konzernbetriebsrat werden ermöglicht, nicht bloß hinsichtlich der „Betriebsebene" wie in § 3 Abs. 1 Nr. 1 und 2 BetrVG. **48**

Die Abweichungen nach dieser Norm sollen zulässig sein, soweit sie insbesondere aufgrund der Betriebs-, Unternehmens- oder Konzernorganisation oder aufgrund anderer Formen der Zusammenarbeit von Unternehmen einer wirksamen und zweckmäßigen Vertretung der Interessen der Arbeitnehmer dienen. **49**

Die Gesetzesbegründung nennt einige Beispielsfälle, die – möglicherweise mit Ausnahme einer Vereinfachung der Vertretungsebenen-Struktur (BR, GBR, KBR) – kaum praktisch in Erscheinung treten.[72] Auch viele in der Literatur hierzu genannten Beispiele für Sonderregelungen aufgrund von Besonderheiten in **50**

66 *Trümner*, in: Däubler/Klebe/Wedde, BetrVG, § 3 Rn. 68; *Fitting*, BetrVG, § 3 Rn. 44 m. w. N.; a. A. *Richardi/Maschmann*, in: Richardi, BetrVG, § 3 Rn. 30.
67 *Fitting*, BetrVG, § 3 Rn. 43 m. w. N.
68 Zum Diskussionsstand *Fitting*, BetrVG, § 3 Rn. 45 m. w. N.
69 *Richardi/Maschmann*, in: Richardi, BetrVG, § 3 Rn. 30.
70 BAG, Beschl. v. 9.2.2011 – 7 ABR 11/10, Rn. 36.
71 So schon der Rat von *Wißmann*, NZA 2001, 409, 414.
72 *Hohenstatt/Sittard*, in: Wilhelmsen/Hohenstatt/Scheibert/Seibt, Umstrukturierung und Übertragung von Unternehmen, D.VII Rn. 174: „keine Relevanz".

der Organisation (Forstwirtschaft, Binnenschifffahrt,[73] Qualifizierungsgesellschaften, Varietés[74]) haben ebenfalls keine größere Praxisrelevanz.

51 Einer der Hauptanwendungsfälle der Norm ist eher die Vereinbarung von Betriebsratsstrukturen, die ggf. auch unter Nr. 1 und Nr. 2 hätten gefasst werden können, aber die dortigen rechtlichen Grenzen womöglich überschreiten würden.[75] Mit Blick auf in europäische und international über gesellschaftsrechtliche Grenzen hinweggehende Binnenstrukturen von Konzernen, die nicht – wie es Nr. 2 verlangt – in projekt- oder produktbezogenen Sparten, sondern nach anderen Gesichtspunkten (z. B. Produktion, Vertrieb usw.) organisiert sind, häufig in sog. Matrix-Strukturen, kann die Vorschrift Bedeutung gewinnen,[76] wobei hier aber oft die Frage der „Dienlichkeit" der abweichenden Struktur problematisch sein kann.[77] Bei an vielen Orten verstreut arbeitenden oder oft kurzzeitig und unständig beschäftigten vielen Arbeitnehmern, denen nur eine kleine Zahl an Stammarbeitnehmern in Niederlassungen gegenüberstehen, wie z. B. in der Zeitarbeit oder im Verkehrssektor, liegt dies ebenfalls nahe.

52 Aufgrund der weiten Fassung der Vorschrift wurden verfassungsrechtliche Bedenken laut, denen das BAG zwar im Ergebnis eine Absage erteilte,[78] aber trotzdem eine strenge Anknüpfung zwischen „vornehmlich organisatorischen oder kooperativen Spezifika auf Arbeitgeberseite und wirksamer sowie zweckmäßiger Interessenvertretung der Arbeitnehmer" verlangte. Die vereinbarte Struktur müsse im Hinblick auf diesen Zusammenhang zur Vertretung der Arbeitnehmerinteressen „besser geeignet" sein als die gesetzliche.[79] Dies festzustellen ist – egal bei welcher Reaktion auf unternehmerische Strukturentscheidungen – im Rahmen der Verhandlungen nach § 3 BetrVG stets großes Gewicht beizumessen, auch wenn die Einschätzung im ersten Schritt den Vertragsparteien der Vereinbarung nach § 3 BetrVG überlassen ist. Im Streitfall überprüft das Gericht dennoch die Einhaltung der Grenzen des § 3 Abs. 1 Nr. 3 BetrVG und will dann eine „bessere" Eignung der vereinbarten Betriebsratsstruktur erkennen können. Daran besteht also ein gemeinsames Interesse der Vertragsparteien, dies gut darlegen zu können.

---

73 *Fitting*, BetrVG, § 3 Rn. 50.

74 *Trümner*, in: Däubler/Klebe/Wedde, BetrVG, § 3 Rn. 102.

75 Vgl. *Hohenstatt/Sittard*, in: Wilhelmsen/Hohenstatt/Scheibert/Seibt, Umstrukturierung und Übertragung von Unternehmen, D.VII Rn. 174.

76 *Fitting*, BetrVG, § 3 Rn. 39.

77 Vgl. *Trümner*, in: Däubler/Klebe/Wedde, BetrVG, § 3 Rn. 103; **kritisch** auch *Fitting*, BetrVG, § 3 Rn. 50 a. E. zur Matrixstruktur m. w. N.

78 BAG, Beschl. v. 29.7.2009 – 7 ABR 27/08, Rn. 19 ff.

79 BAG, Beschl. v. 13.3.2013 – 7 ABR 70/11, Rn. 38.

3. Rechtsfolgen, § 3 Abs. 4 und 5 BetrVG

Sofern im Tarifvertrag oder in der Betriebsvereinbarung nach § 3 BetrVG nicht anders bestimmt, sind nach § 3 Abs. 4 Satz 1 BetrVG ihre Regelungen erstmals bei der nächsten regelmäßigen Betriebsratswahl anzuwenden, es sei denn, es besteht kein Betriebsrat oder es ist aus anderen Gründen eine Neuwahl des Betriebsrats erforderlich. Sieht der Tarifvertrag oder die Betriebsvereinbarung nach § 3 BetrVG einen anderen Wahlzeitpunkt vor, so endet nach § 3 Abs. 4 Satz 2 BetrVG die Amtszeit bestehender Betriebsräte, die durch die Regelungen nach § 3 Abs. 1 Nr. 1 bis 3 BetrVG entfallen, mit Bekanntgabe des Wahlergebnisses. Die nach dem Gesetz gebildeten Betriebsräte verlieren ihr Amt also nicht schon mit dem Inkrafttreten des Tarifvertrags oder der Betriebsvereinbarung. 53

Da zu den Pflichten eines Betriebsrats gehört, vor Ablauf seiner Amtszeit einen Wahlvorstand zu bestellen (§ 16 BetrVG), um die Kontinuität der betriebsverfassungsrechtlichen Arbeitnehmerrepräsentation zu sichern, gilt dies auch für die Ersetzung der gesetzlichen durch eine kollektivvertragliche Betriebsratsstruktur. Wer diese Wahl zu initiieren hat, sagt § 3 BetrVG nicht ausdrücklich. Enthält der Kollektivvertrag nach § 3 BetrVG keine Regelung dazu, soll für die Zuständigkeit zur Bestellung eines Wahlvorstandes § 21a BetrVG entsprechende Anwendung finden.[80] Empfehlenswert ist, die Frage der Zuständigkeit des die Wahl initiierenden Betriebsrats im Kollektivvertrag selbst zu regeln, um Unklarheiten und die daraus resultierenden Streitigkeiten – auch unter den BR-Gremien – zu vermeiden. Sich dabei an § 21a BetrVG zu orientieren, ist naheliegend. Die „Default“-Lösung des § 16 BetrVG hinsichtlich des untätigen BR bzw. GBR kann dabei als Blaupause zur Vermeidung von Vertretungslücken dienen. 54

Die aufgrund eines Tarifvertrages oder einer Betriebsvereinbarung nach § 3 Abs. 1 Nr. 1 bis 3 BetrVG gebildeten betriebsverfassungsrechtlichen Organisationseinheiten gelten gemäß § 3 Abs. 5 Satz 1 BetrVG als **Betriebe im Sinne des BetrVG**. Auf die in ihnen gebildeten Arbeitnehmervertretungen finden gem. § 3 Abs. 5 Satz 2 BetrVG die Vorschriften über die Rechte und Pflichten des Betriebsrats und die Rechtsstellung seiner Mitglieder Anwendung. Die Fiktion des Satzes 1 gilt nur für das BetrVG, nicht für andere Gesetze. Ob dies auch für die im Wortlaut nicht begrenzte Regelung des Satzes 2 der Fall ist, etwa für das KSchG,[81] ist streitig (siehe oben Rn. 30). Die betriebsverfassungsrechtliche Organisationseinheit ersetzt den Betrieb im Rahmen des Betriebsverfassungsgesetzes als Anknüpfungspunkt. 55

Ob die bisherigen Betriebe ihre betriebsverfassungsrechtliche Identität verlieren, hängt vom Inhalt der Tarifvertrags- bzw. Betriebsvereinbarungsregelung ab. Es empfiehlt sich, hierzu konkrete Regelungen vorzusehen, insbesondere solche, nach denen die Gültigkeit der Kollektivvereinbarung und der von ihr geschaffenen betriebsverfassungsrechtlichen Organisationseinheiten durch Orga- 56

---

80 *Richardi/Maschmann*, in: Richardi, BetrVG, § 3 Rn. 64.
81 Auch nicht im Rahmen des § 15 KSchG: BAG, NZA 2019, 1427.

nisationsänderungen beim Arbeitgeber nicht berührt werden. Auch die „Betriebsidentität" der betriebsverfassungsrechtlichen Organisationseinheit kann und sollte vereinbart werden,[82] um möglichen künftigen tatsächlichen Entwicklungen durch entsprechende (ggf. dynamische) Regelungen Rechnung zu tragen.

57 Bei einer reinen Zusammenfassung nach Abs. 1 Nr. 1 lit. b bleiben die Betriebsidentitäten der zugrunde liegenden Betriebe innerhalb der betriebsverfassungsrechtlichen Organisationseinheit beispielsweise erhalten, sodass eine Betriebsvereinbarung im fingierten Betrieb für ihren bisherigen Geltungsbereich in ihren bisherigen Betrieben weitergilt,[83] sofern nicht auch andere Änderungen an den zugrunde liegenden Betrieben vorgenommen werden.

58 Die Schaffung und Beendigung von Strukturen nach § 3 Abs. 1 stellen **für sich genommen** keine Betriebsänderung i. S. d. § 111 BetrVG dar.[84] Werden in deren Geleit Änderungen an den Betrieben hinsichtlich der organisatorischen Rahmenbedingungen vorgenommen, kann es jedoch durchaus zu einer Betriebsänderung nach § 111 BetrVG kommen, die Interessen- und Sozialplanpflichten nach § 112 BetrVG auslösen kann. So ist etwa die Etablierung vorher nicht bestehender Sparten im Betrieb als grundlegende Änderung der Betriebsorganisation und damit als Betriebsänderung zu bewerten.[85]

59 Ob ein Eingriff in eine durch TV oder BV geschaffene Struktur eine Betriebsänderung darstellt, ist – da die vereinbarten betriebsverfassungsrechtlichen Organisationseinheiten als Betrieb im Sinne des BetrVG gelten – im Hinblick auf den fingierten Betrieb und nicht auf die ursprünglichen, im fiktiven Betrieb verklammerten Betriebe festzustellen.[86]

60 Die nach Abschluss, Änderung oder Ende eines Tarifvertrags nach § 3 Abs. 1 Nr. 1 bis Nr. 3 BetrVG bzw. einer Betriebsvereinbarung nach § 3 Abs. 1 Nr. 1 oder 2, Abs. 2 BetrVG neu gewählten Betriebsräte werden jeweils Funktionsnachfolger der Betriebsräte, die diese Einheiten zuvor repräsentiert haben, sofern die vor und nach der Änderung von den Betriebsräten jeweils repräsentierten organisatorischen Einheiten zuverlässig voneinander abgegrenzt werden können.[87] Entstehen aufgrund des Strukturtarifvertrags oder der Betriebsvereinbarung aus einer betriebsverfassungsrechtlichen Einheit mehrere Einheiten, so werden mehrere Betriebsräte Funktionsnachfolger des einen bisherigen Betriebsrats. Werden umgekehrt mehrere eigenständige betriebsverfassungsrechtliche Einheiten zu einer Einheit zusammengefasst, so wird der in dieser Einheit neu gewählte Betriebsrat Funktionsnachfolger der bisherigen Betriebsräte.[88]

---

82 Vgl. *Linsenmeier*, RdA 2017, 128, 137 ff.; *Fitting*, BetrVG, § 3 Rn. 86a.
83 BAG, Beschl. v. 18.3.2008 – 1 ABR 3/07 und vom 7.6.2011 – 1 ABR 110/09.
84 *Fitting*, BetrVG, § 3 Rn. 76.
85 *Trümner*, in: Däubler/Klebe/Wedde, BetrVG, § 3 Rn. 105 m. w. N.
86 *Richardi/Maschmann*, in: Richardi, BetrVG, § 3 Rn. 65.
87 BAG, Beschl. v. 22.8.2017 – 1 ABR 52/14, NZA 2018, 50.
88 *Richardi/Maschmann*, in: Richardi, BetrVG, § 3 Rn. 67a.

4. Regelungswege

Abgesehen von der in § 3 Abs. 3 BetrVG eröffneten Möglichkeit für die Arbeitnehmer, mit Stimmenmehrheit die Wahl eines unternehmenseinheitlichen Betriebsrats zu beschließen, wenn im Fall des § 1 Abs. 1 Nr. 1 lit. a BetrVG keine tarifliche Regelung und in dem Unternehmen kein Betriebsrat besteht,[89] kommen nur die Wege durch Tarifvertrag und Betriebsvereinbarung in Frage. **61**

a) Tarifvertrag

Da mit § 3 BetrVG unternehmensnahe Lösungen geschaffen werden sollen, scheiden in der Regel Verbandstarifverträge zu dieser Thematik aus. Allenfalls firmenbezogene Verbandstarifverträge dürften als Ansatzpunkt eine Rolle spielen. Der bei Weitem häufigere Fall dürfte aber der Firmentarifvertrag sein. **62**

Tarifbestimmungen, die nach § 3 BetrVG vereinbart werden, sind Rechtsnormen über betriebsverfassungsrechtliche Fragen im Sinne von § 3 Abs. 2 TVG, sodass der Arbeitgeber zum Abschluss tarifgebunden sein muss, und die tarifschließende(n) Gewerkschaft(en)[90] müssen satzungsgemäß zuständig und im Unternehmen vertreten sein[91] – ein Mitglied genügt.[92] Die tarifliche Regelung gilt allerdings auch für die nicht tarifgebundenen Arbeitnehmer.[93] **63**

Auch wenn die Etablierung einer vom Gesetz abweichenden Betriebsratsstruktur eine Vereinbarung und damit einen konsensualen Weg im Blick hat, ist ein entsprechender Tarifvertrag nach § 3 Abs. 1 Nr. 1 bis 3 BetrVG nach herrschender Meinung erstreikbar.[94] **64**

Bei Abschluss von Tarifverträgen für den Konzern ist aufgrund von Bedenken über die Reichweite der Abschlussbefugnis der Konzernobergesellschaft (es fehlt an einer ausdrücklichen zum Abschluss von Konzernbetriebsvereinbarungen nach § 58 Abs. 1 BetrVG vergleichbaren Norm im Tarifrecht)[95] auch für ihre Töchter in der Praxis schon wegen der fehlenden Tariffähigkeit des Konzerns[96] **65**

---

89 Zu einem solchen Fall z. B.: BAG, Beschl. v. 24.3.2021 – 7 ABR 16/20.

90 Zu den Problemen im Zusammenhang mit Tarifkonkurrenz vgl. z. B. die Zusammenfassung bei *Hohenstatt/Sittard*, in: Wilhelmsen/Hohenstatt/Scheibert/Seibt, Umstrukturierung und Übertragung von Unternehmen, D.VII Rn. 181 m. w. N.

91 Vgl. BAG, NZA 2009, 1424.

92 Vgl. *Dzida*, NZA 2010, 80.

93 Vgl. BAG, NZA 2009, 1424.

94 Die Erstreikbarkeit ausdrücklich bejahend BAG, NZA 2009, 1424 Rn. 29, ebenso *Trümner*, in: Däubler/Klebe/Wedde, BetrVG, § 3 Rn. 14 m. w. N., was jedoch Teile der Literatur anders sehen, vgl. z. B. *Fitting*, BetrVG, § 3 Rn. 20 m. w. N.

95 Allerdings könnte in § 3 BetrVG diese Legitimation hineingelesen werden, wie die ausdrückliche Erwähnung von Konzernen in § 3 Abs. 1 Nr. 2 und 3 BetrVG nahelegt. Eine „Teilrechtsfähigkeit“ des Konzerns für Regelungen nach § 3 BetrVG dürfte der Gesetzgeber aber damit nicht beabsichtigt haben.

96 BAG, NZA 2020, 881 Rn. 16.

zu empfehlen, dass sämtliche Konzernunternehmen den Tarifvertrag mit abschließen.[97]

66 Das schon auf Unternehmensebene nicht einfach auflösbare Problem der Tarifkonkurrenz (da § 4a TVG am Betrieb anknüpft) verschärft sich umso mehr bei einer konzernweiten Regelung. Hier empfiehlt es sich, den Tarifvertrag nach § 3 BetrVG mit allen maßgeblichen im Konzern vertretenen Gewerkschaften abzuschließen (mehrgliedriger Tarifvertrag).[98]

b) Betriebsvereinbarung

67 Eine (freiwillige[99]) Betriebsvereinbarung nach § 3 Abs. 2 BetrVG kann im Hinblick auf die oben dargestellten Nummern 1–3 des § 3 Abs. 1 BetrVG nur für die Nummern 1 und 2, nicht aber für Nr. 3 abgeschlossen werden. § 3 Abs. 1 Nr. 3 BetrVG bleibt allein den Tarifparteien vorbehalten und kann nie Gegenstand einer Betriebsvereinbarung sein. Allerdings kann auch für die übrigen Tatbestände eine Betriebsvereinbarung nur dann abgeschlossen werden, wenn keine tarifliche Regelung zu den Gegenständen des Abs. 1 besteht und auch sonst kein Tarifvertrag gilt.[100] Sobald auch nur irgendein Tarifvertrag im betreffenden Unternehmen gilt, ist also eine Regelung durch Betriebsvereinbarung ausgeschlossen. „Damit soll erreicht werden, dass z. B. für einen Arbeitgeber, in dessen Unternehmen Tarifverträge über Entgelt oder sonstige Arbeitsbedingungen gelten, auch für Vereinbarungen über betriebsverfassungsrechtliche Organisationsstrukturen der Tarifvertrag das maßgebliche Regelungsinstrument ist. „Dies gilt auch unter der Geltung von allgemeinverbindlichen Tarifverträgen.“[101]

68 Zuständig auf Betriebsratsseite für die Betriebsvereinbarung nach § 3 Abs. 1 Nr. 1, Abs. 2 BetrVG ist der Gesamtbetriebsrat.[102] Die lokalen Betriebsräte haben kein Vetorecht.[103] Dennoch empfiehlt es sich sehr, die Vereinbarung nach § 3 BetrVG nicht allein mit knappem Mehrheitsverhältnis durch den Gesamtbetriebsrat zu „peitschen“, da es, insbesondere bei vorgezogenem Wahlzeitpunkt (oft ein besonders heftig umkämpfter Gesichtspunkt), gelegentlich nicht ausschließlich die Arbeitnehmerinteressen sind, die für die Entscheidung des einen oder anderen Betriebsratsmitgliedes maßgeblich sind, wenn es um die „Abschaffung“ des eigenen Gremiums zugunsten der Etablierung eines neuen geht.

---

97 BAG, 13.12.2016 – 1 AZR 148/15, Rn. 14; *Fitting*, BetrVG, § 3 Rn. 14.

98 Vgl. *Hohenstatt/Sittard*, in: Wilhelmsen/Hohenstatt/Scheibert/Seibt, Umstrukturierung und Übertragung von Unternehmen, D.VII Rn. 184 m. w. N.

99 Eine solche Betriebsvereinbarung kann von keiner Seite über die Einigungsstelle oder über das Arbeitsgericht erzwungen werden.

100 Die h. M. verlangt allerdings die normative Geltung von Tarifverträgen für die Sperrwirkung; BAG, Beschl. v. 24.4.2013 – 7 ABR 71/11, Rn. 40 m. w. N.; a. A. *Trümner*, in: Däubler/Klebe/Wedde, BetrVG, § 3 Rn. 165 m. w. N.

101 BT-Drs. 14/5741, S. 34.

102 BAG, Beschl. v. 24.4.2013 – 7 ABR 71/11, Rn. 38 m. w. N.

103 BAG, Beschl. v. 24.4.2013 – 7 ABR 71/11, Rn. 38; a. A. *Richardi/Maschmann*, in: Richardi, BetrVG, § 3 Rn. 86.

Für eine Betriebsvereinbarung nach § 3 Abs. 1 Nr. 2, Abs. 2 BetrVG ist, soweit sich die Spartenstruktur nur innerhalb eines Unternehmens, aber über mehrere Betriebe hinweg darstellt, der Gesamtbetriebsrat nach § 50 Abs. 1 BetrVG originär zuständig.[104] Findet die Spartenbildung nur innerhalb eines Betriebs statt (was eher selten der Fall ist), ist der Betriebsrat zuständig.[105] Soweit die Sparten im Konzern unternehmensübergreifend organisiert sind, ist für den Abschluss der entsprechenden Konzernbetriebsvereinbarung nach § 3 Abs. 1 Nr. 2, Abs. 2 BetrVG der Konzernbetriebsrat originär zuständig, § 58 Abs. 1 BetrVG.[106] **69**

c) „Warnhinweise“ für Regelungen in TV und BV

Einige Hinweise in der Rechtsprechung geben Anlass, bei bestimmten Regelungsfragen in Tarifvertrag und Betriebsvereinbarung besonderes Augenmerk walten zu lassen: **70**

Vorsicht geboten ist beispielsweise bei einer Abweichung der **Anzahl der Mitglieder des Betriebsrats** von der gesetzlich in § 9 BetrVG vorgeschriebenen Anzahl. Nach „unten“ ist eine Abweichung nur zulässig, wenn zu wenige wählbare Arbeitnehmer vorhanden oder zur Übernahme des Amtes bereit sind,[107] sonst nicht. Nach „oben“ wird im Rahmen des § 3 Abs. 1 Nr. 3 BetrVG durch Tarifvertrag eine Abweichungsmöglichkeit zwar vertreten,[108] das BAG sieht dies aber bei einer Betriebsvereinbarung nach § 3 BetrVG eher kritisch.[109] **71**

Das BAG hat ausdrücklich dahinstehen lassen, ob eine Regelung in einer Betriebsvereinbarung zu einem unternehmenseinheitlichen Betriebsrat, wonach dieser in jedem Fall der **Eingliederung eines hinzukommenden Betriebs** unabhängig von dessen Größe und Struktur für dessen Belegschaft zuständig werden soll, rechtlichen Bedenken begegnet.[110] Aus der Praxis ergeben sich hier aus Betriebsratssicht durchaus nicht unbedeutende Bedenken. Eine undifferenzierte „Eingliederung“ eines größeren Betriebs in die kleinere betriebsverfassungsrechtliche Organisationseinheit, für die der Betriebsrat gewählt wurde, kann zu Überforderung führen. Auch kann, falls dadurch der Betriebsrat des eingegliederten Betriebs nach dem Modell des § 21a BetrVG sang- und klanglos untergehen sollte, ein Rechtsstreit um ein etwaiges Übergangsmandat oder gar sein Fortbestehen vorprogrammiert sein. **72**

Auch sollte aus Betriebsratssicht bedacht werden, dass nach Auffassung des BAG auch trotz einer abgeschlossenen kollektiven Regelung zur Bildung be- **73**

---

104 *Richardi/Maschmann*, in: Richardi, BetrVG, § 3 Rn. 85.

105 *Richardi/Maschmann*, in: Richardi, BetrVG, § 3 Rn. 84.

106 *Richardi/Maschmann*, in: Richardi, BetrVG, § 3 Rn. 85.

107 *Fitting*, BetrVG, § 9 Rn. 49.

108 *Trümner*, in: Däubler/Klebe/Wedde, BetrVG, § 3 Rn. 100, 113 m. w. N.; a. A. *Fitting*, BetrVG, § 9 Rn. 49a m. w. N.

109 BAG, Beschl. v. 24.4.2013 – 7 ABR 71/11, Rn. 43: „rechtlich bedenklich“; ausdrücklich ablehnend auch LAG Nürnberg, Beschl. v. 26.1.2023 – 1 TaBV 22/22.

110 BAG, Beschl. v. 24.4.2013 – 7 ABR 71/11, Rn. 44.

triebsverfassungsrechtlicher Organisationseinheiten die Organisationsstrukturen des Arbeitgebers dennoch geändert werden können und so das „Substrat" der vereinbarten Organisationseinheiten zu Fall gebracht werden kann.[111] Auch sei der Arbeitgeber grundsätzlich – wie auch im Rahmen der gesetzlichen Betriebsverfassung – nicht gehindert, durch organisatorische Veränderungen Betriebe im Sinne des BetrVG zu bilden, zusammenzulegen, zu spalten oder zu zerschlagen. Dies gelte jedenfalls dann, wenn ein **Umstrukturierungsverbot** nicht klar im Tarifvertrag geregelt sei.[112] Für die Praxis bedeutet das aus Sicht von Betriebsrat und Gewerkschaft, dass eine solche Änderungen ausschließende Regelung Teil der Vereinbarung werden sollte, um nicht während der Geltungsdauer des Kollektivvertrages den vereinbarten betriebsverfassungsrechtlichen Anknüpfungspunkt zu verlieren.

5. Nutzen von Vereinbarungen nach § 3 BetrVG für Betriebe, Unternehmen und Konzerne in Matrix-Strukturen oder in anderen Arbeitsformen wie agiler Arbeit bzw. Mobile Working?

74 Wie die obigen Ausführungen zu den Voraussetzungen für eine Abweichung schon nahelegen, ist der Nutzen der Regelungsmöglichkeiten nach § 3 BetrVG für Matrix-Strukturen[113] und andere Erscheinungsformen wie die Formen agiler Arbeit oder Mobile Working recht begrenzt, weshalb auch vermehrt die Erweiterung des § 3 BetrVG gefordert wird.[114] Einzelne Handlungsspielräume bestehen – je nach Einzelfallumständen – dennoch.

a) § 3 Abs. 1 Nr. 1 lit. a BetrVG – „Unternehmensbetriebsrat"

75 Liegt die betriebsübergreifende Organisation eines Betriebs, z.B. in Gestalt einer **Matrixorganisation** vor, kann bei Vorliegen der Voraussetzungen des § 3 Abs. 1 Nr. 1 lit. a BetrVG ein „Unternehmensbetriebsrat" etabliert werden. Für Arbeitgeber und Führungskräfte sowie Beschäftige in der Matrixorganisation wäre klar, welcher Betriebsrat für sie zuständig wäre, denn es gibt ja nur den einen. Es ist aber nicht zu erwarten, dass gerade die Matrixorganisation genügt, um die Kriterien „Erleichterung der Bildung von Betriebsräten" oder „Dienlichkeit zur erleichterten Wahrnehmung der Arbeitnehmerinteressen" des letzten Halbsatzes von § 3 Abs. 1 Nr. 1 BetrVG zu erfüllen.

---

111 BAG, Beschl. v. 21.6.2023 – 7 ABR 19/22, Rn. 30.

112 BAG, Beschl. v. 21.6.2023 – 7 ABR 19/22, Rn. 30.

113 *Koch*, in: Schaub, Arbeitsrechts-Handbuch, 19. Aufl. 2021, § 187 Matrix-Strukturen Rn. 10 bewertet einen auf Matrix-Strukturen bezogenen Tarifvertrag allgemein als „denkbar und durchaus sinnvoll".

114 Z.B. *Schubert*, HSI-Schriftenreihe, Bd. 23, S. 66ff., insbes. S. 77f.; *Wisskirchen/Block*, NZA-Beilage 2017, 90, 94; *Günther/Böglmüller*, NZA 2015, 1025, 1028.

Das erste Kriterium begegnet dem Problem, dass die Matrix-Struktur eher nichts mit den Hemmnissen oder Erschwernissen einer Betriebsratsbildung zu tun hat, weil die mit ihr typischerweise verbundene Aufteilung der fachlichen und disziplinarischen Leitung der Matrix entweder nicht nur auf das Unternehmen beschränkt, sondern konzernweit oder sogar über die deutschen Grenzen hinaus etabliert wird, die disziplinarische Leitungsmacht mit den wesentlichen Aufgaben in personellen und sozialen Angelegenheiten aber in der Regel bei der Betriebsleitung verbleibt. Zudem ist die in Zusammenhängen mit Matrixstrukturen oft zu beobachtende Tendenz, die wesentlichen Entscheidungen „auf höherer Ebene“ zu treffen, kein besonderes Merkmal der Matrix, sondern auch bei hierarchisch strukturierten Unternehmungen zu beobachten, also kein „tauglicher Grund“. Die Verschiebung von Leitungsmacht auf die Unternehmensebene an sich kann aber ein tauglicher Grund sein, um eine Vereinbarung nach § 3 Abs. 1 Nr. 1 lit. a BetrVG abzuschließen, wenn dessen Voraussetzungen vorliegen. Das kann auch für den Betriebsrat nützlich sein, weil die Betriebsleitungen – wenn es sie noch gibt – in dieser Konstellation nicht mehr die wesentlichen Entscheidungen treffen. **76**

Das zweite Kriterium dürfte aus denselben Gründen ebenfalls kaum allein aus dem Umstand der Matrix-Struktur zu begründen sein. Im Ergebnis dürfte daher allein das Bestehen einer Matrix-Organisation nicht für die Begründung einer abweichenden Betriebsratsstruktur nach § 3 Abs. 1 Nr. 1 lit. a BetrVG ausreichen.[115] Eine Orientierung an der Matrixstruktur zur Etablierung einer vom Gesetz abweichenden Betriebsratsstruktur begegnet ohnehin schon aufgrund der eher flüchtigen Natur dieser Konstruktion Bedenken. Die Praxis zeigt, dass die Matrixstrukturen – oft ausgerichtet an den Vorstellungen der Matrixmanager – in Unternehmungen in kurzer Folge immer wieder geändert werden. Das Bedürfnis der Betriebsverfassung, den Arbeitnehmern für die vierjährige Amtszeit einen „stabilen“ Betriebsrat zur Verfügung zu stellen, ist damit nicht ohne Weiteres vereinbar. **77**

Für Strukturen, in denen die Arbeitnehmer nicht auf feste Betriebsstätten angewiesen sind, weil sie beispielsweise weitgehend im **Homeoffice oder in Co-Working-Spaces oder gar bei Kunden für Projekte im Einsatz** sind, kann ein „Unternehmensbetriebsrat“ eine passende Lösung sein. Da die Arbeitnehmer aber ansonsten einem bestimmten, den gesetzlichen Kriterien entsprechenden Betrieb zuzuordnen sind, ist besondere Sorgfalt bei der Prüfung der „Dienlichkeitsvoraussetzungen“ (§ 3 Abs. 1 Nr. 1 zweiter Halbsatz BetrVG) aufzuwenden. Insbesondere muss angesichts der Rechtsprechung des BAG zum Kriterium der Ortsnähe[116] besonders überlegt werden, ob nicht stattdessen eine Struktur nach § 3 Abs. 1 Nr. 1 lit. b BetrVG die richtige ist.[117] Gibt es überhaupt nur einen **78**

115 Ebenso *Schubert*, HSI-Schriftenreihe, Bd. 23, S. 58 f.
116 Vgl. BAG, Beschl. v. 24.4.2013 – 7 ABR 71/11.
117 Anschaulich der Fall des LAG Nürnberg, Beschl. v. 26.1.2023 – 1 TaBV 22/22 mit zust. Anm. *Schindele*, ArbRAktuell, 2023, 134.

Betrieb am Sitz des Unternehmens in Deutschland oder nur einen Geschäftsführer und gar keinen Betrieb in Deutschland, liegt – soweit dann nicht ohnehin von nur einem gesetzlichen Betrieb oder Betriebsteil in Deutschland auszugehen ist – die Absicherung durch eine Vereinbarung eines „Unternehmensbetriebsrats“ nahe. Da es ihrer jedoch genau genommen nicht bedürfte, wäre auch hierzu eine Vereinbarung nach § 3 Abs. 1 Nr. 1 lit. a BetrVG bedenklich.[118]

b) § 3 Abs. 1 Nr. 1 lit. b BetrVG

79 Aus denselben Gründen wie zum „Unternehmensbetriebsrat“ nach § 3 Abs. 1 Nr. 1 lit. a BetrVG dürften auch die Kriterien für die Zusammenfassung von Betrieben nach § 3 Abs. 1 Nr. 1 lit. b BetrVG an den „Dienlichkeitskriterien“ des zweiten Halbsatzes der Norm scheitern, wenn zur Etablierung einer abweichenden Betriebsratsstruktur nur die Organisation in einer **Matrix** herangezogen wird (siehe oben Rn. 75–77). Dient sie aufgrund der vorgefundenen Matrixstruktur aber dazu, Unsicherheiten über die Betriebsabgrenzung zu vermeiden, kann eine Betriebsvereinbarung – in den Grenzen der Voraussetzungen des § 3 Abs. 1 Nr. 1 lit. b BetrVG – sinnvoll sein, um die Betriebsverfassung auf sichere Füße zu stellen und damit die Bildung von Betriebsräten zu erleichtern, auch dann, wenn dadurch tatsächliche Zweifel an der Betriebsratsfähigkeit von Betriebsteilen oder Kleinstbetrieben beseitigt werden.[119]

80 Im Übrigen ist bei der Auswahl zwischen den beiden Tatbeständen des § 3 Abs. 1 Nr. 1 BetrVG nach der Rechtsprechung des BAG Buchstabe b dann vorrangig vor a, wenn mit ihm der Zweck der Norm eher erreicht wird.[120] Die Zusammenfassung zu mehreren Betrieben und nicht zu einem „Einheitsbetrieb“ ist mit Blick auf das Kriterium der Ortsnähe, das ja auch § 4 Abs. 1 Nr. 1 BetrVG zum Gegenstand hat, vorzuziehen.

81 Gerade bei besonders vielen Mitarbeitern im „**Mobile Working**“ bietet sich die Struktur ebenfalls an. Eine nach regionalen oder örtlichen Gesichtspunkten gut durchdachte Struktur, die auf die Arbeitgeberstruktur Rücksicht nimmt, aber sie nicht 1:1 abbilden muss, sondern anhand weiterer Kriterien (z. B. Bundesländer, Postleitzahlensystem etc.) regional beschreibt, kann eine geeignete Struktur liefern.

c) § 3 Abs. 1 Nr. 2 BetrVG

82 Auch wenn man eine Einteilung von Unternehmen und Konzernen mit **Matrixstruktur** in Sparten zur Anknüpfung der Betriebsratsstruktur für möglich

118 Ablehnend im Rahmen des § 3 Abs. 3 BetrVG BAG, Beschl. v. 24.3.2021 – 7 ABR 16/20, Rn. 37.

119 *Schubert*, HSI-Schriftenreihe, Bd. 23, S. 58 m. w. N.

120 Vgl. BAG, Beschl. v. 24.4.2013 – 7 ABR 71/11; *Fitting*, BetrVG, § 3 Rn. 30.

hält,[121] ist dies aber in der Regel nicht zielführend.[122] In Matrixstrukturen wird die fachliche Leitungsmacht typischerweise in Geschäftsbereichen gebündelt, während das disziplinarische Weisungsrecht in der Regel beim Vertragsarbeitgeber verbleibt, sodass bei einer Spartenleitung nicht allzu viel von der Leitungsmacht in personellen und sozialen Angelegenheiten ankommt. Für die Bildung der Spartenleitung muss zwar bloß „auch“ Leitungsmacht auf diese übertragen sein und das auch nur in „beteiligungspflichtigen Angelegenheiten“, also nicht notwendigerweise mitbestimmungspflichtigen. Eine substanzielle Verbesserung bei der Vertretung der Arbeitnehmerinteressen gegenüber dem gesetzlichen Vertretungsmodell wird sich dadurch aber in der Regel nicht feststellen lassen.[123] Eine Anpassung der Betriebsverfassung an Matrixstrukturen in Gestalt von Spartenbetriebsräten kommt daher also eher nicht in Betracht.[124]

Da für den Konzernbegriff nach dieser Vorschrift die Verweisung auf § 18 **83**
Abs. 1 AktG fehlt, dies aber der maßgebliche Anknüpfungspunkt der Begründung des BAG für die Entscheidung ist, dass in Deutschland kein Konzernbetriebsrat nach § 54 BetrVG errichtet werden kann, wenn das herrschende Unternehmen seinen Sitz nicht im Inland hat und auch keine Teilkonzernspitze im Inland besteht,[125] stellt sich – grade mit Blick auf internationale Teams im Rahmen agiler Arbeit – die Frage, ob so auch die deutschen Grenzen überschreitende Zusammenhänge mit einem weiter verstandenen Konzernbegriff erfasst werden können. Das sog. Territorialprinzip des BetrVG[126] ist jedenfalls keine absolute Grenze, wie dessen Durchbrechungen z. B. mit Blick auf die Ausstrahlwirkung des BetrVG bei ins Ausland abgeordneten Arbeitnehmern[127] oder die Erstreckung der Leitungsmacht einer ausländischen Führungskraft auf deutsche Arbeitnehmer als Einstellung nach § 99 BetrVG in den deutschen Betrieb[128] zeigen, auch wenn diese Durchbrechungen den persönlichen und nicht den räumlichen Anwendungsbereich des BetrVG betreffen.

Als Zusatzproblem erweist sich in diesem Zusammenhang, dass die Spartenor- **84**
ganisation in der Regel nicht alle Unternehmens- oder Konzernbereiche betrifft

---

121 *Koch*, in: Schaub, Arbeitsrechts-Handbuch, 19. Aufl. 2021, § 187 Matrix-Strukturen Rn. 10; *Schmidt*, in: Küttner, Personalbuch 2023, Matrixorganisation, Rn. 15; *Schubert*, HSI-Schriftenreihe, Bd. 23, S. 61 m. w. N.

122 *Bauer/Herzberg*, NZA 2011, 713, 718; *Kort*, NZA 2013, 1318, 1322; *Fitting*, BetrVG, § 3 Rn. 39.

123 Vgl. *Bauer/Herzberg*, NZA 2011, 713, 719; *Kort*, NZA 2013, 1318, 1322; *Schubert*, HSI-Schriftenreihe, Bd. 23, S. 61.

124 *Wisskirchen/Block*, NZA-Beilage 2017, 90, 93; *Schubert*, HSI-Schriftenreihe, Bd. 23, S. 61; *Kort*, NZA 2013, 1318, 1322.

125 BAG, Beschl. v. 23.5.2018 – 7 ABR 60/16, Rn. 23 m. w. N.

126 BAG, Urt. v. 24.5.2018 – 2 AZR 54/18, Rn. 13; BAG, Beschl. v. 22.3.2000 – 7 ABR 34/98 – unter II.2.a.ee) m. w. N.; zur Kritik am Territorialitätsprinzip z. B. *Trümner*, in: Däubler/Klebe/Wedde, BetrVG, § 1 Rn. 27 ff. m. w. N.

127 BAG, Beschl. v. 22.3.2000 – 7 ABR 34/98, unter II.2.a.ee) m. w. N.; *Boemke*, NZA 1992, 112, 113 ff.

128 Vgl. LAG Köln, 17.7.2020 – 9 TaBV 73/19.

und damit von den Spartenbetriebsräten nicht alle Arbeitnehmer vertreten wären. Das betrifft insbesondere den Overhead-Bereich wie Personalwesen, Controlling, Buchhaltung etc. Werden diese nicht von einem Spartenbetriebsrat nach § 3 Abs. 1 Nr. 2 BetrVG erfasst, muss der „Rest" noch in betriebsratsfähigen Betrieben oder Betriebsteilen nach §§ 1 und 4 BetrVG untergebracht sein, damit für diese nach dem gesetzlichen Modell Betriebsräte wählbar sind. Ansonsten erfüllt die Kollektivvereinbarung mit einer Spartenbetriebsratsorganisation jedenfalls nicht das Kriterium der „sachgerechten Wahrnehmung der Interessen der Arbeitnehmer" i. S. d. § 3 Abs. 1 Nr. 2 BetrVG.[129]

d) § 3 Abs. 1 Nr. 3 BetrVG

85 Am ehesten kommt bei einer Einteilung von Unternehmen und Konzernen mit **Matrixstruktur** eine Regelung nach § 3 Abs. 1 Nr. 3 BetrVG in Betracht,[130] ebenso für die bereits in der Gesetzesbegründung aufgeführten Varianten der Produktionskette (z. B. Just-in-time-Produktion), bei der Zusammenarbeit von Fabriken (z. B. fraktale Fabrik) oder Shop-in-Shop-Organisationen sowie Unternehmensnetzwerken.[131]

86 Besonders die schnelle Veränderlichkeit der Matrix-Organisation steht hier dem Umstand im Weg, dass zwischen der Arbeitgeberorganisationsstruktur und der Arbeitnehmervertretungsstruktur ein Zusammenhang bestehen muss,[132] zumal die Vorschrift des § 3 Abs. 1 Nr. 3 BetrVG eng ausgelegt wird,[133] um ihre Verfassungsmäßigkeit nicht zu gefährden. Der Nachweis einer „besseren" Vertretungsstruktur gegenüber der gesetzlichen stößt auch hier in der Regel an seine Grenzen.[134] Gelingt es unter all diesen Einschränkungen doch, diese Hürden zu nehmen, ist diese Vorschrift aber derzeit der aussichtsreichste Weg, um einmal entlang einer Matrixstruktur eine Betriebsratsstruktur zu entwickeln.

---

129 GK-BetrVG/*Franzen*, Bd. 1, § 3 Rn. 17, 19.

130 *Schubert*, HSI-Schriftenreihe, Bd. 23, S. 63 m. w. N.; *Schmidt*, in: Küttner, Personalbuch 2023, Matrixorganisation, Rn. 15; *Koch*, in: Schaub, Arbeitsrechts-Handbuch, 19. Aufl. 2021, § 187 Matrix-Strukturen Rn. 10: „denkbar".

131 BT-Drs. 14/5641, S. 34.

132 BAG, Beschl. v. 13.3.2013 – 7 ABR 70/11, Rn. 38.

133 *Bauer/Herzberg*, NZA 2011, 713, 719; *Wisskirchen/Block*, NZA-Beilage 2017, 90, 93. *Fitting*, BetrVG, § 3 Rn. 48; *Günther/Böglmüller*, NZA 2015, 1025, 1027 bezweifeln wegen der Flüchtigkeit der Matrixstruktur eine Regelung nach § 3 BetrVG und meinen, das Erfordernis eines Tarifvertrages könne sich als hinderlich, weil zu unflexibel, erweisen.

134 Siehe oben Rn. 48 ff. sowie *Wisskirchen/Block*, NZA-Beilage 2017, 90, 93, die eine Vertretungsstruktur nach § 3 Abs. 1 Nr. 3 BetrVG entlang der Matrixstruktur für „nicht zweckmäßiger" halten. *Bauer/Herzberg*, NZA 2011, 713, 719 bewerten die gesetzlichen Strukturen auch im Matrix-Zusammenhang als „ausreichend und zweckmäßig" und halten eine Vereinbarung nach § 3 Abs. 1 Nr. 3 BetrVG daher nicht für geboten; kritisch zur „Dienlichkeit" eines Tarifvertrages nach § 3 Abs. 1 Nr. 3 BetrVG in Bezug auf Matrixstrukturen auch *Rieble*, NZA-Beilage 2014, 28, 30; *Kort*, NZA 2013, 1318, 1322.

87 Dabei ist aber nochmals auf die Zuständigkeitsprobleme für den Abschluss einer solchen Vereinbarung hinzuweisen. Auf Arbeitnehmerseite kann eine solche Vereinbarung nicht vom Konzern- oder Gesamtbetriebsrat nach § 3 Abs. 2 BetrVG abgeschlossen werden, sondern setzt immer die Unterzeichnung der in den Betrieben vertretenen Gewerkschaften voraus. Oft sind die Mitarbeiter in Unternehmen z. B. im IT-Bereich, in denen Matrix-Strukturen häufiger anzutreffen sind, aber gerade nicht gewerkschaftlich organisiert oder die Unternehmen sind aufgrund ihrer durch im Ausland sitzende Führung in Staaten, wo gewerkschaftliche Betätigung weniger verbreitet oder anders verstanden wird als in Deutschland, nicht geneigt, eine tarifliche Regelung nach § 3 BetrVG mit Gewerkschaften abzuschließen.

V. Ergebnis

88 Auch wenn die Möglichkeiten durch § 3 BetrVG für Betriebsräte, Gewerkschaften und Arbeitgeber erweitert wurden, um eine zur gesetzlichen Betriebsverfassung abweichende Betriebsratsstruktur zu vereinbaren, die besser zu den Organisationsstrukturen von Betrieben, Unternehmen und Konzernen oder anderen Organisationsformen der heutigen Zeit passen können, muss stets beachtet werden, dass hierdurch eine feststellbare „Verbesserung" gegenüber der gesetzlichen Struktur im konkreten Fall eintreten muss, weil die Vereinbarung andernfalls unwirksam ist. Diese Verbesserungen müssen Probleme der Repräsentanz der Arbeitnehmer durch Betriebsräte, der räumlichen Nähe zwischen Arbeitnehmern und Betriebsrat, der Entscheidungsträgernähe des Betriebsrats, der sinnvollen Ausübbarkeit der Beteiligungsrechte und der Zahlenverhältnisse bei Zusammensetzung von Gremien sowie Schwellenwerte für die Mitbestimmung in den Blick nehmen und trotzdem auch mit den sich immer schneller verändernden Organisationsstrukturen auf Arbeitgeberseite Schritt halten. Eine durchaus anspruchsvolle Optimierungsaufgabe, die durch den den „Vertragsparteien" zuerkannten Beurteilungsspielraum über das Vorliegen der Voraussetzungen des § 3 Abs. 1 Nr. 1 bis 3 BetrVG sowie zur näheren Ausgestaltung zwar nur eingeschränkt überprüfbar ist, hinsichtlich der „Grundfeste" der Betriebsverfassung allerdings von der Rechtsprechung im Streitfall streng kontrolliert wird. Für Mobile Working und agile Arbeit mögen die Möglichkeiten des § 3 BetrVG je nach Ausgestaltung ein brauchbarer Handlungsrahmen sein, für Matrix-Strukturen sind sie es gegenwärtig allerdings eher nicht – jedenfalls nicht, wenn sie die einzige Begründung darstellen, um eine Vereinbarung nach § 3 BetrVG abzuschließen.

G. Arbeitszeit

Abschnitt 1 – Perspektive Arbeitgeber[1]

I. Arbeitszeitbegriff

Arbeitszeit ist nicht gleich Arbeitszeit. In der aktuellen Diskussion um die Erfassung von Arbeitszeiten geht es vorrangig um Arbeitsschutz. Arbeitnehmer haben dagegen zumeist die vergütungsrechtliche Komponente im Blick. Die Mitbestimmung des Betriebsrats knüpft wiederum an einen eigenen Arbeitszeitbegriff an. 1

Rechtsgrundlage des arbeitsschutzrechtlichen Arbeitszeitbegriffs bilden zwingende, öffentlich-rechtliche Normen. Im Wesentlichen finden sich die einschlägigen Regelungen im Arbeitszeitgesetz (ArbZG).[2] Der arbeitsschutzrechtliche bzw. öffentlich-rechtliche Arbeitszeitbegriff wird in § 2 Abs. 1 Satz 1 Hs. 1 ArbZG als die Zeit vom Beginn bis zum Ende der Arbeit ohne die Ruhepausen definiert. Dieser Begriff ist im Rahmen der Arbeitszeiterfassung zugrunde zu legen.[3] Da das ArbZG der Umsetzung der europäischen Arbeitszeitrichtlinie 2003/88/EG (RL 2003/88/EG) dient, ist es in deren Lichte auszulegen und anzuwenden.[4] Ziel des Arbeitsschutzrechts ist die effiziente Gewährleistung der Sicherheit und der Gesundheit der Arbeitnehmer.[5] 2

Der vergütungsrechtliche Arbeitszeitbegriff ist nicht legaldefiniert. Er betrifft diejenige Arbeitszeit, innerhalb derer der Arbeitnehmer einer fremdnützigen Tätigkeit nachgeht.[6] Maßgeblich sind dabei die jeweils auf das Arbeitsverhältnis anwendbaren Vereinbarungen, in denen Vergütungsfragen geregelt sind, d. h. Individualarbeitsvertrag, Tarifvertrag oder Betriebsvereinbarung.[7] 3

Der betriebsverfassungsrechtliche Arbeitszeitbegriff regelt den Umfang der Mitbestimmungsrechte des Betriebsrats, die sich u. a. aus § 87 Abs. 1 Nr. 2 und 3 Betriebsverfassungsgesetz (BetrVG) ergeben.[8] 4

---

1 Mit Dank an Frau *Maria Uphoff*, wiss. Mitarbeiterin, für ihre Vorarbeiten zu diesem Beitrag.
2 SWK/*Ünsal*, Arbeitszeit Rn. 2.
3 SWK/*Ünsal*, Arbeitszeit Rn. 34.
4 ErfK/*Roloff*, § 2 ArbZG Rn. 1; SWK/*Ünsal* Arbeitszeit Rn. 2.
5 SWK/*Ünsal*, Arbeitszeit Rn. 3; ErfK/*Preis*, § 611a BGB Rn. 558.
6 BAG, 14.4.2018 – 5 AZR 424/17 Rn. 17, juris.
7 ErfK/*Roloff*, § 2 ArbZG Rn. 9; SWK/*Ünsal*, Arbeitszeit Rn. 1.
8 SWK/*Ünsal*, Arbeitszeit Rn. 1.

II. Bisherige Rechtslage zur Arbeitszeiterfassung

5 Bislang gab es keine umfassende Pflicht zur Arbeitszeiterfassung im nationalen Recht.[9] Nach § 16 Abs. 2 ArbZG ist der Arbeitgeber nur zur Erfassung der über die werktägliche Höchstarbeitszeit hinausgehenden Arbeitszeit der Arbeitnehmer i. S. d. § 3 Satz 1 ArbZG verpflichtet, also die Arbeitszeit, die an Werktagen über acht Stunden hinausgeht sowie Feiertags- und Sonntagsarbeit. Nur in Ausnahmefällen wurde Arbeitgebern eine gesetzliche Pflicht zur umfassenden Arbeitszeiterfassung auferlegt, etwa nach § 17 Abs. 1 MiLoG für geringfügig Beschäftigte i. S. d. § 8 Abs. 1 SGB IV und für Arbeitnehmer, die in Branchen i. S. d. § 2a Abs. 1 SchwarzArbG tätig sind, oder nach § 6 Abs. 1 GSA Fleisch für Beschäftigte in der Fleischwirtschaft. Eine Formvorgabe ist in § 16 Abs. 2 ArbZG nicht enthalten. So genügte bislang die Aufzeichnung durch Stempelkarten oder Stundenzettel.[10] Auch eine Delegation der Erfassungspflicht auf die Arbeitnehmer war bislang möglich.[11]

III. „Stechuhr-Urteil" des EuGH vom 14.5.2019 – C-55/18

6 Seit dem 14.5.2019 wird jedoch ausführlich über die Unionsrechtskonformität der deutschen Rechtslage in Bezug auf die Arbeitszeiterfassung diskutiert.[12] Ursächlich dafür war das sog. „Stechuhr-Urteil" des Europäischen Gerichtshofs (EuGH) vom 14.5.2019.[13]

7 Die spanische Gewerkschaft Federación de Servicios de Comisiones Obreras (CCOO) erhob eine Verbandsklage gegen die Deutsche Bank, mit der sie die Feststellung begehrte, dass die Deutsche Bank verpflichtet sei, ein System zur Erfassung der von ihren Mitarbeitern geleisteten täglichen Arbeitszeit einzurichten.

8 Der EuGH gab der CCOO recht und entschied, dass nationale Regelungen eines Mitgliedstaats, die keine Pflicht des Arbeitgebers zur Arbeitszeiterfassung vorsehen, mit Art. 3 und 5 sowie Art. 6 lit. b RL 2003/88/EG sowie dem in Art. 31 Abs. 2 Charta der Grundrechte der Europäischen Union (GRCh) garantierten Grundrecht der Arbeitnehmer auf die Begrenzung der Höchstarbeitszeit und auf die Gewährung von Mindestruhezeiten unvereinbar sind. Arbeitgeber müssten verpflichtet werden, ein objektives, verlässliches und zugängliches System zur Arbeitszeiterfassung einzurichten.[14] Die Verpflichtung der Arbeitgeber zur Einrichtung eines solchen Systems ergebe sich auch aus der in Art. 4 Abs. 1 und Art. 6 Abs. 1 Arbeitsschutz-Rahmenrichtlinie 89/391/EWG (RL 89/391/EWG)

---

9 *Bienek/Wilms*, RfamU 2023, 252; SWK/*Ünsal*, Arbeitszeit Rn. 34.
10 ErfK/*Roloff*, § 16 ArbZG Rn. 4; SWK/*Ünsal*, Arbeitszeit Rn. 34.
11 ErfK/*Roloff*, § 16 ArbZG Rn. 4.
12 *Brors*, NZA 2020, 1685; *Heuschmid*, NJW 2019, 1853; *Höpfner/Daum*, RdA 2019, 270.
13 EuGH, 14.5.2019 – C-55/18, juris.
14 EuGH, 14.5.2019 – C-55/18 Rn. 59, 60, juris.

normierten Verpflichtung zur Organisation und Bereitstellung erforderlicher Mittel zum Schutz der Sicherheit und Gesundheit der Arbeitnehmer.[15] Die konkrete Ausgestaltung eines solchen Systems, insbesondere dessen Form, obliege den Mitgliedstaaten, wobei die Besonderheiten der jeweiligen Tätigkeitsbereiche und die Eigenheiten der Unternehmen zu berücksichtigen seien.[16]

In Folge dieser Entscheidung wurden Appelle an den Gesetzgeber laut, das Ar- 9
beitszeitgesetz entsprechend der europäischen Vorgaben zu ändern.[17] Bevor der Gesetzgeber tätig wurde, kam ihm jedoch das BAG zuvor.

IV. Beschluss des BAG vom 13.9.2022 – 1 ABR 22/21

In seinem Beschluss vom 13.9.2022 stellte das BAG – bezugnehmend auf das 10
„Stechuhr-Urteil" des EuGH[18] – fest, dass Arbeitgeber nach § 3 Abs. 2 Nr. 1 ArbSchG bereits de lege lata verpflichtet sind, ein objektives, verlässliches und zugängliches System einzurichten, mit dem sie Beginn und Ende und damit die Dauer der täglich von den Arbeitnehmern geleisteten Arbeitszeiten einschließlich der Überstunden erfassen können.[19] Aufgrund dieser gesetzlich bestehenden Handlungspflicht steht dem Betriebsrat nach Auffassung des BAG kein Initiativrecht hinsichtlich der Einführung eines elektronischen Zeiterfassungssystems im Betrieb nach § 87 Abs. 1 Nr. 6 BetrVG zu.[20]

1. Sachverhalt

Dem Beschluss lag ein Streit zwischen den Betriebsparteien einer vollstationä- 11
ren Wohneinrichtung zugrunde. Der Betriebsrat beantragte beim Arbeitsgericht die Einsetzung einer Einigungsstelle, um den Abschluss einer Betriebsvereinbarung zur Einführung und Anwendung eines elektronischen Zeiterfassungssystems durchzusetzen. Er beantragte zudem festzustellen, dass er bezüglich der initiativen Einführung eines elektronischen Zeiterfassungssystems im Betrieb ein Initiativrecht gemäß § 87 Abs. 1 Nr. 6 BetrVG habe. Das Arbeitsgericht wies den Antrag ab und verneinte somit ein Initiativrecht des Betriebsrats.[21] Das Landesarbeitsgericht gab der Beschwerde des Betriebsrats statt und bejahte somit ein Initiativrecht.[22]

---

15 EuGH, 14.5.2019 – C-55/18 Rn. 61, 62, juris.
16 EuGH, 14.5.2019 – C-55/18 Rn. 63, juris.
17 *Baeck/Winzer*, NZA 2020, 96, 101; *Bayreuther*, NZA 2020, 1, 9; *Heuschmid*, NJW 2019, 1853; *Höpfner/Daum*, RdA 2019, 270, 280; *Ulber*, NZA 2019, 677, 681.
18 BAG, 13.9.2022 – 1 ABR 22/21 u. a. in Rn. 23, 24, 29, 65, juris.
19 BAG, 13.9.2022 – 1 ABR 22/21 Rn. 43, juris.
20 BAG, 13.9.2022 – 1 ABR 22/21 Rn. 19, juris.
21 ArbG Minden, 15.9.2020 – 2 BV 8/20, juris.
22 LAG Hamm, 27.7.2021- 7 TaBV 79/20, juris.

2. Entscheidungsgründe

12 Zunächst stellte das BAG klar, dass sich eine entsprechende Verpflichtung der Arbeitgeber nicht schon unmittelbar aus Art. 31 Abs. 2 GRCh ergibt.[23] Art. 3, 5 und 6 lit. b RL 2003/88/EG seien jedoch im Lichte dieses Grundrechts auszulegen.[24] Ferner lasse sich die Verpflichtung einer umfassenden Aufzeichnungspflicht wegen des eindeutigen Wortlauts nicht aus § 16 Abs. 2 Satz 1 ArbZG herleiten, denn dieser sei auf die Erfassung von Mehrarbeit beschränkt.[25]

13 Die Verpflichtung der Arbeitgeber zur Einführung eines objektiven, verlässlichen und zugänglichen Systems, welches Beginn, Ende und damit die Dauer der Arbeitszeit einschließlich der Überstunden erfasst, folge jedoch aus einer unionsrechtskonformen Auslegung der Rahmenvorschrift des § 3 Abs. 2 Nr. 1 ArbSchG.[26] Diese umfasse auch solche organisatorische Maßnahmen, die dem Arbeitsschutz im Allgemeinen dienlich und zu dessen Durchführung geeignet seien. Ein umfassendes Zeiterfassungssystem diene der Einhaltung der Regelungen über die gesetzlichen Höchstarbeits- und Ruhezeiten, die wiederum zum Gesundheitsschutz und Arbeitsschutz der Arbeitnehmer beitragen würden. Das BAG ist ferner der Ansicht, dass Arbeitszeit- und Arbeitsschutzgesetz nebeneinander gelten sollen, denn die zugrunde liegenden Richtlinien 2003/88/EG und 89/391/EWG würden einander ebenso wenig ausschließen.[27] Dass der Gesetzgeber in § 16 Abs. 2 Satz 1ArbZG ausschließlich eine begrenzte Aufzeichnungspflicht geregelt hat, lasse lediglich darauf schließen, dass der Gesetzgeber annahm, die Norm stehe im Einklang mit der Arbeitszeitrichtlinie 2003/88/EG.[28]

3. Auswirkungen für Arbeitgeber

14 Seit dem Beschluss des BAG vom 13.9.2022 ist klar: Arbeitgeber sind de lege lata verpflichtet, ein objektives, verlässliches und zugängliches System zur Erfassung von Beginn und Ende und Dauer der Arbeitszeit einschließlich der Überstunden einzuführen.[29]

a) Anforderungen an das Zeiterfassungssystem

15 Objektivität liegt vor, wenn das System keine Manipulationen zulässt.[30] Damit das System als verlässlich eingestuft werden kann, muss es die Arbeitszeiten in-

---

23 BAG, 13.9.2022 – 1 ABR 22/21 Rn. 20, juris.
24 BAG, 13.9.2022 – 1 ABR 22/21 Rn. 24, juris.
25 BAG, 13.9.2022 – 1 ABR 22/21 Rn. 25, 26, juris.
26 BAG, 13.9.2022 – 1 ABR 22/21 Rn. 42 f., juris.
27 BAG, 13.9.2022 – 1 ABR 22/21 Rn. 50, juris; EuGH, 14.5.2019 – C-55/18, juris.
28 BAG, 13.9.2022 – 1 ABR 22/21 Rn. 52, juris.
29 BAG, 13.9.2022 – 1 ABR 22/21 Rn. 42 f., juris.
30 ErfK/*Roloff*, § 16 ArbZG Rn. 6; *Thüsing/Flink/Jänsch*, ZfA 2019, 456, 466.

haltlich zutreffend erfassen.[31] Dem Kriterium der Zugänglichkeit ist Genüge getan, wenn die Aufzeichnungen für den Arbeitnehmer, die Arbeitnehmervertretungen sowie Aufsichtsbehörden einseh- und nachvollziehbar sind.[32] Sofern das System diese Voraussetzungen erfüllt, ist es darüber hinaus erforderlich, dass es tatsächlich verwendet und nicht bloß angeboten wird. Andernfalls wären Sinn und Zweck der Verpflichtung, die Überprüfbarkeit der Einhaltung von Höchstarbeits- und Ruhezeiten, verfehlt.[33]

Welche Form der Arbeitgeber für sein Zeiterfassungssystem wählt, obliegt seiner Entscheidung. Insbesondere besteht nach den Ausführungen des BAG keine Pflicht zur elektronischen Zeiterfassung, sodass schon die händische Aufzeichnung auf Stundenzetteln ausreichen würde.[34] Im Übrigen ist es möglich, für verschiedene Arbeitnehmergruppen die Arbeitszeiterfassung in unterschiedlicher Form durchzuführen.[35] Nach der jüngsten Rechtsprechung des LAG München ist jedoch zu beachten, dass der Arbeitgeber sich bei Vorhandensein eines Betriebsrats nicht ohne dessen Beteiligung auf ein Zeiterfassungssystem festlegen darf. Dem stehe der Zweck des § 87 Abs. 1 Nr. 7 BetrVG, die effektive Umsetzung des Gesundheitsschutzes, entgegen.[36] 16

b) Wer ist zur Zeiterfassung verpflichtet?

Die Zeiterfassungspflicht nach § 3 Abs. 2 Nr. 1 ArbSchG trifft jeden Arbeitgeber und gilt ab sofort.[37] Branchen- oder größenspezifische Ausnahmeregelungen bestehen nicht.[38] Arbeitgeber dürfen die Zeiterfassung jedoch an die Arbeitnehmer delegieren, wobei die Letztverantwortung beim Arbeitgeber verbleibt. Delegiert der Arbeitgeber die Aufzeichnungspflicht, hat er die Daten regelmäßig auf ihre Plausibilität zu kontrollieren.[39] 17

c) Wessen Arbeitszeit ist zu erfassen?

Uneinigkeit besteht hinsichtlich der Frage, wessen Arbeitszeit zu erfassen ist.[40] 18
Nach den Ausführungen des BAG bezieht sich die Verpflichtung des Arbeit-

31 ErfK/*Roloff*, § 16 ArbZG Rn. 6; *Latzel*, EuZA 2019, 469, 479; *Thüsing/Flink/Jänsch*, ZfA 2019, 456, 466.
32 ErfK/*Roloff*, § 16 ArbZG Rn. 6; *Latzel*, EuZA 2019, 469, 479; *Thüsing/Flink/Jänsch*, ZfA 2019, 456, 467.
33 BAG, 13.9.2022 – 1 ABR 22/21 Rn. 23, juris.
34 BAG, 13.9.2022 – 1 ABR 22/21 Rn. 65, juris.
35 *Block/Buschmann*, RFamU 2023, 20, 29; *Schrader*, NZA 2019, 1035, 1038.
36 LAG München, 22.5.2023 – 4 TaBV 24/23 Rn. 43, juris.
37 *Stück*, ArbRAktuell 2023, 395.
38 *Stück*, ArbRAktuell 2023, 395.
39 BAG, 13.9.2022 – 1 ABR 22/21 Rn. 65, juris; *Bayreuther*, NZA 2023, 193, 195; *Benkert*, NJW-Spezial 2023, 50, 51; ErfK/*Roloff*, § 16 ArbZG Rn. 4; *Stück*, ArbRAktuell 2023, 395.
40 *Block/Buschmann*, RfamU 2023, 20, 29; *Fuhlrott*, ARP 2023, 49, 50; *Höpfner/Schneck*, NZA 2023, 1, 5.

gebers auf alle Arbeitnehmer i. S. d. § 5 Abs. 1 Satz 1 BetrVG.[41] Diese Angabe führt zu Unsicherheiten, denn leitende Angestellte werden erst über § 5 Abs. 3 BetrVG vom Anwendungsbereich des BetrVG ausgenommen und gelten somit grundsätzlich als Arbeitnehmer i. S. d. § 5 Abs. 1 Satz 1 BetrVG.[42] Den Entscheidungsgründen des BAG zufolge sind aber solche Arbeitnehmer von der Zeiterfassungspflicht auszunehmen, für die der nationale Gesetzgeber i. S. d. Art. 17 Abs. 1 RL 2003/88/EG von den Vorgaben der Art. 3, 5 und 6 lit. b RL 2003/88/EG eine Ausnahme vorgesehen hat, weil deren Arbeitszeit wegen besonderer Merkmale der ausgeübten Tätigkeit nicht gemessen und/oder nicht im Voraus festgelegt wird oder von den Arbeitnehmern selbst festgelegt werden kann.[43] Eine Ausnahme i. S. d. Art. 17 Abs. 1 lit. a RL 2003/88/EG findet sich in § 18 Abs. 1 Nr. 1 ArbZG für leitende Angestellte. Diese gesetzgeberische Wertung gilt es im Rahmen der Umsetzung der Arbeitszeitrichtlinie zu berücksichtigen. Folglich ist es zulässig, leitende Angestellte von der Zeiterfassungspflicht auszunehmen.[44]

d) Rechtsfolgen bei Unterlassen

aa) Sanktionen

19 Ein Verstoß gegen § 3 Abs. 2 Nr. 1 ArbSchG ist nicht bußgeldbewehrt.[45] Lediglich wenn die zuständige Behörde anordnet, dass der Arbeitgeber ein umfassendes System zur Erfassung von Arbeitszeiten einzurichten hat, und der Arbeitgeber dann dieser Pflicht nicht nachkommt, kann nach § 22 Abs. 3 Satz 1 Nr. 1 ArbSchG i.V.m. § 25 Abs. 1 Nr. 2, Abs. 2 ArbSchG ein Bußgeld von bis zu 30.000,00 EUR verhängt werden.

bb) Auswirkungen auf den Überstundenvergütungsprozess

20 Für die prozessuale Geltendmachung einer Überstundenvergütung ist die arbeitgeberseitige Anordnung, Billigung oder Duldung der Überstunden erforderlich.[46] Für die Duldung wurde bislang nach der BAG-Rechtsprechung auf die durch den Arbeitnehmer darzulegende Kenntnis des Arbeitgebers abgestellt.[47] Nach Auffassung des Arbeitsgerichts Emden soll die Darlegungslast seit dem „Stechuhr-Urteil" des EuGH jedoch nicht mehr den Arbeitnehmer sondern den

41 BAG, 13.9.2022 – 1 ABR 22/21 Rn. 55, juris.
42 *Höpfner/Schneck*, NZA 2023, 1, 5.
43 BAG, 13.9.2022 – 1 ABR 22/21 Rn. 56, juris.
44 *Bayreuther*, NZA 2023, 193; *Fuhlrott/Fischer*, ArbRAktuell 2023, 1, 4; *Höpfner/Schneck*, NZA 2023, 1, 5.
45 *Benkert*, NJW-Spezial 2023, 50, 51; *Block/Buschmann*, RfamU 2023, 20, 29; *Fuhlrott*, ARP 2023, 49, 50.
46 BAG, 10.4.2013 – 5 AZR 122/12 Rn. 14, juris.
47 BAG, 26.6.2019 – 5 AZR 452/18 – Rn. 39, 40, juris; BAG, 10.4.2013 – 5 AZR 122/12 Rn. 21, juris.

Arbeitgeber treffen, wenn diesem eine Kenntnisnahme durch Einsicht in die Arbeitszeitaufzeichnungen möglich gewesen wäre. Die Duldung werde in Anbetracht der bestehenden Aufzeichnungspflicht vermutet.[48] Diese Auffassung ist jedoch im Einklang mit dem BAG[49] und dem LAG Niedersachsen[50] abzulehnen, denn die RL 2003/88/EG, auf der die Pflicht zur Arbeitszeiterfassung beruht,[51] regelt keine vergütungsrechtlichen Fragen. Somit schlägt die Pflicht zur Arbeitszeiterfassung, die sich aus dem Arbeitsschutzrecht ergibt, nicht auf den Vergütungsprozess durch.[52] Die verschiedenen arbeitszeitrechtlichen Dimensionen sind strikt voneinander zu trennen.[53]

4. Auswirkungen auf die Mitbestimmung des Betriebsrats

Besonders praxisrelevant ist die Frage, wie sich der Beschluss des BAG und die **21** damit einhergehende veränderte Rechtslage auf die Mitbestimmung des Betriebsrats auswirken. Die Mitbestimmungsrechte des Betriebsrats für soziale Angelegenheiten ergeben sich aus § 87 BetrVG. Diese haben eine besondere Bedeutung, da sie erzwingbar sind und somit durch den Betriebsrat unabhängig von der subjektiven Regelungsbereitschaft des Arbeitgebers mithilfe der Einigungsstelle durchsetzbar sind. Daneben kann sich aus § 87 BetrVG auch ein Initiativrecht des Betriebsrats ergeben.[54] Ein Initiativrecht berechtigt den Betriebsrat dazu, von sich aus die Regelung einer Angelegenheit anzustreben und ggf. die Einigungsstelle anzurufen.[55]

a) § 87 Abs. 1 Nr. 7 BetrVG

§ 87 Abs. 1 Nr. 7 BetrVG bildet die zentrale Norm für die Mitbestimmung im **22** Bereich des Gesundheitsschutzes.[56] Danach darf der Betriebsrat bei Regelungen über die Verhütung von Arbeitsunfällen und Berufskrankheiten sowie über den Gesundheitsschutz im Rahmen der gesetzlichen Vorschriften oder der Unfallverhütungsvorschriften mitbestimmen, soweit eine gesetzliche oder tarifliche Regelung nicht besteht. Dem Begriff des Gesundheitsschutzes ist dabei der gleiche

48 ArbG Emden, 20.2.2020 – 2 Ca 94/19 Rn. 23, juris; ArbG Emden, 24.9.2020 – 2 Ca 144/20 Rn. 60, 73, juris.

49 BAG, 4.5.2022 – 5 AZR 359/21 Rn. 22, juris.

50 LAG Niedersachsen, 6.5.2021 – 5 Sa 1292/20 Rn. 28, juris.

51 EuGH, 14.4.2019 – C-55/18 Rn. 70, juris; BAG, 13.9.2022 – 1 ABR 22/21 Rn. 47, juris.

52 BAG, 18.3.2020 – 5 AZR 36/19 Rn. 18, juris; LAG Niedersachen, 6.5.2021 – 5 Sa 1292/20 Rn. 26, juris.

53 BAG, 14.11.2006 – 1 ABR 5/06 Rn. 26, juris; *Fuhlrott*, NZA-RR 2020, 279; *Hördt*, ArbRAktuell 2022, 605, 607.

54 BeckOK ArbR/*Werner*, § 87 BetrVG Rn. 15; *Richardi/Maschmann*, in: Richardi, BetrVG, § 87 Rn. 65.

55 BAG, 14.11.1974 – 1 ABR 65/73 Rn. 9, juris; ErfK/*Kania*, § 87 BetrVG Rn. 9.

56 *Ahrendt*, RdA 2023, 135.

Bedeutungsgehalt beizumessen wie dem des § 1 Abs. 1 ArbSchG.[57] Erfasst werden sämtliche Maßnahmen zur Erhaltung der psychischen und physischen Integrität der Arbeitnehmer, welche arbeitsbedingten Beeinträchtigungen ausgesetzt sind, die zu medizinisch feststellbaren Verletzungen oder Erkrankungen führen oder führen können.[58]

23 Anknüpfungspunkt für die Mitbestimmung nach § 87 Abs. 1 Nr. 7 BetrVG ist eine öffentlich-rechtliche Rahmenvorschrift. Durch diese muss dem Arbeitgeber die Pflicht auferlegt werden, Maßnahmen zum Gesundheitsschutz der Arbeitnehmer zu ergreifen, ohne dass ihm zwingende Vorgaben hinsichtlich der Umsetzung gemacht werden. Es verbleiben somit ausfüllungsbedürftige Handlungsspielräume, die es durch betriebliche Regelungen auszufüllen gilt.[59] Dadurch soll eine möglichst effiziente Umsetzung des Gesundheitsschutzes der Arbeitnehmer gewährleistet werden.[60] Unerheblich ist, ob die Rahmenvorschrift unmittelbar oder nur mittelbar dem Gesundheitsschutz dient.[61] Zu beachten ist jedoch, dass das Mitbestimmungsrecht aus § 87 Abs. 1 Nr. 7 BetrVG durch den Inhalt der Rahmenvorschrift begrenzt ist, sodass kein darüberhinausgehendes Schutzniveau durch die Mitbestimmung erzwungen werden kann.[62]

24 Im Kontext der Arbeitszeiterfassung stellte das BAG jüngst klar, dass sich aus § 87 Abs. 1 Nr. 7 BetrVG i.V.m. § 3 Abs. 2 Nr. 1 ArbSchG als Rahmenvorschrift ein Mitbestimmungs- sowie ein Initiativrecht des Betriebsrats herleiten lässt. Dieses bezieht sich jedoch nicht auf die Einführung eines Zeiterfassungssystems („Ob"), sondern ist auf die Ausgestaltung des Systems („Wie") beschränkt. Diese Einschränkung sei dem Umstand geschuldet, dass hinsichtlich der Einführung des Systems („Ob") bereits eine gesetzliche Pflicht bestehe und somit nur hinsichtlich der Ausgestaltung des Systems Raum für eine Regelung auf betrieblicher Ebene verbleibe.[63]

25 Das LAG München hat die Rechtsprechung des BAG bestätigt und dahingehend weiter konkretisiert, dass das Mitbestimmungsrecht des Betriebsrats nicht davon abhängig ist, ob der Arbeitgeber seiner Erfassungspflicht überhaupt nachkommen will oder nicht. Der Betriebsrat könne sein Initiativrecht in Bezug auf die Ausgestaltung eines Zeiterfassungssystems somit bereits zu einem Zeitpunkt geltend machen, in dem sich der Arbeitgeber noch gar nicht entschieden hat, ob

---

57 *Fitting*, BetrVG § 87 Rn. 272; *Clemenz*, in: Henssler/Willemsen/Kalb, Arbeitsrecht, § 87 BetrVG Rn. 133.

58 BAG, 18.3.2014 – 1 ABR 73/12 Rn. 19, juris; *Richardi/Maschmann*, in: Richardi, BetrVG, § 87 Rn. 54.

59 BAG, 18.3.2014 – 1 ABR 73/12 Rn. 18, juris; BAG, 13.9.2022 – 1 ABR 22/21 Rn. 61, juris; BAG, 19.11.2019 – 1 ABR 22/18 Rn. 28, juris.

60 BAG, 20.9.2014 – 1 ABR 106/12 Rn. 13, juris; BAG, 11.2.2014 – 1 ABR 72/12 Rn. 14, juris.

61 BAG, 28.3.2017 – 1 ABR 25/15 Rn. 18, juris; GK-BetrVG/*Gutzeit*, § 87 Rn. 623.

62 *Fitting*, BetrVG, § 87 Rn. 289.

63 BAG, 13.9.2022 – 1 ABR 22/21 Rn. 60, 64 ff., juris.

er ein Zeiterfassungssystem einführen möchte.[64] Ein „Aussitzen" des Themas Zeiterfassung funktioniert also praktisch nur, wenn der Betriebsrat mitspielt.

b) § 87 Abs. 1 Nr. 6 BetrVG

Mit der wachsenden Technologisierung der Arbeitswelt bieten sich zunehmend technische Möglichkeiten an, mit deren Hilfe Arbeitnehmer überwacht werden können.[65] Daher gewinnt auch das Mitbestimmungsrecht gemäß § 87 Abs. 1 Nr. 6 BetrVG an Bedeutung.[66] Die Vorschrift des § 87 Abs. 1 Nr. 6 BetrVG dient dem Schutz der Arbeitnehmer vor Eingriffen in ihr allgemeines Persönlichkeitsrecht aus Art. 2 Abs. 1 GG i.V.m. Art. 1 Abs. 1 GG, indem dem Betriebsrat ein gleichberechtigtes Mitspracherecht bezüglich der Einführung und Anwendung von technischen Einrichtungen gewährt wird, die dazu bestimmt sind, das Verhalten oder die Leistung der Arbeitnehmer zu überwachen.[67] 26

Unter technischen Einrichtungen versteht man vor allem datenverarbeitende Systeme, die selbst individualisierte oder individualisierbare Verhaltens- oder Leistungsdaten erheben und aufzeichnen.[68] Abzugrenzen sind diese von bloßen technischen Hilfsmitteln wie beispielsweise Stoppuhren, die keine eigene Überwachungsleistung erbringen.[69] 27

Die technischen Vorrichtungen müssen zur Überwachung bestimmt sein. Überwachung in diesem Sinne bedeutet das Sammeln oder das Verarbeiten sowie Aufzeichnen leistungs- oder verhaltensbezogener Informationen der Arbeitnehmer.[70] Hierbei genügt es, wenn der Überwachungsvorgang nur teilweise mittels einer technischen Einrichtung erfolgt.[71] Leistungsbezogen sind diejenigen Informationen, die sich auf die Erfüllung der vertraglichen Arbeitspflicht beziehen.[72] Verhaltensbezogene Informationen umfassen jedes Tun oder Unterlassen im betrieblichen und außerbetrieblichen Bereich, sofern es für das Arbeitsverhältnis erheblich sein kann.[73] Im Einklang mit dem Sinn und Zweck des Mitbestimmungsrechts ist erforderlich, dass der Arbeitnehmer, auf den sich die Daten beziehen, zumindest mittelbar identifizierbar ist. Die Zuordnung zu kleineren 28

---

64 LAG München, 22.5.2023 – 4 TaBV 24/23 Rn. 37, 40, juris; *Bayreuther*, NZA 2023, 193, 194.

65 *Fitting*, BetrVG, § 87 Rn. 213.

66 *Fitting*, BetrVG, § 87 Rn. 213.

67 BAG, 9.9.1975 – 1 ABR 20/74, NJW 1976, 261; *Clemenz*, in: Henssler/Willemsen/Kalb, Arbeitsrecht, § 87 BetrVG Rn. 115; *Fitting*, BetrVG, § 87 Rn. 214.

68 BAG, 14.11.2006 – 1 ABR 4/06 Rn. 27, juris.; *Kohte*, in: Düwell, BetrVG, § 87 Rn. 67.

69 *Kohte*, in: Düwell, BetrVG, § 87 Rn. 67; *Clemenz*, in: Henssler/Willemsen/Kalb, Arbeitsrecht, § 87 BetrVG Rn. 116.

70 BAG, 11.12.2018 – 1 ABR 13/17 Rn. 27, juris; *Kohte*, in: Düwell, BetrVG, § 87 Rn. 68; *Fitting*, BetrVG, § 87 Rn. 218.

71 BAG, 10.12.2013 – 1 ABR 43/12 Rn. 20, juris; *Kohte*, in: Düwell, BetrVG, § 87 Rn. 68; *Fitting*, BetrVG, § 87 Rn. 218.

72 *Fitting*, BetrVG, § 87 Rn. 221; BAG, 18.2.1986 – 1 ABR 21/84 Rn. 21, juris.

73 *Fitting*, BetrVG, § 87 Rn. 221; BAG, 11.3.1986 – 1 ABR 12/84 Rn. 23, juris.

Gruppen ist dabei ausreichend, sofern dadurch bei dem einzelnen Arbeitnehmer ein Überwachungsdruck entsteht.[74] Im Umkehrschluss folgt daraus, dass ein Mitbestimmungsrecht nach § 87 Abs. 1 Nr. 6 BetrVG ausscheidet, wenn eine Anonymisierung der Daten gewährleistet ist.[75]

29 Zur Überwachung „bestimmt" sind technische Einrichtungen, wenn sie objektiv geeignet sind, Verhaltens- oder Leistungsinformationen der Arbeitnehmer zu erheben und aufzuzeichnen.[76] Ob der Arbeitgeber die Überwachung beabsichtigt, ist unerheblich, denn auf die subjektive Überwachungsabsicht des Arbeitgebers kommt es nicht an.[77] Das Mitbestimmungsrecht bezieht sich sowohl auf die Einführung als auch auf die Anwendung einer technischen Überwachungsvorrichtung. Daneben wird dem Betriebsrat ein Initiativrecht gewährt. Dieses bezieht sich jedoch nach der Rechtsprechung des BAG nur auf die Anwendung der Vorrichtung. Dies wird damit begründet, dass das Mitbestimmungsrecht ein Abwehrrecht gegen Eingriffe in die Persönlichkeitsrechte der Arbeitnehmer darstelle, und solche möglichst verhindern solle. Würde dem Betriebsrat hinsichtlich der Einführung technischer Einrichtungen ein Initiativrecht zugesprochen werden, würde dies einen Eingriff in das Persönlichkeitsrecht des Arbeitnehmers bewirken und wäre folglich mit dem Sinn und Zweck der Norm unvereinbar.[78]

30 Zu den technischen Überwachungseinrichtungen im Sinne dieser Vorschrift zählen auch elektronische Zeiterfassungssysteme.[79] Ein Mitbestimmungs- und Initiativrecht des Betriebsrats bezüglich der Einführung eines elektronischen Zeiterfassungssystems verneinte das BAG jedoch in seinem Beschluss vom 13.9.2022 ausdrücklich.[80] Die Absage begründete das BAG damit, dass die Pflicht des Arbeitgebers zur Einführung eines Zeiterfassungssystems ausdrücklich formfrei sei und der Arbeitgeber in Bezug auf die Ausgestaltung des Systems einen Gestaltungsspielraum habe. Würde dem Betriebsrat dennoch ein Mitbestimmungs- und Initiativrecht für die Einführung eines elektronischen Zeiterfassungssystems gewährt werden, würde kein ausreichender Gestaltungsspielraum verbleiben, um einen effizienten Gesundheitsschutz umzusetzen. Das Mitbestimmungsbegehren des Betriebsrats muss daher so weit gefasst sein, dass es den Spielraum des Arbeitgebers wahrt. Es darf sich nicht auf die Einführung eines Zeiterfassungssystems in elektronischer Form beschränken.[81] Hat sich der Arbeitgeber hingegen bereits für die Einführung eines elektronischen Zeiterfas-

---

74 *Fitting*, BetrVG, § 87 Rn. 220.

75 BAG, 6.12.1983 – 1 ABR 43/81 Rn. 179, juris; *Kohte*, in: Düwell, BetrVG, Rn. 69; *Fitting*, BetrVG, § 87 Rn. 219.

76 BAG, 10.12.2013 – 1 ABR 43/12 Rn. 20, juris; BAG, 6.12.1983 – 1 ABR 43/81 Rn. 166, juris.

77 BAG, 10.12.2013 – 1 ABR 43/12 Rn. 20, juris; *Kohte*, in: Düwell, BetrVG, § 87 Rn. 71; *Fitting*, BetrVG, § 87 Rn. 217.

78 BAG, 28.11.1989 – 1 ABR 97/88, Rn. 22, juris.

79 SWK/*Biester*, Mitbestimmung (Betriebsrat) Rn. 41.

80 BAG, 13.9.2022 – 1 ABR 22/21 Rn. 16, juris.

81 BAG, 13.9.2022 – 1 ABR 22/21 Rn. 69 f., juris.

sungssystems entschieden, obliegt dem Betriebsrat hinsichtlich der Anwendung dieses Systems ein Mitbestimmungsrecht aus § 87 Abs. 1 Nr. 6 BetrVG.

c) § 87 Abs. 1 Nr. 2 und 3 BetrVG

Die Tatbestände des § 87 Abs. 1 Nr. 2 BetrVG und § 87 Abs. 1 Nr. 3 BetrVG regeln die Mitbestimmung in Arbeitszeitangelegenheiten. **31**

aa) § 87 Abs. 1 Nr. 2 BetrVG

Nach § 87 Abs. 1 Nr. 2 BetrVG hat der Betriebsrat mitzubestimmen, wenn es um Beginn und Ende der täglichen Arbeitszeit einschließlich der Pausen sowie Verteilung der Arbeitszeit auf die einzelnen Wochentage geht. Zweck dieses Mitbestimmungsrechts ist, dass die Interessen der Arbeitnehmer hinsichtlich der Gestaltung ihres Privatlebens in einem angemessenen Maße Berücksichtigung finden, indem sie bei der Lage ihrer Arbeits- und Freizeit durch den Betriebsrat mitbestimmen dürfen.[82] **32**

Der betriebsverfassungsrechtliche Arbeitszeitbegriff im Sinne dieser Vorschrift stimmt weder mit dem arbeitsschutzrechtlichen noch mit dem vergütungsrechtlichen Arbeitszeitbegriff überein (siehe oben unter Rn. 4). Unter Arbeitszeit i. S. d. § 87 Abs. 1 Nr. 2 BetrVG ist der tägliche Zeitraum von Beginn bis Ende der Arbeitszeit ohne die Ruhepausen sowie die Zeiten, in denen sich der Arbeitnehmer in Arbeitsbereitschaft, Bereitschaftsdienst oder Rufbereitschaft befindet, zu verstehen.[83] **33**

Mitbestimmungspflichtig ist nach § 87 Abs. 1 Nr. 2 BetrVG nur die Dauer der täglichen Arbeitszeit, während die Dauer der wöchentlichen Arbeitszeit mitbestimmungsfrei ist. Der Betriebsrat hat mithin ein Mitsprecherecht, wenn es um die Bestimmung der Lage von Beginn und Ende der täglichen Arbeitszeit sowie des Ausgleichszeitraums für die Einhaltung der Wochenarbeitszeit und des Umfangs der Schwankungsbreite eines Arbeitszeitkontos geht. Auch wenn der Arbeitgeber flexible Arbeitszeitmodelle einführen möchte, muss er den Betriebsrat um Zustimmung bitten. So gehört beispielsweise auch die Einführung von Vertrauensarbeitszeit zu den mitbestimmungspflichtigen Regelungsgegenständen i. S. v. § 87 Abs. 1 Nr. 2 BetrVG.[84] **34**

Nicht vom Mitbestimmungstatbestand des § 87 Abs. 1 Nr. 2 BetrVG erfasst ist die Einführung eines Systems zur Zeiterfassung. Zwar betrifft die Aufzeichnungspflicht den Beginn und das Ende der Arbeitszeit, jedoch werden diese durch ein Zeiterfassungssystem nicht erst festgelegt, sondern es wird lediglich **35**

---

82 BAG, 21.12.1982 – 1 ABR 14/81 Rn. 33, juris; BeckOK ArbR/*Werner*, § 87 BetrVG Rn. 41; *Clemenz*, in: Henssler/Willemsen/Kalb, Arbeitsrecht, § 87 BetrVG Rn. 67.

83 BAG, 21.12.1982 – 1 ABR 14/81 Rn. 33, juris; BeckOK ArbR/*Werner*, § 87 BetrVG Rn. 41.

84 BAG, 21.12.1982 – 1 ABR 14/81 Rn. 33, juris; *Clemenz*, in: Henssler/Willemsen/Kalb, Arbeitsrecht, § 87 BetrVG Rn. 70 ff.

die Einhaltung der gesetzlichen Höchstarbeits- und Mindestruhezeiten aus §§ 3, 5 Abs. 1 ArbZG kontrolliert.[85]

bb) § 87 Abs. 1 Nr. 3 BetrVG

36 § 87 Abs. 1 Nr. 3 BetrVG regelt das Mitbestimmungsrecht des Betriebsrats bezüglich der vorübergehenden Verkürzung und Verlängerung der betriebsüblichen Arbeitszeit. Betriebsübliche Arbeitszeit i. S. v. § 87 Abs. 1 Nr. 3 BetrVG ist die regelmäßige betriebliche Arbeitszeit, die durch den regelmäßig geschuldeten zeitlichen Umfang der Arbeitsleistung und die für ihn erfolgte Verteilung auf einzelne Zeitabschnitte bestimmt wird.[86] Der Begriff der Arbeitszeit stimmt mit dem aus § 87 Abs. 1 Nr. 2 BetrVG überein.[87] Das Mitbestimmungsrecht des Betriebsrats soll eine gerechte Verteilung der Belastungen, die mit vorübergehenden Überstunden oder vorübergehender Kurzarbeit einhergehen, sicherstellen.[88]

37 Mitbestimmungspflichtig sind insoweit die Anordnung, Duldung und Einführung von Überstunden und Kurzarbeit, sowie die Entscheidung darüber, welche Arbeitnehmer in welchem zeitlichen Umfang betroffen sein werden.[89] Vergütungsrechtliche Fragen fallen hingegen nicht unter den Tatbestand des § 87 Abs. 1 Nr. 3 BetrVG.[90]

V. Referentenentwurf des BMAS vom 27.3.2023 – lege ferenda

38 Gute vier Jahre nachdem das „Stechuhr-Urteil" des EuGH veröffentlicht wurde, unzählige Forderungen nach einer Arbeitszeitrechtsreform laut wurden[91] und das BAG in seinem Beschluss vom 13.9.2022 entschieden hat, dass eine Arbeitszeiterfassungspflicht schon längst bestehen würde, veröffentlichte das Bundesministerium für Arbeit und Soziales (BMAS) am 27.3.2023 einen Entwurf zur Änderung des Arbeitszeitgesetzes (ArbZG-E). Damit wollte der Gesetzgeber die Entscheidungen des EuGH und des BAG zur Arbeitszeiterfassung umsetzen, um die Sicherheit und den Gesundheitsschutz der Arbeitnehmer bei der Arbeitszeitgestaltung zu gewährleisten. In § 16 ArbZG-E sollte ausdrücklich die Pflicht des Arbeitgebers normiert werden, Beginn, Ende und Dauer der täglichen Arbeitszeit jeweils am Tag der Arbeitsleistung elektronisch aufzuzeichnen. Die

85 BAG, 13.9.2022 – 1 ABR 22/21 Rn. 46, juris.
86 *Clemenz*, in: Henssler/Willemsen/Kalb, Arbeitsrecht, § 87 BetrVG Rn. 82.
87 *Clemenz*, in: Henssler/Willemsen/Kalb, Arbeitsrecht, § 87 BetrVG Rn. 82.
88 BAG, 1.7.2003 – 1 ABR 222/02 Rn. 31, juris; *Clemenz*, in: Henssler/Willemsen/Kalb, Arbeitsrecht, § 87 BetrVG Rn. 81.
89 BAG, 22.8.2017 – 1 ABR 24/16 Rn. 24, juris; Schaub/*Ahrend*, § 235 Rn. 44.
90 *Ahrendt*, in: Schaub, Arbeitsrechts-Handbuch, § 235 Rn. 45.
91 *Baeck/Winzer*, NZA 2020, 96, 101; *Bayreuther*, NZA 2020, 1, 9; *Heuschmid*, NJW 2019, 1853; *Höpfner/Daum*, RdA 2019, 270, 280; *Ulber*, NZA 2019, 677, 681.

Aufzeichnung sollte dabei auch auf die Arbeitnehmer oder Dritte delegiert werden können, wobei die Verantwortung für die ordnungsgemäße Aufzeichnung beim Arbeitgeber verbleiben sollte. Vertrauensarbeitszeit sollte weiterhin möglich bleiben. Auf Verlangen eines Arbeitnehmers sollte der Arbeitgeber über die aufgezeichnete Arbeitszeit informieren und eine Kopie der Aufzeichnungen der Arbeitszeit zur Verfügung stellen. Verstöße gegen §§ 16 Abs. 2, 5, 6 ArbZG-E sollten nach § 22 Abs. 1 Nr. 9 und 10 ArbZG-E i.V.m. Abs. 2 ArbZG-E mit bis zu 30.000,00 EUR bußgeldbewehrt sein.[92]

Im Gegensatz zum EuGH und BAG sowie zum aktuellen § 16 Abs. 2 ArbZG sah der Gesetzesentwurf grundsätzlich eine Aufzeichnung der Arbeitszeiten in elektronischer Form vor. Dies sollte die Kontrolle der Aufzeichnungen erleichtern i.S. eines effizienten Gesundheitsschutzes.[93] Damit ging der Gesetzesentwurf über die Vorgaben der Gerichte hinaus und nutzte insofern nicht die gebotenen Flexibilisierungsmöglichkeiten durch die belassenen Gestaltungsspielräume aus.[94] Zwar sah der Entwurf vereinzelt Ausnahmen von dem Formerfordernis für Kleinstunternehmen und im Rahmen von Tarifverträgen vor,[95] doch waren diese nicht weitreichend genug, belasteten sie doch insbesondere Familienunternehmen in einem hohen Ausmaß.[96] Zudem widerspräche eine solche Regelung dem ursprünglichen Zweck des § 16 Abs. 2 ArbZG, nämlich den administrativen Aufwand einer Zeiterfassung so gering wie möglich zu halten. Praktikabler wäre es, dem Arbeitgeber die Wahl der Form zu überlassen. Dies würde auch datenschutzrechtlichen Bedenken entgegenwirken, die sich gerade im Zusammenhang mit einer elektronischen Aufzeichnung ergeben (siehe unter Rn. 43 ff.). 39

Die in § 16 Abs. 2 Satz 1 ArbZG-E vorgesehene Pflicht zur Regelung einer taggenauen Aufzeichnung, stellt sich als überschießend und nicht erforderlich dar.[97] Die Regelung sollte die Objektivität des Systems gewährleisten.[98] Das Erfordernis einer taggenauen Aufzeichnung erscheint jedoch nicht als geeignet, um diesen Zweck zu erfüllen, denn auch eine taggenaue Aufzeichnung kann keine Manipulationen verhindern. Stattdessen bewirkt diese Vorgabe eine zusätzliche Belastung, die dem Gesundheitsschutz abträglich ist, wenn die Erfassung auf den Arbeitnehmer delegiert wird und dieser neben der Arbeitsbelastung den täglichen Druck verspürt, seine Arbeitszeiten erfassen zu müssen. 40

Nach allem, was man aus Berlin hört, ist der Referentenentwurf vom 27.3.2023 vom Tisch. Grund ist starke Kritik von zahlreichen Interessenverbänden. Ein neuer Entwurf muss die durch die Judikative gegebenen Flexibilisierungspotenziale ausschöpfen und einen rechtssicheren, bürokratiearmen Rahmen für die 41

92 Referentenentwurf, S. 8 f.
93 Referentenentwurf, S. 3, 9.
94 *Bienek/Wilms*, RfamU 2023, 252, 255.
95 Referentenentwurf, S. 4.
96 *Bienek/Wilms*, RfamU 2023, 252, 256.
97 BT-Drs. 20/6909.
98 Referentenentwurf, S. 12.

Verpflichtung zur Arbeitszeiterfassung schaffen. Wünschenswert wären insbesondere Regelungen darüber, inwiefern etwaige kurzzeitige Unterbrechungen der Ruhepausen zu erfassen sind, welche Tätigkeiten unter den Arbeitszeitbegriff fallen und wie die Begriffe objektiv, verlässlich und zugänglich zu verstehen sind. Zudem sollte die Ausgestaltung des Zeiterfassungssystems, insbesondere die Form, der Alleinentscheidung des Arbeitgebers obliegen.

VI. Geltende Rechtslage: Herausforderungen und Lösungsansätze

42 Mit der vom BAG aus § 3 Abs. 2 Nr. 1 ArbSchG hergeleiteten Pflicht zur Einrichtung eines umfassenden Zeiterfassungssystems gehen einige Herausforderungen einher, von denen einzelne praktisch besonders relevante Fragen nachfolgend erläutert werden.

1. Datenschutz

43 Mit der zunehmenden Digitalisierung der Arbeitswelt ist es naheliegend, auch die nun geltende Zeiterfassungspflicht durch ein System in elektronischer Form auszugestalten. Jedoch sollte dies wohl überlegt sein, denn gerade die elektronische Zeiterfassung steht in einem Spannungsverhältnis mit datenschutzrechtlichen Vorgaben. Es sind insofern das arbeitgeberseitige Interesse an einer Datenverarbeitung und das arbeitnehmerseitige Interesse am Schutz der Persönlichkeitsrechte in Einklang zu bringen.[99] Problematisch sind insoweit Zeiterfassungssysteme, die mehr personenbezogene Daten erfassen als nach § 26 Abs. 1 BDSG erforderlich ist.[100] Zu beachten ist dabei, dass auch händische Aufzeichnungen wegen des Verweises in § 26 Abs. 7 BDSG den Vorgaben des § 26 Abs. 1 bis 6 BDSG unterliegen. Da die Arbeitszeiten den einzelnen Arbeitnehmern zuordenbar sind, stellen sie personenbezogene Daten i. S. d. Art. 4 Nr. 1 DSGVO dar.[101] Seit dem BAG-Beschluss vom 13.9.2022 steht fest, dass für Arbeitgeber nach § 3 Abs. 2 Nr. 1 ArbSchG eine Verpflichtung besteht, Beginn, Ende und Dauer ihrer Arbeitszeit ihrer Arbeitnehmer durch ein objektives, verlässliches und zugängliches System zu erfassen.[102] Damit ist die Erfassung der Arbeitszeit erforderlich i. S. d. § 26 Abs. 1 BDSG.[103]

44 Problematisch ist, dass elektronische Zeiterfassungssysteme wie bestimmte Apps oft nicht nur die Arbeitszeit sondern zusätzlich darüber hinausgehende Daten wie etwa den Aufenthaltsort des Arbeitnehmers erfassen.[104] Da der Begriff

99 *Brors*, NZA 2020, 1685, 1688.
100 *Brors*, NZA 2020, 1685, 1688.
101 *Brors*, NZA 2020, 1685, 1687.
102 BAG, 13.9.2022 – 1 ABR 22/21 Rn. 65.
103 *Brors*, NZA 2020, 1685, 1687.

der Erforderlichkeit i.S.d. § 26 Abs. 1 BDSG eng auszulegen ist, ist die Erfassung solcher zusätzlicher Informationen in den meisten Fällen nicht erforderlich, um die Zeiterfassungspflicht zu erfüllen und damit unzulässig nach § 26 Abs. 1 BDSG.[105]

Ein anderes Ergebnis könnte sich lediglich dann ergeben, wenn der Arbeitnehmer in die Datenverarbeitung einwilligen würde. Dies müsste zulässig sein. Rechtsgrundlage für die Einwilligung in die Datenverarbeitung bildet § 26 Abs. 2 BDSG bzw. § 26 Abs. 3 Satz 2 BDSG i.V.m. § 26 Abs. 2 BDSG für besonders sensible Daten i.S.d. § 26 Abs. 3 BDSG. Der Freiwilligkeit könnte jedoch das Abhängigkeitsverhältnis zwischen Arbeitnehmern und Arbeitgebern entgegenstehen, welches es nach § 26 Abs. 2 Satz 1 BDSG zu berücksichtigen gilt. **45**

Freiwilligkeit kann nach § 26 Abs. 2 Satz 2 BDSG bejaht werden, wenn dem Arbeitnehmer aus der Datenerhebung ein rechtlicher oder wirtschaftlicher Vorteil erwächst. Ein solcher kann sich beispielsweise daraus ergeben, dass der Arbeitnehmer befugt ist, ein IT-Gerät auch für private Zwecke zu nutzen[106] oder aus der Einführung eines betrieblichen Gesundheitsmanagements zur Gesundheitsförderung.[107] Zudem müssen die gegenläufigen Interessen in ein angemessenes Gleichgewicht gebracht werden.[108] Folglich richtet sich die Zulässigkeit der Einwilligung nach Eingriffsart und -tiefe.[109] Weil der Eingriff bei Verwendung einer Arbeitszeitaufzeichnung nicht besonders schwerwiegend erscheint, ist eine Einwilligung hier grundsätzlich möglich. Diese hat nach § 26 Abs. 2 Satz 3 BDSG schriftlich oder elektronisch zu erfolgen, soweit nicht wegen besonderer Umstände eine andere Form angemessen ist. Der Arbeitgeber hat die beschäftigte Person zudem nach § 26 Abs. 2 Satz 4 BDSG über den Zweck der Datenverarbeitung und über ihr Widerrufsrecht nach Art. 7 Abs. 3 der Verordnung (EU) 2016/679 in Textform aufzuklären. **46**

Doch selbst wenn nur die reine Arbeitszeit erfasst werden soll, kann es zu datenschutzrechtlichen Problemen kommen, nämlich wenn die Erfassung über ein dem Arbeitnehmer gehörendes Gerät durchgeführt wird oder Drittunternehmen Zugriff auf die erhobenen Daten erhalten. Trotz der Delegation bleibt der Arbeitgeber Datenverantwortlicher i.S.d. Art. 32 DSGVO, sodass er für den Schutz der Daten verantwortlich bleibt. Herausfordernd kann hier insbesondere die Nutzung von Datenclouds zur Speicherung sein. **47**

---

104 *Brors*, NZA 2020, 1685, 1688.
105 *Bayreuther*, NZA 2023, 193, 195; *Brors*, NZA 2020, 1685, 1688.
106 *Brors*, NZA 2020, 1685, 1688.
107 *Gola/Pötters*, in: Gola/Heckmann, DS-GVO/BDSG, § 26 BDSG Rn. 68.
108 BAG, 29.6.2004 – 1 ABR 21/03 Rn. 22, juris; *Brors*, NZA 2020, 1685, 1688.
109 *Brors*, NZA 2020, 1685, 1688.

2. Ständige Erreichbarkeit

48 Mit der steigenden Mobilität der Arbeitswelt geht auch die ständige Erreichbarkeit der Arbeitnehmer einher. Während man in vergangenen Zeiten, bevor jeder ein Smartphone und ein E-Mail-Konto besaß, mit dem Feierabend in der Regel auch die Arbeit niederlegte, gehört es heutzutage zur Lebensrealität vieler Arbeitnehmer, nach dem offiziellen Ende der Arbeitszeit geschäftliche E-Mails zu lesen oder kurze Telefonate zu führen.[110] Mit der nun geltenden Arbeitszeiterfassungspflicht stellt sich die Frage, ob solche kurzzeitigen Tätigkeitsaufnahmen als Arbeitszeit i. S. d. § 2 Abs. 1 ArbZG zu qualifizieren sind, mit der Folge, dass sie aufzuzeichnen sind und zur Unterbrechung der Ruhezeit i. S. d. § 5 Abs. 1 ArbZG führen.[111]

49 Da die Vorschrift des § 5 Abs. 1 ArbZG der Umsetzung des Art. 2 Nr. 2 RL 2003/88/EG dient, ist diese Norm bei der Auslegung der nationalen Vorschrift heranzuziehen.[112] Nach Art. 2 Nr. 2 RL 2003/88/§G ist Ruhezeit jede Zeitspanne außerhalb der Arbeitszeit. Arbeitszeit wird dagegen in Art. 2 Nr. 1 RL 2003/88/EG definiert als jede Zeitspanne, während der ein Arbeitnehmer gemäß den einzelstaatlichen Rechtsvorschriften und/oder Gepflogenheiten arbeitet, dem Arbeitgeber zur Verfügung steht und seine Tätigkeit ausübt oder Aufgaben wahrnimmt.

50 Der inaktive Zeitraum nach dem Feierabend gilt grundsätzlich nicht als Arbeitszeit i. S. d. § 2 Abs. 1 ArbZG und muss nicht aufgezeichnet werden, sofern der Arbeitnehmer währenddessen frei über seine Zeit verfügen kann.[113] Anders ist dies lediglich in Fällen zu beurteilen, in denen die Ausnahme zur Regel wird, der Arbeitnehmer also permanent kontaktiert wird. Insoweit ist dieser Zeitraum gleich dem Bereitschaftsdienst als Arbeitszeit im arbeitsschutzrechtlichen Sinne einzuordnen, der der Auszeichnungspflicht unterliegt.[114] Davon kann jedoch bei einem fünfminütigen Telefonat oder einer dreizeiligen E-Mail regelmäßig nicht die Rede sein. Jedenfalls wäre ein solches Verständnis lebensfremd.[115] Dies sieht das BAG genauso.[116] Danach soll eine nicht „nennenswerte Arbeitsbelastung" nicht zu einer Unterbrechung der gesetzlichen Ruhezeit führen, denn dadurch werde der Gesundheitsschutz des Arbeitnehmers regelmäßig nicht beeinträchtigt. Die Grenze von einer geringfügigen zu einer nennenswerten und damit aufzeichnungspflichtigen Tätigkeitsaufnahme i. S. d. § 2 Abs. 1 ArbZG, die zu einer Unterbrechung der Ruhezeit führt, ist richtigerweise frühestens dann überschrit-

---

110 *Reinhard*, NZA 2019, 1313, 1317.
111 *Kollmer*, NJW 2023, 473, 477; *Nebeling/Kruse*, ARP 2020, 150, 151.
112 *Nebeling/Kruse*, ARP 2020, 150, 151.
113 *Reinhard*, NZA 2019, 1313, 1317.
114 *Reinhard*, NZA 2019, 1313, 1317.
115 *Reinhard*, NZA 2019, 1313, 1318.
116 BAG, 26.1.1989 – 6 AZR 566/86 Rn. 19 f., juris.

ten, wenn es zu wiederholten Unterbrechungen der Ruhezeit oder einer mehr als 15 Minuten dauernden Unterbrechung kommt.[117]

3. Arbeitszeitrechtliche Einordnung von Reisezeiten

Ein weiteres Problemfeld bildet die Einordnung von Reisezeiten als Arbeits- **51**
zeit.[118] Dienstreisen werden vom BAG als Fahrten an einen Ort außerhalb der regulären Arbeitsstätte, an dem ein Dienstgeschäft zu erledigen ist, definiert. Sie setzt voraus, dass der Arbeitnehmer an dem anderen Ort eine Arbeitsleistung erbringen soll.[119] Eine Dienstreise lässt sich zeitlich in drei Abschnitte unterteilen: Es gibt die Hin- und Rückfahrt zum auswärtigen Dienstort bzw. die tatsächliche Reisezeit (erste Phase), die Aufnahme des Dienstgeschäfts am auswärtigen Dienstort (zweite Phase) und den Aufenthalt am auswärtigen Dienstort vor und nach Erledigung des Dienstgeschäfts (dritte Phase).[120] Zudem ist zwischen der vergütungsrechtlichen, betriebsverfassungsrechtlichen und der arbeitszeitrechtlichen Sphäre zu differenzieren (siehe oben unter Rn. 1).[121]

Die zweite Phase der Dienstreise gilt unumstritten als Arbeitszeit i. S. d. § 2 **52**
Abs. 1 ArbZG und ist damit in einem System zu erfassen.[122] Unumstritten ist die Reisezeit auch dann als Arbeitszeit i. S. d. § 2 Abs. 1 ArbZG einzuordnen, wenn diese wie bei Berufskraft- oder Busfahrern Bestandteil der Hauptleistungspflicht ist.[123]

Problematisch ist dagegen die Einordnung der ersten und dritten Phase der **53**
Dienstreise.[124] In der Vergangenheit entwickelte das BAG zur arbeitszeitrechtlichen Einordnung der Reisezeit die sog. Beanspruchungstheorie.[125] Danach ist Reisezeit als Arbeitszeit i. S. d. § 2 Abs. 1 ArbZG einzuordnen, wenn der Arbeitgeber den Arbeitnehmer währenddessen derart beansprucht, dass eine Einordnung als Arbeitszeit unerlässlich ist.[126] Dabei haben sich in der Rechtsprechung Fallgruppen hervorgetan:

Führt der Arbeitnehmer auf Weisung des Arbeitgebers während der Reisezeit **54**
einen Pkw, wird eine Beanspruchung durch den Arbeitgeber bejaht und die Reisezeit als Arbeitszeit i. S. d. ArbZG eingeordnet.[127] Das Gleiche gilt, sofern der

---

117 *Baeck/Deutsch/Winzer*, ArbZG, § 2 Rn. 80; *Kollmer*, NJW 2023, 473, 477; *Reinhard*, NZA 2019, 1313, 1318.
118 *Benkert*, NJW-Spezial 2022, 434; *Lunk*, NZA 2022, 881; *Reinhard*, NZA 2019, 1313, 1317.
119 BAG, 14.11.2006 – 1 ABR 5/06 Rn. 28, juris.
120 ErfK/*Preis*, § 611a BGB Rn. 554.
121 ErfK/*Preis*, § 611a BGB Rn. 554.
122 *Benkert*, NJW-Spezial 2022, 434, 435; ErfK/*Preis*, § 611a BGB Rn. 559.
123 ErfK/*Preis*, § 611a BGB Rn. 559; *Baeck/Deutsch/Winzer*, ArbZG, § 2 Rn. 74.
124 ErfK/*Preis*, § 611a BGB Rn. 560; *Stöhr/Stolzenberg*, NZA 2019, 505 ff.
125 BAG, 11.7.2006 – 9 AZR 519/05 Rn. 40, juris; *Benkert*, NJW-Spezial 2022, 434, 435; *Lunk*, NZA 2022, 881, 883; *Baeck/Deutsch/Winzer*, ArbZG, § 2 Rn. 73.
126 *Benkert*, NJW-Spezial 2022, 434; *Lunk*, NZA 2022, 881, 883.
127 *Lunk*, NZA 2022, 881, 883.

Arbeitnehmer zwar nur Beifahrer in einem Pkw ist, jedoch mit auf den Verkehr achten muss.[128]

55 Nutzt der Arbeitnehmer dagegen die öffentlichen Verkehrsmittel, ist danach zu differenzieren, wie der Arbeitnehmer die Zeit nutzt: Wenn der Arbeitnehmer auf Anordnung des Arbeitgebers in den öffentlichen Verkehrsmitteln Arbeitsleistungen erbringt, z. B. ein Meeting vorbereitet, ist die Reisezeit in Folge der Beanspruchung als Arbeitszeit i. S. d. § 2 Abs. 1 ArbZG einzuordnen.[129] Ist die Wahrnehmung dienstlicher Aufgaben hingegen nicht arbeitgeberseitig ausdrücklich oder konkludent angeordnet, ist diese Tätigkeit nicht geschuldet und es liegt folglich keine Arbeitszeit im arbeitsschutzrechtlichen Sinne vor.[130] Auch keine Arbeitszeit i. S. d. § 2 Abs. 1 ArbZG liegt vor, wenn die Reisezeit in den öffentlichen Verkehrsmitteln der freien Verfügungsmacht des Arbeitnehmers unterliegt und er beispielsweise ein Buch liest oder einen Film schaut.[131]

56 Mit neueren Entscheidungen des EuGH wächst jedoch die Kritik an der bisherigen Vorgehensweise des BAG.[132] Bei der Beurteilung von Bereitschaftszeiten differenziert der EuGH neuerdings nach der Tragweite der persönlichen Einschränkung des Arbeitnehmers in dem betroffenen Zeitraum.[133] Hinsichtlich der Rufbereitschaft wählte das BAG jüngst ähnliche Ansätze.[134] Diese Entwicklung führt dazu, dass einige Autoren die vom EuGH in Bezug auf die Bereitschaftszeiten und vom BAG gleichermaßen in Bezug auf die Rufbereitschaft angewendeten Maßstäbe auf die Einordnung von Reisezeiten übertragen wollen und sich damit von der Beanspruchungstheorie abwenden wollen.[135]

4. Vertrauensarbeitszeit

57 Bereits seit dem „Stechuhr-Urteil" des EuGH kursierten Befürchtungen, dass mit der Pflicht zur umfassenden Arbeitszeiterfassung das Ende der Vertrauensarbeitszeit einhergehen würde.[136] Dabei wird jedoch außer Acht gelassen, dass auch schon vor den Entscheidungen des EuGH und des BAG die Vereinbarung von Vertrauensarbeitszeit nicht gleichzusetzen war mit der Befreiung von der Einhaltung der gesetzlich geregelten Höchstarbeitszeiten i. S. d. § 3 ArbZG und

128 *Baeck/Deutsch/Winzer*, ArbZG, § 2 Rn. 73.
129 SWK/*Walk*, Mobile Arbeit Rn. 17.
130 *Lunk*, NZA 2022, 881, 887; *Baeck/Deutsch/Winzer*, ArbZG, Rn. 74; ErfK/*Preis*, § 611a BGB Rn. 559.
131 *Lunk*, NZA 2022, 881, 883; BAG, 11.7.2006, NZA 2007, 155; a. A.: ErfK/*Preis*, § 611a BGB Rn. 561.
132 *Lunk*, NZA 2022, 881, 883.
133 EuGH, 11.11.2021 – C-214/20 Rn. 38 ff., juris; EuGH, 21.2.2018 – C-518/15 Rn. 63 ff., juris; *Benkert*, NJW-Spezial 2022, 434, 435.
134 BAG, 27.7.2021 – 9 AZR 448/20 Rn. 46 ff., juris; *Benkert*, NJW-Spezial 2022, 434, 435.
135 *Benkert*, NJW-Spezial 2022, 434, 435; *Lunk*, NZA 2022, 881, 885.
136 *Schrader*, NZA 2019, 1035, 1039; *Spitz*, jurisPR-ITR 2/2023 Anm. 4 unter D.

der Mindestruhezeiten nach § 5 ArbZG.[137] Als öffentliche-rechtliche Normen gelten diese nämlich zwingend und sind daher keiner abweichenden Vereinbarung zwischen Arbeitgeber und Arbeitnehmer zugänglich (siehe oben unter Rn. 2). Vertrauensarbeitszeit wird vom BAG als Verzicht auf die Festlegung von Beginn und Ende der Arbeitszeit verstanden.[138] Dies wird auch mit der Pflicht zur Erfassung der gesamten Arbeitszeit weiterhin möglich sein.[139] Klar ist nur, dass etwaige Verstöße des Arbeitnehmers gegen das ArbZG, etwa eine Überschreitung der Höchstarbeitszeiten nach § 3 ArbZG, bei Einführung einer Zeiterfassung dokumentiert werden. Der Arbeitgeber hat dann nicht mehr die Möglichkeit, vor solchen Verstößen „die Augen zu schließen", sondern ist gehalten, die angemessenen Abhilfemaßnahmen zu ergreifen, um sich nicht dem Vorwurf ordnungswidrigen Verhaltens i. S. d. § 22 Abs. 1 Nr. 1 ArbZG auszusetzen.

VII. Fazit

Seit dem BAG-Beschluss vom 13.9.2022 steht fest, dass Arbeitgeber nach § 3 **58**
Abs. 1 Nr. 2 ArbSchG zur Einführung eines objektiven, zuverlässigen und zugänglichen Systems verpflichtet sind, mit dem sie Beginn, Ende und Dauer der täglichen Arbeitszeit ihrer Arbeitnehmer erfassen können. Damit ändert sich die bisherige Rechtslage, nach der grundsätzlich nur Mehrarbeit aufzeichnungspflichtig war. Arbeitgeber müssen sich nun mit der Frage auseinandersetzen, wie sie diese Pflicht in ihren Unternehmen umsetzen. Gestaltungsspielräume bestehen insbesondere hinsichtlich der Form des Erfassungssystems, denn dahingehend existieren bislang keine rechtlichen Vorgaben. Dem Betriebsrat steht bezüglich des „Wie" des Systems nach § 87 Abs. 1 Nr. 7 BetrVG ein Mitbestimmungs- und Initiativrecht zu. Zudem besteht ein Mitbestimmungsrecht nach § 87 Abs. 1 Nr. 6 BetrVG, wenn der Arbeitgeber sich für die Einrichtung eines Systems in elektronischer Form entschieden hat. Unsicherheiten bestehen dahingehend, wessen Arbeitszeiten durch den Arbeitgeber zu erfassen sind. Darüber hinaus stellen sich Herausforderungen hinsichtlich des Datenschutzes sowie der arbeitszeitrechtlichen Behandlung kurzzeitiger Tätigkeitsaufnahmen und Reisezeiten. Der Gesetzgeber sollte sich der – zugegeben nicht leichten – Aufgabe stellen, das Arbeitszeitrecht zu reformieren und rechtssichere Regelungen zu schaffen. Dabei sollten die durch die Gerichte belassenen Flexibilisierungspotenziale ausgeschöpft werden, um ein anpassungsfähiges und zeitgemäßes Arbeitszeitrecht zu schaffen, welches in einer sich immer schneller wandelnden und digitalisierten Arbeitswelt bestehen kann.

---

137 *Barrein*, ARP 2023, 71, 73; *Bayreuther*, NZA 2023, 193, 195; *Darm-Tohaben/Fink*, ARP 2023, 209, 210; *Ulber*, NZA 2019, 677, 679.

138 BAG, 6.5.2023 – 1 ABR 13/02 Rn. 65, juris.

139 *Bayreuther*, NZA 2023, 193, 195; *Heuschmid*, NJW 2019, 1853, 1854; *Ulber*, NZA 2019, 677, 680; *Winzer*, ArbRAktuell 2023, 18.

Abschnitt 2 – Perspektive Betriebsrat

Drei Adjektive für die Mitbestimmung – Das Initiativrecht des BR auf Arbeitszeiterfassung

1 Das Bundesarbeitsgericht hat aus § 3 Abs. 2 Nr. 1 Hs. 2 ArbSchG, der arbeitsschutzrechtlichen Mittelbereitstellungspflicht, die Pflicht von Arbeitgebern abgeleitet, Arbeitszeiten lückenlos – nicht nur im Umfang der Überstunden – zu erfassen.[1] Dafür ist, wie der EuGH bereits vorgegeben hat, ein „objektives", „verlässliches" und „zugängliches" System zur Arbeitszeiterfassung bereitzustellen. Was bedeutet das für die Mitbestimmung genau?

I. „Verloren und doch gewonnen"

2 Die Entscheidung des Bundesarbeitsgerichts überraschte viele, aber keineswegs alle. Der Betriebsratsvorsitzende eines Münchner Filmkameraherstellers brachte es nach dem Studium der Pressemitteilung des BAG[2] auf den Punkt: Er sagte, dass der Betriebsrat in dem Verfahren „verloren und doch gewonnen" hat. Der antragstellende Betriebsrat hatte vor dem BAG beantragt, festzustellen, dass ihm ein erzwingbares Initiativrecht zur Einführung eines elektronischen Arbeitszeiterfassungssystems aus § 87 Abs. 1 Nr. 6 BetrVG zustehe. Dem hielt das BAG unter Verweis auf die Rechtsprechung des EuGH entgegen, dass der Arbeitgeber schon gesetzlich zur vollständigen Arbeitszeiterfassung verpflichtet ist. Wenn aber eine Rechtspflicht zur Einführung einer Zeiterfassung besteht, fehlt es an einem Raum für die betriebliche Mitbestimmung, § 87 Abs. 1 Hs. 1 BetrVG.

II. Warum „verloren"? – Keine Entscheidung über ein Initiativrecht bei technischen Einrichtungen

3 Der Betriebsrat wollte feststellen lassen,

> „dass er hinsichtlich der initiativen Einführung einer elektronischen Zeiterfassung im Betrieb […] ein Mitbestimmungsrecht gemäß § 87 Abs. 1 Nr. 6 BetrVG hat".

4 Das BAG lehnte diesen Antrag ab, ohne sich bei der umstrittenen Frage festzulegen, ob der Betriebsrat generell die Einführung von technischen Überwachungs-

1 BAG, 13.9.2022 – 1 ABR 22/21.
2 BAG-Pressemitteilung 35/22 zu BAG, 13.9.2022 – 1 ABR 22/21.

einrichtungen (hierauf bezieht sich § 87 Abs. 1 Nr. 6 BetrVG) initiativ erzwingen kann.

Nach bisher herrschender Rechtsprechung dient die Mitbestimmung nach § 87 Abs. 1 Nr. 6 BetrVG dem Schutz vor Risiken für die freie Entfaltung der Persönlichkeit durch technische Überwachung. Der Arbeitgeber bestimmt, welche Arbeiten im Betrieb zu machen sind und überwacht die Arbeiten. Bedient er sich dabei zur technischen Überwachung geeigneter Mittel, kann dies zu einer übergriffigen, ggf. auch permanenten Überwachung der Beschäftigten führen. Die freie Entfaltung der Persönlichkeit kann durch einen damit verbundenen Überwachungsdruck in nicht mehr vertretbarer Weise belastet und beeinträchtigt werden. Daher wurde die Mitbestimmung nach § 87 Abs. 1 Nr. 6 BetrVG bisher so verstanden, dass sie korrigierend im Sinne eines Abwehrrechts eingreift, wenn der Arbeitgeber eine zur Kontrolle geeignete Technik einführt oder betreibt. Verwenden Arbeitgeber keine solche Technik, sollte der Betriebsrat deren Einführung auch nicht erzwingen können. 5

Da die Betriebsverfassung aber zukunftsfest gestaltet ist, kann sich hier durchaus ein Wandel ergeben. Denn mit der Technikentwicklung hat sich über ihre Funktion von zur Überwachung geeigneter Technik hinaus weiterentwickelt. Ein neuer Blick auf das Mitbestimmungsrecht erscheint mithin nachvollziehbar. Lesenswert hierzu sind die für die Entscheidung des BAG nicht mehr relevanten Erwägungen der Vorinstanz.[3] 6

Für seine Entscheidung zur Arbeitszeiterfassung musste das BAG die Frage offenlassen (Rn. 71). Denn die Arbeitszeiterfassung ist verpflichtend und notwendig, um die Einhaltung von Arbeitszeithöchstgrenzen sicherzustellen. Das ArbZG dient ausweislich dessen § 1 Nr. 1 als Mittel zur Gewährleistung des Arbeitsschutzes und der Unfallverhütung. Die Mitbestimmung zum Arbeits- und Gesundheitsschutz richtet sich nach § 87 Abs. 1 Nr. 7 BetrVG. 7

Das Arbeits- und Gesundheitsschutzrecht leitet sich aus dem Unionsrecht ab. Der EuGH hatte bereits über Inhalt und Auslegung der der arbeitsschutzrechtlichen Mittelbereitstellungspflicht (§ 3 Abs. 2 Nr. 1 Hs. 2 ArbSchG) zugrunde liegenden Unionsvorschrift (Art. 6 Abs. 1 RL 89/391 [= ArbeitsschutzRL]) entschieden. 8

III. Warum „gewonnen“? – Entscheidung zur Mittelbereitstellungspflicht

Arbeitgeber sind dazu verpflichtet, Maßnahmen gegen Gefährdungen am Arbeitsplatz zu ergreifen, aber auch dazu, überhaupt eine taugliche **betriebliche Arbeitsschutzorganisation** vorzuhalten. Rechtlich ergibt sich das aus § 3 ArbSchG. Nach dem BAG ist dieser § 3 ArbSchG „gewissermaßen der ‚Pro- 9

3 LAG Hamm, 27.7.2021 – 7 TaBV 79/20.

totyp' einer allgemein gehaltenen Rahmenvorschrift".[4] Rahmenvorschriften sind Gesetze, die den Arbeitgeber verpflichten zu handeln, es aber ihm überlassen, festzulegen, in welcher Art und Weise die Norm betrieblich umgesetzt wird. Wo der Arbeitgeber gesetzlich solche Umsetzungsspielräume hat, muss er unter Beachtung der Mitbestimmung des Betriebsrats handeln. Im Bereich des Arbeits- und Gesundheitsschutzes ergibt sich die Mitbestimmung aus § 87 Abs. 1 Nr. 7 BetrVG. Die Norm bestimmt: Rahmenvorschriften werden zusammen mit dem Betriebsrat konkretisiert.

10 § 3 ArbSchG und der zugrunde liegende Artikel der ArbeitsschutzRL verlangen vom Arbeitgeber, „zur Planung und Durchführung" der erforderlichen Maßnahmen des Arbeitsschutzes „die erforderlichen Mittel" bereitzustellen. Das Bundesarbeitsgericht hat in seinen Gründen daher festgestellt, dass in dem zu entscheidenden Fall keine Mitbestimmung für die initiative Einführung zur Bereitstellung von Mitteln zur Arbeitszeiterfassung nach § 87 Abs. 1 Nr. 6 BetrVG bestehen kann, weil solche Mittel bereits kraft Gesetz bereitzustellen sind. Denn die Mittelbereitstellungspflicht aus § 3 Abs. 2 Nr. 1 Hs. 2 ArbSchG umfasst die Pflicht, ein „System einzuführen, mit dem die von den Arbeitnehmern geleistete tägliche Arbeitszeit gemessen werden kann". Damit folgt das BAG der Entscheidung des EuGH vom 14.5.2019 (Az. C-55/18 [„CCOO"]). Das deutsche Arbeitsschutzrecht ist europarechtlich vor allem durch die ArbeitsschutzRL 89/391/EWG geprägt. Diese sieht die Mittelbereitstellungspflicht in ihrem Art. 6 vor. § 3 ArbSchG ist die entsprechende Umsetzungsvorschrift.

11 Zur Organisation des Arbeitsschutzes gehört, dass Arbeitgeber sich Kenntnisse über die geleisteten Arbeitszeiten verschaffen und diese dokumentieren. Das Mitbestimmungsrecht bei der Pflicht zur Arbeitszeiterfassung stützt das BAG daher auf die Vorschrift zur Mitbestimmung beim Arbeits- und Gesundheitsschutz (§ 87 Abs. 1 Nr. 7 BetrVG). Das ist eine erfreuliche Klarheit in der Rechtsprechung. Der Betriebsrat hat tatsächlich inhaltlich vor dem BAG gewonnen, wenn auch nicht mit seinem gestellten Antrag.

IV. Initiativrecht des Betriebsrats aus § 87 Abs. 1 Nr. 7 BetrVG

12 Bei der Mitbestimmung nach § 87 Abs. 1 Nr. 7 BetrVG geht es um die Aufstellung betrieblicher „Regelungen über […] den Gesundheitsschutz **im Rahmen** der gesetzlichen Vorschriften […]".

13 § 3 Abs. 2 Nr. 1 ArbSchG ist mit seiner Anordnung, für eine Arbeitsschutzorganisation zu sorgen, eine Vorschrift, die eindeutig dem Arbeits- und Gesundheitsschutz dient. Teil des betrieblichen Arbeits- und Gesundheitsschutzes ist der Schutz vor Fehlbelastungen durch die Gestaltung der Arbeitszeit. Daher erkennt

4 BAG, 18.3.2014 – 1 ABR 73/12.

das BAG nach dem EuGH ebenfalls an, dass dazu die Betrachtung der geleisteten Arbeitszeit durch Zeiterfassung gehört (noch offen gelassen BAG, 4.5.2022 – 5 AZR 359/21 „keine Beweiserleichterung bei fehlender Arbeitszeiterfassung“, hierzu unten Rn. 48). Denn die Zeiterfassung ermöglicht erst, die Einhaltung von arbeitszeitbezogenen Arbeitsschutzvorschriften, wie die Höchstarbeitszeit einzuhalten. Damit dient die Arbeitszeiterfassung zumindest mittelbar dem Arbeits- und Gesundheitsschutz. Der EuGH und das BAG haben überzeugend herausgearbeitet, dass erst die genaue Erfassung der Arbeitszeit gewährleistet, dass Fehlbeanspruchungen durch Verstöße gegen Höchstarbeitszeitgrenzen im Rahmen eines Arbeitsschutzkonzepts identifiziert und ggf. erforderliche Gegenmaßnahmen zur Reduzierung arbeitszeitbedingter Fehlbelastungen entwickelt und ergriffen werden können.

Das Mitbestimmungsrecht des Betriebsrats zum Arbeits- und Gesundheitsschutz **14** bezieht sich auf den betrieblichen Gestaltungrahmen, den die jeweils anwendbaren Gesetze zum Zwecke der Konkretisierung am Arbeitsplatz eröffnen. Eine Vorschrift zum Arbeits- und Gesundheitsschutz, die die Mitbestimmung eröffnet, muss also einerseits einen Befehl enthalten, darf aber andererseits keine abschließende Regelung enthalten. Der EuGH und das BAG erkennen die Pflicht zur Bereitstellung eines Systems zur genauen Arbeitszeiterfassung als Teil der Mittelbereitstellungspflicht nach § 3 Abs. 2 Nr. 1 Hs. 2 ArbSchG an. Es fehlt aber eine abschließende Regelung über das „Wie“ der Bereitstellung. Betrieblich zu entscheiden ist die Art und Weise der Ausgestaltung des Systems. Dieser betriebliche Gestaltungsrahmen ist mitbestimmt auszufüllen.

Was bedeutet hier Ausfüllen des betrieblichen Gestaltungsrahmens? Der EuGH **15** hat drei Vorgaben formuliert, die ein Arbeitszeiterfassungssystem erfüllen muss. Die Leitgedanken, denen die Arbeitszeiterfassung zu folgen hat, beschreibt der EuGH mit drei Adjektiven:

Das System zur genauen Arbeitszeiterfassung muss erstens **objektiv**, zweitens **16** **verlässlich** und drittens **zugänglich** sein.

Daran sind Arbeitgeber und Betriebsräte bei der Ausgestaltung des Systems ge- **17** bunden. Die Initiativpflicht von Arbeitgebern und das Initiativrecht des Betriebsrats aus § 87 Abs. 1 Nr. 7 BetrVG bezieht sich auf die Aufstellung von betrieblichen Regeln hinsichtlich der Ausgestaltung der Einrichtung und Anwendung eines objektiven, verlässlichen und zugänglichen Systems, mit dem die von allen Beschäftigten geleistete tägliche Arbeitszeit gemessen werden kann. Darauf bezogen kann der Betriebsrat gerichtlich die Einigungsstelle einsetzen lassen, wenn er sich mit dem Arbeitgeber nicht einigen kann.

V. Was gilt, wenn der Arbeitgeber die Arbeitszeit nicht erfassen möchte?

18 Nach ständiger Rechtsprechung ist es für das Mitbestimmungsrecht des Betriebsrats unbeachtlich, ob der Arbeitgeber eine Rechtspflicht erfüllen möchte oder nicht. Der Betriebsrat kann in beiden Fällen die Initiative ergreifen.

19 Das gilt auch für die Mitbestimmung auf anderen Gebieten, spielt aber im Arbeits- und Gesundheitsschutz eine besonders große Rolle. Seit den 1990er-Jahren gilt das gesetzliche Konzept der Verbetrieblichung des Arbeits- und Gesundheitsschutzes. Das hatte zur Folge, dass man sich von detaillierten gesetzlichen oder behördlichen Vorgaben bestimmter Maßnahmen abwendete und den Arbeitgebern vor allem weitreichende Handlungs- und Organisationspflichten mit dem Ziel der eigenverantwortlichen Ausgestaltung des Arbeitsschutzes zuwies. So sollen sich die Arbeitgeber etwa selbst mit den Gefährdungen im Betrieb auseinandersetzen, indem sie eine mitunter aufwendige, auch arbeitszeitsensible Gefährdungsbeurteilung nach § 5 ArbSchG durchführen. Gegen dieses Konzept gab es allerdings Widerstand, wie unter anderem die verspätete Umsetzung der Arbeitsschutzrichtlinie von 1989 zeigt.

20 Arbeitgeber brauchen auf dem Gebiet des Arbeits- und Gesundheitsschutzes oft einen Anstoß durch den Betriebsrat. Wird zum Beispiel die Gefährdungsbeurteilung, wie häufig, unterlassen, kann der Betriebsrat die Einigungsstelle zur Ausgestaltung der Gefährdungsbeurteilung anrufen und auf diese Weise dafür sorgen, dass letztlich eine Gefährdungsbeurteilung stattfindet. Darauf aufbauend, kann der Betriebsrat sodann auch bei abzuleitenden Maßnahmen des Gesundheitsschutzes mitbestimmen.

21 Nicht anders ist es bei der **Einführung eines Systems zur Arbeitszeiterfassung** als objektives, verlässliches und zugängliches Instrument zur Identifizierung und Vermeidung von Fehlbelastungen durch die Arbeitszeitgestaltung. Arbeitgeber müssen das System einführen. Sie können sich nicht aussuchen, ob sie Arbeits- und Gesundheitsschutz machen oder nicht. Sie können sich nicht aussuchen, ob sie möglichen Fehlbelastungen durch die Arbeitszeitgestaltung entgegenwirken. Dazu sind sie rechtlich verpflichtet. Die Mitbestimmung bezieht sich insoweit nicht auf das „Ob“, sondern auf das „Wie“, also die Ausgestaltung der Arbeitszeiterfassung.

22 Die Arbeitszeiterfassung ist für die Gefährdungsbeurteilung auch erforderlich: § 5 Abs. 1 Nr. 4 ArbSchG verlangt seit 1996 die arbeitszeitsensible Gefährdungsbeurteilung. Diese Beurteilung setzt voraus, dass die geleisteten Arbeitszeiten bekannt sind, damit erforderlichenfalls arbeitszeitsensible Maßnahmen des Arbeitsschutzes ergriffen werden können. Wie sollte aber eine arbeitszeitsensible Gefährdungsbeurteilung erfolgen, wenn die Arbeitszeit nicht vollständig erfasst wird?

Zudem kennt das Arbeitszeitrecht absolute Höchstgrenzen für die Arbeitszeit und deren Unterbrechung. Wie sollen diese gewährleistet werden, wenn nicht hingeschaut wird? Arbeitszeiterfassung ist Pflichtaufgabe des Arbeitgebers. Bei der Umsetzung dieser Pflichtaufgabe hat er den ihm eingeräumten rechtlichen Spielraum mitbestimmt auszufüllen. 23

VI. Drei Adjektive

Der EuGH hat in seiner vom BAG in Bezug genommenen Entscheidung vom 14.5.2019 (Az. C-55/18 [„CCOO“]) festgestellt, dass ein System zur Arbeitszeiterfassung Mindestanforderungen erfüllen muss. Diese Mindestanforderungen setzen einen einzuhaltenden Rahmen für die Ausgestaltung der Arbeitszeiterfassung. Die Mindestanforderungen beschreiben der EuGH und in der Folge das BAG durch drei Adjektive. Das System zur Arbeitszeiterfassung muss „objektiv“, „verlässlich“ und „zugänglich“ sein. 24

1. Erstes Adjektiv: objektiv

Der EuGH verwendet das Adjektiv „objektiv“ im Zusammenhang mit der **Beweissicherungsfunktion** der Arbeitszeiterfassung: 25

> „Im vorliegenden Fall ergibt sich zwar, […], dass ein Arbeitnehmer, wenn es an einem System, mit dem die Arbeitszeit gemessen werden kann, fehlt, nach den […] Verfahrensvorschriften von anderen Beweismitteln, wie u.a. Zeugenaussagen, der Vorlage von E-Mails oder der Untersuchung von Mobiltelefonen oder Computern, Gebrauch machen kann, um Anhaltspunkte für eine Verletzung dieser Rechte beizubringen und so eine Beweislastumkehr zu bewirken. Anders als durch ein System, mit dem die täglich geleistete Arbeitszeit gemessen wird, kann mit solchen Beweismitteln jedoch **nicht objektiv** und verlässlich die Zahl der von dem Arbeitnehmer täglich oder wöchentlich geleisteten Arbeitszeit festgestellt werden. Insbesondere ist darauf hinzuweisen, dass aufgrund der schwächeren Position des Arbeitnehmers in einem Arbeitsverhältnis der Zeugenbeweis allein nicht als wirksames Beweismittel angesehen werden kann, mit dem eine tatsächliche Beachtung der in Rede stehenden Rechte gewährleistet werden kann, da die Arbeitnehmer möglicherweise zögern, gegen ihren Arbeitgeber auszusagen, weil sie befürchten, dass dieser Maßnahmen ergreift, durch die das Arbeitsverhältnis zu ihren Ungunsten beeinflusst werden könnte.“[5]

Damit ist ein System der Arbeitszeiterfassung erst dann objektiv, wenn es aus sich heraus zum Beweis für die geleistete Arbeitszeit geeignet ist. Die dem entgegenstehende Entscheidung des BAG vom 4.5.2022 (5 AZR 359/21 „kei- 26

---

5 EuGH 14.5.2019 – C-55/18, Rn. 53 ff.; Hervorhebung hier.

ne Beweiserleichterung bei fehlender Arbeitszeiterfassung“, hierzu unten Rn. 48) dürfte sich aufgrund der hier besprochenen Entscheidung des BAG vom 13.9.2022 überholt haben. Denn in seiner Entscheidung vom 4.5.2022 hatte sich das BAG noch nicht dahingehend festgelegt, dass sich die Pflicht zur Arbeitszeiterfassung unmittelbar aus dem bestehenden Recht ableitet. Diese Entscheidung erscheint auch unionsrechtlich wegen des Objektivitätsgebots des EuGH problematisch. Die Annahme des BAG vom 4.5.2022, nach der die fehlende Zeitdokumentation im Rechtsstreit um Überstunden zu keiner Beweislastumkehr führen soll, erneut diskutiert werden muss. Denn das **Objektivitätsgebot** verlangt einerseits ein System, mit dem geleistete Arbeitszeit erfasst wird, und andererseits, dass nachträgliche Veränderungen nachvollziehbar sind. **Objektiv ist ein System, wenn es aus sich heraus die tatsächlich geleistete Arbeitszeit beweist.**

2. Zweites Adjektiv: verlässlich

27 Die Pflicht, das System „objektiv“ zu gestalten, überlagert sich teilweise mit dem Anspruch, dass das System „verlässlich“ sein muss. Dem Adjektiv „verlässlich“ wohnt aber ein eigener Gestaltungsauftrag inne. Der EuGH versteht unter dem **Verlässlichkeitsgebot**, dass Beschäftigte durch verlässliche Daten ihren Schutzanspruch geltend machen können:

> „Im Licht dieser allgemeinen Erwägungen ist zu prüfen, ob und inwieweit die Einrichtung eines Systems, mit dem die von einem jeden Arbeitnehmer geleistete tägliche Arbeitszeit gemessen werden kann, erforderlich ist, um die tatsächliche Einhaltung der wöchentlichen Höchstarbeitszeit sowie der täglichen und wöchentlichen Mindestruhezeiten sicherzustellen. Insoweit ist […] festzustellen, dass ohne ein solches System weder die Zahl der vom Arbeitnehmer tatsächlich geleisteten Arbeitsstunden sowie ihre zeitliche Lage noch die über die gewöhnliche Arbeitszeit hinausgehende, als Überstunden geleistete Arbeitszeit objektiv und **verlässlich ermittelt werden kann**. Unter diesen Umständen erscheint es für die Arbeitnehmer äußerst schwierig oder gar praktisch unmöglich, die ihnen durch Art. 31 Abs. 2 der Charta und die Richtlinie 2003/88 verliehenen Rechte durchzusetzen, um tatsächlich in den Genuss der Begrenzung der wöchentlichen Arbeitszeit sowie der in dieser Richtlinie vorgesehenen täglichen und wöchentlichen Mindestruhezeiten zu kommen.“[6]

28 Damit ist ein System der Arbeitszeiterfassung nur dann verlässlich, wenn Beschäftigte sich auf das System zur Sicherstellung oder Anmahnung der gesetzlichen Arbeitszeitgrenzen verlassen können. Das verlangt eine vollständige und verfälschungssichere Erfassung. **Verlässlich ist ein System, wenn daraus für einzelne Beschäftigte die gewöhnliche Arbeitszeit und die darüber hinausgehende, als Überstunden geleistete Arbeitszeit ermittelt werden kann.**

---

6 EuGH, 14.5.2019 – C-55/18, Rn. 46 ff.; Hervorhebung hier.

3. Drittes Adjektiv: zugänglich

Das Adjektiv „zugänglich" bespricht der EuGH insbesondere im Hinblick auf die Zugänglichkeit und Nachvollziehbarkeit für Betriebsräte und Behörden. Nach Art. 11 Abs. 5 Arbeitsschutzrichtlinie muss der Arbeitgeber **Arbeitnehmervertretern** 29

> „mit einer besonderen Funktion bei der Sicherheit und beim Gesundheitsschutz der Arbeitnehmer […] die erforderlichen Mittel zur Verfügung […] stellen, um ihnen die Wahrnehmung der sich aus dieser Richtlinie ergebenden Rechte und Aufgaben zu ermöglichen".

Das System zur Arbeitszeiterfassung soll durch das **Zugänglichkeitsgebot** einen Beitrag dazu leisten, dass Arbeitnehmervertreter mittels der diesem zu entnehmenden Informationen ihre Beteiligungsrechte zum arbeitszeitsensiblen betrieblichen Arbeitsschutz leisten können. In Deutschland sind die Arbeitnehmervertreter im Sinn der Richtlinie die Betriebsräte, Personalräte und Mitarbeitervertretungen. Arbeitsschutz ist eine zentrale Aufgabe des Betriebsrats (§ 89 Abs. 1 Satz 1 BetrVG). Der EuGH schreibt: 30

> „Darüber hinaus ist ein solches System erforderlich, damit die **Arbeitnehmervertreter**, die bei der Sicherheit und dem Gesundheitsschutz der Arbeitnehmer eine besondere Funktion haben, ihr in Art. 11 Abs. 3 dieser Richtlinie vorgesehenes Recht ausüben können, den Arbeitgeber um geeignete Maßnahmen zu ersuchen und ihm Vorschläge zu unterbreiten."[7]

Zugänglich muss das System weiter sein, damit Arbeitszeitverstöße durch Gerichte und Behörden nachvollzogen werden können: 31

> „Dagegen bietet ein System […] ein besonders wirksames Mittel, einfach zu objektiven und verlässlichen Daten über die […] geleistete tatsächliche Arbeitszeit zu gelangen, und kann […] den zuständigen **Behörden** und **nationalen Gerichten** die Kontrolle der tatsächlichen Beachtung dieser Rechte erleichtern. […] Ohne ein solches System haben diese Behörden nämlich kein wirksames Mittel, sich den Zugang zu objektiven und verlässlichen Daten über die von den Arbeitnehmern in den einzelnen Unternehmen geleistete Arbeitszeit zu verschaffen, der sich für die Ausübung ihres Kontrollauftrags und gegebenenfalls zur Verhängung einer Strafe als erforderlich erweisen kann […]."[8]

Der EuGH sieht also das Zugänglichkeitsgebot besonders im Zusammenhang mit der Kontrolle des Arbeitsschutzes durch die beauftragten Stellen. **Zugänglich ist ein System, wenn Betriebsräte, Behörden und Gerichte diesem ein-** 32

7 EuGH, 14.5.2019 – C-55/18, Rn. 62; Hervorhebung hier.
8 EuGH 14.5.2019, – C-55/18, Rn. 56 f.; Fettdruck nicht im Original.

fach und ohne Hinzuziehung weiterer Quellen die tatsächlich geleistete Arbeitszeit entnehmen können.

VII. Betriebsratswissen

33 Was für den eingangs zitierten Betriebsratsvorsitzenden so nachvollziehbar war, erwies sich für große Teile der Anwalt- und Richterschaft als intellektuelle Herausforderung. Dass Komplexitätsstrategien bei der Betrachtung betriebsverfassungsrechtlicher Zusammenhänge besonders im Arbeits- und Gesundheitsschutz den Blick auf zwingende Zusammenhänge verstellen können, hat sich bei der Debatte um diese Entscheidung gezeigt.

34 Die Entscheidung des BAG dürfte aber auch die Rolle und Bedeutung der ehrenamtlichen Richterschaft in arbeitsgerichtlichen Spruchkörpern unterstreichen. Praxiswissen kombiniert mit dem analytisch-fachlichen Blick hat hier am BAG nach den Vorinstanzen Klarheit gebracht und zu einer überzeugenden Analyse geführt. Anknüpfend an den EuGH, der für die Auslegung des hier betroffenen Unionsrechts zuständig ist, ordnet das BAG die betrieblichen Pflichten in den Katalog der Mitbestimmungsrechte ein. Für mich ist das die Entscheidung des Jahres 2022, wirklichkeitsnah und dogmatisch erfrischend!

VIII. Und die Datenerhebung?

35 Spätestens seit dieser Entscheidung steht fest, dass Betriebsräte die Einigungsstelle für die Ausgestaltung der Arbeitszeiterfassung anrufen können. Nach der Systematik des arbeitsgerichtlichen Einsetzungsverfahrens ist die Einigungsstelle nur im Rahmen des gerichtlichen Einsetzungsbeschlusses zuständig. Weil aber in den allermeisten Fällen die genaue Arbeitszeiterfassung mit technischen Mitteln erfolgen wird, ist darauf zu achten, dass der Regelungsgegenstand wahrscheinlich auch die Einführung und Anwendung von zur Überwachung geeigneten technischen Einrichtungen umfassen wird (§ 87 Abs. 1 Nr. 6 BetrVG).

36 Eine Einigungsstelle wird in aller Regel dazu kommen, dass die (Mindest-)Anforderungen des EuGH – wenn es sich nicht um ein Unternehmen mit acht Beschäftigten handelt – nur durch eine elektronische Zeiterfassung sichergestellt werden kann. Die Art und Weise der Arbeitszeiterfassung ist in der Mittelbereitstellungspflicht nicht vorgegeben. Damit wird die Einigungsstelle im Rahmen ihres Ermessens auch festlegen müssen, dass die Arbeitszeiterfassung jedenfalls ab einer bestimmten Betriebsgröße digital erfolgt.

37 Bei der Regelung eines digitalen Zeiterfassungssystems ist der Zweck der Arbeitszeiterfassung zu beachten. Diese dient dem Arbeits- und Gesundheitsschutz sowie der Beweissicherung. Das bedeutet zum Beispiel, dass das Berechtigungskonzept darauf abheben muss, dass primär die für den Arbeitsschutz und nicht die für die Leistungskontrolle Verantwortlichen Zugriffsrechte haben. Zahlreiche weitere Regelungspunkte sind zu beachten, wie etwa Auswertungen, Schnittstellen zu anderen Systemen, Löschfristen, das Vorgehen bei nachträglichen Änderungen einschließlich der Protokollierung und vieles mehr. Hier sollten Betriebsräte sich gut beraten lassen.

IX. Rechtsdurchsetzung

Durchsetzen kann der Betriebsrat die Zeiterfassung durch die Einigungsstelle (§ 76 BetrVG, § 100 ArbGG). Denkbar wäre unter anderem folgender Antrag auf Einrichtung einer Einigungsstelle: **38**

> „Zum Vorsitzenden einer Einigungsstelle mit dem Regelungsgegenstand ‚Ausgestaltung der Arbeitszeiterfassung' wird .... eingesetzt. Die Anzahl der Beisitzer je Seite wird auf ... festgesetzt."

Hier unterscheiden sich die Gepflogenheiten der deutschen Gerichte regional, daher sollte der Vorschlag nur nach genauer Prüfung übernommen werden. In die Begründung sollte aufgenommen werden, dass sich die Mitbestimmung aus § 87 Abs. 1 Nr. 1, Nr. 6 und Nr. 7 BetrVG ableiten kann. Soweit nach regionalen Gegebenheiten bevorzugt wird, die in Betracht kommenden Mitbestimmungsrechte in den Regelungsgegenstand aufzunehmen, damit die Einigungsstelle ihren Auftrag genau kennt, könnte formuliert werden: **39**

> „... mit dem Regelungsgegenstand ‚Aufstellung von nach § 87 Abs. 1 Nr. 1, Nr. 6 und Nr. 7 BetrVG mitbestimmungspflichtigen Regelungen zu Form und Art und Weise' ..."

Der letzte Antrag könnte auch als Hauptantrag und der erste als Hilfsantrag gestellt werden. **40**

X. LAG München vom 22.5.2023

Das LAG München hat – wie schon die Vorinstanz – das Initiativrecht des Betriebsrats auf Ausgestaltung der Arbeitszeiterfassung in einem Verfahren für Beschäftigte im Außendienst festgestellt. Beide Instanzen bestätigten die Einigungsstelle. Der Beschluss lautet wie folgt: **41**

> „Zum Vorsitzenden einer Einigungsstelle mit dem Regelungsgegenstand ‚Ausgestaltung der Arbeitszeiterfassung für die Mitarbeiterinnen und Mitarbeiter im Außendienst' wird [Name des/der Vorsitzenden] eingesetzt. Die Anzahl der Beisitzer je Seite wird auf [Anzahl] festgesetzt."

Das LAG München bestätigt das Initiativrecht des Betriebsrats (Fettdruck im Folgenden nicht im Original): **42**

> „Hinsichtlich der Erfassung von Arbeitszeiten ist zu unterscheiden: für die Frage, *ob* ein derartiges System eingeführt werden soll, besteht nach § 87

Abs. 1 BetrVG kein Mitbestimmungsrecht, weil der Arbeitgeber nach § 3 Abs. 2 Nr. 1 ArbSchG dazu gesetzlich verpflichtet ist und damit kein Gestaltungsspielraum besteht, den er gemeinsam mit dem Vertretungsgremium ausfüllen könnte. Für die Ausgestaltung des im Betrieb zu verwendenden Systems zur Erfassung von Beginn und Ende der täglichen Arbeitszeit hingegen besteht ein Spielraum etwa dahingehend, auf welche Weise – **elektronisch oder analog**, ggf. getrennt nach Beschäftigungsgruppen – die Erfassung erfolgen soll, und deshalb dem Betriebsrat – vorbehaltlich ggf. anderweitiger künftiger Regelungen durch den Gesetzgeber – nach § 87 Abs. 1 Nr. 7 BetrVG i.V.m. § 3 Abs. 2 Nr. 1 ArbSchG ein Initiativrecht zu (BAG, 13.9.2022, 1 ABR 23/22, Rn. 60, 66)."

43 Das LAG erkennt, dass zur Ausgestaltung auch die Frage gehört, ob die Arbeitszeiterfassung analog oder digital erfolgt.

„Vorliegend besteht ein derartiges Mitbestimmungsrecht des Betriebsrats gem. § 87 Abs. 2 Nr. 7 BetrVG i.V.m. § 3 Abs. 2 Nr. 1 ArbSchG.
Der Betriebsrat begehrt die Mitgestaltung an der Ausgestaltung der Zeiterfassung für den Außendienst und damit am *Wie* derselben. Ausdrücklich hat das Bundesarbeitsgericht für diesen Fall ein Initiativrecht bejaht."

44 Der Betriebsrat kann die Mitbestimmung auch dann verlangen, wenn der Arbeitgeber keine Zeiterfassung haben will (Fettdruck im Folgenden nicht im Original):

„Anders als die Arbeitgeberin meint, ist **diese Initiative nicht davon abhängig, dass sie selbst sich für die Einführung eines Systems zur Arbeitszeiterfassung entscheidet**: Das Mitgestaltungsrecht des Betriebsrats hängt nicht davon ab, ob der Arbeitgeber seinen gesetzlichen Pflichten nachkommen will oder nicht; dieser kann sich gegenüber dem Wunsch des Betriebsrats nach einer Regelung nicht darauf berufen, er sei nicht gewillt, der gesetzlichen Verpflichtung zu genügen. Auch dies hat das Bundesarbeitsgericht ausdrücklich festgestellt, wenn es das Mitbestimmungsrecht in dem Moment bejaht, in dem eine gesetzliche Pflicht zum Handeln besteht (BAG, 13.9.2022, 1 ABR 23/22 Rn. 61 – zitiert nach juris; vgl. oben unter i.)."

45 Anders als der oben zitierte Betriebsrat hatte hier der Arbeitgeber den Beschluss des BAG missverstanden:

„Wenn die Arbeitgeberin moniert, damit sei die Entscheidung des Bundesarbeitsgerichts falsch verstanden, weil andernfalls dessen Ausführungen zum Gesetzesvorbehalt nicht verständlich und überflüssig wären, kann dem nicht gefolgt werden. Das Bundesarbeitsgericht hatte in dem konkreten Beschluss vor dem Hintergrund seiner Auslegung des dortigen Antrags sowohl über die Zuständigkeit des Betriebsrats zum *Ob* einer Arbeitszeiterfassung wie zu deren Ausgestaltung (*Wie*) zu entscheiden. Insofern waren Aussagen zu beiden Punkten veranlasst."

XI. Bedeutung für die einzelnen Beschäftigten – Überstundenprozess

Wenn Beschäftigte Bezahlung ihrer Überstunden einklagen, haben sie oft Probleme, die Überstunden darzulegen und zu beweisen. Auch dann, wenn der Arbeitgeber gegen seine Pflicht verstoßen hat, Arbeitszeiten und insbesondere Mehrarbeit zu dokumentieren, gewährte das BAG dem Beschäftigten in der Vergangenheit keine Beweiserleichterung. Auf den ersten Blick ist das insofern nachvollziehbar, als die Zeiterfassungspflicht sich aus dem Arbeits- und Gesundheitsschutz ergibt und somit nicht der Berechnung der Vergütung dient. Aber ob diese Rechtsprechung noch lange so bestehen bleibt, ist zweifelhaft. Denn das Bundesarbeitsgericht betonte schon 2008, dass Beschäftigte aus § 618 BGB den Anspruch haben, dass eine Gefährdungsbeurteilung gemäß § 5 ArbSchG durchgeführt wird. Wie dargestellt ist die Gefährdungsbeurteilung Teil der arbeitsschutzrechtlichen Mittelbereitstellungspflicht des Arbeitgebers. **46**

Wie von EuGH und BAG herausgearbeitet, ist das objektive, verlässliche und zugängliche Arbeitszeiterfassungssystem ebenfalls Teil dieser Mittelbereitstellungspflicht. Es liegt nahe, dass damit Beschäftigte aus § 618 BGB auch Anspruch haben auf ein objektives, verlässliches und zugängliches System gemäß § 3 Abs. 2 Nr. 1 ArbSchG, mit dem ihre geleistete tägliche Arbeitszeit gemessen wird. Ein privatrechtlicher Erfüllungsanspruch auf Einhaltung öffentlich-rechtlicher Normen besteht, wenn eine öffentlich-rechtliche Arbeitsschutzbestimmung über § 618 Abs. 1 BGB in das Arbeitsvertragsrecht transformiert werden kann (BAG 12.8.2008 – 9 AZR 1117/06, Rn. 12 ff.). Die Mittelbereitstellungspflicht und die hier interessierende Arbeitszeiterfassungspflicht lässt sich über § 618 Abs. 1 BGB in das Arbeitsvertragsrecht transformieren. Arbeitszeithöchstgrenzen und die Arbeitszeitdokumentation dienen, wie der gesamte Arbeitsschutz unmittelbar den Beschäftigten. Daher haben sie ein eigenes Recht auf die Dokumentation ihrer Arbeitszeit und deren Offenlegung aus § 618 Abs. 1 BGB. **47**

In einer Entscheidung von Mai 2022 zur Darlegungs- und Beweislast wollte sich das BAG (BAG, 4.5.2022 – 5 AZR 359/21 „keine Beweiserleichterung bei fehlender Arbeitszeiterfassung“) noch nicht positionieren, ob sich aus der Mittelbereitstellungspflicht bereits eine Pflicht dahingehend zur Zeiterfassung ergibt oder ob diese erst vom Gesetzgeber eingeführt werden muss. Das ist mit der hier diskutierten Entscheidung vom 13.9.2022 überholt. **48**

Grundsätzlich könnte es auch bei einer abgestuften Darlegungs- und Beweislast bleiben. Berücksichtigt werden müsste dabei aber, dass die Missachtung der Mittelbereitstellungspflicht nicht „belohnt“ werden darf. Denn ein Arbeitgeber ohne vollständige Zeiterfassung verweigert Beschäftigten Beweismittel, die er bereithalten muss (und begibt sich selbst eines möglichen Mittels zum Gegenbeweis). Der rechtsuntreue Arbeitgeber darf im Prozess nicht gegenüber dem rechtstreuen Arbeitgeber bei der Beweislastverteilung privilegiert werden. Sonst **49** würde auch der im Objektivitäts-, Verlässlichkeits- und Zugänglichkeitsgebot liegende Zweck einer Zeiterfassung ausgehöhlt werden. Man wird daher genau prüfen müssen, wann eine abgestufte Darlegungs- und Beweislast und wann eine Beweislastumkehr im Einzelfall sachgerecht ist. Ohne Betrachtung des Einzelfalls wird sich das nicht beantworten lassen. Entscheidend bleibt, dass die Arbeitszeitdokumentation zukünftig ein Beweismittel ist und deren nicht oder nicht ordnungsgemäße Führung zu erheblichen Beweislastverschiebungen führen muss.

XII. Fazit

50 Das Arbeits- und Gesundheitsschutzrecht ist komplex und doch so einfach. Trotz erbitterter Diskussionen: Der Arbeitgeber hat die Arbeitszeit in einem objektiven, verlässlichen und zugänglichen System vollständig zu erfassen. Das bedeutet vor allem die Bereitstellung von vollständigen, richtigen, nicht manipulierbaren, aus sich heraus verständlichen, für Betriebsräte, Gerichte und Behörden einsehbaren Daten. Das ist der große Gewinn durch die Entscheidung des BAG vom 13.9.2022 für den Arbeitsschutz.

51 Der Betriebsrat bestimmt bei der Ausgestaltung der Zeiterfassung mit, wenn notwendig nach Anrufung der Einigungsstelle. Aus der Mitbestimmung nach § 87 Abs. 1 Nr. 6 BetrVG kann der Betriebsrat wegen der Mittelbereitstellungspflicht des Arbeitgebers hier kein Initiativrecht ableiten – nur insoweit hat der Betriebsrat im BAG-Verfahren verloren. Doch in mitbestimmten Betrieben werden aufgrund der Anzahl der Beschäftigten nicht digitale Systeme zur objektiven, verlässlichen und zugänglichen Arbeitszeiterfassung nicht in Betracht kommen. Erforderlichenfalls wird die Einigungsstelle hier über die Art und Weise der Zeiterfassung entlang der drei Adjektive des EuGH entscheiden müssen. Denn ein Spruch zu Anforderungen eines Systems wird – gleich einem Lastenheft – entlang der drei Adjektive die Anforderungen an das System konkretisieren, die nur mit einer digitalen Zeiterfassung umsetzbar sind.

52 Für alle Betriebsräte, die die Zeiterfassung noch nicht geregelt haben, gibt das BAG das Signal, die Initiative zu ergreifen. Dort, wo schon Regeln zur Zeiterfassung bestehen, kann sich die Überprüfung lohnen, ob das gewählte System den drei Adjektiven des EuGH entspricht – also objektiv, verlässlich und zugänglich ist – und die DSGVO von 2018 ausreichend berücksichtigt. Insgesamt hat der Betriebsrat, der beim BAG sein Verfahren „verloren" hat, für alle Betriebsräte und Beschäftigten gewonnen.

53 Die einzelnen Beschäftigten müssen nun von der Arbeitszeiterfassungspflicht auch im Überstundenprozess profitieren – Arbeitgeber sollen sich nicht durch Rechtsverstoß einen Beweisvorteil verschaffen dürfen.

H. Digitalisierung der Betriebsratsarbeit

Abschnitt 1 – Perspektive Arbeitgeber

I. Einleitung

Die fortschreitende Digitalisierung verändert die Kommunikation, Arbeitsabläufe und Prozesse im Betrieb. Digitale Arbeitsmittel sind im Arbeitsalltag nicht mehr wegzudenken, sei es die Kommunikation über mobile Endgeräte oder betriebsinterne Chat-Programme, Besprechungen über Videokonferenzen oder der Datenaustausch über digitale Plattformen. In einer digitalisierten Arbeitswelt ist es nur schwer vorstellbar, dass der Betriebsrat weiter „analog“ arbeitet und keine digitalen Tools nutzt. Es soll daher nachfolgend darum gehen, in welchen Bereichen der Betriebsratstätigkeit digitale Arbeits- und Kommunikationsmittel eingesetzt werden können und welche Grenzen das Betriebsverfassungsgesetz hierbei setzt. 1

II. Interne Kommunikation des Betriebsrats

Dem Betriebsrat steht es in der Regel frei, die interne Kommunikation innerhalb des Betriebsratsgremiums zu gestalten. In der Geschäftsordnung kann er regeln, in welcher Art und Weise er seine Aufgaben erfüllen will (§ 36 BetrVG). Der Inhalt der Geschäftsordnung darf von den gesetzlichen Bestimmungen nicht abweichen, sondern diese nur ergänzen.[1] Der Einsatz digitaler Kommunikationsmittel für die interne Kommunikation von Betriebsräten unterliegt aber – abgesehen von der Einhaltung der datenschutzrechtlichen Vorschriften, wozu auch der Betriebsrat verpflichtet ist (§ 79a Satz 1 BetrVG) – keinen gesetzlichen Beschränkungen und kann daher frei geregelt werden.[2] Der Betriebsrat kann also digitale Arbeitsmittel bei der täglichen Kommunikation innerhalb des Gremiums verwenden. 2

III. Sitzung und Beschlussfassung des Betriebsrats

Der Gesetzgeber erkannte zumindest für Betriebsratssitzungen Digitalisierungsbedarf und führte mit dem im Juni 2021 in Kraft getretenen Betriebsrätemodernisierungsgesetz die Zulässigkeit der Teilnahme an einer Betriebsratssitzung mittels Video- und Telefonkonferenz ein. Die Voraussetzungen hierfür sind in 3

---

1 *Thüsing*, in: Richardi, BetrVG, § 36 Rn. 3; *Fitting*, BetrVG, § 36 Rn. 5.
2 *Günther/Böglmüller/Mesina*, NZA 2020, 77.

§ 30 Abs. 2 BetrVG geregelt. Durch diese neugeschaffene Möglichkeit wird die Betriebsratsarbeit stark flexibilisiert. Für die Arbeitgeberseite wird dabei insbesondere wichtig sein, ob Beschlüsse des Betriebsrats, die im Rahmen einer Video- oder Telefonkonferenz zustande kamen, auch wirksam sind und welche zusätzlichen Kosten der Arbeitgeber möglicherweise tragen muss. Im Einzelnen:

1. Anwendungsbereich

4 § 30 Abs. 2 BetrVG ermöglicht es dem Betriebsrat, Sitzungen auch mittels Video- und Telefonkonferenz bei Vorliegen der Voraussetzungen durchzuführen. Dabei können sowohl einzelne Betriebsratsmitglieder zugeschaltet sein oder die Sitzung kann ausschließlich als Video- oder Telefonkonferenz durchgeführt werden.[3] Im Rahmen solcher Sitzungen kann der Betriebsrat auch Beschlüsse fassen. Das ergibt sich aus § 33 Abs. 1 Satz 2 BetrVG, der klarstellt, dass Betriebsratsmitglieder, die an einer Beschlussfassung mittels Video- oder Telefonkonferenz teilnehmen, als anwesend gelten.

5 Über die entsprechenden Verweisungsvorschriften des BetrVG gelten diese Regelungen auch für Sitzungen der Gesamt- und Konzernbetriebsräte (§§ 51 Abs. 1 Satz 1, 59 Abs. 1 Satz 1 BetrVG), der (Gesamt- und Konzern-)Jugend- und Auszubildendenvertretungen (§§ 65 Abs. 1, 73 Abs. 2, § 73b Abs. 2 BetrVG), der Bordvertretungen (§ 115 Abs. 4 Satz 1 BetrVG) und der Seebetriebsräte (§ 116 Abs. 3 Satz 1 BetrVG). Zu beachten ist, dass der Gesetzgeber für den Gesamtbetriebsrat in § 51 Abs. 1 BetrVG nicht auf die Regelung zur Beschlussfassung in § 33 BetrVG verweist, sondern wegen des unterschiedlichen Stimmgewichts der Mitglieder des Gesamtbetriebsrats in § 51 Abs. 3 BetrVG eine eigenständige Regelung zur Beschlussfassung trifft.[4] Daher wird die Frage der Anwesenheit bei virtueller Sitzungsteilnahme für den Gesamtbetriebsrat in § 51 Abs. 3 Satz 2 BetrVG zwar gesondert, inhaltlich aber identisch mit § 33 Abs. 1 Satz 2 BetrVG geregelt.

6 Nach der Gesetzesbegründung gelten die Regelungen entsprechend für die Ausschüsse des Betriebsrats (§§ 27, 28 BetrVG), die Arbeitsgruppen nach § 28a BetrVG und für Sitzungen und Zusammenkünfte des Wirtschaftsausschusses (§ 108 Abs. 1, 4 und 5 BetrVG).[5]

---

3 BT-Drs. 19/28899, S. 19.

4 *Raab*, FA 10/2021, 286, 289.

5 BT-Drs. 19/28899, S. 20; zustimmend: *Winzer/Baeck/Hilgers*, NZA 2021, 620, 622; *Raab*, FA 10/2021, 286, 290.

2. Voraussetzungen

a) Vorrang der Präsenzsitzung

Sitzungen des Betriebsrats müssen vorrangig als Präsenzsitzungen stattfinden (§ 30 Abs. 1 Satz 5 BetrVG). Als Präsenzsitzungen gelten nur solche Sitzungen, bei denen alle Betriebsratsmitglieder physisch zur gleichen Zeit am gleichen Ort zusammenkommen.[6] Der Gesetzgeber begründet dies damit, dass Körpersprache, Mimik oder Gestik in Sitzungen mittels Video- oder Telefonkonferenz nicht in gleicher Weise wahrgenommen werden können. Auch sei ein vertraulicher Einzelaustausch von Betriebsratsmitgliedern nicht in gleicher Weise möglich.[7] **7**

b) Regelung in der Geschäftsordnung

Die Voraussetzungen für die Teilnahme an Betriebsratssitzungen mittels Video- oder Telefonkonferenz müssen gem. § 30 Abs. 2 Satz 1 Nr. 1 BetrVG in der Geschäftsordnung des Betriebsrats unter Sicherung des Vorrangs der Präsenzsitzung festgelegt sein. Ohne eine entsprechende Regelung in der Geschäftsordnung können Sitzungen ausschließlich als Präsenzsitzungen durchgeführt werden.[8] Die entsprechende Regelung in der Geschäftsordnung muss zugleich den Vorrang der Präsenzsitzung sichern. Sie kann sich also nicht darauf beschränken, die Sitzungsteilnahme mittels Video- oder Telefonkonferenz für zulässig zu erklären. Vielmehr muss sie Vorkehrungen treffen, um den Vorrang der Präsenzsitzung zu sichern. Die Gesetzesbegründung nennt hier beispielsweise eine Begrenzung der Anzahl von Sitzungen, die ganz oder teilweise als Video- oder Telefonkonferenz durchgeführt werden, die Beschränkung auf bestimmte Themen oder Sachverhalte, bei denen der Betriebsrat eine möglichst schnelle Befassung für angezeigt hält, oder eine Begrenzung auf Fälle, in denen die Teilnahme mittels Video- oder Telefonkonferenz dem Gesundheitsschutz der Betriebsratsmitglieder dient.[9] **8**

c) Widerspruchsrecht

Nach § 30 Abs. 2 Satz 1 Nr. 2 BetrVG ist die Teilnahme an einer Betriebsratssitzung mittels Video- und Telefonkonferenz zudem nur dann zulässig, wenn nicht mindestens ein Viertel der Mitglieder des Betriebsrats dem widersprochen hat. Die Regelung dient dem Minderheitenschutz und stellt sicher, dass eine Video- oder Telefonkonferenz nur dann stattfinden kann, wenn eine breite Mehrheit im Betriebsrat das befürwortet.[10] Der Widerspruch ist fristgebunden. Das Gesetz gibt keine Frist vor, vielmehr obliegt es dem Vorsitzenden des Betriebsrats, diese **9**

---

6 BT-Drs. 19/28899, S. 19; *Fitting*, BetrVG, § 30 Rn. 23; GK-BetrVG/*Raab*, § 30 Rn. 7.
7 BT-Drs. 19/28899, S. 19.
8 *Raab*, FA 10/2021, 286, 291; *Boemke/Roloff/Haase*, NZA 2021, 827, 832.
9 BT-Drs. 19/28899, S. 19.
10 *Raab*, FA 10/2021, 286, 292; *Boemke/Roloff/Haase*, NZA 2021, 827, 828.

zu bestimmen. Nach der Gesetzesbegründung hat der Vorsitzende mit der Einladung darauf hinzuweisen, dass und in welcher Weise die Nutzung von Video- und Telefonkonferenz beabsichtigt ist, sowie eine angemessene Frist zum Widerspruch zu setzen.[11] Maßgeblich für die Wahrung der Frist ist der Zugang der Widerspruchserklärung beim Vorsitzenden. Der Widerspruch ist an keine Form gebunden – kann also auch mündlich erklärt werden – und muss nicht begründet werden.[12]

d) Sicherstellung der Nichtöffentlichkeit

10 Außerdem ist nach § 30 Abs. 2 Satz 1 Nr. 3 BetrVG von den Betriebsratsmitgliedern sicherzustellen, dass Dritte vom Inhalt der Sitzung keine Kenntnis nehmen können. Die Vorschrift ist eine Konkretisierung des Gebots der Nichtöffentlichkeit für Betriebsratssitzungen, das allgemein in § 30 Abs. 1 Satz 4 BetrVG geregelt ist.[13] Die Sicherung der Nichtöffentlichkeit stellt den Betriebsrat bei virtuellen Sitzungen allerdings vor besondere Herausforderungen, weil es – anders als bei Präsenzsitzungen – nicht mehr ausreicht, lediglich die Tür zu schließen. Die Gesetzesbegründung nennt als Lösung technische und organisatorische Maßnahmen wie zum Beispiel die Nutzung einer verschlüsselten Verbindung und eines nicht öffentlichen Raums sowie die Versicherung der Betriebsratsmitglieder zu Protokoll, dass nur teilnahmeberechtigte Personen in dem von ihnen genutzten Raum anwesend sind.[14] Weitere Maßnahmen könnten eine (ggf. auch individualisierte) Passwortvergabe für den Zugang zur Sitzung, die Überprüfung der eingewählten Teilnehmer im hierfür vorgesehenen Fenster des Konferenzanbieters sowie die notwendige Nutzung des Videos sein.[15]

11 Von der Gewährleistung der Nichtöffentlichkeit zu trennen ist die Frage nach der datenschutzrechtlichen Zulässigkeit der hierfür erforderlichen Verarbeitung personenbezogener Daten. Die betriebsverfassungsrechtliche Zulässigkeit der virtuellen Sitzung legitimiert noch nicht die Datenverarbeitung.[16] Die Vorgaben der Datenschutz-Grundverordnung sowie des Bundesdatenschutzgesetzes sind hierbei zu beachten.[17] Der Betriebsrat ist nach § 79a Satz 1 BetrVG bei der Verarbeitung personenbezogener Daten verpflichtet, die Vorschriften über den Datenschutz einzuhalten. Da der Arbeitgeber nach § 79a Satz 2 BetrVG aber Verantwortlicher im Sinne der datenschutzrechtlichen Vorschriften bleibt, liegt es im eigenen Interesse des Arbeitgebers, dem Betriebsrat ein Produkt zur Verfügung

---

11 BT-Drs. 19/28899, S. 20.

12 BT-Drs. 19/28899, S. 20; Raab, FA 10/2021, 286, 293; *Boemke/Roloff/Haase*, NZA 2021, 827, 829.

13 *Raab*, FA 10/2021, 286, 293.

14 BT-Drs. 19/28899, S. 20.

15 *Winzer/Baeck/Hilgers*, NZA 2021, 620, 622; *Beden/Rombey*, BB 2020, 1141, 1143; diff.: *Raab*, FA 10/2021, 286, 293.

16 GK-BetrVG/*Raab*, § 30 Rn. 54.

17 BT-Drs. 19/28899, S. 20.

zu stellen, das neben der verschlüsselten Verbindung für die virtuellen Sitzungen auch die Vorgaben der Datenschutzgrundverordnung und des Bundesdatenschutzgesetzes einhält.

3. Anwesenheitsliste

Grundsätzlich ist der Sitzungsniederschrift gem. § 34 Abs. 1 Satz 3 BetrVG eine Anwesenheitsliste beizufügen, in die sich jeder Teilnehmer eigenhändig einzutragen hat. Nimmt ein Betriebsratsmitglied mittels Video- oder Telefonkonferenz an der Sitzung teil, so genügt nach dem im Rahmen des Betriebsrätemodernisierungsgesetzes neu eingefügten § 34 Abs. 1 Satz 4 BetrVG, dass das Betriebsratsmitglied seine Teilnahme gegenüber dem Vorsitzenden in Textform bestätigt. Das kann zum Beispiel per E-Mail sein. Die Bestätigung ist der Niederschrift beizufügen. 12

4. Folgen von Verfahrensfehlern

Aufgrund der spezifischen Voraussetzungen für Betriebsratssitzungen mittels Video- und Telefonkonferenz stellt sich die Frage, welche Folgen Verfahrensverstöße insbesondere im Hinblick auf die in solchen Sitzungen gefassten Beschlüsse haben. Es gilt auch hier der allgemeine Grundsatz, wonach Verfahrensmängel zur Unwirksamkeit von Beschlüssen führen können, wenn gegen wesentliche Verfahrensvorschriften verstoßen wird.[18] Zwar können in Einzelfällen zugunsten des Arbeitgebers die Grundsätze des Vertrauensschutzes greifen.[19] Sofern der Arbeitgeber aber Anhaltspunkte für einen Beschlussmangel hat, ist er regelmäßig nicht schutzwürdig.[20] Ist dem Arbeitgeber beispielsweise bekannt, dass der Betriebsrat virtuelle Sitzungen ohne eine entsprechende Regelung in seiner Geschäftsordnung abhält, kann bereits aus diesem Grund kein Vertrauensschutz zugunsten des Arbeitgebers greifen. 13

Unterschreibt der Betriebsratsvorsitzende eine Betriebsvereinbarung, obwohl der Betriebsratsbeschluss wegen der Verfahrensmängel unwirksam ist, ist die vom Vorsitzenden abgegebene Erklärung entsprechend § 177 Abs. 1 BGB schwebend unwirksam und kann vom Betriebsrat (nachträglich) genehmigt werden.[21] Der Arbeitgeber hat es in der Hand, den mit Blick auf die Unwirksamkeit der Betriebsvereinbarung bestehenden Schwebezustand zu beenden, indem er entweder seine Willenserklärung entsprechend § 178 Satz 1 BGB widerruft oder den Betriebsrat entsprechend § 177 Abs. 2 Satz 2 BGB (erfolglos) auffordert, sich zur Genehmigung zu erklären.[22] Auch für den Arbeitgeber ist es daher rele- 14

18 GK-BetrVG/*Raab*, § 30 Rn. 73.
19 GK-BetrVG/Raab, § 30 Rn. 73.
20 GK-BetrVG/*Raab*, § 26 Rn. 48.
21 BAG, Urt. v. 8.2.2022 – 1 AZR 233/21, NZA 2022, 984, 988.
22 BAG, Urt. v. 8.2.2022 – 1 AZR 233/21, NZA 2022, 984, 988.

vant, ob Verfahrensfehler zu einer Unwirksamkeit des Beschlusses des Betriebsrats führen.

15 Fehlt es bereits an einer Regelung in der Geschäftsordnung, die Betriebsratssitzungen mittels Video- und Telefonkonferenz für zulässig erklärt und ihre Voraussetzungen regelt, sind Beschlüsse des Betriebsrats, die in einer virtuellen Sitzung gefasst werden, nach herrschender Meinung in der Literatur unwirksam.[23] Dem ist zuzustimmen. Der Gesetzgeber hat eine Ausnahme von der Präsenzsitzung ausdrücklich nur zugelassen, wenn der Betriebsrat hierfür eine Grundlage in der Geschäftsordnung geschaffen hat. Die Vorschrift dient der Sicherung des Vorrangs der Präsenzsitzung. Sie ist daher wesentlich für die Beschlussfassung. Ohne eine entsprechende Regelung in der Geschäftsordnung wird daher die Anwesenheitsfiktion des § 33 Abs. 1 Satz 2 BetrVG nicht ausgelöst.[24] Gibt es eine Regelung in der Geschäftsordnung zur Sicherung des Vorrangs der Präsenzsitzung, wird eine Betriebsratssitzung aber unter Verletzung dieser Regelung in der Geschäftsordnung virtuell durchgeführt, sind die dort gefassten Beschlüsse ebenfalls unwirksam. Es gibt hierzu zwar auch Stimmen, die in diesem Fall keine Unwirksamkeit annehmen, wenn innerhalb des Betriebsrats Konsens über die virtuelle Sitzung besteht.[25] Dem ist aber nicht zuzustimmen. Die Regelung in der Geschäftsordnung soll dem Vorrang der Präsenzsitzung dienen. Wird gegen sie verstoßen, muss das konsequenterweise ebenso zur Unwirksamkeit führen wie der Fall, dass es keine Regelung gibt. In beiden Fällen richtet sich der Verstoß im Ergebnis gegen Regelungen, die den Vorrang der Präsenzsitzung sichern sollen.

16 Findet die Sitzung als Video- oder Telefonkonferenz statt, obwohl mindestens ein Viertel der Betriebsratsmitglieder dem fristgemäß widersprochen haben, sind die in der Sitzung gefassten Beschlüsse unwirksam.[26] Zudem greift für die virtuell teilnehmenden Betriebsratsmitglieder die Anwesenheitsfiktion des § 33 Abs. 1 Satz 2 BetrVG nicht, sodass es ggf. zur Beschlussunfähigkeit kommen kann.[27]

17 Bei Verstößen gegen das Gebot der Nichtöffentlichkeit gelten die für die Präsenzsitzung anerkannten Grundsätze entsprechend.[28] Ein wesentlicher, zur Unwirksamkeit des gefassten Beschlusses führender Verstoß liegt nach der Rechtsprechung des Bundesarbeitsgerichts vor, wenn zumindest ein Betriebsratsmitglied vor der Behandlung eines Tagesordnungspunkts die Anwesenheit einer nicht teilnahmeberechtigten Person ausdrücklich beanstandet hat und diese an-

23 *Fitting*, BetrVG, § 30 Rn. 29; GK-BetrVG/*Raab*, § 30 Rn. 74; *Boemke/Roloff/Haase*, NZA 2021, 827, 833; a. A. ErfK/*Koch*, § 30 BetrVG Rn. 3.
24 *Fitting*, BetrVG, § 30 Rn. 29.
25 GK-BetrVG/*Raab*, § 30 Rn. 75; ErfK/*Koch*, § 30 BetrVG Rn. 3.
26 GK-BetrVG/*Raab*, § 30 Rn. 76; ErfK/*Koch*, § 30 BetrVG Rn. 4.
27 *Fitting*, BetrVG, § 30 Rn. 32.
28 *Fitting*, BetrVG, § 30 Rn. 34; GK-BetrVG/*Raab*, § 30 Rn. 77.

wesend bleibt.[29] Dagegen hat es keinen Einfluss auf die Wirksamkeit der gefassten Beschlüsse, wenn eine nicht teilnahmeberechtigte Person an der Sitzung teilnimmt, dies aber von keinem Betriebsratsmitglied bemerkt wurde.[30] Angesichts des dem § 30 Abs. 1 Satz 4 BetrVG innewohnenden Schutzzwecks einer freien Willensbildung dürfte nur dann von einer Unwirksamkeit der Beschlussfassung auszugehen sein, wenn feststeht, dass der Ausgang der Beschlussfassung bei Beachtung des Gebots der Nichtöffentlichkeit ein anderer gewesen wäre. Dies dürfte in der Regel ausscheiden, weil die den Betriebsratsmitgliedern unbewusste Existenz eines unbefugten Teilnehmers sich nicht auf den Ausgang des Beschlusses auswirken kann.[31]

5. Kosten

18 Für den Arbeitgeber stellt sich aufgrund der neu eingeführten Regelung insbesondere die Frage, welche Kosten er aufgrund von Telefon- und Videokonferenzen des Betriebsrats zu tragen hat und welche (zusätzlichen) Sachmittel er dem Betriebsrat möglicherwiese zur Verfügung stellen muss.

a) Kosten der präsenten Sitzungsteilnahme

19 Nach § 30 Abs. 3 BetrVG gilt bei einer Betriebsratssitzung, bei der zusätzlich die Möglichkeit zur Teilnahme mittels Video- und Telefonkonferenz besteht, auch die Teilnahme vor Ort als erforderlich. Hintergrund dieser neu eingefügten Klarstellung ist, dass der Arbeitgeber nur die für die Betriebsratsarbeit *erforderlichen* Kosten zu tragen hat (§ 40 Abs. 1 BetrVG). Der Gesetzgeber wollte mit der Regelung in § 30 Abs. 3 BetrVG vermeiden, dass Betriebsräte aus Kostengründen gezwungen werden, auf eine Teilnahme vor Ort zu verzichten.[32] Ohne die Klarstellung in § 30 Abs. 3 BetrVG könnte sich der Arbeitgeber bei einer hybriden Betriebsratssitzung auf den Standpunkt stellen, die Kosten für die Teilnahme vor Ort seien nicht erforderlich im Sinne von § 40 Abs. 1 BetrVG, da auch eine digitale Teilnahme möglich sei.[33] Das heißt, findet eine Betriebsratssitzung vor Ort mit der zusätzlichen Möglichkeit einer Teilnahme mittels Video- und Telefonkonferenz statt, kann das Betriebsratsmitglied grundsätzlich zum Sitzungsort anreisen, auch wenn die Kosten hierfür (z. B. Reisekosten, Entgeltausfall und ggf. Übernachtung) höher sind als die einer digitalen Teilnahme. Das heißt aber noch nicht, dass automatisch alle Kosten für die Teilnahme vor Ort auch erforderlich sind. § 30 Abs. 3 BetrVG stellt lediglich klar, dass der Arbeitgeber die Kostentragung nicht mit dem Einwand der Möglichkeit zur digitalen Teilnahme ablehnen darf. Ihm ist aber nicht verwehrt, andere Einwände gegen die Erforderlichkeit an-

29 BAG, Beschl. v. 30.9.2014 – 1 ABR 32/13, NZA 2015, 370, 374.
30 GK-BetrVG/*Raab*, § 30 Rn. 77; *Baeck/Winzer/Launer*, NZG 2020, 659, 661.
31 *Baeck/Winzer/Launer*, NZG 2020, 659, 661; *Thüsing/Beden*, BB 2019, 372, 376.
32 BT-Drs. 19/28899, S. 20.
33 *Winzer/Baeck/Hilgers*, NZA 2021, 620, 624.

zubringen. So muss der Arbeitgeber beispielsweise Fahrtkosten für die Fahrten zwischen der Wohnung des Betriebsratsmitglieds und dem Betrieb nur tragen, wenn das Betriebsratsmitglied ohne die konkret zu erledigende Betriebsratstätigkeit den Betrieb nicht hätte aufsuchen müssen. Fahrtkosten, die das Betriebsratsmitglied auch ohne Rücksicht auf die Erledigung konkreter Betriebsratstätigkeit hätte aufwenden müssen, um seiner Pflicht zu genügen, sich im Betrieb zur Arbeit bereit zu stellen, sind keine Kosten, die durch die Tätigkeit des Betriebsrats entstanden sind.[34] Ein anderes Beispiel sind Übernachtungskosten. Der Arbeitgeber muss die Kosten für eine Übernachtung nur tragen, wenn das Betriebsratsmitglied die Übernachtung für erforderlich halten durfte.[35] Gab es keinen Grund für die Übernachtung, steht das nach wie vor der Erforderlichkeit der Kosten entgegen. Außerdem müssen die Kosten im Einzelfall verhältnismäßig sein; dieser Grundsatz gilt nach wie vor.[36] Der Betriebsrat ist daher nach der Rechtsprechung des Bundesarbeitsgerichts verpflichtet, den Arbeitgeber nur mit Kosten zu belasten, die er der Sache nach für angemessen halten darf.[37] Er muss die durch seine Tätigkeit verursachten Kosten auf das notwendige Maß beschränken. Diese Pflicht gilt auch für das einzelne Betriebsratsmitglied.

b) Bereitstellung der Sachmittel

20 Der Betriebsrat kann vom Arbeitgeber nach § 40 Abs. 2 BetrVG die für die Sitzungen, die Sprechstunde und die laufende Geschäftsführung erforderlichen Sachmittel verlangen. Nach ständiger Rechtsprechung obliegt dem Betriebsrat die Prüfung, ob ein von ihm verlangtes Sachmittel zur Erledigung von Betriebsratsaufgaben erforderlich und vom Arbeitgeber zur Verfügung zu stellen ist. Die Entscheidung hierüber darf er nicht allein an seinen subjektiven Bedürfnissen ausrichten. Vielmehr wird von ihm verlangt, dass er die betrieblichen Verhältnisse und die sich stellenden Aufgaben berücksichtigt. Dabei hat er die Interessen der Belegschaft an einer sachgerechten Ausübung des Betriebsratsamts und die berechtigten Interessen des Arbeitgebers, auch soweit sie auf eine Begrenzung der Kostentragungspflicht gerichtet sind, gegeneinander abzuwägen. Diese Grundsätze gelten auch für das Verlangen des Betriebsrats auf Überlassung von Informations- und Kommunikationstechnik.[38] In Bezug auf die neu eingeführte Regelung in § 30 Abs. 2 BetrVG haben Instanzgerichte bereits entschieden, dass der Betriebsrat Anspruch auf die Zurverfügungstellung von Informations- und Kommunikationstechnik hat, sofern er sie benötigt, um seinen Mitgliedern die Teilnahme an Betriebsratssitzungen mittels Videokonferenz zu ermöglichen.[39]

---

34 BAG, Beschl. v. 16.1.2008 – 7 ABR 71/06, NZA 2008, 546, 547 m. w. N.
35 BAG, Beschl. v. 27.5.2015 – 7 ABR 26/13, NZA 2015, 1141, 1143.
36 BT-Drs. 19/28899, S. 20; *Winzer/Baeck/Hilgers*, NZA 2021, 620, 624.
37 St. Rspr. des BAG, z. B. BAG, Beschl. v. 27.5.2015 – 7 ABR 26/13, NZA 2015, 1141, 1143.
38 St. Rspr. des BAG, z. B. BAG, Beschl. v. 18.7.2012 – 7 ABR 23/11, NZA 2013, 49, 51.
39 LAG München, Beschl. v. 7.12.2023 – 2 TaBV 31/23; LAG Hessen, Beschl. v. 14.3.2022 – 16 TaBV 143/21, NZA-RR 2022, 420, 421 f.; LAG Köln, Beschl. v. 24.6.2022 – 9 TaBV 52/21, BeckRS 2022, 35627; zu § 129 BetrVG bereits LAG Berlin-Brandenburg, Beschl. v.

Der Betriebsrat kann hierbei nicht auf Telefonkonferenzen verwiesen werden, weil § 30 Abs. 2 BetrVG auch Videokonferenzen ausdrücklich zulässt.[40] Ebenso wenig kann der Arbeitgeber den Betriebsrat hinsichtlich der Sitzungen darauf verweisen, seine Betriebsratstätigkeit an der Betriebsstätte erbringen zu müssen, weil das Recht zur Teilnahme an Sitzungen des Betriebsrats per Telefon- und Videokonferenz grundsätzlich an keine weiteren als die in § 30 Abs. 2 BetrVG aufgeführten Voraussetzungen geknüpft ist. Entscheidend ist daher, ob die in § 30 Abs. 2 Satz 1 BetrVG genannten Voraussetzungen vorliegen; insbesondere, ob die Voraussetzungen für eine digitale Teilnahme in der Geschäftsordnung des Betriebsrats unter Sicherung des Vorrangs der Präsenzsitzung festgelegt sind.[41] Ist das der Fall, hat der Arbeitgeber dem Betriebsrat grundsätzlich die hierfür erforderliche Informations- und Kommunikationstechnik zur Verfügung zu stellen. Dazu werden üblicherweise ein Laptop oder Tablet, eine Webcam, ein Headset und Lizenzen für ein Programm für Videokonferenzen gehören.[42] Hierbei sind aber auch die Interessen des Arbeitgebers zu berücksichtigen, insbesondere müssen dem Arbeitgeber die Kosten für die Anschaffung der Ausstattung zumutbar sein. Davon gehen die Instanzgerichte bei der zuvor aufgezählten Ausstattung aber regelmäßig aus.[43]

Der Betriebsrat kann von dem Arbeitgeber allerdings nicht die Zurverfügungstel- 21
lung bestimmter Geräte verlangen. Nach der Rechtsprechung des Bundesarbeitsgerichts obliegt dem Betriebsrat zwar die Prüfung, ob ein von ihm verlangtes Sachmittel zur Erledigung von Betriebsratsaufgaben erforderlich und vom Arbeitgeber zur Verfügung zu stellen ist. Das Betriebsverfassungsgesetz billigt dem Arbeitgeber jedoch ein Auswahlrecht bei der Beschaffung dieser Sachmittel zu.[44] Der Betriebsrat kann bei der Zurverfügungstellung von Sachmitteln daher nicht einen bestimmten Gerätetyp verlangen, sondern nur eine Ausstattung im Rahmen des Erforderlichen beanspruchen. Es ist dann Sache des Arbeitgebers, darüber zu entscheiden, welches Gerät er dem Betriebsrat zur Verfügung stellt.[45]

Die für die digitale Teilnahme an Sitzungen des Betriebsrats erforderliche Infor- 22
mations- und Kommunikationstechnik ist grundsätzlich dem Kreis der gesetzli-

---

14.4.2021 – 15 TaBVGa 401/21, BeckRS 2021, 11673 und LAG Hessen, Beschl. v. 21.5.2021 – 16 TaBVGa 79/21, BeckRS 2021, 18553.

40 LAG Hessen, Beschl. v. 14.3.2022 – 16 TaBV 143/21, NZA-RR 2022, 420, 421 f.; LAG Köln, Beschl. v. 24.6.2022 – 9 TaBV 52/21, BeckRS 2022, 35627.

41 LAG München, Beschl. v. 7.12.2003 – 2 TaBV 31/23; LAG Hessen, Beschl. v. 14.3.2022 – 16 TaBV 143/21, NZA-RR 2022, 420, 421 f.

42 LAG Köln, Beschl. v. 24.6.2022 – 9 TaBV 52/21, BeckRS 2022, 35627; LAG Berlin-Brandenburg, Beschl. v. 14.4.2021 – 15 TaBVGa 401/21, BeckRS 2021, 11673.

43 LAG München, Beschl. v. 7.12.2003 – 2 TaBV 31/23; LAG Hessen, Beschl. v. 14.3.2022 – 16 TaBV 143/21, NZA-RR 2022, 420, 421 f.; LAG Köln, Beschl. v. 24.6.2022 – 9 TaBV 52/21, BeckRS 2022, 35627; LAG Berlin-Brandenburg, Beschl. v. 14.4.2021 – 15 TaBVGa 401/21, BeckRS 2021, 11673.

44 BAG, Beschl. v. 9.6.1999 – 7 ABR 66/97, BAGE 92, 26–35, Rn. 27.

45 LAG Hessen, Beschl. v. 14.3.2022 – 16 TaBV 143/21, NZA-RR 2022, 420, 421 f.; LAG Köln, Beschl. v. 24.6.2022 – 9 TaBV 52/21, BeckRS 2022, 35627.

chen Mitglieder zur Verfügung zu stellen. Zweifelhaft erscheint, ob der Arbeitgeber auch den Ersatzmitgliedern entsprechende Technik zur Verfügung stellen muss.[46] Das ist im Ergebnis abzulehnen, denn es fällt in die Verantwortungs- und Organisationssphäre des Betriebsrats, die technischen Mittel bei Verhinderung eines Betriebsratsmitglieds an das Ersatzmitglied weiterzugeben.

23 Der Arbeitgeber muss dem Betriebsrat die Informations- und Kommunikationstechnik nach der Rechtsprechung der Instanzgerichte auch dauerhaft zur Verfügung stellen.[47] Der Betriebsrat kann nach dieser Rechtsprechung nicht darauf verwiesen werden, jeweils beim Arbeitgeber um die Aushändigung eines Laptops oder Tablets zu bitten, wenn er dies benötigt. Begründet wird dies damit, dass sich die Erforderlichkeit einer Videokonferenz sehr kurzfristig ergeben könne, sodass eine pünktliche Herausgabe seitens des Arbeitgebers nicht immer gewährleistet sei. Das überzeugt nicht. Der Betriebsratsvorsitzende muss eine Sitzung, die die Teilnahme mittels Video- oder Telefonkonferenz ermöglicht, ohnehin mit einer angemessenen Frist ankündigen. Die Ansicht, dass der Arbeitgeber die Herausgabe des Laptops oder Tablets möglicherweise nicht rechtzeitig gewährleisten kann, ist daher wenig überzeugend.

IV. Betriebsratsinterne Wahlen

24 Umstritten ist, ob Betriebsratsmitglieder auch an betriebsratsinternen Wahlen – wie etwa die des Vorsitzenden (§ 26 Abs. 1 BetrVG), der Ausschussmitglieder (§§ 27 Abs. 1 Satz 3, 28 Abs. 1 Satz 2 BetrVG) oder der freigestellten Betriebsratsmitglieder (§ 38 Abs. 2 Satz 1 BetrVG) – per Video- und Telefonkonferenz teilnehmen können.

25 Einige Stimmen wollen § 30 Abs. 2 BetrVG auf betriebsratsinterne Wahlen anwenden – zumindest sofern es sich um eine offene Wahl handelt oder das virtuelle Videokonferenzsystem das Wahlgeheimnis hinreichend gewährleistet.[48] Für die Möglichkeit einer virtuellen Wahl wird angeführt, dass § 30 Abs. 2 BetrVG bei Vorliegen der gesetzlichen Voraussetzungen die virtuelle Betriebsratssitzung einer Präsenzsitzung gleichstellt und sie so allen darin stattfindenden Abstimmungen in vollem Umfang zugänglich macht, das heißt auch Wahlen.[49] Dagegen

---

46 Dies bejahend LAG Berlin-Brandenburg, Beschl. v. 14.4.2021 – 15 TaBVGa 401/21, BeckRS 2021, 11673; offen gelassen von LAG Hessen, Beschl. v. 14.3.2022 – 16 TaBV 143/21, NZA-RR 2022, 420, 423.

47 LAG Hessen, Beschl. v. 14.3.2022 – 16 TaBV 143/21, NZA-RR 2022, 420, 421 f.; LAG Köln, Beschl. v. 24.6.2022 – 9 TaBV 52/21, BeckRS 2022, 35627.

48 GK-BetrVG/*Raab*, § 30 Rn. 41, § 26 Rn. 9; *Boemke/Roloff/Haase*, NZA 2021, 827, 832; *Oberthür*, ArbRB 2021, 350, 352; *Holler*, in: Löwisch/Kaiser/Klumpp, BetrVG, § 30 Rn. 16; *Weber*, JbArbR, Bd. 58, Berlin 2021, S. 111; einschränkend *Fitting*, BetrVG, § 30 Rn. 28, wonach ausschließliche auf offene Wahlen anwendbar.

49 GK-BetrVG/*Raab*, § 30 Rn. 41, § 26 Rn. 9; *Boemke/Roloff/Haase*, NZA 2021, 827, 832; *Oberthür*, ArbRB 2021, 350, 352.

spricht allerdings der eindeutige Gesetzeswortlaut: § 30 Abs. 2 Satz 1 BetrVG erstreckt die Teilnahme mittels Video- bzw. Telefonkonferenz lediglich auf die Sitzung als solche; § 33 Abs. 1 Satz 1 BetrVG erweitert dies auf Beschlussfassungen. Eine solche Regelung fehlt in den §§ 26, 27 und 28 BetrVG für die betriebsratsinternen Wahlen.[50] Auch in der Begründung des Betriebsrätemodernisierungsgesetzes wird ausschließlich auf „Sitzungen und Beschlussfassungen" Bezug genommen – Wahlen werden nicht thematisiert.[51] Angesichts der strikten Differenzierung dieser Begriffe im Betriebsverfassungsgesetz handelt es sich hierbei um eine bewusste Entscheidung des Gesetzgebers. Da die Problematik im Zeitpunkt der Gesetzgebung nicht zu übersehen war, fehlt es auch an einer planwidrigen Regelungslücke, das heißt, eine analoge Anwendung auf Wahlen scheidet aus.[52]

Die praktische Relevanz des Streits bleibt aber fraglich. Die Wahlen der Aus- 26
schussmitglieder oder der freigestellten Betriebsratsmitglieder erfordern eine geheime Wahl. Sofern dem Betriebsrat keine technischen Lösungen zur Verfügung stehen, welche die Geheimhaltung der Stimmabgabe uneingeschränkt garantieren, müssen diese Wahlen selbst nach den Befürwortern virtueller betriebsratsinterner Wahlen weiterhin in Präsenz stattfinden. Wünschenswert ist dennoch eine ausdrückliche Klarstellung durch den Gesetzgeber, um für Betriebsräte und Arbeitgeber endgültig Rechtssicherheit zu schaffen.

V. (Betriebs-)Versammlung

Virtuelle Betriebsversammlungen sowie eine Teilnahme an Betriebsversamm- 27
lungen mittels Videokonferenz lässt das Gesetz (§ 42 BetrVG) nicht zu.[53] Das Gleiche gilt für Betriebsräteversammlungen (§ 53 BetrVG) sowie Jugend- und Auszubildendenversammlungen (§ 71 BetrVG). Zwar sahen die (befristeten) Sonderregelungen aus Anlass der Covid-19-Pandemie in § 129 BetrVG die Möglichkeit virtueller Versammlungen vor. Der Gesetzgeber hat es aber verpasst, mit dem Betriebsrätemodernisierungsgesetz eine entsprechende (dauerhafte) Regelung einzuführen. Das ist bedauerlich, denn insbesondere für sehr große Betriebe oder Betriebe mit weit auseinanderliegenden Standorten wäre eine zusätzliche virtuelle Teilnahmemöglichkeit vorteilhaft. Möglichst vielen Beschäftigten könnte dadurch ermöglicht werden, an Betriebsversammlungen teilzunehmen. Der Gesetzgeber sollte daher an die durch § 129 BetrVG in Gang

50 *Winzer/Baeck/Hilgers*, NZA 2021, 620, 623; *Reinartz*, NZA-RR 2021, 457, 465; *Keitel/Busch*, BB 2021, 564, 569; *Horstmeier*, BB 2022, 116, 117; vgl. auch LAG Berlin-Brandenburg, Beschl. v. 24.8.2020 – 12 TaBVGa 1015/20, NZA-RR 2020, 647, Rn. 28 zur temporären Vorgängerregelung § 129 BetrVG a. F.

51 Vgl. BT-Drs. 19/28899, S. 19.

52 *Reinartz*, NZA-RR 2021, 457, 465.

53 *Fitting*, BetrVG, § 42 Rn. 1a; *Annuß*, in: Richardi, BetrVG § 42 Rn. 16a.

gesetzte Praxis anknüpfen und zumindest die Möglichkeit der (zusätzlichen) Teilnahme an Betriebsversammlungen mittels Videokonferenz regeln.

VI. Einigungsstelle

28 Das Gleiche gilt für Einigungsstellen. Zwar sahen die Sonderregelungen aus Anlass der Covid-19-Pandemie in § 129 BetrVG für einen befristeten Zeitraum die Möglichkeit virtueller Einigungsstellen vor. Das Betriebsrätemodernisierungsgesetz sieht aber keine entsprechende (dauerhafte) Regelung vor. Das ist bedauerlich. Es ist nicht nachvollziehbar, warum es den Betriebsparteien nicht möglich sein soll, im Einzelfall den Weg der virtuellen Einigungsstelle einvernehmlich wählen zu können. Möglich ist aber zumindest, die (parteiöffentliche) mündliche Verhandlung vor der Einigungsstelle mittels Video- oder Telefonkonferenz durchzuführen. Die mündliche Beratung und Abstimmung der Einigungsstelle (§ 76 Abs. 3 Satz 2 BetrVG) muss dann aber in Präsenz stattfinden.

29 Neu eingeführt hat der Gesetzgeber lediglich die Möglichkeit, die Beschlüsse der Einigungsstelle in elektronischer Form niederzulegen und vom Vorsitzenden mit seiner qualifizierten elektronischen Signatur zu versehen (§ 76 Abs. 3 Satz 4 BetrVG). Für die Tätigkeit des Betriebsrats ändert sich hierdurch aber nichts.

VII. Kommunikation mit dem Arbeitgeber/ Mitbestimmungsprozesse

30 Es gibt im Betriebsverfassungsgesetz keine allgemeine Formvorschrift für die Kommunikation zwischen Betriebsrat und Arbeitgeber. Grundsätzlich ist die Kommunikation unter Verwendung digitaler Kommunikationsmittel daher erlaubt. Insbesondere bei der Ausübung von Mitbestimmungsrechten sieht das Betriebsverfassungsgesetz aber zum Teil eine besondere Form vor, die zu beachten ist.

1. Mitbestimmung

a) Mitbestimmung in sozialen und wirtschaftlichen Angelegenheiten

31 Bei der Mitbestimmung in sozialen und wirtschaftlichen Angelegenheiten (§§ 87 ff. und §§ 106 ff. BetrVG) können Arbeitgeber und Betriebsrat formlos kommunizieren und folglich Informationen über digitale Plattformen austauschen, z.B. per E-Mail oder Videokonferenz, über Messengerdienste oder in Form einer digitalen Dokumentenablage, auf die der Betriebsrat Zugriff hat.[54]

---

54 *Günther/Böglmüller/Mesina*, NZA 2020, 77.

Gesetzliche Vorgaben stehen dem nicht entgegen.[55] Ein digitaler Austausch ist in diesem Bereich oft schon aufgrund des Umfangs der Unterlagen üblich. Die Zustimmung des Betriebsrats bei der zwingenden Mitbestimmung in sozialen Angelegenheiten (§ 87 BetrVG) kann ebenfalls formlos und somit auch in digitaler Form erklärt werden.[56] Aus Beweisgründen sollte hier aber eine dauerhafte Dokumentation gewährleistet sein. Sollte die Mitbestimmung durch den Abschluss einer Betriebsvereinbarung ausgeübt werden, gilt für die Betriebsvereinbarung allerdings die Schriftform (hierzu nachfolgend ausführlicher). Kommt bei der Mitbestimmung in wirtschaftlichen Angelegenheiten ein Interessenausgleich und/oder Sozialplan zustande, gilt hierfür ebenfalls die Schriftform (hierzu nachfolgend ausführlicher).

b) Mitbestimmung in personellen Angelegenheiten

Auch im Bereich der Mitbestimmung in personellen Angelegenheiten stehen **32**
dem digitalisierten Austausch zwischen Arbeitgeber und Betriebsrat in vielen Bereichen keine gesetzlichen Hindernisse entgegen.

Vor Einstellungen, Ein- und Umgruppierungen oder Versetzungen hat der Ar- **33**
beitgeber dem Betriebsrat gem. § 99 Abs. 1 BetrVG die erforderlichen Unterlagen „vorzulegen". Die „Vorlage" von Unterlagen bedeutet, sie dem Betriebsrat zur Verfügung zu stellen, sie ihm zu überlassen.[57] Das bedeutet aber nicht, dass der Arbeitgeber alle Unterlagen ausdrucken und dem Betriebsrat in Papierform vorlegen muss. Entscheidend ist die jederzeitige Möglichkeit des Betriebsrats, sich die erforderlichen Kenntnisse zu verschaffen, wobei es nicht darauf ankommt, ob der Betriebsrat diese durch Lesen von Papieren oder Lesen am PC erhält.[58] Das Merkmal der „Vorlage" ist daher auch erfüllt, wenn der Arbeitgeber dem Betriebsrat ein Einsichtsrecht in digitalisierte Unterlagen ermöglicht.[59] Vor dem Hintergrund der fortschreitenden Organisation papierfreier Büros ist das nur konsequent. Hinzu kommt, dass die erforderlichen Bewerbungsunterlagen im Sinne des § 99 Abs. 1 BetrVG sehr umfangreich sein können, weil der Arbeitgeber die entsprechenden Unterlagen nicht nur bezüglich der von ihm zur Einstellung oder Versetzung schließlich vorgesehenen Bewerber, sondern bezüglich aller Stellenbewerber – auch der abgelehnten – vorzulegen hat. Auch deswegen kann ein digitaler Austausch vorzugswürdig sein. Stimmt der Betriebsrat der personellen Einzelmaßnahme zu, ist auch das formlos und damit digital möglich.

---

55 GK-BetrVG/*Wiese/Gutzeit*, § 87 Rn. 88 und § 106 Rn. 127.

56 GK-BetrVG/*Wiese/Gutzeit*, § 87 Rn. 88; *Fitting*, BetrVG, § 87 Rn. 579.

57 BAG, Beschl. v. 14.12.2004 – 1 ABRR 55/03, NZA 2005, 827, 828.

58 LAG Sachsen-Anhalt, Beschl. v. 13.10.2022 – 2 TaBV 1/22, NZA-RR 2023, 136, 138; das BAG wies die Rechtsbeschwerde des Betriebsrats gegen den Beschluss des LAG Sachsen-Anhalt, soweit sie sich gegen die Entscheidung über den Antrag zu 1. richtete, mit Beschluss vom 13.12.2023 zurück und stellte das Verfahren im Übrigen ein (1 ABR 28/22). Die Entscheidungsgründe des BAG lagen zum Zeitpunkt der Drucklegung noch nicht vor.

59 LAG Sachsen-Anhalt, Beschl. v. 13.10.2022 – 2 TaBV 1/22, NZA-RR 2023, 136, 138; LAG Köln, Beschl. v. 15.5.2020 – 9 TaBV 32/1, NZA-RR 2021, 76, 78.

34 Das Gleiche gilt für die Anhörung des Betriebsrats vor einer beabsichtigten Kündigung nach § 102 BetrVG. Der Arbeitgeber kann den Betriebsrat formlos anhören, folglich z. B. auch über eine E-Mail oder im Rahmen einer Videokonferenz.[60] Stimmt der Betriebsrat der Kündigung zu, kann er dies ebenfalls in digitaler Form erklären, weil es hierfür kein Formerfordernis gibt. Anhörung und Zustimmung werden in der Praxis aber aus Beweis- und Dokumentationsgründen bevorzugt schriftlich durchgeführt. Es ist richtig, beides für eventuelle spätere Streitigkeiten zu dokumentieren. Das betrifft insbesondere die Anhörung des Betriebsrats durch den Arbeitgeber, um diese in einem evtl. späteren Kündigungsschutzprozess darlegen und beweisen zu können. Dafür bedarf es aber nicht zwingend einer schriftlichen Form. Wird die Anhörung in digitaler Form erklärt, ist es jedoch wichtig, eine dauerhafte und abrufbare Dokumentation sicherzustellen.

35 Im Bereich der Mitbestimmung in personellen Angelegenheiten sieht das Betriebsverfassungsgesetz allerdings auch besondere Formen vor. Verweigert der Betriebsrat seine Zustimmung zu einer personellen Einzelmaßnahme, muss er dies gem. § 99 Abs. 3 BetrVG dem Arbeitgeber schriftlich mitteilen und begründen. Das Gleiche gilt für Bedenken des Betriebsrats gegen eine Kündigung (§ 102 Abs. 2 BetrVG) und seinen Widerspruch gegen eine ordentliche Kündigung (§ 102 Abs. 3 BetrVG). Allerdings genügt hierfür die Einhaltung der Textform gemäß § 126b BGB.[61] Dafür muss die Erklärung in einer Urkunde oder auf andere, zur dauerhaften Wiedergabe in Schriftzeichen, in geeigneter Weise abgegeben werden, die die Person des Erklärenden nennt und die den Abschluss der Erklärung durch Nachbildung der Namensunterschrift oder anders erkennbar macht.[62] Zur Wahrung der Textform genügt daher auch eine E-Mail, wenn sie die genannten Erfordernisse des § 126b BGB erfüllt.[63]

2. Abschluss Betriebsvereinbarung, Interessenausgleich und Sozialplan

36 Betriebsvereinbarungen unterliegen der Schriftform (§ 77 Abs. 2 Satz 1 BetrVG). Gemäß § 126a BGB kann die gesetzlich vorgeschriebene Schriftform durch die elektronische Form ersetzt werden. Bisher vertraten Teile der Literatur, dass die Schriftform der Betriebsvereinbarung nicht durch die elektronische Form ersetzt werden kann.[64] Argument war, dass die Betriebsvereinbarung nach § 77 Abs. 2 Satz 2 BetrVG von beiden Seiten zu unterzeichnen ist und damit

60 GK-BetrVG/*Raab*, § 102 Rn. 101.

61 Ausdrücklich in Bezug auf § 99 Abs. 3 BetrVG: BAG, Beschl. v. 9.12.2008 – 1 ABR 79/07, NZA 2009, 627, 630; h. M. nimmt das auch für § 102 Abs. 2, 3 BetrVG an, siehe nur GK-BetrVG/*Raab*, § 102 Rn. 137 m. w. N.

62 BAG, Beschl. v. 9.12.2008 – 1 ABR 79/07, NZA 2009, 627, 630.

63 BAG, Beschl. v. 10.3.2009 – 1 ABR 93/07, NZA 2009, 622, 625; *Günther/Böglmüller/Mesina*, NZA 2020, 77, 78.

64 *Richardi/Picker*, in: Richardi, BetrVG, § 77 Rn. 35 m. w. N.

eine strengere Form als die der Schriftform nach § 126 BGB galt. Mit dem Betriebsrätemodernisierungsgesetz stellt der Gesetzgeber nun aber klar, dass Betriebsvereinbarungen in elektronischer Form abgeschlossen werden können (§ 77 Abs. 2 Satz 3 BetrVG). Zugleich wird geregelt, dass Arbeitgeber und Betriebsrat abweichend von § 126a Abs. 2 BGB dasselbe Dokument elektronisch signieren müssen. Die Regelung gilt entsprechend auch für den Abschluss eines Interessenausgleichs (§ 112 Abs. 1 Satz 1 BetrVG) und eines Sozialplans (§ 112 Abs. 1 Satz 2 BetrVG). Da die elektronische Form allerdings eine qualifizierte elektronische Signatur erfordert, spielt diese Möglichkeit in der Praxis meist nur eine untergeordnete Rolle.

3. Praxisbeispiel: Gestaltung der Beteiligung des Betriebsrats bei Digitalisierungsprojekten

Die Beteiligung des Betriebsrats bei Digitalisierungsprojekten stellt den Arbeitgeber häufig vor besondere Herausforderungen. Digitalisierung beginnt in Betrieben oft an Stellen, die wenig sichtbar sind. Insbesondere die Einführung neuer Software und Steuerungssysteme wird häufig in kleinen Projekten dezentral organisiert. Sie liegen nicht selten in der Verantwortung einzelner Bereiche oder Abteilungen, sodass ein zentrales Wissen darüber in der Organisation fehlt. Das führt dazu, dass Betriebsräte, aber auch Geschäftsleitungen nur unzureichend über den aktuellen Stand der Projekte und digitaler Technologien im Betrieb informiert sind. Das birgt das Risiko, dass Mitbestimmungsrechte des Betriebsrats nicht berücksichtigt werden. Insbesondere bei der Einführung neuer IT-Systeme ist das zwingende Mitbestimmungsrecht gem. § 87 Abs. 1 Nr. 6 BetrVG zu beachten. 37

Als Lösung kommt der Arbeitgeber nicht umhin, das Wissen über die Digitalisierungsprojekte im Betrieb zu zentralisieren und einen Prozess aufzubauen, der sicherstellt, dass der Betriebsrat rechtzeitig eingebunden wird. Es liegt hierbei besonders nahe, für den Mitbestimmungsprozess digitale Technologien zu nutzen. Eine Mitbestimmung zu Digitalisierungsprojekten, die selbst keine digitalen Technologien nutzt, wird auf Dauer nur schwer praktikabel sein. Aber wie kann das aussehen? 38

Wenn es um die Einführung neuer Softwareprodukte oder sonstiger IT-Systeme geht, kann hierfür zum Beispiel eine IT-Service-Management (ITSM)-Plattform genutzt werden. Wichtig ist, dass zunächst innerhalb des Betriebs durch entsprechende (Organisations-)Änderungen sichergestellt wird, dass jegliche IT-Systeme nur noch über diese Plattform eingeführt werden können. Jeglicher Bedarf eines IT-Systems muss dann über die ITSM-Plattform gemeldet werden. Sofern eine Bedarfsmeldung eingeht, wird ein zuvor festgelegter Prozess aktiviert. Zu diesem vorab festgelegten Prozess gehört auch die Einbindung des Betriebsrats. Hierfür ist es empfehlenswert, zwischen Arbeitgeber und dem Betriebsrat vorab festzulegen, welche Informationen der Betriebsrat bei der Einführung eines neu- 39 en IT-Systems erhält. Diese Liste kann auf der ITSM-Plattform hinterlegt werden, sodass nach der Bedarfsmeldung die entsprechenden Informationen auf der Plattform erfasst werden (müssen). Diese Informationen können dem Betriebsrat dann ebenfalls über die Plattform zur Verfügung gestellt werden. Auch seine Zustimmung kann der Betriebsrat über die Plattform erklären. Der Arbeitgeber sollte hierbei allerdings sicherstellen, dass die Zustimmungserklärung dauerhaft dokumentiert und abrufbar bleibt. Im Ergebnis kann damit ein digitaler Mitbestimmungsprozess etabliert werden, der sicherstellt, dass IT-Systeme nicht mehr versehentlich „am Betriebsrat vorbei“ eingeführt werden. Für die Geschäftsleitung besteht darüber hinaus der Vorteil, dass das Wissen über die digitalen Technologien im Betrieb und diesbezügliche Pläne zentral gebündelt werden.

40 Denkbar ist auch, dem Betriebsrat einen (eingeschränkten) Zugriff auf Projektordner auf den Unternehmenslaufwerken einzurichten, sodass der Betriebsrat jederzeit die erforderlichen Informationen zum Stand des jeweiligen Projekts einsehen kann. Wobei zu beachten ist, dass dem Betriebsrat ein Informationsrecht nur insoweit zusteht, wie es für die Durchführung seiner Überwachungspflichten und sonstiger Aufgaben erforderlich ist (§ 80 Abs. 2 BetrVG). Das Betriebsverfassungsgesetz erlaubt dem Arbeitgeber daher die Prüfung, ob aus Unterlagen, die der Betriebsrat verlangt, Angaben hervorgehen, die in keinem Zusammenhang mit Überwachungsaufgaben oder einer anderen Betriebsratsaufgabe stehen.[65] Der Arbeitgeber sollte daher den Zugriff des Betriebsrats auf einen Projektordner so einrichten, dass sein Vorprüfungsrecht stets sichergestellt ist.

65 BAG, Beschl. v. 16.8.2011 – 1 ABR 22/10, NZA 2012, 342, 344.

Abschnitt 2 – Perspektive Betriebsrat

I. Einleitung

1 Die fortschreitende Digitalisierung der Arbeitswelt und die damit einhergehenden Transformationsprozesse in den Unternehmen machen es erforderlich, auch die Betriebsratsarbeit und die internen Abläufe an diese Entwicklung anzupassen und – soweit zulässig – zu digitalisieren. Mobiles Arbeiten, Besprechungen über mobile Endgeräte und Videokonferenzen, agile Arbeitsmethoden, Nutzung von digitalen Datenplattformen und der wachsende Einsatz von Künstlicher Intelligenz führen dazu, dass Betriebsräte in ihrer täglichen Arbeit vor großen Herausforderungen stehen und von erheblichen Veränderungsprozessen betroffen sind.[1]

2 Der Gesetzgeber hat mit dem am 18.6.2021 in Kraft getretenen Gesetz zur Förderung der Betriebsratswahlen und der Betriebsratsarbeit in einer digitalen Arbeitswelt (Betriebsrätemodernisierungsgesetz) einen ersten – wenn auch zögerlichen – Schritt in die richtige Richtung gemacht,[2] wobei insbesondere die Möglichkeit der virtuellen Betriebsratssitzung (= Teilnahme an einer Betriebsratssitzung mittels Video- und Telefonkonferenz) nach § 30 Abs. 2 BetrVG und die Regelungen zum Datenschutz nach § 79a BetrVG in der betrieblichen Praxis von Relevanz sind.

3 Über diese neuen Regelungen hinaus geht es für Betriebsräte darum, die eigene Arbeit digitaler zu gestalten, sei es in Bezug auf die Kommunikation mit den Mitarbeitenden, die eigenen betriebsratsinternen Abläufe und Arbeitsweisen oder im Verhältnis zum Arbeitgeber.

II. Die virtuelle Betriebsratssitzung nach § 30 Abs. 2 BetrVG

4 Seit dem Inkrafttreten des Betriebsrätemodernisierungsgesetzes haben Betriebsräte bei Vorliegen der Voraussetzungen nach § 30 Abs. 2 BetrVG die Möglichkeit, virtuelle Betriebsratssitzungen durchzuführen, bei denen die Teilnahme der Mitglieder mittels Video- und Telefonkonferenz erfolgen kann. Mit § 30 Abs. 2 BetrVG hat der Gesetzgeber Betriebsräten die Möglichkeit gegeben, Betriebsratssitzungen unter dem Einsatz neuer Technologien virtuell abzuhalten.[3]

5 Bis zum Beginn der Corona-Pandemie galt, dass eine virtuelle Betriebsratssitzung und virtuell gefasste Beschlüsse unzulässig sind und eine Teilnahme an der

---

1 *Markowski*, jM 2022, 371.
2 BT-Drs. 19/28899.
3 *Reinartz*, NZA-RR 2021, 457, 459.

Sitzung mittels Video- und Telefonkonferenz nicht möglich ist.[4] Während der Corona-Pandemie bestand auf Grundlage der übergangsweise geltenden Sonderregelung des § 129 BetrVG die Möglichkeit der Durchführung einer Betriebsratssitzung mittels Video- und Telefonkonferenz. Nachdem diese Sonderregelung zum 30.6.2021 ausgelaufen ist, hat der Gesetzgeber reagiert und für Betriebsräte die dauerhafte Möglichkeit der Teilnahme an einer Betriebsratssitzung mittels Video- und Telefonkonferenz geschaffen.

1. Anwendungsbereich

6 Die Regelung zur Teilnahme an der Betriebsratssitzung mittels Video- und Telefonkonferenz nach § 30 Abs. 2 BetrVG gilt für den Betriebsrat sowie die Ausschüsse und Arbeitsgruppen, den Gesamtbetriebsrat, den Konzernbetriebsrat, die Jugend- und Auszubildendenvertretung, die Gesamt-Jugend- und Auszubildendenvertretung, die Konzern-Jugend- und Auszubildendenvertretung und für Sitzungen des Wirtschaftsausschusses.[5]

2. Grundsatz der Präsenzsitzung

7 Auch wenn auf Grundlage des § 30 Abs. 2 BetrVG die Möglichkeit einer virtuellen Betriebsratssitzung besteht, haben Betriebsräte zwingend zu berücksichtigen, dass die Präsenzsitzung nach dem Wortlaut des § 30 Abs. 1 Satz 5 BetrVG Vorrang vor der Teilnahme an der Betriebsratssitzung mittels Video- und Telefonkonferenz hat.[6] Die Sitzung des Betriebsrats in Präsenz ist weiterhin der Grundsatz, die virtuelle Sitzung des Betriebsrats ist die Ausnahme.

8 Präsenzsitzungen sind Sitzungen des Betriebsrats, die unter physischer Anwesenheit aller Mitglieder vor Ort stattfinden.[7] Unter virtuelle Sitzungen nach § 30 Abs. 2 BetrVG fallen Sitzungen des Betriebsrats, zu denen entweder einzelne Mitglieder virtuell zu einer Präsenzsitzung zugeschaltet werden oder bei denen die Sitzung insgesamt für alle Mitglieder virtuell mittels Video- und Telefonkonferenz durchgeführt wird.[8] Der Gesetzgeber geht (weiterhin) davon aus, dass die Präsenzsitzung gegenüber der virtuellen Sitzung vorzugswürdig ist, da Körpersprache, Mimik oder Gestik der Mitglieder nicht in gleicher Weise wahrgenom-

---

4 So die h. M.: *Boemke/Roloff/Haase*, NZA 2021, 827; *Markowski*, jM 2022, 371, 372.

5 ErfK/*Koch*, § 30 BetrVG Rn. 2; *Kramer*, IT-Arbeitsrecht, § 3 Kollektives Arbeitsrecht Rn. 172; *Reinartz*, NZA-RR 2021, 457, 464; BT-Drs. 19/28899, S. 20; a. A. bezogen auf den Wirtschaftsausschuss: *Boemke/Roloff/Haase*, NZA 2021, 827; *Gaul/Kaule*, ArbRB 2021, 176, 177; a. A. bezogen auf den Konzernbetriebsrat: *Möllenkamp*, DB 2021, 1198, 1200.

6 *Fitting*, BetrVG, § 30 Rn. 23; ErfK/*Koch*, § 30 BetrVG Rn. 1; *Reinartz*, NZA-RR 2021, 457, 460; *Markowski*, jM 2022, 371, 372; *Boemke/Roloff/Haase*, NZA 2021, 827, 828.

7 BT-Drs. 19/28899, S. 19; *Boemke/Roloff/Haase*, NZA 2021, 827, 828; *Reinartz*, NZA-RR 2021, 457, 460.

8 ErfK/*Koch*, § 30 BetrVG Rn. 24; *Kramer*, IT-Arbeitsrecht, § 3 Kollektives Arbeitsrecht Rn. 167; *Reinartz*, NZA-RR 2021, 457, 460; *Markowski*, jM 2022, 371, 372.

men werden können; auch vertrauliche Einzelgespräche untereinander zur Meinungs- und Entscheidungsbildung im Betriebsrat sind in Präsenz eher und besser möglich.[9]

Durch die Neuregelung des § 30 Abs. 2 BetrVG hat der Gesetzgeber für Be- 9
triebsräte einen wenig rechtssicheren Zustand geschaffen.[10] Insbesondere der Vorrang der Präsenzsitzung steht im Widerspruch zu der voranschreitenden Digitalisierung der Arbeitswelt und erschwert Betriebsräten den Übergang.[11] Betriebsräten ist zu raten, den Vorrang der Präsenzsitzung zukünftig zu beachten. Die in einigen Betrieben nach dem Ende der Corona-Pandemie festzustellende Praxis, überwiegend virtuelle Betriebsratssitzungen durchzuführen, ist mit der gesetzlichen Regelung schwer vereinbar und sollte intern auf den Prüfstand gestellt werden.

3. Voraussetzungen für die Durchführung von virtuellen Betriebsratssitzungen

Nach § 30 Abs. 2 Satz 1 BetrVG müssen drei Voraussetzungen kumulativ vorlie- 10
gen, damit – abweichend von dem Grundsatz der Präsenzsitzung – die Teilnahme an Betriebsratssitzungen mittels Video- und Telefonkonferenz erfolgen kann:

- es müssen die Voraussetzungen für eine solche Teilnahme in der Geschäftsordnung des Betriebsrats unter Sicherung des Vorrangs der Präsenzsitzung festgelegt sein (Nr. 1),
- es darf kein Widerspruch von mindestens einem Viertel der Mitglieder des Betriebsrats binnen einer von dem Vorsitzenden zu bestimmenden Frist vorliegen (Nr. 2) und
- es muss sichergestellt sein, dass Dritte vom Inhalt der Sitzung keine Kenntnis nehmen können (Nr. 3).

a) Regelungen in der Geschäftsordnung

Virtuelle Betriebsratssitzungen sind nur möglich, wenn Betriebsräte die Voraus- 11
setzungen für eine Teilnahme in der Geschäftsordnung festgelegt haben. Ohne konkrete Regelungen in der Geschäftsordnung ist die Durchführung von virtuellen Betriebsratssitzungen nicht zulässig. Die in einer virtuellen Sitzung gefassten Beschlüsse des Betriebsrats, die ohne entsprechende Regelungen in der Geschäftsordnung durchgeführt worden ist, sind unwirksam.[12] Die Geschäftsordnung muss die Voraussetzungen für die Teilnahme an virtuellen Sitzungen regeln

9 BT-Drs. 19/28899, S. 19; *Fitting*, BetrVG, § 30 Rn. 23; *Däubler/Klebe*, NZA 2020, 545, 546; *Schulze/Ratzesberger/Jost*, ArbRAktuell 2022, 371, 372.
10 ErfK/*Koch*, § 30 BetrVG Rn. 3.
11 *Thüsing*, in: Richardi, BetrVG, § 30 Rn. 17b.
12 *Fitting*, BetrVG, § 30 Rn. 29; *Markowski*, jM 2022, 371, 372.

und darf die Entscheidung hierüber nicht dem Betriebsratsvorsitzenden überlassen oder in die Entscheidung der einzelnen Mitglieder stellen.[13]

12 In der Geschäftsordnung ist zwingend der Vorrang der Präsenzsitzung vor der virtuellen Sitzung durch entsprechende Regelungen sicherzustellen.[14] Zu der Frage, wie Betriebsräte dies sicherstellen, schweigt § 30 Abs. 2 BetrVG. Der Gesetzgeber hat es unterlassen, festzulegen, wie der Vorrang der Präsenzsitzung sichergestellt wird und welche Regelungen hierfür erforderlich sind. Es hilft jedoch ein Blick in die Gesetzesbegründung. Dort ist exemplarisch aufgenommen, wie der Vorrang der Präsenzsitzung in der Geschäftsordnung geregelt werden kann. Der Vorrang kann z. B. durch eine anzahlmäßige Begrenzung von virtuellen Sitzungen oder eine Beschränkung auf bestimmte Themen, auf dringende Sachverhalte, bei denen eine möglichst schnelle Befassung angezeigt ist, oder durch eine Begrenzung auf Fälle, die dem Gesundheitsschutz der Betriebsratsmitglieder dient, sichergestellt werden.[15]

13 Der Gesetzgeber hat sich dagegen entschieden, verbindliche und abschließende Vorgaben für die Sicherstellung des Vorrangs der Präsenzsitzung in das Betriebsverfassungsgesetz aufzunehmen. Er gibt damit Betriebsräten einen eigenen Beurteilungs- und Handlungsspielraum, konkrete Regelungen hierzu in der Geschäftsordnung aufzunehmen und diese an ihre Bedürfnisse und die betriebliche Situation anzupassen.[16] Fehlen in der Geschäftsordnung konkrete Regelungen, die den Vorrang sicherstellen, sind in einer virtuellen Betriebsratssitzung auf der Grundlage der Geschäftsordnung gefasste Beschlüsse unwirksam.[17]

14 Betriebsräten ist zu raten, in die Geschäftsordnung zwingend konkrete Regelungen aufzunehmen, die den Vorrang der Präsenzsitzung sicherstellen sollen.[18] Hierbei ist darauf zu achten, dass es sich um Ausnahmegründe handeln und der Vorrang der Präsenzsitzung weiterhin erhalten bleiben muss.[19] Betriebsräte sollten in der Geschäftsordnung regeln, dass die Durchführung einer virtuellen Betriebsratssitzung stets eines sachlichen Grundes bedarf und zumindest die in der Gesetzesbegründung beispielhaft genannten Gründe (anzahlmäßige Begrenzung der virtuellen Sitzung, Beschränkung auf bestimmte dringende inhaltliche Themen und Sachverhalte und Gesundheitsschutz der einzelnen Betriebsratsmitglieder) aufführen.[20]

---

13 *Fitting*, BetrVG, § 30 Rn. 25; *Boemke/Roloff/Haase*, NZA 2021, 827, 828; *Bachner*, NZA 2022, 1024, 1025.

14 *Kramer*, IT-Arbeitsrecht, § 3 Kollektives Arbeitsrecht Rn. 168; *Fitting*, BetrVG, § 30 Rn. 24; *Bachner*, NZA 2022, 1024; *Boemke/Roloff/Haase*, NZA 2021, 827, 830.

15 BT-Drs. 19/28899, S. 19; *Markowski*, jM 2022, 371, 372; *Bachner*, NZA 2022, 1024.

16 *Reinartz*, NZA-RR 2021, 457, 461; *Markowski*, jM 2022, 371, 372.

17 *Fitting*, BetrVG, § 30 Rn. 29; *Kramer*, IT-Arbeitsrecht, § 3 Kollektives Arbeitsrecht Rn. 168; *Bachner*, NZA 2022, 1024, 2016; a. A. ErfK/*Koch*, § 30 BetrVG Rn. 3; *Markowski*, jM 2022, 371, 372.

18 *Thüsing*, in: Richardi, BetrVG, § 30 Rn. 17b.

19 *Bachner*, NZA 2022, 1024, 1025.

20 *Schulze/Ratzesberger/Jost*, ArbRAktuell 2022, 371, 373.

Dagegen sind Regelungen in der Geschäftsordnung, die die virtuelle Teilnahme an einer Sitzung bei einer Erkrankung oder urlaubsbedingten Abwesenheit einzelner Mitglieder des Betriebsrats zulassen, abzulehnen.[21] In diesen Fällen bleibt es bei dem Vorrang der Präsenzsitzung; es ist für das verhinderte Mitglied ein Ersatzmitglied nach § 25 Abs. 1 Satz 2 BetrVG zu laden. Weitere persönliche Umstände einzelner Betriebsratsmitglieder, wie z. B. eine lange Anfahrt zur Präsenzsitzung, eine Außendiensttätigkeit oder eine Tätigkeit in mobiler Arbeit stellen keinen sachlichen Grund für die virtuelle Teilnahme an einer Sitzung dar und sollten nicht in die Geschäftsordnung aufgenommen werden.[22] Würde man solche Gründe, die in der Person einzelner Betriebsratsmitglieder liegen, zulassen, würde dadurch der im Gesetz ausdrücklich verankerte Vorrang der Präsenzsitzung ausgehöhlt. 15

b) Kein Widerspruch

Die zweite Voraussetzung ist, dass der Teilnahme an einer virtuellen Betriebsratssitzung nicht mindestens ein Viertel der Mitglieder des Betriebsrats binnen einer von dem Vorsitzenden zu bestimmenden Frist widerspricht. Die Möglichkeit des Widerspruchs dient dem Minderheitenschutz.[23] Der Vorsitzende hat in der Ladung zu der virtuellen Betriebsratssitzung ausdrücklich darauf hinzuweisen, dass und in welcher Weise – vollständige virtuelle Sitzung oder Präsenzsitzung mit der Möglichkeit, sich virtuell zuzuschalten – getagt wird, sowie eine angemessene Frist für den Widerspruch zu setzen.[24] Das Gesetz enthält keine Vorgabe, welche Frist für den Widerspruch angemessen ist. Der Betriebsratsvorsitzende kann sich daher an der Frist orientieren, die für die rechtzeitige Einladung zu einer Betriebsratssitzung gemäß § 29 Abs. 2 Satz 3 BetrVG angemessen ist.[25] Es sollte jedoch vom Vorsitzenden noch ein zeitlicher Puffer für den Fall eingeplant werden, dass ein fristgerechter Widerspruch erfolgt und die Sitzung als Präsenzsitzung durchzuführen ist. Der Widerspruch einzelner Mitglieder ist formfrei möglich und gegenüber dem Betriebsratsvorsitzenden zu erklären.[26] 16

Erfolgt ein fristgerechter Widerspruch von mindestens einem Viertel der Betriebsratsmitglieder, hat die Betriebsratssitzung in Präsenz stattzufinden. Wird die Betriebsratssitzung trotz fristgerechtem Widerspruch als virtuelle Sitzung durchgeführt, sind die in dieser Sitzung gefassten Beschlüsse unwirksam.[27] 17

---

21 *Fitting*, BetrVG, § 30 Rn. 26; *Schulze/Ratzesberger/Jost*, ArbRAktuell 2022, 371, 373.

22 *Schulze/Ratzesberger/Jost*, ArbRAktuell 2022, 371, 373; *Bachner*, NZA 2022, 1024, 1025; a. A. *Boemke/Roloff/Haase*, NZA 2021, 827, 831.

23 *Fitting*, BetrVG, § 30 BetrVG Rn. 30; *Boemke/Roloff/Haase*, NZA 2021, 827, 828.

24 ErfK/*Koch*, § 30 BetrVG Rn. 4; *Boemke/Roloff/Haase*, NZA 2021, 827, 828.

25 *Boemke/Roloff/Haase*, NZA 2021, 827, 829.

26 BT-Drs. 19/28899, S. 20; *Kramer*, IT-Arbeitsrecht, § 3 Kollektives Arbeitsrecht Rn. 170; *Fitting*, BetrVG, § 30 Rn. 30.

27 *Fitting*, BetrVG, § 30 Rn. 32; ErfK/*Koch*, § 30 BetrVG Rn. 4; *Kramer*, IT-Arbeitsrecht, § 3 Kollektives Arbeitsrecht Rn. 169.

c) Grundsatz der Nichtöffentlichkeit

18 Es muss – als dritte Voraussetzung – sichergestellt sein, dass Dritte vom Inhalt der Sitzung keine Kenntnis nehmen können. Dieser Grundsatz der Nichtöffentlichkeit gilt sowohl für die virtuelle Sitzung als auch für die Präsenzsitzung. Betriebsräte haben die entsprechenden technischen und organisatorischen Maßnahmen zu ergreifen, um den Grundsatz der Nichtöffentlichkeit bei einer virtuellen Sitzung sicherzustellen. Unter einer technischen Maßnahme versteht man z. B. eine Verschlüsselung der Verbindung. Als organisatorische Maßnahme kann die Nutzung eines nicht öffentlichen Raumes während der Dauer der virtuellen Sitzung vereinbart werden.[28] Betriebsräten ist zu empfehlen, hierzu entsprechende Regelungen in die Geschäftsordnung aufzunehmen.

19 Die Teilnehmenden sollen im Rahmen einer virtuellen Sitzung zu Protokoll versichern, dass nur teilnahmeberechtigte Personen in dem von ihnen genutzten Raum anwesend sind und für den Fall, dass nicht teilnahmeberechtigte Personen den Raum betreten, eine unverzügliche Information hierüber erfolgt.[29]

20 Eine (absolute) Garantie, den Grundsatz der Nichtöffentlichkeit im Rahmen der virtuellen Sitzung sicherzustellen, gibt es nicht. Wie bei der Präsenzsitzung besteht auch hier das Risiko, dass Dritte Kenntnis von dem Inhalt – z. B. durch das Hacken der virtuellen Sitzung – erlangen; dieses Risiko lässt sich nicht vollkommen ausschließen.[30] Eine Aufzeichnung der virtuellen Sitzung ist nach § 30 Abs. 2 Satz 2 BetrVG unzulässig.

4. Weitere allgemeine Regelungen und betriebsratsinterne Wahlen

21 Betriebsräte entscheiden in eigener Verantwortung, ob sie bei dem Vorliegen der Voraussetzungen des § 30 Abs. 2 BetrVG eine virtuelle Sitzung durchführen. Gerade in Zeiten, in denen Mitarbeitende – und damit auch Betriebsratsmitglieder – vermehrt mobil arbeiten und die Anwesenheitszeiten im Betrieb gering sind, könnten Arbeitgeber aus Kostengründen ein gesteigertes Interesse an einer virtuellen Betriebsratssitzung haben. Arbeitgeber sind jedoch nicht berechtigt, von Betriebsräten die Durchführung einer virtuellen Betriebsratssitzung anstatt einer Präsenzsitzung zu verlangen.[31] Die Entscheidung – Präsenzsitzung oder virtuelle Sitzung – trifft allein der Betriebsrat.

22 Betriebsräte sollten darüber nachdenken, ob sie die Durchführung einer virtuellen Sitzung mittels einer Telefonkonferenz ausschließen oder nur im Ausnahme-

---

28 BT-Drs. 19/28899, S. 20; zu § 129 BetrVG: LAG Köln, 25.6.2021 – 9 TaBV 7/21, MMR 2021, 926, 927.

29 BT-Drs. 19/28899, S. 20.

30 *Boemke/Roloff/Haase*, NZA 2021, 827, 829.

31 BT-Drs. 19/28899, S. 19; *Boemke/Roloff/Haase*, NZA 2021, 827, 831; ErfK/*Koch*, § 30 BetrVG Rn. 4.

fall zulassen. Die Sitzung mittels Telefonkonferenz erscheint in der betrieblichen Praxis nicht vorzugswürdig. Anders als bei der Videokonferenz, bei der die Kamera eingeschaltet und damit auch die Gestik und Mimik der einzelnen Mitglieder in gewissem Umfang nachvollzogen werden kann, ist dies bei der Telefonkonferenz nicht möglich.

Betriebsratsinterne Wahlen sind, sofern sie als geheime Wahlen durchzuführen sind, in einer virtuellen Sitzung aktuell nicht möglich.[32] Geheime Wahlen, z. B. die Wahl des Betriebsausschusses nach § 27 Abs. 1 Satz 3 BetrVG oder der freizustellenden Betriebsratsmitglieder nach § 38 Abs. 2 Satz 1 BetrVG, können aktuell nur in einer Präsenzsitzung durchgeführt werden.[33] Handelt es sich jedoch um offene betriebsratsinterne Wahlen, sind diese auch in einer virtuellen Sitzung zulässig.[34] Mit der Neuregelung und der Möglichkeit der virtuellen Sitzung stellt diese eine gleichwertige Betriebsratssitzung neben der Präsenzsitzung dar. Daher muss es in einer virtuellen Sitzung grundsätzlich zulässig sein, dieselben Abstimmungen durchzuführen wie in einer Präsenzsitzung. Dazu gehören sowohl Beschlussfassungen als auch betriebsratsinterne Wahlen, die nicht geheim durchzuführen sind, unabhängig davon, ob sie ausdrücklich im Gesetz genannt sind.[35] **23**

Sollte es zukünftig auf Grundlage technischer Lösungen möglich sein, im Rahmen einer virtuellen Betriebsratssitzung die Geheimhaltung der Stimmabgabe mittels eines entsprechenden Tools zu garantieren, dürften auch geheime betriebsratsinterne Wahlen zulässig sein.[36] **24**

Betriebsräten ist zu empfehlen, hierzu in der Geschäftsordnung konkrete Regelungen aufzunehmen. Es sollte geregelt werden, dass betriebsratsinterne Wahlen, sofern sie geheim durchzuführen sind, stets eine Präsenzsitzung erfordern und dass solche Wahlen bzw. Abstimmungen, sofern sie nicht geheim durchzuführen sind, auch in einer virtuellen Sitzung erfolgen können. Sollten zukünftig technische Möglichkeiten bestehen, geheime Wahlen über ein entsprechendes Tool anonym ohne Rückschluss auf das Abstimmungsverhalten durchführen zu können, sollte diese Möglichkeit ausdrücklich in der Geschäftsordnung aufgenommen werden. **25**

Müssen für eine virtuelle Betriebsratssitzung Unterlagen zur Verfügung gestellt werden, ist die Ablage dieser Unterlagen in einem geschlossenen Datenraum oder die Sicherung der Unterlagen mit einem Passwort in Betracht zu ziehen.[37] **26**

---

32 *Fitting*, BetrVG, § 30 Rn. 28; ErfK/*Koch*, § 30 BetrVG Rn. 4; *Reinartz*, NZA-RR 2021, 457, 465.

33 *Boemke/Roloff/Haase*, NZA 2021, 827, 832.

34 *Fitting*, BetrVG, § 30 Rn. 28; *Boemke/Roloff/Haase*, NZA 2021, 827, 832; a. A. *Reinartz*, NZA-RR 2021, 457, 465, der darauf abstellt, dass sich die §§ 30, 33, 34 BetrVG weder nach dem Wortlaut noch der Gesetzesbegründung auf Wahlen beziehen.

35 *Boemke/Roloff/Haase*, NZA 2021, 827, 832; a. A. *Reinartz*, NZA-RR 2021, 457, 466.

36 *Boemke/Roloff/Haase*, NZA 2021, 827, 832.

37 *Däubler/Kleber*, NZA 2020, 545, 548; *Fitting*, BetrVG, § 30 Rn. 33.

27 Wird eine Betriebsratssitzung ordnungsgemäß als virtuelle Sitzung durchgeführt, greift bei der Beschlussfassung nach § 33 Abs. 1 Satz 2 BetrVG eine Anwesenheitsfiktion, wonach virtuell teilnehmende Mitglieder als anwesend gelten und damit eine wirksame Beschlussfassung möglich ist. Erfolgt die Betriebsratssitzung in Präsenz mit der zusätzlichen Möglichkeit der Teilnahme mittels Video- und Telefonkonferenz, gilt nach § 30 Abs. 3 BetrVG auch eine Teilnahme der Mitglieder vor Ort als erforderlich. Das bedeutet, dass der Arbeitgeber die Kosten i. S. d. § 40 Abs. 1 BetrVG zu tragen hat.[38]

5. Technische Ausstattung und Kosten der virtuellen Sitzungen

28 Nach § 40 Abs. 1 BetrVG trägt der Arbeitgeber die durch die Tätigkeit des Betriebsrats entstehenden Kosten. Das gilt auch, wenn Betriebsräte sich auf der Grundlage von Regelungen in der Geschäftsordnung für die Durchführung von virtuellen Betriebsratssitzungen entscheiden.[39] Für diesen Fall haben Arbeitgeber Betriebsräten die dazu notwendige Technik und Ausstattung zur Verfügung zu stellen.

29 Mit Einführung des § 30 Abs. 2 BetrVG ist die Möglichkeit virtueller Betriebsratssitzungen geschaffen worden, sodass Arbeitgeber die Überlassung einer technischen Ausstattung, wie z. B. Laptops für die mobile Betriebsratsarbeit, nicht pauschal damit verweigern können, dass Betriebsräte ihre Tätigkeit an der Betriebsstätte zu erbringen haben.[40] Betriebsräte haben daher zur Durchführung von virtuellen Betriebsratssitzungen einen Anspruch auf Überlassung zumindest der technischen Grundausstattung. Im Wesentlichen geht es hierbei um einen Computer (PC, Laptop oder Tablet) mit Maus und Tastatur, einen Internetzugang sowie ein Telefon.[41] Darüber hinaus wird auch die Ausstattung mit Mikrofon bzw. Headset und – sofern erforderlich – den entsprechenden Lizenzen für die Nutzung von Systemen in Betracht kommen.[42]

30 Betriebsräten steht ein eigener Beurteilungsspielraum zu, ob und in welchem Umfang eine technische Ausstattung erforderlich ist. Sie müssen unter gewissenhafter Abwägung die Kosten für erforderlich und angemessen halten, um die ihnen nach dem Betriebsverfassungsgesetz übertragenen Aufgaben sachgerecht erfüllen zu können.[43] Wenn Betriebsräte ihre Arbeit digitaler gestalten sollen, müssen sie hierfür zwangsläufig auch die erforderliche technische Ausstattung erhalten. Das darf nicht dazu führen, dass Arbeitgeber nur die Ausstattung auf

---

38 *Fitting*, BetrVG, § 30 Rn. 36.

39 BT-Drs. 19/28899, S. 20; *Reinartz*, NZA-RR 2021, 457, 464; *Steiner/Schunder*, NZA 2022, 12; *Fitting*, BetrVG, § 40 Rn. 134c; ErfK/*Koch*, § 40 BetrVG Rn. 16.

40 LAG Köln, Beschl. v. 24.6.2022, 9 TaBV 52/21, BeckRS 2022, 35627, Rn. 34; LAG Hessen, Beschl. v. 14.3.2022, 16 TaBV 143/21, NZA-RR 2022, 420, 422.

41 *Steiner/Schunder*, NZA 2022, 12; *Fitting*, BetrVG, § 40 Rn. 134c.

42 *Fitting*, BetrVG, § 40 Rn. 134c; *Markowski*, jM 2022, 371, 373.

43 *Fitting*, BetrVG, § 40 Rn. 127; *Steiner/Schunder*, NZA 2022, 12; *Markowski*, jM 2022, 371, 373.

dem niedrigsten technischen Niveau in Betracht ziehen oder lediglich einem Teil der Mitglieder Lizenzen, Headsets und Webcams zur Durchführung von virtuellen Sitzungen überlassen wollen.[44] Wenn sich mit der fortschreitenden Digitalisierung Betriebsräte und Arbeitgeber auf Augenhöhe gegenübertreten sollen, ist die Ausstattung des gesamten Betriebsrats mit technischen Mitteln erforderlich. Arbeitgeber dürfen nicht einerseits die digitale und „moderne" Betriebsratsarbeit einfordern, andererseits aber aus Kostengründen die technische Ausstattung aller Betriebsratsmitglieder ablehnen.

III. § 79a BetrVG – Datenschutz

Mit § 79a BetrVG hat sich der Gesetzgeber an das Thema Datenschutz und Betriebsratsarbeit herangewagt. Mit dieser neuen Regelung beantwortet der Gesetzgeber die bislang umstrittene Frage der datenschutzrechtlichen Verantwortung von Betriebsräten nach der DSGVO.[45] Nach § 79a BetrVG hat der Betriebsrat bei der Verarbeitung personenbezogener Daten die Vorschriften über den Datenschutz einzuhalten. Die Vorschrift regelt, dass, soweit der Betriebsrat zur Erfüllung der in seiner Zuständigkeit liegenden Aufgaben personenbezogene Daten verarbeitet, der Arbeitgeber der für die Verarbeitung (allein) Verantwortliche i. S. d. datenschutzrechtlichen Vorschriften ist. 31

Da auf der einen Seite Betriebsräte weisungsfrei ihre Aufgaben erfüllen und auf der anderen Seite Arbeitgeber datenschutzrechtlich (allein) verantwortlich sind, sind die Betriebsparteien bei der Erfüllung datenschutzrechtlicher Pflichten aufeinander angewiesen.[46] Durch die Neuregelung wird klargestellt, dass Betriebsräte selbst nicht Verantwortliche i. S. d. DSGVO sind. Bis zu der Neuregelung war umstritten, wer Verantwortlicher i. S. v. Art. 4 Nr. 7 DSGVO ist, wenn Betriebsräte bei ihrer Tätigkeit personenbezogene Daten verarbeiten. Nun ist nach dem Wortlaut des Gesetzes die bislang umstrittene datenschutzrechtliche Verantwortlichkeit für die Verarbeitung personenbezogener Daten durch den Betriebsrat dem Arbeitgeber zugewiesen.[47] Diese Festlegung des Gesetzgebers ist nachvollziehbar und i. E. richtig, da Betriebsräte keine nach außen rechtlich verselbstständigte Institution sind und selbst vermögenslos sind.[48] 32

Obwohl die Vorschrift nach dem Wortlaut nur den Betriebsrat betrifft, findet sie auch für den Gesamtbetriebsrat, den Konzernbetriebsrat, die Jugend- und Auszubildendenvertretung, die Gesamt-Jugend- und Auszubildendenvertretung und 33

---

44 A. A. *Steiner/Schunder*, NZA 2022, 12, 13, die nicht die Ausstattung von jedem Betriebsratsmitglied für erforderlich erachten, sondern eine gewisse Anzahl ausreichen lassen.

45 ErfK/*Kania*, § 79a BetrVG Rn. 1; *Fitting*, BetrVG, § 79a Rn. 2; *Möllenkamp*, DB 2021, 1198, 1202.

46 *Thüsing*, in: Richardi, BetrVG, § 79a Rn. 2; *Markowski*, jM 2022, 371, 374.

47 BT-Drs. 19/28899, S. 22.

48 ErfK/*Kania*, § 79a BetrVG Rn. 1; *Reinartz*, NZA-RR 2021, 457, 465; BT-Drs. 19/28899, S. 22.

die Konzern-Jugend- und Auszubildendenvertretung entsprechend Anwendung.[49]

34 Unabhängig davon, dass Betriebsräte nicht Verantwortliche i. S. d. § 79a BetrVG sind, sind sie dazu verpflichtet, die Vorschriften über den Datenschutz einzuhalten. Das beinhaltet insbesondere die Verpflichtung, innerhalb ihres Zuständigkeitsbereichs eigenverantwortlich die Umsetzung technischer und organisatorischer Maßnahmen zur Gewährleistung der Datensicherheit sicherzustellen.[50] Betriebsräte haben dabei die datenschutzrechtlichen Vorschriften einzuhalten.[51]

35 Arbeitgeber und Betriebsräte unterstützen sich nach § 79a Satz 3 BetrVG gegenseitig bei der Einhaltung der datenschutzrechtlichen Vorschriften. Hiermit versucht der Gesetzgeber, das Spannungsfeld zwischen der datenschutzrechtlichen Verantwortung der Arbeitgeber und der Weisungsfreiheit der Betriebsräte aufzulösen.[52] Diese wechselseitige Unterstützungspflicht stellt eine Konkretisierung des Gebots der vertrauensvollen Zusammenarbeit zwischen Arbeitgeber und Betriebsrat nach § 2 Abs. 1 BetrVG dar.[53] Verletzen Betriebsräte oder einzelne Mitglieder diese Pflicht, kann dies eine Verletzung betriebsverfassungsrechtlicher Pflichten darstellen, deren Einhaltung im Beschlussverfahren gerichtlich geltend gemacht werden oder nach § 23 Abs. 1 BetrVG zur Auflösung des Betriebsrats bzw. zum Ausschluss einzelner Mitglieder aus dem Betriebsrat führen kann.[54]

36 § 79a Satz 4 BetrVG begründet eine Verschwiegenheitspflicht des Datenschutzbeauftragten. Dadurch soll sichergestellt werden, dass die Unabhängigkeit der Betriebsräte und die Vertraulichkeit ihrer Beratungen nicht durch die Tätigkeit des Datenschutzbeauftragten gefährdet werden.[55]

37 Betriebsräten ist zu empfehlen, mit dem Arbeitgeber eine freiwillige Betriebsvereinbarung zur Zusammenarbeit in datenschutzrechtlichen Themen abzuschließen, in der Detailfragen geregelt werden.[56] Insbesondere die konkreten Unterstützungspflichten i. S. d. § 79a BetrVG sind gesetzlich nicht normiert, sodass die Betriebsparteien einen gemeinsamen Handlungsspielraum haben. Im Zusammenhang mit der fortschreitenden Digitalisierung der Arbeitswelt ist eine Auseinandersetzung mit dem Datenschutz und dem Umgang der Betriebsräte hiermit von erheblicher praktischer Bedeutung. Es ist Betriebsräten zu raten, sich in Abstimmung mit dem Datenschutzbeauftragten auch die betriebsratsin-

---

49 *Fitting*, BetrVG, § 79a Rn. 1.

50 BT-Drs. 19/28899, S. 22.

51 *Fitting*, BetrVG, § 79a Rn. 23; *Thüsing*, in: Richardi, BetrVG, § 79a Rn. 4.

52 *Thüsing*, in: Richardi, BetrVG, § 79a Rn. 11.

53 *Thüsing*, in: Richardi, BetrVG, § 79a Rn. 12; *Brink/Joos*, NZA 2021, 1440, 1443.

54 ErfK/*Kania*, § 79a BetrVG Rn. 3; *Fitting*, BetrVG, § 79a Rn. 43; *Grimm/Vitt*, ArbRB 2021, 279, 281; *Möllenkamp*, DB 2021, 1198, 1202.

55 *Fitting*, BetrVG, § 79a Rn. 55; ErfK/*Kania*, § 79a BetrVG Rn. 3.

56 So auch *Thüsing*, in: Richardi, BetrVG, § 79a Rn. 14; *Markowski*, jM 2022, 371, 374; *Brink/Joos*, NZA 2021, 1440, 1443.

ternen Prozesse anzusehen und ein internes Datenschutzkonzept zu entwickeln. So kann z. B. ein eigenes Verarbeitungsverzeichnis erstellt oder in regelmäßigen Abständen ein internes Audit durchgeführt werden, um zu überprüfen, ob die Vorgaben des Datenschutzes bei der Betriebsratsarbeit eingehalten und umgesetzt werden. Es empfiehlt sich, besondere Datensicherungsmaßnahmen sowie die Löschung von Daten nach abgeschlossenen Mitbestimmungsprozessen zu regeln.[57]

IV. Beteiligungsrechte bei Künstlicher Intelligenz

38 Der Einsatz von Künstlicher Intelligenz (KI) ist in vielen Betrieben bereits Realität. Aufgrund der fortschreitenden Digitalisierung wird der Einsatz von KI und der Umgang von Betriebsräten mit diesem Thema erheblich an Bedeutung gewinnen. Das hat auch der Gesetzgeber erkannt und mit dem Betriebsrätemodernisierungsgesetz zumindest erste Regelungen zu dem Einsatz von KI und den Beteiligungsrechten der Betriebsräte in das Betriebsverfassungsgesetz aufgenommen.

39 Mit dem Inkrafttreten des Betriebsrätemodernisierungsgesetzes wurde § 80 Abs. 3 BetrVG ergänzt. Es ist nun geregelt, dass die Hinzuziehung eines Sachverständigen als erforderlich gilt, wenn der Betriebsrat zur Durchführung seiner Aufgaben die Einführung oder Anwendung von KI beurteilen muss. Was Betriebsräte unter dem Begriff KI zu verstehen haben, ist schwierig zu beantworten. Eine Definition von KI findet sich weder im Betriebsverfassungsgesetz noch in anderen Gesetzen wieder, sodass man sich in der betrieblichen Praxis an anderen „Definitionsansätzen" orientieren muss. KI wird man unter Bezugnahme auf eine frühere Definition der Europäischen Kommission am ehesten als Software bezeichnen können, die Ergebnisse (wie Inhalte, Annahmen, Empfehlungen) generiert oder die Entscheidungen in ihrer Umgebung beeinflusst.[58] Es bleibt jedoch abzuwarten, wie sich das Verständnis von und für KI mit der Zeit ändern und welche Auswirkungen diese Entwicklung auf die Definition haben wird.

40 Mit der Neuregelung entfällt die Prüfung der Erforderlichkeit bei der Hinzuziehung eines Sachverständigen für die Beurteilung von KI.[59] Die Neuregelung kann jedoch nur ein erster Schritt sein und ist vom Gesetzgeber nur halbherzig umgesetzt. Nach wie vor müssen Betriebsräte und Arbeitgeber eine Vereinbarung über die Person des Sachverständigen, den Umfang des Auftrages und die

---

57 *Markowski*, jM 2022, 371, 375; *Grimm/Vitt*, ArbRB 2021, 279, 280.

58 ErfK/*Kania*, § 80 BetrVG Rn. 36; *Möllenkamp*, DB 2021, 1198, 101; *Markowski*, jM 2022, 371, 375.

59 *Grambow*, NJW 2021, 2074, 2075; *Reinartz*, NZA-RR 2021, 457, 467; BT-Drs. 19/28899, S. 22.

Kosten abschließen.[60] Geht es in der betrieblichen Praxis um die Beurteilung der Einführung oder Anwendung von KI, wird die Erforderlichkeit für die Hinzuziehung eines Sachverständigen gesetzlich fingiert und kann vom Arbeitgeber nicht in Abrede gestellt werden. Über alle anderen Aspekte einer Vereinbarung zur Beauftragung eines Sachverständigen zu KI müssen sich die Betriebsparteien einigen, sodass hier nach wie vor ein hohes Konfliktpotenzial – insbesondere in Bezug auf die Kosten – gegeben ist.

41 Betriebsräte sollten daher nach § 80 Abs. 3 Satz 3 BetrVG versuchen, mit dem Arbeitgeber eine (freiwillige) Vereinbarung zu treffen, die die anlassbezogene Hinzuziehung eines ständigen Sachverständigen zur Beurteilung der Einführung oder Anwendung von KI zum Gegenstand hat. Damit hätten Betriebsräte die Möglichkeit, bei Bedarf auf den ständigen KI-Sachverständigen zuzugreifen, ohne im Einzelfall über die Person, den Umfang und die Kosten verhandeln zu müssen. Eine solche Vereinbarung ist nicht erzwingbar, macht jedoch bei dem fortschreitenden Einsatz von KI aus Sicht beider Betriebsparteien Sinn.[61]

42 Weitere Regelungen zu dem Einsatz von KI finden sich in den §§ 90, 95 BetrVG wieder. Arbeitgeber haben Betriebsräte über die Planung von Arbeitsverfahren und Arbeitsabläufen einschließlich des Einsatzes von KI rechtzeitig unter Vorlage der erforderlichen Unterlagen zu unterrichten (§ 90 Abs. 1 Nr. 3 BetrVG). Hierbei handelt es sich um ein Unterrichtungs- und Beratungsrecht.

43 § 95 Abs. 2a BetrVG stellt klar, dass Betriebsräte bei Richtlinien über die personelle Auswahl bei Einstellungen, Versetzungen, Umgruppierungen und Kündigungen, bei deren Aufstellung KI zum Einsatz kommt, mitzubestimmen haben. Die Regelung erweitert nicht das Mitbestimmungsrecht, sondern soll die Aufmerksamkeit der Betriebsparteien auf die Mechanismen und Konsequenzen bei dem Einsatz von KI bei der Aufstellung von Auswahlrichtlinien lenken.[62]

V. Kommunikation mit den Mitarbeitenden

44 Die Digitalisierung der Arbeitswelt führt dazu, dass Betriebsräte über eine andere Art und Weise der Kommunikation mit den Mitarbeitenden nachdenken müssen. Das früher klassische Mittel der Kommunikation im Betrieb, das Schwarze Brett, ist nicht mehr zeitgemäß und hat über kurz oder lang ausgedient. In Zeiten, in denen Mitarbeitende vermehrt mobil arbeiten und nicht mehr fünf Tage pro Woche im Betrieb sind, müssen Betriebsräte mehr und mehr digital kommunizieren. Der Betrieb ist nicht mehr der zentrale Ort, an dem ein täglicher Austausch stattfindet, sodass Betriebsräte neue Wege gehen müssen.

---

60 ErfK/*Kania*, § 80 BetrVG Rn. 36; *Reinartz*, NZA-RR 2021, 457, 467; *Markowski*, jM 2022, 371, 376.
61 *Grambow*, NJW 2021, 2074, 2075.
62 ErfK/*Kania*, § 95 BetrVG Rn. 9.

1. Die virtuellen Betriebsversammlungen

45 Ein wesentliches Instrument der Kommunikation und des Austausches mit den Mitarbeitenden ist die Betriebsversammlung nach den §§ 42 ff. BetrVG, die vom Betriebsrat einmal in jedem Kalendervierteljahr einzuberufen ist. Während der Corona-Pandemie bestand auf der Grundlage des § 129 BetrVG die Möglichkeit der Durchführung von Betriebsversammlungen mittels audiovisueller Einrichtungen, also virtuell. Diese Sonderregelung ist in der Zwischenzeit ausgelaufen.

46 Der Gesetzgeber hat es im Rahmen des Betriebsrätemodernisierungsgesetzes nicht für notwendig erachtet, die Möglichkeit von virtuellen Betriebsversammlungen in das Betriebsverfassungsgesetz aufzunehmen. Betriebsräte sind daher gehalten, Betriebsversammlungen wieder in Präsenz durchzuführen. Insbesondere in Unternehmen, die auf mobile Arbeit umgestellt haben und bei denen Mitarbeitende nur in geringem Umfang im Betrieb anwesend sind, ist die Betriebsversammlung in Präsenz für Betriebsräte kein taugliches Mittel, um die Mitarbeitenden zu erreichen und mit ihnen in einen Austausch zu gehen.[63] Der Gesetzgeber hat jedoch – anders als bei der Durchführung von virtuellen Betriebsratssitzungen – keine Regelung zu der Zulässigkeit von virtuellen Betriebsversammlungen aufgenommen, sodass virtuelle Betriebsversammlungen mangels gesetzlicher Grundlage nicht zulässig sind und nicht durchgeführt werden können.[64]

47 Betriebsräten ist daher zu empfehlen, die klassische Betriebsversammlung nach den §§ 42 ff. BetrVG in Präsenz abzuhalten. Um jedoch dem digitalen Fortschritt nicht im Wege zu stehen, sollten sich Betriebsräte und Arbeitgeber zusätzlich über neue Formen von Versammlungen Gedanken machen. So gibt es in vielen Unternehmen digitale Townhall Meetings, in denen sich Betriebsräte und Arbeitgeber gemeinsam an die Mitarbeitenden wenden und in den digitalen Austausch treten. Sofern hierbei die Vorgaben des Datenschutzes eingehalten werden, ist zu raten, den digitalen Austausch mit den Mitarbeitenden über digitale Townhall Meetings zu suchen. Zu beachten ist jedoch, dass Betriebsräte solche digitale Kommunikationsveranstaltungen neben den gesetzlich vorgesehenen Betriebsversammlungen in Präsenz abhalten.[65]

2. Die virtuellen Sprechstunden

48 Nach § 39 Abs. 1 BetrVG kann der Betriebsrat während der Arbeitszeit Sprechstunden einrichten. Zeit und Ort der Sprechstunden sind mit dem Arbeitgeber zu vereinbaren. Kommt eine Einigung zwischen den Betriebsparteien nicht zustande, entscheidet die Einigungsstelle. Die Sprechstunden dienen den einzelnen

---

63 *Annuß*, in: *Richardi*, BetrVG, § 42 Rn. 16a; *Maußner*, ArbRAktuell, 2023, 37, 39.
64 *Annuß*, in: *Richardi*, BetrVG, § 42 Rn. 16a; *Haase/Tautphäus*, in: Düwell, BetrVG, § 42 Rn. 38; *Reinartz*, NZA-RR 2021, 457, 466.
65 *Maußner*, ArbRAktuell, 2023, 37, 38.

Mitarbeitenden, Unterstützung und Rat vom Betriebsrat einzuholen, Beschwerden und Anliegen vorzubringen und in einen persönlichen Austausch mit dem Betriebsrat zu gehen.[66] Der Betriebsrat kann Sprechstunden einrichten; eine gesetzliche Verpflichtung hierzu besteht aber nicht.[67]

49 Das Recht, Sprechstunden einzurichten, gilt nicht für den Gesamtbetriebsrat, den Konzernbetriebsrat, die Gesamt-Jugend- und Auszubildendenvertretung und die Konzern-Jugend- und Auszubildendenvertretung.[68]

50 Der Betriebsrat entscheidet im eigenen Ermessen darüber, ob er überhaupt Sprechstunden einrichtet und wenn ja, in welcher Art und Weise er sie durchführt.[69] Der Betriebsrat ist berechtigt, Sprechstunden (auch) virtuell mittels Video- und Telefonkonferenz anzubieten und durchzuführen.[70] Mit dem Angebot von virtuellen Sprechstunden ist es Betriebsräten in Zeiten von ansteigender mobiler Arbeit möglich, im Kontakt und Austausch mit den Mitarbeitenden zu bleiben und ihnen über den digitalen Weg zur Verfügung zu stehen.

51 Wenn Betriebsräte virtuelle Sprechstunden anbieten, muss sichergestellt sein, dass die Vertraulichkeit gewährleistet ist und eine verschlüsselte Kommunikation mit den Mitarbeitenden erfolgen kann.[71] Der Arbeitgeber hat nach § 40 Abs. 2 BetrVG den erforderlichen sachlichen Aufwand für die Sprechstunden zu tragen.[72] Das gilt auch dann, wenn die Sprechstunden virtuell angeboten werden und es der Überlassung der hierfür erforderlichen technischen Ausstattung an den Betriebsrat bedarf.

3. Betriebliches Intranet, digitaler Newsletter und Social Media

52 Auch die weitere Kommunikation von Betriebsräten mit Mitarbeitenden sollte moderner aufgestellt werden. Für Betriebsräte besteht die Möglichkeit, Mitarbeitende auf der betrieblichen Ebene u. a. über Videobotschaften oder Blogs zu erreichen. Auch digitale Newsletter zu aktuellen Themen und Entwicklungen unter Verwendung des arbeitgeberseitigen E-Mail-Systems sowie eine eigene Präsenz im betrieblichen Intranet des Arbeitgebers sind zu empfehlen. Es handelt sich hierbei um Kommunikationsformen der Zukunft, die Betriebsräte aktiv nutzen und über die sie Mitarbeitende besser erreichen und mit ihnen in einen Austausch treten können.

53 Betriebsräte sind berechtigt, ein im Unternehmen vorhandenes Intranet für die eigene Kommunikation mit den Mitarbeitenden – z. B. in Form einer eigenen

66 ErfK/*Koch*, § 39 BetrVG Rn. 1; *Fitting*, BetrVG, § 39 Rn. 1.

67 *Thüsing*, in: Richardi, BetrVG, § 39 Rn. 3; *Fitting*, BetrVG, § 39 Rn. 6.

68 *Fitting*, BetrVG, § 39 Rn. 2.

69 *Fitting*, BetrVG, § 39 Rn. 8.

70 *Fitting*, BetrVG, § 39 Rn. 8; NK-ArbR/*Wolmerath*, § 39 BetrVG Rn. 4; *Maußner*, ArbRAktuell, 2023, 37, 38; *Günther/Böglmüller/Mesina*, NZA 2020, 77, 78.

71 *Günther/Böglmüller/Mesina*, NZA 2020, 77, 78; *Fündling/Sorber*, NZA 2017, 552, 554.

72 *Fitting*, BetrVG, § 39 Rn. 16.

Homepage im Intranet – zu nutzen, wenn sie darauf angewiesen sind.[73] Nutzen Arbeitgeber das betriebliche Intranet zur Kommunikation mit den Mitarbeitenden, ist auch Betriebsräten diese Möglichkeit zur Verfügung zu stellen. Welche konkreten Informationen und Inhalte Betriebsräte über das betriebliche Intranet an die Mitarbeitenden kommunizieren, obliegt ihrer eigenen Entscheidung. Sie haben dabei ihren Zuständigkeitsbereich und ggfs. Verschwiegenheitspflichten zu berücksichtigen. Wenn Arbeitgeber der Ansicht sind, dass Betriebsräte über das betriebliche Intranet unzulässige Inhalte kommuniziert haben, haben sie nicht das Recht, diese Inhalte einseitig zu löschen. Arbeitgebern bleibt nur die Möglichkeit, die Unzulässigkeit in einem arbeitsgerichtlichen Beschlussverfahren feststellen zu lassen und die Entfernung zu erwirken.[74]

Gerade in Zeiten, in denen die betriebliche Abwesenheit der Mitarbeitenden **54**
durch das vermehrte mobile Arbeiten steigt, ist die Kommunikation von Betriebsräten über ein digitales Schwarzes Brett und einen eigenen betrieblichen Intranet-Auftritt zu empfehlen. Dabei entstehen auf Seiten des Arbeitgebers keine erheblichen Mehrkosten, da die IT-Infrastruktur in der Regel bereits vorhanden ist. Der Intranet-Auftritt sollte die Mitarbeitenden über die aktuellen Themen und Projekte, die vom Betriebsrat bearbeitet werden, informieren und die Ansprechpartner im Betriebsrat abbilden. Er ist regelmäßig zu aktualisieren, um als digitale Informations- und Kommunikationsplattform des Betriebsrats mit den Mitarbeitenden etabliert zu werden.

Einschränkungen können sich ergeben, wenn Betriebsräte mit ihrer Kommuni- **55**
kation den Betrieb „verlassen" und an die Öffentlichkeit außerhalb des Unternehmens, z. B. über Social Media Accounts, gehen.[75]

Das Betriebsverfassungsgesetz kennt nur die betriebsinterne Kommunikation **56**
von Betriebsräten und die Kontaktaufnahme mit den Mitarbeitenden des Betriebs, jedoch nicht mit der externen Öffentlichkeit. Betriebsräte haben nach aktueller Rechtslage grundsätzlich keinen Anspruch, die externe Öffentlichkeit außerhalb des Betriebs über einen öffentlich zugänglichen Social Media Account zu informieren.[76] Da die Bestrebungen von Betriebsräten zu einer externen Kommunikation über Social Media Accounts immer größer werden, bleibt abzuwarten, wie die Rechtsprechung hierauf reagiert. Es ist denkbar und zulässig, dass Betriebsräte sich in bestimmten Situationen, z. B. bei einer arbeitgeberseitig geplanten und bereits in der Presse veröffentlichen Betriebsstilllegung, über einen eigenen Social Media Account an die Öffentlichkeit wenden dürfen.[77] Hierbei

73 BAG, Beschl. v. 3.9.2003, 7 ABR 12/03, BeckRS 2004, 40218; *Maußner*, ArbRAktuell, 2023, 37, 38; *Althoff*, ArbRAktuell 2023, 307, 308.

74 *Althoff*, ArbRAktuell 2023, 307, 309 f.

75 *Günther/Böglmüller/Mesina*, NZA 2020, 77, 78; *Günther/Lenz*, NZA 2019, 1241, 1244.

76 *Göpfert/Dachner*, NZA 2022, 1503, 1504; *Althoff*, ArbRAktuell 2023, 307; *Günther/Lenz*, NZA 2019, 1241, 1242; *Günther/Böglmüller/Mesina*, NZA 2020, 77, 78.

77 LAG Niedersachsen, Beschl. v. 6.12.2018, 5 TaBV 107/17, BeckRS 2018, 43884.

können sich Betriebsräte in bestimmten Situationen auf ihr Recht der freien Meinungsäußerung nach Art. 5 GG berufen.[78]

57 Die Kommunikation von Betriebsräten über externe Social Media Accounts ist durch die Rechtsprechung noch nicht abschließend höchstrichterlich entschieden. Noch ist nicht geklärt, in welchen Fällen ein solches Recht – und damit auch ein Anspruch auf Überlassung eines Social Media Accounts gemäß § 40 Abs. 2 BetrVG – besteht. Betriebsräten ist zu empfehlen, eine Kommunikation an Externe über Social Media Accounts nur ausnahmsweise und in engen Grenzen vorzunehmen. In jedem Fall ist bei einer solchen Kommunikation ein besonderes Augenmerk auf die Inhalte zu legen, da es sich um eine betriebsexterne Kommunikation handelt, bei der datenschutzrechtliche Aspekte und Verschwiegenheitspflichten in besonderem Maße zu berücksichtigen sind.

VI. „Agile" Betriebsratsarbeit

58 In der betrieblichen Praxis kommen in den letzten Jahren vermehrt agile Arbeitsmethoden zum Einsatz. Hierbei handelt es sich verkürzt gesagt um verschiedene Arbeits- und Organisationsformen, die sich dadurch auszeichnen, dass auf als zu starr empfundene hierarchische Strukturen und Berichtslinien verzichtet wird, um flexibler auf Marktänderungen oder Kundenbedürfnisse zu reagieren.[79]

59 Betriebsräte sollten darüber nachdenken, Elemente der agilen Arbeit in ihre eigenen internen Strukturen und Abläufe zu integrieren. Insbesondere in Matrix-Strukturen, bei komplexen Mitbestimmungssachverhalten oder umfangreichen Betriebsänderungen macht eine „agile" Betriebsratsarbeit Sinn.[80] Betriebsräte können flexible Verhandlungsgruppen bilden und Sachthemen unter Nutzung agiler Arbeitsmethoden im Betriebsrat vorbereiten.[81] Dabei geht die Entwicklung – abhängig von der Komplexität des Themas – weg von der ständigen Befassung des gesamten Betriebsrats hin zu spezialisierten Verhandlungsgruppen des Betriebsrats. Die klassische Ausschussarbeit wird immer häufiger von betriebsratsinterner „agiler" Projektarbeit begleitet.

60 Betriebsräte sollten sich spezialisieren und – abhängig von den anstehenden mitbestimmungsrelevanten Themen – eigene interne Projektgruppen bilden, um schneller und effektiver im Sinne der Mitarbeitenden tätig zu werden. Betriebsräte sollten nach Rücksprache mit dem Arbeitgeber Seminare zu agilen Arbeitsmethoden besuchen, diese kennenlernen und sich hierzu auch mit Betriebsräten anderer Unternehmen austauschen.

---

78 *Althoff*, ArbRAktuell 2023, 307, 308.
79 *Schaub/Koch*, Arbeitsrecht von A-Z, Agiles Arbeiten.
80 *Günther/Böglmüller/Mesina*, NZA 2020, 77, 80.
81 *Bennat*, AiB 2019, 17.

61 In Betrieben mit mehr als 100 Arbeitnehmern können Betriebsräte nach § 28a BetrVG bestimmte Aufgaben auf Arbeitsgruppen übertragen, um in diesen Arbeitsgruppen unter Anwendung agiler Elemente Spezialthemen zu bearbeiten. Mitglieder dieser Arbeitsgruppe können auch Mitarbeitende mit entsprechendem fachlichem Know-how sein, die nicht Mitglied des Betriebsrats sind. Damit besteht die Möglichkeit, Kapazitäten und Fachwissen der Mitarbeitenden bewusst in die Arbeitsgruppe einzubeziehen und perspektivisch Mitarbeitende für die zukünftige Betriebsratsarbeit zu begeistern. Die Bildung einer Arbeitsgruppe kann betriebsübergreifend erfolgen und ermöglicht so eine für agile Teams wesentliche cross-funktionale Zusammensetzung.[82] Die Übertragung von Aufgaben auf eine Arbeitsgruppe setzt zwingend den vorherigen Abschluss einer Rahmenvereinbarung mit dem Arbeitgeber voraus.[83]

VII. Kommunikation des Arbeitgebers

62 Das Betriebsverfassungsgesetz enthält keine generellen Vorgaben, in welcher allgemeinen Form die arbeitgeberseitige Kommunikation mit Betriebsräten vorzunehmen ist bzw. die Beteiligungsrechte der Betriebsräte sicherzustellen sind. Es ist im Einzelfall abhängig von den Beteiligungs- und Mitbestimmungsrechten zu prüfen, ob eine digitale Kommunikation zulässig ist.

1. Digitale Betriebsvereinbarung

63 Mit dem Inkrafttreten des Betriebsrätemodernisierungsgesetzes wurde die Möglichkeit geschaffen, eine Betriebsvereinbarung (§ 77 Abs. 2 Satz 3 BetrVG) und einen Interessenausgleich und Sozialplan (§112 Abs. 1 Satz 2 BetrVG) mittels elektronischer Signatur abzuschließen. Nutzen die Betriebsparteien diese neue Möglichkeit, entfällt die Pflicht, eine Betriebsvereinbarung händisch im Original zu unterzeichnen und im Original aufzubewahren.[84] Werden Betriebsvereinbarungen in elektronischer Form abgeschlossen, haben Arbeitgeber und Betriebsräte abweichend von § 126a Abs. 2 BGB dasselbe Dokument elektronisch zu signieren. Unter elektronischer Form ist eine qualifizierte elektronische Signatur zu verstehen.[85] Das bedeutet, dass nun die Schriftform auch durch die elektronische Form gewahrt ist; die Textform nach § 126b BGB ist weiter ausgeschlossen.[86]

64 Da Betriebsvereinbarungen auf Mitarbeitende unmittelbar und zwingend Anwendung finden, hat der Gesetzgeber den Abschluss nicht per Textform oder

82 *Fitting*, BetrVG, § 28a BetrVG, Rn. 12b; *Günther/Böglmüller/Mesina*, NZA 2020, 77, 80.
83 *Fitting*, BetrVG, § 28a BetrVG, Rn. 14; *Thüsing*, in: Richardi, BetrVG, § 28a Rn. 13.
84 *Reinartz*, NZA-RR 2021, 457, 466; *Möllenkamp*, DB 2021, 1198, 1200.
85 ErfK/*Kania*, § 77 BetrVG Rn. 19; *Möllenkamp*, DB 2021, 1198, 1200.
86 *Picker*, in: Richardi, BetrVG, § 77 Rn. 35.

einfacher Signatur zugelassen, sondern wegen der weitreichenden Wirkung an die qualifizierte elektronische Signatur – und damit nach wie vor an hohe formelle Anforderungen – geknüpft.[87]

65 Eine vergleichbare neue Regelung gibt es auch für Beschlüsse der Einigungsstelle. Nach § 76 Abs. 3 Satz 4 BetrVG sind Beschlüsse der Einigungsstelle schriftlich niederzulegen und vom Vorsitzenden zu unterschreiben oder in elektronischer Form niederzulegen und vom Vorsitzenden mit seiner qualifizierten elektronischen Signatur zu versehen sowie Arbeitgeber und Betriebsrat zuzuleiten.

2. Digitale Unterrichtung durch den Arbeitgeber

66 In der betrieblichen Praxis ist eine digitale Unterrichtung des Betriebsrats durch den Arbeitgeber in sozialen, personellen und wirtschaftlichen Angelegenheiten sowie eine digitale Kommunikation zwischen den Betriebsparteien mittlerweile üblich. Das Betriebsverfassungsgesetz lässt die digitale Unterrichtung zu; für einen digitalen Austausch von Informationen bestehen grundsätzlich keine gesetzlichen Hindernisse.[88]

67 So hat der Arbeitgeber den Betriebsrat z. B. vor jeder personellen Einzelmaßnahme nach § 99 BetrVG zu unterrichten, die entsprechenden Unterlagen zu übermitteln und Auskünfte zu erteilen sowie die Zustimmung des Betriebsrats einzuholen. Eine bestimmte Form für diese arbeitgeberseitige Unterrichtung sieht das Gesetz nicht vor.[89] Das gilt auch für die Anhörung des Betriebsrats nach § 102 BetrVG. Damit liegt es in der Hand des Arbeitgebers, Betriebsräte digital zu unterrichten und Informationen per E-Mail oder in Videokonferenzen auszutauschen oder auf Plattformen zu hinterlegen, wobei bei der digitalen Unterrichtung datenschutzrechtliche Vorgaben zu berücksichtigen sind.

68 Der Arbeitgeber kommt seiner Verpflichtung nach § 99 Abs. 1 BetrVG, dem Betriebsrat die Bewerbungsunterlagen aller Stellenbewerber vorzulegen, ordnungsgemäß nach, wenn er den Betriebsratsmitgliedern eine umfassende Einsichtsmöglichkeit in die digitalisierten Unterlagen gewährt und die Betriebsratsmitglieder uneingeschränkten Zugriff auf die Daten des eingerichteten Bewerbermanagement-Tools haben.[90] Im Zeitalter der Digitalisierung und der fortschreitenden Organisation papierfreier Betriebsratsarbeit macht es keinen Unterschied, ob Betriebsräten sämtliche Unterlagen in Papierform vorgelegt oder ob Betriebsratsmitglieder durch die Überlassung von Laptops und die Zugriffsmöglichkeit auf digitale Plattformen in die Lage versetzt werden, sich die entsprechenden Kenntnisse zu verschaffen.[91] Dabei muss arbeitgeberseitig gewährleistet werden, dass der Betriebsrat ein uneingeschränktes Zugriffsrecht

87 *Fitting*, BetrVG, § 77 Rn. 21; *Reinartz*, NZA-RR 2021, 457, 466.
88 *Günther/Böglmüller/Mesina*, NZA 2020, 77.
89 ErfK/*Kania*, § 99 BetrVG Rn. 19.
90 LAG Sachsen-Anhalt, Beschl. v. 13.10.2022, 2 TaBV 1/22, NZA-RR 2023, 136, 138.
91 LAG Sachsen-Anhalt, Beschl. v. 13.10.2022, 2 TaBV 1/22, NZA-RR 2023, 136, 138.

auf die digitalisierten Bewerbungsunterlagen besitzt, um den Anspruch des Betriebsrats auf Vorlage der Unterlagen i. S. d. § 99 Abs. 1 BetrVG durch die Einräumung des Einsichtsrechts in das System zu erfüllen.[92]

Will der Betriebsrat die Zustimmung zu einer personellen Einzelmaßnahme nach § 99 Abs. 3 BetrVG verweigern, Bedenken gegen eine Kündigung äußern oder einer ordentlichen Kündigung nach § 102 BetrVG widersprechen, hat er dies dem Arbeitgeber „schriftlich" unter Angabe der Gründe mitzuteilen. Es ist zu berücksichtigen, dass hiermit nicht die Schriftform i. S. d. § 126 BGB gemeint ist, sondern Textform nach § 126b BGB ausreicht.[93] Es reicht aus, wenn Betriebsräte die Zustimmungsverweigerung, die Bedenken oder den Widerspruch dem Arbeitgeber z. B. per E-Mail übersenden. Betriebsräte müssen dabei sicherstellen, dass die Erklärung in einer Urkunde oder auf andere zur dauerhaften Wiedergabe in Schriftzeichen geeigneten Weise abgegeben, die Person des Erklärenden genannt und der Abschluss des Textes durch Nachbildung der Namensunterschrift oder anders erkennbar gemacht wird.[94] **69**

---

92 LAG Sachsen-Anhalt, Beschl. v. 13.10.2022, 2 TaBV 1/22, NZA-RR 2023, 136, 138; LAG Köln, Beschl. v. 15.5.2020, 9 TaBV 32/19, NZA-RR 2021, 76, 79.
93 *Günther/Böglmüller/Mesina*, NZA 2020, 77, 78.
94 *Fitting*, BetrVG, § 99 Rn. 260a; ErfK/*Kania*, § 99 BetrVG Rn. 39.

Literaturverzeichnis

Ahrendt — Mitbestimmung im Arbeitsschutz, RdA 2023, 135

Althoff — Öffentlichkeitsarbeit des Betriebsrates – was ist erlaubt und was nicht?, ArbRAktuell 2023, 307

Altmeppen — GmbHG – Gesetz betreffend die Gesellschaften mit beschränkter Haftung, 11. Aufl. 2023

Annuß — Das System der Betriebsratsvergütung Aufsatz, NZA 2018, 134

Arnold/Günther — Arbeitsrecht 4.0, 2018

Ascheid/Preis/Schmidt (Hrsg.) — Kündigungsrecht, Großkommentar zum gesamten Recht der Beendigung von Arbeitsverhältnissen, 6. Aufl. 2021 (zit.: *Bearbeiter*, in: Ascheid/Preis/Schmidt, Kündigungsrecht)

Baade/Reiserer — Die Betriebsratsvergütung als Compliance-Risiko, DStR 2022, 155

Bachner — Steine statt Brot? – Zur Sicherung des Grundsatzes der Präsenzsitzung in der Betriebsratspraxis, NZA 2022, 1024

Bachner — Die Matrixorganisation in der Betriebsverfassung, NZA 2019, 134

Bachner (Hrsg.) — BetrvG für den Betriebsrat, Kommentar zum Betriebsverfassungsgesetz, 3. Aufl. 2021 (zit.: *Bearbeiter*, in: Bachner, BetrVG)

Baeck/Deutsch/Winzer — Arbeitszeitgesetz, Kommentar, 4. Aufl. 2020 (zit.: *Baeck/Deutsch/Winzer*, ArbZG)

Baeck/Winzer — Aktuelle Herausforderungen des Arbeitszeitrechts – betriebsnahe Vereinbarungen als Lösungsansatz, NZA 2020, 96

Baeck/Winzer/Launer — Neuere Entwicklungen im Arbeitsrecht, NZG 2020, 659

Barrein — Pflicht zur Einführung einer Arbeitszeiterfassung als erforderliche Arbeitsschutzmaßnahme, ARP 2023, 71

Bauer/Günther/Böglmüller — Keine entgrenzte Mitbestimmung im Arbeits- und Gesundheitsschutz, NZA 2016, 1361

Bauer/Herzberg — Arbeitsrechtliche Probleme in Konzernen mit Matrixstrukturen, NZA 2011, 713

Bayreuther Mitbestimmung bei mobiler Arbeit nach § 87 I Nr. 14 BetrVG, NZA 2021, 839

Bayreuther Einrichtung eines Systems der Arbeitszeiterfassung, NZA 2020, 1

Bayreuther Arbeitszeiterfassung auf richterrechtlicher Basis, NZA 2023, 193

Beden/Rombey Digitale Mitbestimmung – Die Krise als Schrittmacher des Fortschritts?, BB 2020, 1141

Bell/Bauer Betriebsvereinbarungen – Inhalt, Abschluss, Durchsetzung, 2. Aufl. 2021

Belling Die außerordentliche Anpassung von Tarifverträgen an veränderte Umstände, NZA 1996, 906

Benkert Neues Hinweisgeberschutzgesetz, NJW-Spezial 2022, 434

Benkert Pflicht zur Arbeitszeiterfassung – was bedeutet dies für Arbeitgeber?, NJW-Spezial 2023, 50

Bienek/Wilms Arbeitszeiterfassung wird Gesetz – Der Referentenentwurf des BMAS, RfamU 2023, 252

Bittmann/Mujan Compliance – Brennpunkt „Betriebsratsvergütung" (Teil 2): Nur Einstellung oder auch Rückforderung unzulässiger Begünstigungen?, BB 2012, 1604

Blanke Arbeitsgruppen und Gruppenarbeit in der Betriebsverfassung – Direkt demokratische Mitbestimmung als „zweiseitig paktierte Delegation", RdA 2003, 140

Block/Buschmann Gesetzliche Pflicht zur Arbeitszeiterfassung, RFamU 2023, 20

Bodenstedt/Schnabel Betriebsbedingte Kündigungen in der Matrixstruktur – insbesondere im grenzüberschreitend tätigen Unternehmensverbund, BB 2014, 1525

Boecken/Düwell/Diller/Hanau (Hrsg.) Gesamtes Arbeitsrecht, Kommentar, 2. Aufl. 2023 (zit.: NK-ArbR/*Bearbeiter*)

Boemke „Ausstrahlungen" des Betriebsverfassungsgesetzes ins Ausland, NZA 1992, 112

Boemke/Roloff/Haase „Virtual reality" in der formellen Betriebsverfassung – nicht ohne Geschäftsordnung, NZA 2021, 827

Brink/Joos Datenschutzrechtliche Folgen für den Betriebsrat nach dem Betriebsrätemodernisierungsgesetz, NZA 2021, 1440

Brors Reform des Arbeitszeitgesetzes, NZA 2020, 1685

Bundesverband der Unternehmensjuristen (BUJ)/CLI Corporate Legal Insights/Luther Rechtsanwaltsgesellschaft mbH (Hrsg.)	Agile Arbeit 2019 – Organisation, Führung und Arbeitsweise in einer digitalisierten Welt
Byers	Die Höhe der Betriebsratsvergütung, NZA 2014, 65
Dahl/Brink	Die Mitbestimmung des Betriebsrats bei der Einführung und Anwendung technischer Einrichtungen in der Praxis, NZA 2018, 1231
Dahl/Oppolzer	Verfahren zur Beurteilung psychischer Gefährdungen bei der Arbeit, BB 2022, 628
Darm-Tohaben/Fink	Was lange währt, wird endlich gut. Oder doch nicht? – Der Referentenentwurf des BMAS zur Arbeitszeiterfassung, ARP 2023, 209
Däubler	Die Anpassung von Tarifverträgen an veränderte wirtschaftliche Umstände, ZTR 1996, 241
Däubler/Klebe	Betriebsratsarbeit in Zeiten einer Pandemie: § 129 BetrVG, NZA 2020, 545
Däubler/Klebe	Crowdwork: Die neue Form der Arbeit – Arbeitgeber auf der Flucht?, NZA 2015, 1032
Däubler/Klebe/Wedde (Hrsg.)	Betriebsverfassungsgesetz mit Wahlordnung und EBR-Gesetz, Kommentar, 18. Aufl. 2022 (zit.: *Bearbeiter*, in: Däubler/Klebe/Wedde, BetrVG)
Deinert	Die heutige Bedeutung des Heimarbeitsgesetzes, RdA 2018, 359
Düwell (Hrsg.)	Betriebsverfassungsgesetz, Kommentar, 6. Aufl. 2022 (zit.: *Bearbeiter*, in: Düwell, BetrVG)
Dzida	Maßgeschneiderte Betriebsratsstruktur bei konkurrierenden Gewerkschaften: Ein Mitglied reicht aus, NZA 2010, 80
Eicke	Die wichtigsten Neuerungen durch das Betriebsrätemodernisierungsgesetz, ArbRAktuell 2021, 313
Erb/Schäfer (Hrsg.)	Münchener Kommentar zum Strafgesetzbuch: StGB, 4. Aufl. 2023 (zit.: MüKo StGB/*Bearbeiter*)
Eufinger/Burbach	New Work – eine arbeitsrechtliche Standortbestimmung, DB 2019, 1147

Fitting/Schmidt/Trebinger/Linsenmaier/Schelz (Hrsg.) — Betriebsverfassungsgesetz, 31. Aufl. 2022 (zit.: *Fitting*, BetrVG)

Franzen — Die Freiheit der Arbeitnehmer zur Selbstbestimmung nach dem neuen BetrVG, ZfA 2001, 423

Fuhlrott — Verpflichtung der Arbeitgeber zur tatsächlichen Erfassung der Arbeitszeit, ARP 2023, 49

Fuhlrott — Arbeitgeberpflicht zur Einführung objektiver Arbeitszeiterfassung (Urteilsanmerkung zu ArbG Emden v. 20.2.2020, 2 Ca 94/19), NZA-RR 2020, 279

Gaul/Kaule — Das Betriebsrätemodernisierungsgesetz, ArbRB 2021, 176

Giese/Schomburg — Rechtswidrige Betriebsratsvergütung – Strafbarkeit eines Rückzahlungserlasses?, NJW 2022, 1415

Giesen — Gesetzgebungspläne zur „mobilen Arbeit", ZfA 2021, 177

Gola/Heckmann (Hrsg.) — Datenschutz-Grundverordnung, Bundesdatenschutzgesetz, Kommentar, 3. Aufl. 2022 (zit.: *Bearbeiter*, in: Gola/Heckmann, DS-GVO/BDSG)

Göpfert/Dachner — Social Media in der betrieblichen und tariflichen Auseinandersetzung, NZA 2022, 1503

Gräfl/Lunk/Oetker/Trebinger (Hrsg.) — 100 Jahre Betriebsverfassungsrecht, Festschrift, 2020

Grambow — Das Betriebsrätemodernisierungsgesetz im Überblick Aufsatz, NJW 2021, 2074

Grimm/Singraven (Hrsg.) — Digitalisierung und Arbeitsrecht. Personalarbeit 4.0 – Gestaltung – Best Practices, 2022 (zit.: *Bearbeiter*, in: Grimm/Singraven, Digitalisierung und Arbeitsrecht)

Grimm/Vitt — Die neue datenschutzrechtliche Stellung des Betriebsrats, ArbRB 2021, 279

Grobys/Panzer-Heemeier (Hrsg.) — StichwortKommentar Arbeitsrecht – Individualarbeitsrecht, Kollektives Arbeitsrecht, Prozessrecht, 4. Aufl. 2022 (zit.: SWK/*Bearbeiter*)

Günther/Böglmüller — Einführung agiler Arbeitsmethoden – Risiken des Einsatzes von Fremdpersonal sowie betriebliche Mitbestimmung (Teil 2), NZA 2019, 417

Günther/Böglmüller — Arbeitsrecht 4.0 – Arbeitsrechtliche Herausforderungen in der vierten industriellen Revolution, NZA 2015, 1025

Günther/Böglmüller/ Mesina — Digitale Betriebsratsarbeit – Gesetzlicher Rahmen und Reformbedarf, NZA 2020, 77

Günther/Lenz — Social Media-Auftritt des Betriebsrats – Was geht? Was geht nicht?, NZA 2019, 1241

Heise — Agile Arbeit, Scrum und Crowdworking – New Work außerhalb des Arbeitsrechts?, NZA-Beilage 2019, 100

Henssler/Willemsen/ Kalb (Hrsg.) — Arbeitsrecht, Kommentar, 10. Aufl. 2022 (zit.: *Bearbeiter*, in: Henssler/Willemsen/Kalb, Arbeitsrecht)

Heuschmid — Neujustierung des Arbeitszeitrechts und des Systems der Arbeitszeiterfassung durch den EuGH, NJW 2019, 1853

Hidalgo — Arbeitsschutz im Home Office – ein Lösungsvorschlag, NZA 2019, 1452

Hoffmann-Remy — Arbeitsrechtliche Herausforderungen bei der Agilen Transformation von Unternehmen, DB 2018, 2757

Höpfner/Daum — Die Pflicht des Arbeitgebers zur Erfassung der Arbeitszeit, RdA 2019, 270

Höpfner/Schneck — BAG, 13.9.2022 – 1 ABR 22/21: Die Pflicht zur Erfassung der Arbeitszeit nach § 3 ArbSchG: ein Musterbeispiel unzulässiger Rechtsfortbildung, NZA 2023, 1

Hördt — Überstundenprozess und Zeiterfassung, ArbRAktuell 2022, 605

Horstmeier — Ein digitales Upgrade für das Betriebsverfassungsrecht?, BB 2022, 116

Hueck/Nipperdey — Lehrbuch des Arbeitsrechts, Bd. 1, 7. Aufl. 1963–1970

Isenhardt — Homeoffice: Einrichtung und Ausgestaltung, DB 2016, 1499

Jacobs — Reformbedarf im Arbeitszeitrecht, NZA 2016, 733

Jacobs/Krell — Überhöhte Betriebsratsvergütungen: Karlsruher Usurpation oder doch «nur» Tabula rasa?, RdA 2023, 193

Joost — Betrieb und Unternehmen als Grundbegriffe des Arbeitsrechts, 1988

Keilich/Brummer — Home-Office und Mobile Working, SPA 2020, 126

Keitel/Busch — Der neue Referentenentwurf für ein Betriebsrätestärkungsgesetz – wesentliche Änderungen, BB 2021, 564

Kiel/Lunk/Oetker (Hrsg.)	Münchener Handbuch zum Arbeitsrecht, 5. Aufl. 2021/2022 (zit.: MHdB ArbR/*Bearbeiter*)
Klebe	Crowdwork: Faire Arbeit im Netz?, AuR 2016, 277
Köhler/Schürgers	Home-Office und Mobiles Arbeiten: Praktisch umgesetzt, BB 2020, 2613
Kollmer	Home-Office: Überblick über den aktuellen Fakten- und Meinungsstand, ARP 2023, 294
Kollmer	Das Recht der Tele- und Mobilen Arbeit im Lichte des Arbeitsschutzes 4.0., NJW 2023, 473
Kort	Matrix-Strukturen und Betriebsverfassungsrecht, NZA 2013, 1318
Kramer	IT-Arbeitsrecht, Handbuch Digitalisierung, Homeoffice, KI, Virtuelle Betriebsratsarbeit, 3. Aufl. 2023
Krause	Agile Arbeit und Betriebsverfassung, HSI-Schriftenreihe, Bd. 37, 2021
Krieger/Rudnik/ Povedano Peramato	Homeoffice und Mobile Office in der Corona-Krise, NZA 2020, 473
Krüger/Rauscher (Hrsg.)	Münchener Kommentar zur Zivilprozessordnung: ZPO, 6. Aufl. 2020 (zit.: MüKo ZPO/*Bearbeiter*)
Küttner (Hrsg.)	Personalbuch 2023. Arbeitsrecht, Lohnsteuerrecht, Sozialversicherungsrecht, 30. Aufl. 2023 (zit.: *Bearbeiter*, in: Küttner, Personalbuch 2023)
Latzel	Primärrechtliche Effektuierung der Arbeitszeitgrenzen, EuZA 2019, 469
Leimeister/Durward/ Simmert	Die interne Crowd. Mitarbeiter/innen im Spannungsfeld neuer Arbeitsformen, 2020
Linck/Krause/ Bayreuther	Kündigungsschutzgesetz, 16. Aufl. 2021 (zit.: *Bearbeiter*, in: Linck/Krause/Bayreuther, KSchG)
Linsenmeier	Identität und Wandel – zur Entstehung von Übergangsmandaten nach § 21a BetrVG, RdA 2017, 128
Löwisch/Kaiser/Klumpp (Hrsg.)	Betriebsverfassungsgesetz, Kommentar, 8. Aufl. 2023 (zit. *Bearbeiter*, in: Löwisch/Kaiser/Klumpp, BetrVG)
Ludwig	IT-Mitbestimmung und Datenschutz: Grenzen der Rechte des Betriebsrats, NZA 2023, 321
Ludwig/Hinze	Digitalisierung und IT-Mitbestimmung – Wie die Betriebsparteien den Wandel gemeinsam gestalten können, NZA 2021, 1444

Ludwig/Ramcke	Verhaltens- und Leistungskontrolle nach § 87 Abs. 1 Nr. 6 BetrVG – Plädoyer für einen Neuanfang!, BB 2016, 2293
Lunk	Die arbeitszeitrechtliche Behandlung von Dienstreisen, NZA 2022, 881
Markowski	Moderne Zeiten – moderne Betriebsratsarbeit, jM 2022, 371
Maschmann	Das Weisungsrecht im Matrix-Konzern, NZA 2017, 1557
Maschmann/Fritz (Hrsg.)	Matrixorganisationen. Gesellschaftsrecht, Arbeitsrecht, Datenschutz, 2019 (zit.: *Bearbeiter*, in: Maschmann/Fritz, Matrixorganisationen)
Maußner	Allein auf weiter Flur – Wie Betriebsräte ihre Arbeit erfolgreich auf neue betriebliche Realitäten – Homeoffice und mobile Arbeit – ausrichten können, ArbRAktuell 2023, 37
Minn/Stück/Laber	Personal-Lexikon, Edition 40, 2023
Moll (Hrsg.)	Münchener Anwaltshandbuch Arbeitsrecht, 5. Aufl. 2021 (zit.: *Bearbeiter*, in: Moll, Münchener Anwaltshandbuch Arbeitsrecht)
Möllenkamp	Das Betriebsrätemodernisierungsgesetz 2021, DB 2021, 1198
Müller	Erweiterung der Mitbestimmung und des Unfallversicherungsschutzes bei mobiler Arbeit bzw. im Homeoffice (Teil 1), ArbRAktuell 2021, 408
Müller	Erweiterung der Mitbestimmung und des Unfallversicherungsschutzes bei mobiler Arbeit bzw. im Homeoffice (Teil 2), ArbRAktuell 2021, 437
Müller	Homeoffice in der arbeitsrechtlichen Praxis, Rechtshandbuch für die Arbeit 4.0, 3. Aufl. 2022
Müller-Glöge/Preis/Schmidt (Hrsg.)	Erfurter Kommentar zum Arbeitsrecht, 23. Aufl. 2023 (zit.: ErfK/*Bearbeiter*)
Müth/Simon	Die pandemiebedingte Gefahr der Begründung einer Betriebsstätte, DStR 2022, 744
Nebeling/Kruse	Zwischen „Stechuhr“ und ständiger Erreichbarkeit – Kann das deutsche Arbeitszeitrecht noch mithalten?, ARP 2020, 150
Nill	Selbstbestimmung in der Arbeitsgruppe? Die Regelungen zur Gruppenarbeit im Betriebsverfassungs-Reformgesetz, 2005

Oberthür	Die gesetzlichen Neuregelungen zur mobilen Arbeit, ArbRB 2021, 276
Oberthür	Die digitale Betriebsratssitzung und digitale Betriebsratswahlen – Unter welchen Voraussetzungen kann der Betriebsrat per Videokonferenz, Telefonkonferenz oder hybrid tagen?, ArbRB 2021, 350
Oberthür	Mobile Arbeit im Jahr 2021, MDR 2021, 969
Picker	Arbeiten im Homeoffice – Anspruch und Wirklichkeit Aufsatz, NZA-Beilage 2021, 4
Raab	Die „virtuelle" Betriebsratssitzung – Die Neuregelung der Zulässigkeit von Video- und Telefonkonferenzen durch das Betriebsrätemodernisierungsgesetz, FA 10/2021, 286
Reinartz	Das Betriebsrätemodernisierungsgesetz, NZA-RR 2021, 457
Reinhard	Pflicht zur Arbeitszeiterfassung und Arbeit 4.0, NZA 2019, 1313
Richardi (Hrsg.)	Betriebsverfassungsgesetz, Kommentar, 17. Aufl. 2022 (zit.: *Bearbeiter*, in: Richardi, BetrVG)
Richter	Arbeitsrechtliche Herausforderungen bei der Einführung und Durchführung von Homeoffice (Teil 1), ArbRAktuell 2019, 142
Rieble	Mitbestimmung in komplexen Betriebs- und Unternehmensstrukturen, NZA-Beilage 2014, 28
Rieble/Picker	Arbeitsschutz und Mitbestimmung bei häuslicher Telearbeit, ZfA 2013, 383
Rolfs/Giesen/Meßling/Udsching (Hrsg.)	Beck'scher Online-Kommentar Arbeitsrecht, 69. Edition, Stand: 1.9.2023 (zit.: BeckOK ArbR/*Bearbeiter*)
Säcker/Rixecker/Oetker/Limperg (Hrsg.)	Münchener Kommentar zum BGB, 9. Aufl. 2023 (zit.: MüKo BGB/*Bearbeiter*)
Schaub (Hrsg.)	Arbeitsrechts-Handbuch, 20. Aufl. 2023 (zit.: *Bearbeiter*, in: Schaub, Arbeitsrechts-Handbuch)
Schaub/Koch (Hrsg.)	Arbeitsrecht von A–Z, 27. Aufl. 2023
Schiefer/Worzalla	Das Betriebsrätemodernisierungsgesetz – Eine „Mogelpackung"?, NZA 2021, 817
Schöllmann	Mobile Working, Telearbeit, Desksharing, NZA-Beilage 2019, 81
Schrader	Ist der betriebsverfassungsrechtliche Betriebsbegriff noch zeitgemäß?, NZA 2019, 951

Schrader	Aufzeichnung und Dokumentation der Arbeitszeit nach dem Urteil des EuGH in der Rechtssache CCOO, NZA 2019, 1035
Schubert	Betriebliche Mitbestimmung in Unternehmen und Konzernen mit Matrixorganisation, HSI-Schriftenreihe, Bd. 23, 2017
Schulze/Ratzesberger	Telearbeit: Fluch oder Segen? – Mitbestimmung des Betriebsrats bei mobiler Arbeit, ArbRAktuell, 2016, 109
Schulze/Ratzesberger/Jost	Die Geschäftsordnung des Betriebsrats, ArbRAktuell 2022, 371
Schulze/Volk	Agile Arbeitsmethoden und Mitbestimmung – Teil 2, ArbRAktuell 2019, 553
Schüppen/Schaub (Hrsg.)	Münchener Anwaltshandbuch Aktienrecht, 3. Aufl. 2018 (zit.: *Bearbeiter*, in: Schüppen/Schaub, Münchener Anwaltshandbuch Aktienrecht)
Sittard/Müller	Einführung agiler Arbeitsmethoden und betriebliche Mitbestimmung, ArbRB 2018, 381
Steiner/Schunder	Aktuelle Kostenfragen im Zusammenhang mit dem Betriebsrätemodernisierungsgesetz, NZA 2022, 12
Stöhr/Stolzenberg	Dienstreisen: Arbeitszeitrechtliche Behandlung und Vergütung, NZA 2019, 505
Strauß	Untreuestrafrechtliche Implikationen der Betriebsratsvergütung, NZA 2018, 1372
Stück	Anm. zu LAG München: LAG München: Initiativrecht des Betriebsrats beim „Wie“ der Arbeitszeiterfassung, ArbRAktuell 2023, 395
Thüsing/Beden	Betriebsratsarbeit 4.0: Die Betriebsratssitzung per Videokonferenz und die virtuelle Betriebsversammlung, BB 2019, 372
Thüsing/Flink/Jänsch	Arbeitszeiterfassung als europarechtliche Pflicht, ZfA 2019, 456
Ulber	Arbeitszeiterfassung als Pflicht des Arbeitgebers, NZA 2019, 677
Urban	Der Betriebsbegriff in Zeiten von mobilem Arbeiten, ArbRAktuell 2022, 221
Vorwerk/Wolf (Hrsg.)	Beck'scher Online-Kommentar ZPO, 51. Edition, Stand: 1.12.2023 (zit.: BeckOK ZPO/*Bearbeiter*)

Weber	Virtuelle Gremiensitzungen im Betriebsverfassungs- und Personalvertretungsrecht, in: Jahrbuch des Arbeitsrechts (hrsg. v. Ingrid Schmidt)
Wiese/Kreutz/Oetker/ Raab/Weber/Franzen/ Gutzeit/Jacobs/Schubert	Gemeinschaftskommentar zum Betriebsverfassungsgesetz, 12. Aufl. 2021 (zit.: GK-BetrVG/*Bearbeiter*)
Wilhelmsen/Hohenstatt/ Scheibert/Seibt (Hrsg.)	Umstrukturierung und Übertragung von Unternehmen, 6. Aufl. 2021 (zit.: *Bearbeiter*, in: Wilhelmsen/ Hohenstatt/Scheibert/Seibt, Umstrukturierung und Übertragung von Unternehmen)
Winzer	BAG 13.9.2022 – 1 ABR 22/21: Verpflichtung zur Arbeitszeiterfassung, ArbRAktuell 2023, 18
Winzer/Baeck/Hilgers	Das Betriebsrätemodernisierungsgesetz – Der Regierungsentwurf als Update für das BetrVG?, NZA 2021, 620
Wisskirchen/Block	Auf der Suche nach dem Arbeitgeber: Mitbestimmung in komplexen Organisationsformen: oder et hät noch immer joot jejamge!, NZA-Beilage 2017, 90
Wißmann	Die Suche nach dem Arbeitgeber in der Betriebsverfassung, NZA 2001, 409
Witschen	Matrixorganisation und Betriebsverfassung, RdA 2016, 38
Wolter	Arbeitsrecht bei Umstrukturierung von Betrieben und Unternehmen – Resultate der Privatautonomie, HSI-Schriftenreihe, Bd. 40, 2021

Sachregister

Fettgedruckte Buchstaben verweisen auf die Kapitel
(wobei Ziffer 1 jeweils für den Abschnitt „Perspektive Arbeitgeber“,
Ziffer 2 für den Abschnitt „Perspektive Betriebsrat“ steht);
magere Zahlen kennzeichnen die Randnummer.